珞珈管理评论
Luojia Management Review

2012 年卷　第 2 辑（总第 11 辑）

武汉大学经济与管理学院主办

Accredited by
Association
of MBAs

武 汉 大 学 出 版 社

图书在版编目(CIP)数据

珞珈管理评论.2012 年卷.第 2 辑(总第 11 辑)/武汉大学经济与管理学院主办.
—武汉:武汉大学出版社,2012.12
ISBN 978-7-307-10327-6

Ⅰ.珞… Ⅱ.武… Ⅲ.企业管理—文集 Ⅳ.F270-53

中国版本图书馆 CIP 数据核字(2012)第 281345 号

责任编辑:柴 艺 责任校对:刘 欣 版式设计:詹锦玲

出版发行:武汉大学出版社 (430072 武昌 珞珈山)
(电子邮件:cbs22@whu.edu.cn 网址:www.wdp.com.cn)
印刷:军事经济学院印刷厂
开本:880×1230 1/16 印张:15 字数:429 千字
版次:2012 年 12 月第 1 版 2012 年 12 月第 1 次印刷
ISBN 978-7-307-10327-6/F·1734 定价:30.00 元

目　录

六　　公司治理

七　　公司治理

CONTENTS

5　Investment

6　Management Theory and Practice

7　Information Management

产品伤害危机群发属性负面溢出效应研究[*]

● 景奉杰¹　崔　聪²　涂　铭³

（1 华东理工大学商学院　上海　200237；2，3 华中科技大学管理学院　武汉　430074）

【摘　要】近年来国内产品伤害危机逐渐从个案发展成群发态势，给消费者造成极大伤害，也使企业自身与行业遭受严重打击。本研究采用激活扩散理论的视角来探讨产品伤害危机的群发属性与品牌声誉对消费者感知风险的影响。通过模拟实验研究笔者发现，消费者对群发属性较高或品牌声誉较高的产品伤害危机的感知风险更高。此外，品牌声誉的调节作用得到验证，当品牌声誉较低时，产品伤害危机群发属性的高低对消费者感知风险的影响无显著差异；当品牌声誉较高时，消费者对群发属性高的产品伤害危机的感知风险更高。

【关键词】产品伤害危机　群发属性　品牌声誉　感知风险　溢出效应

1. 引言

产品伤害危机（product-harm crisis）是偶尔出现并被广泛宣传的关于某个产品有缺陷或是对消费者有危险的事件（Siomkos & Kurzard，1994）。以往研究通常从不同危机属性视角来探讨危机影响的差异，最初从危机严重程度分为低水平/高水平的危机（Mowen & Ellis，1981）和高/中/低水平的危机（Collins，1989）。引入归因视角以后伤害危机可以分为受害型、过失型、故意型（Coombs，2007）。从焦点企业的视角划分为性能型/价值观型（Pullig et al.，2006）、能力型/道德型（Votola & Unnava，2006）、道德型/性能型/道德引致产品性能型（庄爱玲和余伟萍，2011），也有研究从法律角度将危机分为可辩解型/不可辩解型（Smith & Larry，2003；方正，2007）。尽管大量研究都在探讨产品伤害危机的影响，但都是在单一企业层面上展开，至于这些危机对整个行业有怎样的影响还并不清楚。事实上，一些产品伤害危机的发生只会对单个企业造成不良影响，而另一些产品伤害危机的发生却会导致消费者对整个行业的抵制。有研究表明，近年的产品伤害事件多呈现行业范围的群发性（阎俊和佘秋玲，2010），如工业明胶、瘦肉精、三聚氰胺等产品伤害危机频发，焦点企业受到法律制裁的同时，整个行业也受到牵连。但是以往文献并没有对单个企业危机与多个企业危机的影响进行对比研究，因此有必要就产品伤害危机涉及企业的数量及其对行业的负面影响展开探讨。

过去一些研究认为品牌声誉对产品伤害危机的焦点企业与整个行业的作用有显著差异。对焦点企业

* 本文是国家自然科学基金资助项目"产品危机事件之群发属性对消费者补救预期的影响——情感反应的心理作用机制"（项目批准号：70972018）的研究成果。

自身而言，品牌声誉能够在产品伤害事件中起到缓冲作用，帮助企业从危机中迅速恢复（Coombs，2007）。对竞争品牌或整个行业而言，造成产品伤害的焦点企业品牌声誉越高，对竞争品牌的负面溢出效应越大（Siomkos et al.，2010）。事实上，产品伤害危机发生后，消费者感知的来自焦点企业与整个行业的风险都会增加，而品牌声誉对于焦点企业数量与感知风险之间的关系是否依然存在类似的调节效应值得进一步讨论。为了解答上述疑问，本文将信息扩散理论、信息激活扩散理论引入产品伤害危机的研究中，期望从信息理论的视角来探讨产品伤害危机群发属性与焦点企业品牌声誉对产品伤害危机负面溢出效应的影响。

2. 理论回顾与研究假设

产品伤害危机溢出效应大致有两种，一种是焦点品牌内不同产品间的溢出效应（Ahluwalia et al.，2001），以及焦点品牌旗下不同产品间的溢出效应（Balachander & Ghose，2003）；另一种是焦点品牌对竞争品牌以及整个品类（行业）的溢出效应（王晓玉和晁钢令，2009）。激活扩散理论（spreading activation theory）常被用来解释溢出效应，该理论认为人脑中每个词组是一个节点，不同的节点相互连接组成了网络，产品属性与产品所属品类存在于一个网络中，当两者之间的联结较强时，可以由一个激活另外一个（Collins & Loftus，1975）。激活扩散理论为溢出效应提供了理论依据，但溢出效应发生与否有两个关键要素——信息的可接近性和诊断性。判断框架理论（diagnosticity framework theory）认为当已经存在的反应是可接近的并且比其他可获得的输入具有判断性时，之前的响应会成为下一个反应的输入（Feldman & Lynch，1998）。可接近性指脑海中搜索一个信息的难易程度，诊断性指搜索到的信息解决目前问题的满足程度（Menon et al.，1995）。当造成伤害的焦点企业对于行业中的其他企业具有诊断性时，负面溢出效应更容易发生。

产品伤害危机群发属性高意味着涉及的焦点企业数量多，会产生两种作用：（1）产品品类和品牌的网络中多个节点同时出现伤害危机，消费者接触到负面信息的概率增加，在面临新的购买决策时联想到该产品伤害事件的概率就会增加，产品品类被激活的可能性会增大；（2）同一个产品品类中多个品牌出现同一种产品伤害，提高了伤害信息的诊断性，让消费者认为该产品伤害事件具有普遍性，进而又增加了负面溢出效应。因此，被曝光的产品伤害危机事件越多，消费者就越容易对该品类产品产生负面联想，对整个行业的负面影响就越大。在现实市场中，乳品行业可谓危机不断，从2008年三鹿奶粉三聚氰胺事件，到最近的皮革奶、黄曲霉素M1、过期奶等事件，使我国消费者对国产乳品的信心急剧下降，而高价的进口奶粉销量则不断攀升。基于以上论述，可以提出如下假设H1：

H1：与群发属性较低的产品伤害危机相比，消费者对群发属性较高的产品伤害危机的感知风险更高。

在多年的经营过程中积累起来的品牌声誉对于企业今后的发展有深远影响。一般而言，当媒体曝光企业的负面事件时，消费者会对企业及其产品给予不好的评价，但是良好的品牌声誉能够在负面事件发生时起到保护作用（Coombs，2007）。此外，企业的品牌声誉能够影响消费者对缺陷产品不确定性的感知评价（Laufer & Coombs，2006），当企业具有很高的声誉时，消费者感知的风险较小（Siomkos & Kurzbard，1994；Siomkos，1999）；即使负面事件降低消费者对企业的信任，同时提高风险感知，较好的企业声誉仍然有助于提高消费者的信心，降低感知风险（Keh and Xie，2009）。

上述品牌声誉的积极作用是针对单个企业情况而言的，如果产品伤害危机涉及多个企业，那么品牌声誉的作用情况又会有所差异。现有研究表明，造成产品伤害的焦点企业对于整个行业的影响会由于品牌声誉的不同而产生差异，高声誉品牌对竞争品牌产生负面溢出效应，低声誉品牌对竞争品牌产生正面溢出效应（Siomkos et al.，2010）。当造成伤害事件的品牌是某品类的典型品牌时，消费者关于该品类的信息就会被激活。通常一个品类中的典型品牌都是具有良好声誉的品牌，当这些品牌也出现产品伤害事件时，这些品牌的相关信息就会被认为是具有诊断性的（Barsalou，1985）。有良好品牌声誉的企业往往是行业的标杆，拥有先进可靠的工艺技术和规范科学的管理经验，在消费者心目中占据了独特的位置，并与行业中其他企业明显区别开来。而如果连这些企业都爆发产品伤害危机，消费者会认为其他品牌声誉较差的企业更加不可靠。据此推断，当品牌声誉高的品牌发生产品伤害事件时，会增加消费者的感知风险，故提出假设 H2：

H2：造成产品伤害的焦点企业的声誉越高，消费者的感知风险越大。

品牌声誉不但会对消费者的认知判断产生影响，还可能与产品伤害属性产生交互作用，进而影响溢出效应。过去的研究表明，品牌声誉与危机严重性存在交互效应，低声誉品牌危机会对竞争品牌产生正向溢出效应，高声誉品牌危机在严重性较低时不会向竞争品牌溢出，而在严重性中等、较高时会对竞争品牌产生负向溢出效应①。类似地，本研究认为当企业品牌声誉较低时，群发属性的高低并不会对消费者的风险感知判断造成差异；而当企业品牌声誉较高时，消费者会感到更高的风险。因此，本研究也推断品牌声誉对产品伤害危机群发属性与消费者感知风险之间的关系有调节作用，提出假设 H3：

H3a：当品牌声誉较低时，产品伤害危机群发属性高低对消费者感知风险的影响无显著差异。

H3b：当品牌声誉较高时，与群发属性较低的产品伤害危机相比，消费者对群发属性较高的产品伤害危机的感知风险更高。

3. 实验设计

实验采用 2（群发属性：高/低）×2（品牌声誉：高/低）组间设计，选取某高校 147 名本科生为被试。99% 的被试年龄在 18~25 岁，其中男生占 65.3%，女生占 34.7%，97.3% 的被试可支配月收入在 1000元以下。

3.1 预研究

在正式实验研究之前需要开发实验刺激物。以往产品伤害研究使用的实验刺激物包括：吹风机和果汁饮料②、饮料和笔记本电脑③、麦当劳④、牙膏⑤⑥。参照以往研究，本文选取牙膏含有疑似致癌物质三氯生的消息作为背景信息，通过小样本调查来区分声誉高/低的牙膏品牌，并测试消费者对三氯生事件的了解程度。经过网络检索与实地观察，本研究将佳洁士、黑妹、LG 竹盐、两面针、高露洁、纳爱斯等17 种牙膏品牌纳入预选范围，对某高校 60 名本科生进行问卷调查，被试需从 18 种（包含"其他"项）牙膏中选取 5 种声誉好的品牌，同时对三氯生事件了解程度进行评分。结果发现声誉排名前五的品牌分别是佳

① Siomkos, G., Triantafillidou, A., and Vassilikopoulou, A., et al.. Opportunities and threats for competitors in product-harm crises[J]. *Marketing Intelligence & Planning*, 2010, 28(6): 770-791.

② Siomkos, G. J., and Malliaris, P. G.. Consumer response to company communications during a product harm crisis[J]. *Journal of Applied Business Research(JABR)*, 2011, 8(4): 59-65.

③ Dawar, N., and Pillutla, M. M.. Impact of product-harm crises on brand equity: The moderating role of consumer expectations[J]. *Journal of Marketing Research*, 2000, 7: 215-226.

④ 曾旺明, 李蔚. 产品伤害事件对消费者品牌忠诚度的影响机制研究[J]. 中国流通经济, 2008, 7: 63-66.

⑤ 王晓玉, 晁钢令, 吴纪元. 产品伤害危机响应方式与消费者考虑集变动——跨产品类别的比较[J]. 中国工业经济, 2008, 7: 36-46.

⑥ 方正. 产品伤害危机应对方式对顾客感知危险的影响——基于中国消费者的实证研究[J]. 经济体制改革, 2007, 3: 173-176.

洁士(55人)、云南白药(42人)、高露洁(41人)、黑人(40人)以及中华(33人);声誉排名相对靠后的品牌是圣峰(4人)、舒客(2人)、舒爽(0人)、植雅(0人)以及舒适达(0人)。对于三氯生的了解程度,73%的人表示"完全没有听过",17%的人表示"听过,但是不熟悉",没有人选择"知道得很清楚"。因此,选择牙膏含三氯生致癌物质事件作为实验背景,能够避免消费者先前态度的影响。实验分组情况如表1所示。

表1 实验分组

组别	群发属性	品牌声誉	场景描述
A1	低	高	在佳洁士牙膏中检测出含有三氯生
A2	低	低	在舒爽牙膏中检测出含有三氯生
B1	高	高	在高露洁360全效系列牙膏、佳洁士部分牙膏、云南白药金口健牙膏、中华牙膏中检测出含有三氯生
B2	高	低	在舒爽高效去渍系列牙膏、上海防酸系列牙膏、舒客全效牙膏、圣峰牙膏中检测出含有三氯生

为增加模拟情景背景的可信度,根据新闻报道改编①,以产品伤害事件群发属性低、品牌声誉高的情景为例,被试将读到如下文字:

"近日,质检部门接到举报,声称目前市面所售部分牙膏中含有疑似致癌物质。经有关部门检查发现,只在佳洁士牙膏中检测出含有三氯生。三氯生具有杀菌速度快、效果明显并且价格低廉的优点,曾经作为一种常用添加剂用于牙膏生产。早在2005年,就有研究人员发现,三氯生能够和经氯消毒的水反应生成三氯甲烷(俗称"哥罗芳"),如果吸入大量三氯甲烷,就会导致头晕、恶心、消沉和肝病,有些时候甚至导致癌症。在2010年,我国就明文规定禁止在牙膏等日化用品中添加三氯生。"

3.2 变量测量

根据造成产品伤害危机的焦点企业数量将群发属性分为高(多个企业涉及)、低(一个企业涉及)两类。危机群发属性的操作性定义及量表参照祝瑶(2010)的做法,通过4个问题来测量群发属性高低:"此次产品伤害事件只涉及一家企业"(反向计分);"只有一家企业在牙膏中添加三氯生"(反向计分);"此次产品伤害事件涉及多个企业";"多个企业在牙膏中添加了三氯生"。感知风险量表题项借鉴 Cunningham(1967)和 Siomkos(1994)的研究,包括以下3个问题:"您认为现在购买任意品牌牙膏承受的风险很高";"您认为其他品牌牙膏含有三氯生的可能性很大";"您认为使用含有三氯生的牙膏带来的危险很大"。上述量表均采用李克特7点量表计分(1表示完全不同意,7表示完全同意),群发属性与感知风险的内部一致性系数分别为0.98、0.72。

4. 数据分析

4.1 操控检验

为检验产品伤害危机群发属性高低操控的有效性,运用单因素方差分析对各组产品伤害危机群发属

---

① 原报道见2011年9月3日的《钱江晚报》,本研究将其改为《北京青年报》。

性评分进行测算。被试对 B1、B2 两组群发属性评分显著高于对 A1、A2 两组的评分（$M_{B1B2} = 6.19$，$M_{A1A2} = 2.56$，$F(1, 145) = 615.389$，$p < 0.01$），以上分析结果表明对产品伤害危机群发属性高低水平的实验操控是有效的。

4.2 方差分析

以产品伤害危机群发属性（低记为 0，高记为 1）、品牌声誉（低记为 0，高记为 1）为自变量，以感知风险、行业态度为因变量，以性别、年龄为控制变量，进行方差分析（ANOVA）。表 2 显示，产品伤害危机群发属性显著影响感知风险，群发属性较低组的感知风险低于群发属性较高组（$M_{群发属性低} = 4.14$，$M_{群发属性高} = 4.69$，$F(1, 141) = 10.040$，$p < 0.01$）；品牌声誉显著影响感知风险，声誉较低品牌的感知风险低于声誉较高品牌（$M_{声誉低} = 4.09$，$M_{声誉高} = 4.74$，$F(1, 141) = 13.874$，$p < 0.01$）；产品伤害危机群发属性与品牌声誉交互项对感知风险的影响边缘显著（$F(1, 141) = 3.769$，$p = 0.054$）。当企业声誉较低时，产品伤害危机群发属性对消费者感知风险影响的差异并不显著（$M_{群发属性低} = 3.93$，$M_{群发属性高} = 4.23$，$F(1, 70) = 1.447$，$p > 0.05$）；当企业声誉较高时，消费者对群发属性较高的产品伤害危机的感知风险高于群发属性较低的危机（$M_{群发属性低} = 4.31$，$M_{群发属性高} = 5.19$，$F(1, 73) = 13.775$，$p < 0.01$）（见图 1）。

表 2 　　　　　　　　　　　　　　　方差分析（ANOVA）

自变量	因变量	Type Ⅲ Sum of Squares	df	Mean Square	F	Sig.
群发属性		10.966	1	10.966	10.040	0.002
品牌声誉	感知风险	15.154	1	15.154	13.874	0.000
群发属性×品牌声誉		4.117	1	4.117	3.769	0.054

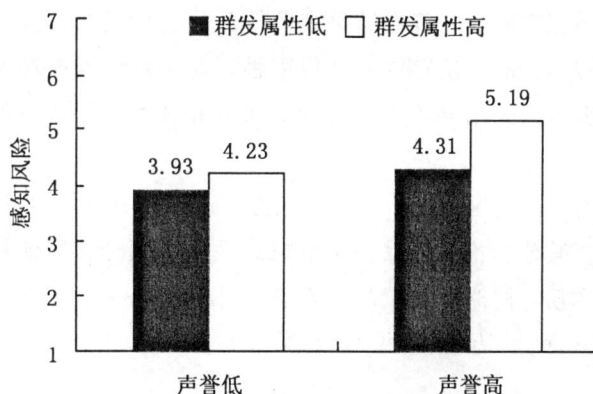

图 1　群发属性与品牌声誉对感知风险的影响

5. 结论与讨论

关于产品伤害危机的研究常常从危机属性层面考虑溢出效应或是对消费者的影响。危机属性的划分方式多种多样，包括危机严重程度、危机归因、性能/道德危机、可辩解/不可辩解等，而本文引入激活扩散理论，根据产品伤害危机涉及焦点企业数量将产品伤害危机划分为群发属性高/低两种，这种全新的划分方式使得产品伤害危机研究不再从单一企业视角出发。对溢出效应的讨论则使产品伤害危机的研究从企业层面上升到行业层面，因此本研究在一定程度上丰富了产品伤害危机的相关文献。

具体而言，本研究通过 2×2 的实验研究，综合考察了产品伤害危机的群发属性与品牌声誉对消费者感知风险的影响。研究结果表明，群发属性高的危机比群发属性低的危机会导致更高水平的感知风险，造成产品伤害危机的企业品牌声誉越高，消费者感知风险越大。此外，当焦点企业品牌声誉较低时，产品伤害危机群发属性高低对感知风险影响的差异不大；但当焦点企业品牌声誉较高时，群发属性高的危机比群发属性低的危机的感知风险更高。

本研究结论有重要的现实意义。许多企业不顾法律与道德的约束去谋取非法利润，各种产品伤害事件逐渐演变为全行业的产品伤害危机，给消费者造成了严重的经济、健康、精神损失。当造成产品伤害危机的是声誉较小的企业和品牌时，即使企业数量多，对整个行业的负面影响也还是有限的。但当知名企业、品牌也涉嫌违法违规时，对消费者造成伤害则是巨大的，而如果声誉高的品牌数量较多时，对社会的危害、对行业的打击也是巨大的。在三鹿三聚氰胺毒奶粉事件发生以后，其他知名品牌奶粉不断被曝出各种质量安全事件，这些事件巨大的溢出效应直接导致消费者对国内奶粉的恐惧，消费者纷纷通过各种途径抢购境外奶粉。因此企业决策者应该有长远目光，不能只顾眼前利益而伤害消费者，屈从于行业"潜规则"的短期行为只会损害企业利益与行业发展的未来。

从行业的视角来看，具有较好品牌声誉的企业犯错误会增加消费者对同类产品的风险感知，对整个行业都造成极大打击，对于经营者而言，不可抱有侥幸心理盲从行业"潜规则"。此外，监管部门一定要恪守职责，对违法违规的企业严加惩处，防范个别企业的错误行为演变为行业"潜规则"，谨防单个企业的产品伤害事件发展成行业危机，勿使民众对民族品牌失去信心。扶植一个行业十分不易，而毁掉一个行业却只需要一场产品伤害危机。

6. 不足与展望

本文采用了学生样本的模拟实验法，研究结果表明产品伤害危机的群发属性与品牌声誉对消费者感知风险都能产生影响。但模拟实验的方法存在一些局限性，对变量的操控在保障内部效度的同时会影响研究的外部效度。以后的研究可以采用涵盖不同职业、收入和教育水平人群的问卷调查，使研究结论的广泛适用性得到进一步证实。

本文引入激活扩散理论对产品伤害危机从群发属性方面进行划分有一定的创新性，在今后的研究中，可以进一步根据信息扩散或者其他理论对产品伤害危机属性进行划分，以期从多个视角更为全面地剖析研究现象，反映事件背后的本质。同时，除了品牌声誉之外，还存在一些重要因素需要详加考虑（例如，产品伤害危机的归因、顾客满意度、品质关系、企业类型等），用以对时下各种产品伤害危机进行更具体的解释。

（作者电子邮箱：fjjing@ mail. hust. edu. cn；cclovexn@163. com；tuming586@126. com）

参考文献

[1] 方正. 产品伤害危机应对方式对顾客感知危险的影响——基于中国消费者的实证研究[J]. 经济体制改革，2007，3.

[2] 方正. 产品伤害危机的概念、分类与应对方式研究[J]. 生产力研究，2007，4.

[3] 王晓玉，晁钢令，吴纪元. 产品伤害危机响应方式与消费者考虑集变动——跨产品类别的比较[J].

中国工业经济, 2008, 7.

[4] 王晓玉, 晁钢令. 企业营销负面曝光事件研究述评[J]. 外国经济与管理, 2009, 2.

[5] 佘秋玲, 阎俊. 消费者抵制的心理机制研究[J]. 营销科学学报, 2010, 6(2).

[6] 曾旺明, 李蔚. 产品伤害事件对消费者品牌忠诚度的影响机制研究[J]. 中国流通经济, 2008, 7.

[7] Ahluwalia, R., Unnava, H. R., and Burnkrant, R. E.. The moderating role of commitment on the spillover effect of marketing communications[J]. *Journal of Marketing Research*, 2001, 10.

[8] Barsalou, L. W.. Ideals, Central tendency, and Frequency of instantiation as determinants of graded structure in categories[J]. *Journal of Experimental Psychology: Learning, Memory, and Cognition*, 1985, 11(4).

[9] Balachander, S., and Ghose, S.. Reciprocal spillover effects: A strategic benefit of brand extensions [J]. *Journal of Marketing*, 2003, 6.

[10] Collins, D.. Organizational harm, Legal condemnation and stakeholder retaliation: A typology, Research agenda and application[J]. *Journal of Business Ethics*, 1989, 8(1).

[11] Collins, A. M., and Loftus, E. F.. A spreading-activation theory of semantic processing[J]. *Psychological Review*, 1975, 82(6).

[12] Coombs, W. T.. Protecting organization reputations during a crisis: The development and application of situational crisis communication theory[J]. *Corporate Reputation Review*, 2007, 10(3).

[13] Dawar, N., and Pillutla, M. M.. Impact of product-harm crises on brand equity: The moderating role of consumer expectations[J]. *Journal of Marketing Research*, 2000, 7.

[14] Feldman, J. M., and Lynch, J. G.. Self-generated validity and other effects of measurement on belief, Attitude, Intention, and Behavior[J]. *Journal of applied Psychology*, 1988, 73(3).

[15] Keh, H. T., and Xie, Y.. Corporate reputation and customer behavioral intentions: The roles of trust, Identification and commitment[J]. *Industrial Marketing Management*, 2009, 38(7).

[16] Laufer, D., and Coombs, W. T.. How should a company respond to a product harm crisis? The role of corporate reputation and consumer-based cues[J]. *Business Horizons*, 2006, 49(5).

[17] Mowen, J. C., and Ellis, H. W.. The product defect: Management and consumer implications[J]. *Review of Marketing*, 1981, 10.

[18] Menon, G., Raghubir, P., and Schwarz, N.. Behavioral frequency judgments: An accessibility-diagnosticity framework[J]. *Journal of Consumer Research*, 1995, 5.

[19] Pullig, C., Netemeyer, R. G., and Biswas, A.. Attitude basis, Certainty, and Challenge alignment: A case of negative brand publicity[J]. *Journal of the Academy of Marketing Science*, 2006, 34(4).

[20] Siomkos, G. J., and Kurzbard, G.. The hidden crisis in product-harm crisis management[J]. *European Journal of Marketing*, 1994, 28(2).

[21] Smith, L.. Media strategies in product liability crises[J]. *Of Counsel*, 2003, 22(9).

[22] Siomkos, G., Triantafillidou, A., and Vassilikopoulou, A. et al.. Opportunities and threats for competitors in product-harm crises[J]. *Marketing Intelligence & Planning*, 2010, 28(6).

[23] Siomkos, G. J.. On achieving exoneration after a product safety industrial crisis[J]. *Journal of Business & Industrial Marketing*, 1999, 14(1).

[24] Siomkos, G. J., and Malliaris, P. G.. Consumer response to company communications during a product harm crisis[J]. *Journal of Applied Business Research(JABR)*, 2011, 8(4).

[25] Votola, N. L. , and Unnava, H. R. . Spillover of negative information on brand alliances [J] . *Journal of Consumer Psychology*, 2006, 16(2).

A Study of Negative Spillover Effect of Product Harm Crisis' Pervasiveness

Jing Fengjie[1]   Cui Cong[2]   Tu Ming[3]

(1 School of Business, East China University of Science and Technology, Shanghai, 200237;

2, 3 School of Management, Huazhong University of Science and Technology, Wuhan, 430074)

Abstract: These years product-harm crisis has developed from a single accident to industry crisis, which causes serious damage to the consumer and also makes the industry suffer a heavy blow. The present study uses spreading activation theory to discuss the negative spillover effect of product-harm crisis' pervasiveness and brand reputation. The result of an experimental research reveals that consumers' perceived risk is higher when product-harm crisis' pervasiveness is high or the brand reputation is high. Furthermore, the moderator effect of brand reputation has been confirmed that product-harm crisis' pervasiveness has no significant effect on the consumers' perceived risk when brand reputation is low, while consumers perceive higher risk when the brand reputation is high.

Key words: Product-harm crisis; Pervasiveness; Brand reputation; Perceived risk; Spill-over effect

国外居民能源消费行为研究述评[*]

● 杨君茹[1]   翟姣莉[2]

（1，2 中南财经政法大学工商管理学院   武汉   430073）

【摘 要】自 20 世纪 70 年代起，居民能源消费问题引起了诸多国外学者的关注。本文对这些研究的述评包括三个方面：居民能源消费行为的影响因素研究、居民能源消费行为研究的理论框架、对居民能源消费行为的引导和干预措施。本文认为未来的研究方向是，以跨学科的视野进行整合研究，对干预行为的研究需关注居民能源消费行为是否具有持续性及为不同类型居民量身打造针对性措施。

【关键词】居民   能源消费行为   干预

1. 引言

自 20 世纪 70 年代起，能源消费成为上自政府下至民众普遍关心的一个重要话题。1973—1979 年的石油危机给当时人们的生活带来了极大不便，让人们意识到了石化能源供给不是没有限制的。20 世纪 80 年代至今，使用石化能源造成的环境恶化和气候异常又成为一个新的焦点。这些现实使得能源保护和有效使用能源成为需要严肃考虑的问题，同时也引发了对于如何最有效地减少能源使用等信息的迫切需求。在这样的背景下，学者们展开了对居民能源消费行为的研究，以期能为政府、居民及相关组织提供有价值的信息和理论指导。

世界各国政府曾经把能源需求管理的重点放在工业用能上，对居民私人领域用能有所忽视，但近十几年来情况发生了变化。从现实来看，居民私人领域的能源消费行为是否低碳不仅直接影响居民能源消费的结构、规模和增长速度，而且也间接影响居民对工业产品的消费价值判断和选择。有报告显示，在经合组织国家中，居民家庭能源消费量约占整个组织能源消费量的 15% ~ 20%；而 EIA（Energy Information Administration）的调查数据显示，在 2009—2011 年的 3 年里，美国居民家用电器和电子产品的用电量从 17% 增至 31%，几乎翻了一番①。因此探讨居民的能源消费是极其重要的。

在国外的相关研究文献中，和本文谈及的居民能源消费行为（residential energy consumption behavior）概念基本雷同的还包括"居民能源行为"、"家庭能源使用"、"居民节能行为"等，主要指居民在私人领域的

---

* 本文受教育部人文社科基金"中国城市居民低碳消费选择的驱动因素及决策过程研究"（项目批准号：10YJC630330）的资助。

① Unander, F., Ettestol, I., Ting, M. and Schipper, L.. Residential energy use: An international perspective on long-term trends in Denmark, Norway, and Sweden[J]. *Energy Policy*, 2004, 32(12): 1395-1404.

能源消费行为。具体而言，不同学者的界定和分类包括：Van Raaij 和 Verhallen 将居民的能源消费定义为与购买、维护和使用等行为相关的能源消费行为①；Van Diepen 将家庭能源消费定义为住宅能源使用和交通能源使用②；在 Linden 等的研究中，则将居民能源行为分为取暖和照明、清洁、餐饮和娱乐等用途的能源使用行为③。

2. 居民能源消费行为的影响因素研究

影响因素是理解居民能源消费行为的起点，也是进一步深入探讨干预行为的基础。该领域研究的最终目的是促进人们的节能行为，因此多将能源消费行为视为环境行为进行研究。但由于能源消费行为的复杂性，不同学者基于不同学科视角其关注的侧重点也各不相同。总体上看，一般认为居民能源消费行为的影响因素包括内部因素、外部因素、习惯和惯例、社会人口统计学因素四类。

2.1 内部因素

学者们多将内部因素等同于特定心理意识因素，包括消费者的知识、信念、责任、价值观、动机、态度等。多数研究者认为消费者具有的能源和环境知识、生态价值观、环境态度和责任意识等会影响其节能消费行为。例如：Olsen 认为居民对能源的消费态度可能通过其信念来影响行为，这种信念可以是节能能带来个人利益或者节能是一种社会责任等④。Kahneman 和 Knetsch 认为人们可能因为一种道德上的责任而采取亲环境行为⑤。Jaber 等使用模糊逻辑方法研究显示居民的节能意识低与节能知识不足有关⑥。Ek 和 Sardianou 均认为当被访者自诉环境态度积极时，其对能源使用和清洁电力的行为也比较敏感和积极⑦⑧。

尽管多数研究证明了心理类因素对节能等环境行为的影响，但也有学者指出这种影响是微弱的、不明显的。例如，Pickett 等的研究就表明环境知识对环保行为无显著影响⑨。Thogersen 和 Olander 则认为在环境保护行为方面，价值观的直接影响是很微弱的⑩。这可能是由于节能等环境行为本身的特殊性（例如：个体节能行为效果不显著；对环境的危害多数情况下难以察觉；多数情况下的环境问题是"眼不见、心不

---

① Van Raaij, Verhallen, T.. A behavioral model of residential energy use[J]. *Journal of Economic Psychology*, 1983, 3(I): 39-63.

② Van Diepen, A.. *Households and their spatial-energetic practices, searching for sustainable urban forms*[D]. University of Groningen, 2000, 2-5.

③ Linden, A. L., Carlsson-Kanyama, A., and Eriksson, B.. Efficient and inefficient aspects of residential energy behavior: What are the policy instruments for change? [J]. *Energy Policy*, 2006, 34: 1918-1927.

④ Olsen. Consumers' attitudes toward energy conservation[J]. *Journal of Social Issues*, 1981, 37(2): 109-131.

⑤ Kahneman, D., Knetsch, J. L.. Valuing public-goods—the purchase of moral satisfaction [J]. *Journal of Environmental Economics and Management*, 1992, 22(1): 57-70.

⑥ Jaber, J.O., Mamlook R., Awad W.. Evaluation of energy conservation programs in residential sector using fuzzy logic methodology[J]. *Energy Policy*, 2005, 33(10): 1329-1338.

⑦ Ek, K.. Public and private attitudes towards "green" electricity: The case of Swidish wind power[J]. *Energy Policy*, 2005, 33(13): 1677-1689.

⑧ Sardianou E., Estimating energy conservation patterns of Greek households[J]. *Energy Policy*, 2007, 35(7): 3778-3791.

⑨ Poortinga, Wouter, Steg and Vlek. Environmental concern and environmental behavior: Astudy into household energy use [J]. *Environment and Behavior*, 2004, 36(1): 70-93.

⑩ John Thogersen and Folke Olander. Human values and the emrgence of a sustainable consumption pattern: Apanel study[J]. *Journal of Economic Psychology*, 2002, 23(5): 605-630.

烦"等），在许多情境下的研究结果显示出心理类因素对节能行为的影响是微弱的。

2.2 外部因素

外部因素强调外在激励及制约因素对节能行为的影响，包括技术可得性、便利性、物质诱因、社会规范、人际影响、法律法规、政策支持等。

一些研究发现经济上的节约和可观察的能源利用方式比环境信念和态度更具激励作用①。Von Weizaecker 和 Jesinghaus 也指出个人可能受经济利益的驱使而采取亲环境行为。例如，在高汽油税的国家，居民使用汽车的频率要明显低于那些低汽油税的国家②。Jaber 也指出通过财政援助等方法能鼓励居民节能③。

Rosenquist 等对美国的研究显示，规范、提高现有民用和商用设备的能效标准，可使国家在节能方面获得可持续的利益④。Hondo 等对日本的研究显示，住宅光伏系统的安装影响人们有关能源和环境的关注，从而影响人们的能源消费行为⑤。这些研究表明社会技术水平会影响居民的节能行为。

社会规范对居民能源使用行为也有一定的影响，Garling 等人的研究发现社会规范所产生的压力对居民能源消费行为具有显著影响⑥。EK 等的研究发现：除成本外，社会交往、社会互动和媒体引导传递出的信息及形成的无形规范能影响居民的节能行为⑦⑧。

2.3 习惯和惯例

人们的部分行为有时是出于习惯和惯例，他们在做出行为时并没有经过认真的思考，例如灯的开关、使用电器和设置供热系统的温控级别等。因此，习惯和惯例对居民能源消费行为的影响重大。而这也是诸多有关环境行为研究中由态度到行为关系较弱的原因所在。

虽然习惯和惯例往往根深蒂固，但是，学者们从实证方面对一些亲环境行为所作的研究表明，在适当的条件下居民的行为是可以改变的。Verplanken 等认为，对于弱习惯，可以采用教育或信息暗示来引导消费者进行自我控制以达到目的；但对于强习惯，则必须改变情境结构（context structure），使消费者摆脱对结构情境框架（structural conditions framing）的依赖⑨⑩。

---

① Dwyer, Wiluam O. , and Frank C. Leeming et al. . Critical review of behavioral interventions to preserve the environment [J]. *Environment and Behavior*, 1993, 25(5)：275-321.

② Von Weizaecker, E. U. , and Jesinghaus, J. . Ecological tax reform[M]. New Jersey：Zed Books, 1992：120-189.

③ Jaber, J. O. , Mamlbook, R. , and Awad, W. . Evaluation of energy conservation programs in residential sector using fuzzy logic methodology[J]. *Energy Policy*, 2005, 33(10)：1329-1338.

④ Rosenquist, G. , and Mcneit, M. et al. . Energy efficiency standards for equipment：Additional opportunities in the residential and commercial sectors[J]. *Energy Policy*, 2006, 34(17)：3257-3267.

⑤ Hondo, H. , and Baba, K. . Socio-psychological impacts of the introduction of energy technologies：Change in environmental behavior of households with photovoltaic systems[J]. *Applied Energy*, 2010, 87(1)：229-235.

⑥ Garling, T. , and Fujii, S. et al. . Moderating of social value orientation on determinants of pro-environmental behavior intention[J]. *Journal of Environmental Psychology*, 2003, 23：1-9.

⑦ Ek, K. . Public and private attitudes towards "green" electricity：The case of Swidish wind power[J]. *Energy Policy*, 2005, 33(13)：1677-1689.

⑧ Ek, K. , and Soderholm, P. . Households' switching behavior between electricity suppliers in Sweden[J]. *Utilities Policy*, 2008, 16(4)：254-261.

⑨ Verplanken, B. , and Wendy, W. . Interventions to break and create consumen habits[J]. *Journal of Public Policy & Marketing*, 2006, (25)：90-103.

⑩ Eriksson, L. J. G. , and Annika, M. N. . Interrupting habitual car use：The importance of car habit strength and moral motivation for personal car use reduction[R]. *Transportation Research Part F：Traffic Psychology and Behaviour*, 2008, 11：10-23.

习惯和惯例是影响人们消费行为最复杂的因素，也是研究中最具挑战性的部分。寻求节能等低碳消费行为习惯化、日常化也是该领域学者们研究的目的之一。

2.4 社会人口统计学因素

社会人口统计学因素包括居民个体的年龄、性别、受教育水平、职业及居民所在家庭的规模、家庭类型、住所类型、家庭收入等因素。

相关研究文献发现，关心环境及生态问题的消费者多是年轻人、较高收入阶层、受教育水平较高者、较高职业阶层和较高经济社会地位的群体。这类群体更多地具备节能的意识、态度和价值观①。然而，这类群体更崇尚新的生活方式、更需要快捷便利及省时的生活节奏。从这个角度看这类群体的家庭耗能和人均耗能反而更高。部分学者指出社会人口统计学因素与节能行为关系并不稳定。

但同时也有部分学者研究得出了两者相关性的结论。Poortinga 等指出，收入、家庭规模和家居能源、交通能源的使用显著相关，而仅仅使用态度变量（如价值观）不足以解释节能等环境行为②。Sardianou 和 Druckman 分别对希腊、英国的家庭节能行为进行研究，结果表明，收入水平、家庭规模对节能行为有很强的解释力，年龄与节能意愿则呈现负相关③④。对性别的研究也显示，女性比男性更关注节能。

3. 居民能源消费行为研究的理论框架

对于不同因素如何影响居民节能等环境行为，学者们提出了多个研究的基本理论框架，研究集中于社会心理学和社会学领域。这些理论框架提供了理解消费者节能行为的基本思路。同时，这些理论框架为实证检验不同条件下不同因素与节能行为之间的关系提供了基础，相关研究主要集中在以下方面：

3.1 价值—信念—规范（Value-Belief-Norm，VBN）理论

该理论结合了心理学的价值理论、社会心理学的规范激励理论和环境社会学的新生态学范式理论，通过对环境持有的价值观、信念和规范三种变量之间的作用来解释包括节能在内的环境行为的形成。相关研究基于道德、价值观、个人规范决定着人们节能等环境行为的认识展开，学者们利用 VBN 或其中的一种基础理论对居民的能源消费行为进行了大量的实证研究⑤。

3.2 计划行为理论（Theory of Planned Behavior，TPB）

该理论认为个体具有的某种特定行为意向决定于行为的可能结果（行为信念）、主要参考的个人或团体的规范性期望（规范性信念）、所需的资源和潜在的障碍（控制信念），即 TPB 假定人们形成行为意图是基于他们的态度、主观规范和行为控制的看法，并且这些意图是行为的直接决定因素。在一定程度上感

---

① Singh, Narendra. Exploring socially responsible behaviour of Indian consumers: An empirical invistigation [J]. *Social Responsibility Journal*, 2009, 5(2): 200-211.

② Poortinga, Wouter, Steg, and Vlek. Environmental concern and environmental behavior: A study into household energy use [J]. *Environment and Behavior*, 2004, 36(1): 70-93.

③ Sardianou, E.. Estimating energy conservation patterns of Greek households [J]. *Energy Policy*, 2007, 35(7): 3778-3791.

④ Druckman, A., and Jackson, T.. The carbon footprint of UK households 1990-2004: A socio-economically disaggregated, Quasimulti-regional input-output model[J]. *Ecological Economics*, 2009, 68(7): 2066-2077.

⑤ Stern, P. C., Dietz, T., and Abel, T., Guagnano, G. A., and Kalof, L. A value-belief-norm theory of support for social movements: The case of environmenalism[R]. *Research in Human Ecology*, 1999, 6(2): 81-97.

知行为控制(控制信念)反映了客观实际控制,它应该是一个额外的行为的直接决定因素。因此,与 VBN 理论不同,TPB 不是强调道德、价值观的重要性,而是强调效益/成本在决定行为中的重要性,也指出包括经济、技术、习惯等情境性因素对实施行为的影响。TPB 为解释能源消费行为提供了一种理论支持,部分学者以该理论为基础对节能等环境行为进行了实证检验①。

3.3　人际行为理论(Theory of Interpersonal Behavior, TIB)

人际行为理论(Triandis,1977,1980)认为人的行为受到意愿、习惯和促进性条件(外部因素)的影响。TIB 与 TPB 有很大的相似性,两者常用做解释社会行为的普遍理论,两者也都包括行为预期和规范信念影响行为的内容。它们的区别之一在于解释和预测一个给定社会行为的意愿水平的相对重要性不同,TPB 认为社会行为是在个人的自觉控制下的,TIB 则提出随着执行行为习惯力量的增加,行为意愿的影响力在下降,日常行为中的习惯成为一个重要的预测行为的因素;区别之二在于 TIB 强调行为意愿受社会结构因素的影响,在这一点上不仅包含了 TPB 中规范信念的内容,而且包括个人规范、角色信念、人际交往的约束等;区别之三是两者对限制性情境因素概念的界定存在差异,TPB 的控制信念主要是指主观感知的内容,TIB 的促进因素不是认知程度而是这些因素的客观存在,这种客观的促进因素调节意向和习惯对行为影响的程度。

近年来,TIB 越来越多地被应用于对包括节能在内的环境行为研究中,并且习惯对日常行为的影响引起了学者们新的研究兴趣。② 从某种意义上看,TIB 对节能行为的解释更有力,居民的诸多能源消费行为往往基于习惯和惯例。对于居民的节能行为受到哪些因素影响及如何有效改变,TIB 考虑得更为周全,因此和 VBN、TPB 模型相比也更为复杂。

3.4　多因素整合理论

越来越多的学者认识到影响因素是解释居民能源消费行为的关键,对影响因素的列举和分析达到了较好的完备性。显然,居民的能源消费行为并不仅受单一因素的影响,而是受多种因素的综合作用。因此,为了更加全面地理解居民包括节能在内的环境行为,部分学者提出建立综合各因素的整合模型。其中以 Stern 态度—行为—情境理论模型最有代表性,该理论将居民的环境行为视为个人态度变量和情境因素两者相互作用的结果。态度变量包括信仰、规范、价值和行为趋向,而情境因素包括经济刺激与成本、个人能力与约束、社会规范、制度与法律等③。态度(内部因素)和情境(外部因素)之间的相互作用是该模型的主要维度。由于没有考虑习惯的影响,应用到居民能源消费行为的研究时模型会缺乏解释力,其后 Stern 将态度因素、情境因素、个人能力因素、习惯和惯例纳入模型中,建立了包括节能在内的亲环境行为整合理论模型④。

此外,也有学者尝试将宏观影响因素和微观影响因素结合起来,从多视角进行整合。如 Keirstead 提出了一个包括政府、社会、市场、技术条件和居民能源消费行为等各因素在内的综合模型。这些研究模

①　Bamberg, S., and Schmidt, P.. Changing travel mode choice as rational choice: Results from a longitudianal intervention study[J]. *Rationality and Society*, 1998, 10: 223-252.

②　Bamberg, S., and Schmidt, P.. Incentives, Morlity, or Habit? Predicting students' car use for univerdity routes with the model of Ajzen, Schwartz, and Triands[J]. *Environment and Behavior*, 2003, 35(2): 264-285.

③　Stern, P. C., Thomas, D., Troy, A., Gregory, A., and Guagano, Linda K.. A value-belief-norm theory of support for social movements: The case of environmentalism[J]. *Human Ecology Review*, 1999, 6(2): 88-103.

④　Stern, P. C.. Toward a coherent theory of environmentally significant behavior[J]. *Journal of Social Issues*, 2000, 56(3): 407-424.

型都比较复杂，以其为基础进行实证检验的难度比较大，所以还有待进一步将模型运用于实证研究中。

4. 引导居民能源消费行为的干预措施研究

居民能源消费行为领域的学术研究，最终目的是评估不同类型干预措施的效果，从而找出干预人们行为的有效方法。总体上看，社会学和认知心理学视角强调内部影响因素，更多主张以宣传、教育和劝说来干预行为；经济学和应用行为分析视角强调外部影响因素，更多主张以政策、规章和赋税来干预行为。

根据 De Young 等学者的划分方式，可以将以往研究的行为干预措施划分为事前干预（如信息研讨会、节能宣传、预先设定能源消费目标及能源审计等）、事后干预（如信息反馈、激励机制等）和社会影响（如团体的影响、公开承诺机制、政策手段等）三个主要方面。

4.1 事前干预

4.1.1 信息宣传及示范

许多早期的研究主要关注信息和建议对居民节能行为的影响，前提是人们一旦了解问题的本质并知道改变行为的方法，那么他们就可能改变行为。信息宣传及示范是通过影响消费者节能的态度、价值观及节能知识进而影响行为的。

Jaber 指出对于节能的相关宣传能鼓励最终用户进行节能①。Mahmoud 对科威特的研究也显示：通过对节电活动的宣传，居民用电可在总需求量和高峰需求量上分别产生 5% 和 4% 的节电量②。但 Abrahamse 表示单靠信息并不足以让人们改变他们的能源消费行为，就算是类似的宣传活动，也可能有完全不同的效果③。而通过提供建议和相关信息来改变行为的关键在于消费者对信息来源是否充分信任及信息来源的影响力如何。实践证明基于人际关系的推荐比纯粹的节能宣传更加有效。

4.1.2 预设目标

预先设定能源消费目标实际上是给予一种承诺，违背承诺会产生一种"罪恶感"的心理效应，初期的承诺对后续行为能产生一种捆绑效应，尤其在承诺是公开和自由的选择时更会如此。可根据个体或家庭以往的能源消费行为或能源消耗量设定一个能够达到的行为改变目标或降低能耗目标，这会在一定程度上约束居民的能源消费行为。但其前提是如何影响居民对节能目标的接受，这是另一个有意义的话题。研究发现，节能目标应具有可完成性、难度适宜性，过于简单或过于复杂均影响其效果。Cameron 等的研究发现，社会和个人的因素也会影响对目标的接受④。

"预设目标"若要达到较好效果，还需要与反馈或能源审计结合起来。能源审计是通过能源供应公司、专门的机构或者能源专家向最终消费者提供具有个性化的节能信息或者有针对性的节能方法。Winett 及其

① Jaber, J. O., Mamlook, R., and Awad, W.. Evaluation of energy conservation programs in residential sector using fuzzy logic methodology[J]. *Energy Policy*, 2005, 33(10): 1329-1338.

② Mahmoud, M. A., and Alajmi, A. F.. Quantitative assessment of energy conservation due to public awareness campaigns using neural networks[J]. *Applied Energy*, 2010, 87(1): 220-228.

③ Abrahamse, W., Steg, L., and Vlek, C.. et al.. A review of intervention studies aimed at household energy conservation [J]. *Journal of Environmental Psychology*, 2005, 25: 273-291.

④ Cameron, L. D., Brown, P. M., and Chapman, J. G.. Social value orientations and decisions to take proenvironmental action[J]. *Journal of Applied Social Psychology*, 1998, 28: 675-697.

伙伴在对能源审计的研究中也发现，进行了能源审计的家庭要比没有进行的家庭在能源的使用上减少约 21%①。

4.2 事后干预

事后干预的基本路径是信息反馈、奖励或惩罚。该领域研究表明到目前为止最有效的干预措施是事后干预，其中信息反馈尤为有效。具体措施包括：

4.2.1 信息反馈

对居民能源消费的信息反馈可以采取多种形式，例如通过明信片提示、月账单对比或者新技术的应用(如显示器、智能电表)等方式提供居民能源消费反馈信息。2005 年，Darby 在其研究中将反馈分为以下几类(见表1)：

表1

反馈类型	事　　例
直接反馈	通过自抄表、能源显示器、电脑等即时获得能源消费信息
间接反馈	通过频繁的账单，如对比账单、历史账单、分类反馈账单、年度或季度报告等获得能源消费信息
无意识的反馈	社区项目
效用控制反馈	智能电表

相关研究表明反馈的效果受到反馈信息源、反馈持续性与及时性、反馈频率、反馈与目标的结合、反馈信息具体性等因素影响。

研究发现，由计算机给出的反馈信息要比由人给出的反馈信息更容易被居民接受、使用和信任②。Gwendolyn 和 Alan Lewis 在 1999 年对英国巴斯 120 个家庭长达 9 个月的监测中发现，在所有的反馈组中，安装了电脑进行能源消费信息反馈的家庭的能源消费减少量最为显著。

Wilhite 和 Ling 对挪威首都奥斯陆 600 个家庭的研究发现，通过更加频繁地向用户提供更多的能源消费账单，最终可以获得 10% 的节能效果③。这表明持续性的反馈效果明显，其原因在于持续反馈所涉及的是目前的而非过去的行为。

及时性的反馈是通过与用户系统的相互作用来及时反馈特定行为的能源耗费量，如一次机洗衣耗能。及时反馈有时对居民耗能行为的改变效果明显，当然这需要技术上的支持，在产品研发、设计时就予以考虑。另外，早在 20 世纪 70 年代，已有学者通过实证研究证明，在家庭能源使用上，每天得到信息反馈的家庭能源使用量得到明显下降。因此，每天、每周的反馈频率和每年、每季的反馈频率其效果明显不同④。

此外，正如在前文谈及的，目标和反馈是不可分割、错综复杂的。如果一个节约能源的目标并不存

①　Winett，R. A. ，Love，S. Q. ，and Kidd，C. . The effectiveness of an energy specialist and extension agents in promoting summer energy conservation by home visits[J]. *Journal of Environmental Systems*，1982，12(1)：61-70.

②　McCalley，L. T. ，and Midden，C. J. H. . Energy conservation through product-integrated feedback：The roles of goal-setting and social orientation[J]. *Journal of Economic Psychology*，2002，23(5)：589-603.

③　Wilhite，H. ，and Ling，R. . Measured energy savings from a more informative energy bill[J]. *Energy and Buildings*，1995，22：145-155.

④　Petersen，J. E. ，Shunturov，V. ，Janda，K. ，Platt，G. ，and Weinberger，K. . Dormitory residents reduce eletricity consumption when exposed to real-time visual feedback and incentives[J]. *International Journal of Sustainability*，2007，8：16-33.

在，那么反馈应该就没有作用。进一步而言，反馈效果受个体对行为结果期待的影响，即事先个体相信其行为会带来结果多大程度上的改变，也就是说与事先对行为结果的期待有关。当然，从另一方面看，无反馈的目标也是无用的。相关研究结果清楚地表明，目标设定是有效反馈的保证手段①。

4.2.2 提高社会技术水平

一些文献特别强调技术结构对居民能源消费行为的影响。实际上，多种干预措施必须借助技术水平的提高才能达到。比如，利用智能电表给予反馈，使用技术手段减少待机耗能等。

智能电表利用了智能卡、双向计量等技术，可以和直接显示装置、电视、电脑、环境显示装置等设备结合起来使用，为家庭用户提供当前的和历史的能源消费数据。另外，智能电表为能源供应商收集数据提供了便利条件，进而有助于将信息反馈给用户②。智能电表使居民更多地了解他们的能源消费情况，并为每个家庭个性化的需求提供了持续的反馈，因此可以作为行为改变的潜在工具。

有关调查显示，在发达国家，家庭电器处于待机模式所消耗的能源约占家庭电能消耗总量的10%。因此，许多研究和政府措施都关注通过技术努力来获得低待机能耗的电器，降低居民的能源消费。Kirsten的研究就是从社会技术的角度来理解消费，他认为用户的行为是技术能力和常规行为的一种合并。像电视机、录影机等家用电器待机时消耗电能的这种现象，其实代表着居民消费行为的一种特殊模式③。

4.2.3 对节能行为进行激励

西方国家政府倾向于采用补贴、减免税收、提高价格等政策推动居民自愿实施节能行为。Sardianou指出，鼓励居民节能的政策激励主要有正向激励、反向激励和限制激励三种④。正向激励主要为税收优惠或补贴；反向激励如以罚款的方式来惩罚不正确的行为、大幅提高超出限额的能源价格等；限制激励则是通过出台一些规定来限制居民的能源消费行为，进而促使居民自动进行节能，如为了减少家庭电器的待机能耗，日本和澳大利亚已经出台了地方法规，禁止出售待机能耗超过1瓦的家用电器。

经济上的激励虽然有成效，但常常受到学者们的批评。原因在于仅仅使用外部奖励或惩罚的干预被认为最小化了长期效果，因为它忽略了内部控制的力量，现有的研究也证明了这一观点。

4.3 社会影响

节能行为有时是建立对其有意义的关系或社会认可的需要，这可通过社会影响予以满足，其中常依靠非官方的社会团体。社会团体的成员一般是自愿组成，他们可通过举办一些活动或发起某项运动进行节能宣传和动员。

社会影响对个体行为的影响路径和社会心理学的研究结果相吻合，即被社会和团体认可的需要能够成为行为的强有力动机。个体将通过采取典型的态度、行为和信念以遵守群体内的准则，同时会拒绝与该群体相悖的行为准则。作为一个参照群体，社会团体既可以发挥信息性影响，也可发挥规范性影响和价值表现影响。社会影响通过信息宣传、精神奖惩、身份认同等方式影响节能行为。

---

① McCalley, L. T., and Midden, C. J. H.. Energy conservation through product-integrated feedback：The roles of goal-setting and social orientation[J]. *Journal of Economic Psychology*, 2002, 23(5)：589-603.

② Darby, S.. Social learning and public policy：Lessons from an energy-conscious village[J]. *Energy Policy*, 2006, 34(17)：2929-2940.

③ Kirsten Gram-Hanssen. Standby consumption in households analyzed with a practice theory approach[J]. *Journal of Industrial Ecology*, 2010, 14(1)：150-165.

④ Sardianou, E.. Household energy conservation patterns：Evidence form Greece [EB/OL]. http：//www.lse.ac.uk/colleetions/hellenicObservatory/pdf/2ndSymposium_ papers_ pdf/EleniSardi-anou_ paper. pdf2005, June.

2000 年，加拿大环境心理学家 Mohr 提出了基于社区的社会营销理论（Community-Based Social Marketing，CBSM），倡导从社区出发，强调团队的力量，人与人之间的沟通与协作、信任与监督，通过自发与约束相结合，来达到促使人们行为改变的目标①。该理论正是利用了社会影响，基于 CBSM 理论，西方国家在节能等低碳领域收到了效果。

5. 未来研究方向

5.1 跨学科研究

居民能源消费影响因素涉及多个学科，学者们在不同的学科背景下研究了影响居民能源消费行为的策略。然而，任何单一的学科视野只能提供有限的观点，跨学科研究将为未来更加深入地探讨这一问题提供更加广泛和丰富的土壤。

5.2 实验研究存在的问题

对居民能源消费行为进行干预的实证研究，多采用实验研究方法，其中存在的问题有：研究设计中的介入技术常常导致无法分离的因素影响，使研究结论受到限制；对于维持行为改变的研究基本没有涉及，而这恰恰是非常重要的。促进行为的持续改变，"前因—行为—后果"路径显然卓有成效，相关研究还需要综合前因和后果的介入措施。

5.3 为居民提供量身定制的信息

在为居民提供家庭节能信息时，量身定制的信息能更加有效地改变人们的能源消费行为。那么针对特定人群的需要、环境和行为，怎样才能定制出最有效的信息呢？对于这个问题尚未有定论。量身定制出个性化的节能信息可以基于不同的标准，如居民目前的能源消费行为、动机、所处节能状态阶段等。与此相关的研究极少，未来将是一个研究重点。

（作者电子邮箱：yangjunru2004@126.com）

参考文献

[1] Abrahamse, W., Steg, L., and Vlek, C. et al.. A review of intervention studies aimed at household energy conservation [J]. *Journal of Environmental Psychology*, 2005, 25.

[2] Abrahamse, W., and Steg, L.. How do socio-demographic and asychological factors relate to households direct and indirect energy use and savings? [J]. *Journal of Economic Psychology*, 2009, 30(5).

[3] Bamberg, S., Ajzen, I., and Schmidt, P.. The roles of past behavior, Habit, and Reasoned action [J]. *Basic and Applied Social Psychology*, 2003, 25.

[4] Benders, R. M. J., Kok, R., and Moll, H. C. et al.. New approaches for household energy conservation-In search of personal household energy budgets and energy reduction options [J]. *Energy Policy*, 2006, 34

---

① McKenzie-Mohr, D.. Promoting sustainable behavior: An introduction to community-based social marketing [J]. *Journal of Social Issues*, 2000, 56(3): 543-554.

(18).

[5] Blake, J.. Overcoming the value-action-gap in environmental policy: Tension between national policy and local experience [J]. *Local Environment*, 1999, 4(3).

[6] Darby, S.. Social learning and public policy: Lessons from an energy-conscious village [J]. *Energy Policy*, 2006, 34(17).

[7] De Young, R.. Changing behavior and making it stick-The conceptualization and management of conservation behavior [J]. *Environment and Behavior*, 1993, 25(4).

[8] Ek, K., and Soderholm, P.. Households' switching behavior between electricity suppliers in Sweden [J]. *Utilities Policy*, 2008, 16(4).

[9] Guagnano, Gregory, A., Paul C. Stern, and Thomas Dietz. Influences on attitude-behavior relationships—A natural experiment with curbside recycling [J]. *Environment and Behavior*, 1995, 27(5).

[10] Garling, Tommy, and Daniel Eek et al.. A conceptual analysis of the impact of travel demand management on private car use [J]. *Transport Policy*, 2002, 9(1).

[11] Han, H., Hsu, L. T. J., Lee, J. S., and Sheu, C.. Are lodging customers ready to go green? An examination of attitudes, Demographics, and Eco-friendly intentions [J]. *International Journal of Hospitality Management*, 2011, 30.

[12] Hines, J. M., Hungerford, H. R., and Tomera, A. N.. Analysis and synthesis of research on responsible pro-environmental behavior: A meta-analysis [J]. *Journal of Environmental Education*, 1986, 18(2).

[13] Katzev, R. D., and Johnson, T. R.. *Promoting energy conservation: An analysis of behavioral research* [M]. London: Westview Press, 1987.

[14] McCalley, L. T., and Cees J. H. Midden. Energy conservation through product-integrated feedback: The roles of goal-setting and social orientation [J]. *Journal of Economic Psychology*, 2002, 23(5).

[15] Munksgaard, J., Pedersen, K., and Wier, M.. Impact of household consumption on CO_2 emissions [J]. *Energy Economics*, 2000, 22(4).

[16] Schuitema, G., Steg, L., and Forward, S.. Explaining differences in acceptability before and acceptance after the implementation of a congestion charge in Stockholm [R]. *Transportation Research Part A: Policy and Practice*, 2010, 44(2).

[17] Stern, P. S., Dietz, T., and Karlof, L.. Values orientation, Gender, and Environmental concern [J]. *Environment and Behavior*, 1993, 25(3).

[18] Stern, P., Dietz, T., Ruttan, V., Socolow, R., and Sweeney, J.. *Environmentally significant consumption* [M]. Washington, D. C.: National Academies Press, 1997.

[19] Triandis, and Harry, C.. *Interpersonal behaviour* [M]. Monterey, CA: Books/Cole, 1977.

[20] Weber, C., and Perrels, A.. Modelling lifestyle effects on energy demand and related emissions [J]. *Energy Policy*, 2000, 28(8).

Review of Researches on Foreign Residential Energy Consumption Behavior

Yang Junru[1]   Zhai Jiaoli[2]

(1, 2 Business Administration School of Zhongnan University of Economics and Law, Wuhan, 430073)

Abstract: Residential energy consumption behavior has aroused much attention from foreign researchers since the 1970s. This paper reviews the extant literatures in this field from three aspects: antecedents of residential energy consumption, theory of residential energy consumption, and how to affect residential energy consumption. The authors also suggest some directions for future studies, including, integrated research from the interdisciplinary perspective, paying more attention to the sustainability of residential energy consumption, and customized measure for different residents.

Key words: Resident; Energy consumption behavior; Intervene

企业渠道冲突解决研究：一个整合的视角[*]

● 张广玲[1]　李　伟[2]

（1，2　武汉大学经济与管理学院　武汉　430072）

【摘　要】本文在国内外文献的基础上，探讨了三个方面的内容：一是概括和归纳了三类渠道冲突解决方式；二是从内部视角、外部视角和交互视角阐述了影响渠道冲突解决的各种因素；三是讨论了渠道冲突解决的行为结果。另外，挖掘了一些研究中的不足。最后，提出一个概括性的研究框架。

【关键词】冲突　渠道冲突　冲突解决

"渠道冲突"一直是渠道关系研究领域中的重要课题。在渠道关系发展过程中，渠道冲突更被认为是渠道关系的本质（Bradford et al.，2003；Hagel & Brown，2005）。大量实证研究表明，渠道冲突对企业绩效存在明显的负面影响（Duarte & Davies，2003），因此企业能否有效地解决冲突，将关系到企业营销渠道运行的效率，也影响着企业的整体效益（周筱莲和庄贵军，2004）。特别是在我国的市场环境中，"市场通路表现出了更高的复杂性和动态性……渠道冲突也变得非常复杂"[①]，因此，系统探讨企业如何解决渠道冲突是很有现实意义的。本文将在现有研究成果的基础上，对渠道冲突解决的方式、影响因素及行为结果等问题做进一步讨论。

1. 渠道冲突解决的方式

渠道冲突在渠道关系中是不可避免的，Samaha、Palmatier 和 Dant（2011）将冲突视为关系破坏的重要因素之一。所以，对于渠道成员而言，寻求合适的渠道冲突解决办法甚为关键。但是，系统梳理文献后笔者发现，渠道冲突解决的方式种类较多，归类标准却不统一，大体上可以概括为三类。

1.1　"制度化解决"与"过程化解决"

1.1.1　制度化解决（institutionalized）

在早期的关于冲突解决机制的研究中，制度化解决被广泛提到。这种方式是指一些用来解决冲突的政策手段。例如：贸易组织联合委员会（joint membership）、分销商理事会（distributor council）、管理层交流（executive exchange）、调停和仲裁等（Assael，1968；Dant & Schul，1992）。

＊　本研究获国家自然科学基金项目"垂直渠道系统中冲突解决机制研究"（项目批准号：71172209）的资助。

①　吴水龙，卢泰宏. 渠道管理掌控中国企业生命线［J］. 销售与市场（战略版），2008，12：40-45.

1.1.2 过程化解决

所谓"过程化解决"是指用来解决冲突的具体行为。有关过程化解决机制在组织行为研究文献中广泛被提到(Dant & Schul, 1992)。March 和 Simon(1958)将组织对冲突的反应分为四个不同过程:问题解决(problem solving);说服(persuasion);谈判(bargaining);政治手段(politics)。在多篇经典的冲突解决研究文献中,这种分类被广为引用(Dant & Schul, 1992)。其中,"问题解决"是指通过整合双方的需求而解决冲突(Ganesan, 1993),最终实现一个共同目标;"说服"是指双方均试图改变彼此的观点或决定(目标不是共同的);"谈判"是一种零和博弈导向的手段;"政治手段"意味着利用人际关系方式解决冲突的失败,涉及第三方的参与①。

1.2 "向心式解决"与"离心式解决"

两者的区别在于:第一,"向心式解决"方式通过调和渠道成员间的利益,以期实现共赢(win-win),如问题解决、妥协等方式。该方式涉及双方信息的公开和交换以及联合共同决策。此过程中渠道双方因涉及关键信息的交换和公开,故被认为是"高风险"(high-risk)的。第二,"离心式解决"方式则是指企业本着自身利益最大化,以及"我赢彼输"(win-lose)的导向来解决冲突,如支配、回避等方式。此过程中渠道双方不会有信息的交换,故此方式不存在信息损失风险,被认为是"低风险"(low-risk)的。

1.3 "冲突消除式解决"与"冲突协调学习式解决"

较多关于渠道冲突的研究检验了多种冲突解决方式,如问题解决、说服、谈判、政治手段等(Dant & Schul, 1992),然而,这些冲突解决方式是站在"冲突消除"角度(conflict-elimination perspective),即其最终目的是"消除冲突"。例如,Chang 和 Gotcher(2010)在研究中,将上述第一类"过程化解决"的方式归类为"冲突消除式解决"(conflict-elimination)。同时,Chang 和 Gotcher(2010)基于组织学习理论,提出了一个新构念——"冲突协调学习式解决"(conflict-coordination learning),意指产生冲突的渠道成员通过信息交换等手段,整合不同意见以期实现共同的目标,从而在冲突解决过程中协同创造价值。此构念包括三个维度:信息交换(information exchange)、联合协调(joint coordination)、特定关系记忆(specialized-relationship memory)。

Kumar 和 Dissel(1996)指出,对于冲突的管理,只有找到合适的解决手段才能产生积极的结果。目前,对于我国企业而言,渠道体系正面临着来自技术、经济等因素的冲击和影响,渠道冲突难免产生。从上述回顾来看,理论研究为企业的渠道冲突解决提供了现实的指导价值,企业需根据实际情况选择合适的冲突解决之道。

2. 渠道冲突解决的影响因素

企业为什么会采取不同的渠道冲突解决方式?究竟什么因素在影响着企业对渠道冲突解决方式的选择?系统梳理文献我们可以发现,渠道冲突解决的影响因素可以分为三个视角:内部视角、外部视角和交互视角(见表1)。

---

① Dant, Rajiv P., and Patrick L. Schul. Conflict resolution processes in contractual channels of distribution[J]. *Journal of Marketing*, 1992, 56(January):38-54.

表 1　　　　　　　　　　　　　渠道冲突解决的影响因素

研究视角	典型研究	研究对象	研究方法	前因变量	具体冲突解决方式
内部视角（冲突特征、企业特征）	Dwyer & Walker(1981)	MBA	博弈谈判实验	开创先例的潜力	谈判
	Anderson & Arus (1990)	制造商—分销商体系	访谈、调查（多线人研究）	冲突的功能	问题解决、说服
	Dant & Schul(1992)	连锁快餐店	访谈、调查	大小、复杂度、风险	问题解决、说服、谈判、政治手段
	Hibbard et al. (2001)	财富 500 强耐用消费品制造商与其分销商	访谈、调查	破坏行为强度、归因	解散、积极讨论、被动接受
	Dwyer & Oh(1987)	汽车制造商和分销商体系	访谈、调查	企业组织官僚程度	谈判、政治手段
	Campell et al. (1988)	来自美、法、德、英的 148 位商业人员	实验法	企业人员的相似度	问题解决、说服
外部视角（渠道环境）	Achrol et al. (1983)	渠道双边关系	非实证(定性研究)	不确定性	问题解决、说服
	Tsay & Agrawal (2004)	实施电子商务的制造商	数学建模	渠道结构(互联网直销、分销渠道)	改变批发价格、给予分销商补偿等
双边视角（双边关系）	Dant & Schul(1992)	连锁快餐店	访谈、调查	依赖、关系规范	问题解决、说服、谈判、政治手段
	Anderson & Narus (1990)	制造商—分销商体系	访谈、调查（多线人研究）	信任	问题解决、说服
	Ganeson(1993)	124 家零售机构	调查	相对权力、长期导向	问题解决、妥协、挑衅
	Koza & Dant (2007)	北美一家大型供应商的 282 家零售代理商	访谈、调查	关系氛围(冲突导向、合作导向)、控制机制(基于信任、基于官僚结构)、沟通(单边、双边)	问题解决、妥协、被动挑衅、主动挑衅
	Bello, Katsikeas & Robson(2010)	174 个国际营销联盟	调查	情感承诺、连续承诺、行为承诺	迁就

注:本文根据相关文献整理。

内部视角是最早也是发展最为成熟的观点流派(如 Dwyer & Walker，1981；Dwyer & Oh，1987)。该类观点将渠道冲突解决策略的选择视为冲突特征、企业特征等内部因素的函数，认为冲突大小、冲突风险、企业组织官僚程度等因素是渠道冲突解决的重要预测变量(Campell et al. ，1988；Dwyer & Walker，1981；Dwyer & Oh，1987)。在 20 世纪七八十年代，研究者普遍比较强调从企业内部角度去思考和探索渠道冲突解决问题。

但是，企业的能力和行为受到外部环境和资源的约束，故从内部视角难以准确解释渠道冲突解决机制的形成。Dwyer 和 Oh（1987）通过实证研究发现，外部资源丰富程度（munificence）和环境不确定性（uncertainty）是影响渠道冲突解决机制的重要前因变量。不过，通过观察文献可以发现，一些研究者会同时综合内部视角和外部视角，从企业内部和外部去找寻渠道冲突解决的影响因素和形成机理①。

20 世纪 90 年代以来，随着关系营销研究范式的兴起，研究者们开始从企业双边的角度去研究渠道关系，于是，交互视角开始出现。比如 Wilson（1995）整理了一系列重要的关系变量，包括承诺、信任、合作、共同目标、相互依赖、适应、专用投资、关系规范等。Dant 和 Schul（1992）探讨了依赖、关系规范等双边交互因素对渠道冲突解决机制形成的影响。Koza 和 Dant（2007）探讨了渠道氛围、控制机制等双边交互因素对渠道冲突解决机制形成的影响，发现不同的渠道氛围（channel climate）会影响渠道双方的沟通方式，如渠道中的竞争氛围会使企业倾向采用单边沟通，而合作氛围会正向影响双边沟通方式的使用。同时，采用单边沟通的企业倾向于在渠道冲突中使用离心式解决（如挑衅手段）；采用双边沟通的企业倾向于使用向心式解决（如问题解决和妥协）。在渠道冲突影响因素的研究中，交互视角更被关注。

然而，不容忽视的是，根据网络理论的观点，三个视角均不能全面解释渠道冲突解决机制的形成机理。这三个视角均忽视了（至少没有充分考虑）行为主体间相互作用可能带来的影响②。事实上，企业间关系不仅受到企业双边直接关系的影响，而且受到网络因素的影响（Anderson et al.，1994；Antia & Frazier，2001；Heide & John，1992）。渠道冲突解决机制的形成基本上不是单一的个体驱动结果，或简单的外部环境作用结果，而是企业在复杂的社会网络系统中经由企业间接触和相互作用下的结果。但到目前为止，从网络角度探讨这个问题的研究较少，Welch 和 Wilkinson（2005）在研究中指出，渠道冲突解决可能依赖于双边关系之外的其他关系联结（ties），此视角为未来的研究者提供了一个新的研究方向。

3. 渠道冲突解决的结果

企业实施不同的渠道冲突解决策略会产生不同的结果。要使我们的研究对企业的实践有指导意义，我们需要解释选择不同的渠道冲突解决策略对企业产生了什么样的影响，所以，对渠道冲突解决的结果进行研究也是非常重要的。文献显示，与渠道冲突有关的结果变量包括财务绩效、关系规范③、合作伙伴成功④、渠道成员满意度、渠道伙伴的让步⑤、合作双方联合营销战略质量、联合利润绩效⑥等。

从现有关于结果变量的研究来看，大部分研究显示具有合作性质的冲突解决方式（如向心式解决）与结果变量（绩效）呈正向相关，而具有竞争性质的冲突解决方式（如离心式解决）与结果变量（绩效）呈负向相关。例如，实证检验表明，向心式解决方式与关系规范和财务绩效均正相关，而离心式解决方式与关

① Dant, Rajiv P., and Patrick L. Schul. Conflict resolution processes in contractual channels of distribution[J]. *Journal of Marketing*, 1992, 56(January): 38-54.

② Brass, Daniel J., Joseph Galaskiewicz, Henrich R. Greve, and Wenpin Tsai. Taking stock of networks and organizations: A multilevel perspective[J]. *Academy of Management Journal*, 2004, 47(6): 795-817.

③ Koza, Karen L., and Rajiv P. Dant. Effects of relationship climate, Control mechanism, and Communications on conflict resolution behavior and performance outcomes[J]. *Journal of Retailing*, 2007, 83(3): 279-296.

④ Mohr, Jakki, and Spekaman, Robert. Characteristics of partnership success: Partnership attributes, Communication behavior, and Conflict resolution techniques[J]. *Strategic Management Journal*, 1994, 15: 135-152.

⑤ Ganesan, Shankar. Negotiation strategies and the nature of channel relationships[J]. *Journal of Marketing Research*, 1993, 15(May): 183-203.

⑥ Chang, Kuo-Hsiung, and Donald F. Gotcher. Conflict-coordination learning in marketing channel relationships: The distributor view[J]. *Industrial Marketing Management*, 2010, 39: 287-297.

系规范和财务绩效均负相关①。所以，这对企业的实践的启示是，当冲突发生之后，企业应该尽可能与渠道合作伙伴共同采取向心式的解决方式（如问题解决、相互妥协等），如此能够使渠道双方关系更为和谐，共同利益最大化。

另外，从现有研究来看，渠道行为对结果变量的影响也会受到网络因素（如网络嵌入程度等）的影响②。Granovetter(1992)也指出："企业经济行为和绩效受到整体关系网络结构的影响。"③从这个角度来讲，我们从文献梳理中发现，在研究渠道冲突解决方式对结果变量的影响方面，较大程度上忽视了网络环境因素的影响，后续的研究可以进一步弥补和加强。

4. 总结

前文基于国内外现有研究文献，分别探讨了渠道冲突解决的具体方式、影响因素以及行为结果，可以进一步整合成一个概括性的研究框架（如图 1 所示）。

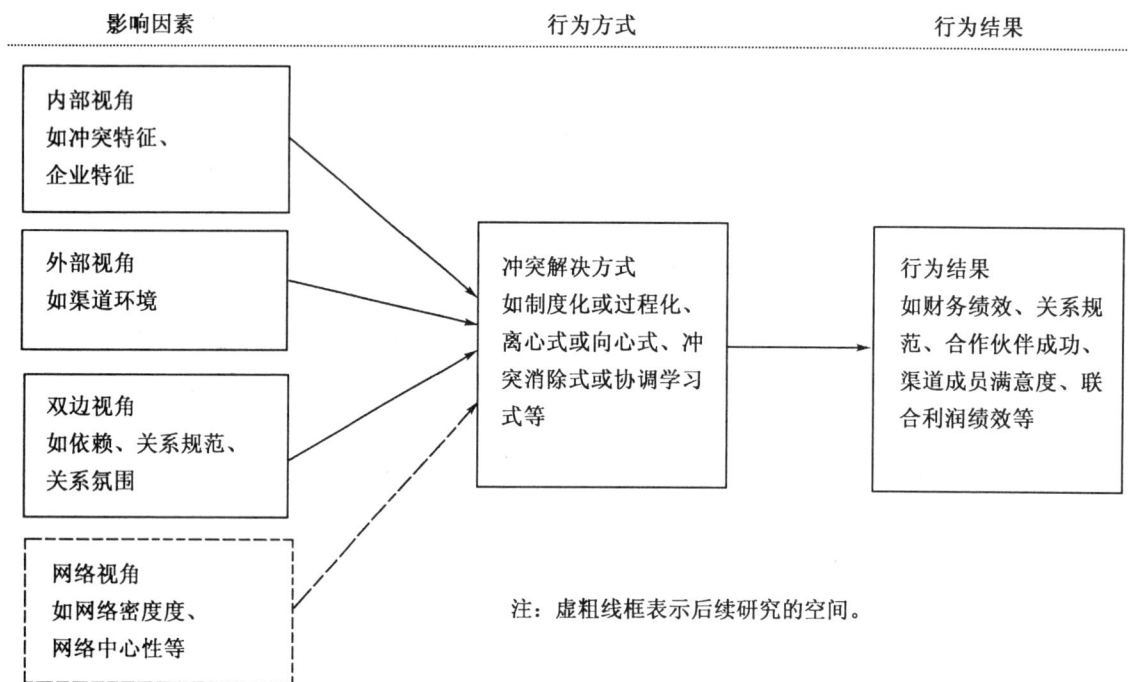

图1　一个整合的研究框架

从现有研究中可以发现有些研究问题需要进一步挖掘。例如，从网络视角探讨企业渠道冲突解决的影响因素。传统研究多基于内部视角、外部视角与交互视角探讨影响渠道冲突解决的因素。但是，网络的影响因素较少涉及。值得一提的是，营销领域的网络实证研究虽少，但已有研究为本问题的完善奠定

①　Koza, Karen L., and Rajiv P. Dant. Effects of relationship climate, Control mechanism, and Communications on conflict resolution behavior and performance outcomes[J]. *Journal of Retailing*, 2007, 83(3): 279-296.

②　Wuyts, S., Stefan Stremersch, Christophe Van Den Bulte, and Philip Hans Franses. Vertical marketing systems for complex products: A triadic perspective[J]. *Journal of Marketing Research*, 2004, 32(November): 479-487.

③　Granovetter, Mark S.. Problems of explanation in economic sociology. In: *Networks and organizations*[M]. N. Nohria, and R. G. Eccles, eds. Boston: Harvard Business School Press, 1992: 25-26.

了基础(Wuyts et al. , 2004；Kumar et al. , 2011 等)，指出了一个可行的方向。

（作者电子邮箱：glzhang@ whu. edu. cn）

参考文献

［1］吴水龙，卢泰宏. 渠道管理掌控中国企业生命线［J］. 销售与市场(战略版)，2008，12.

［2］周筱莲，庄贵军. 营销渠道成员之间的冲突与解决方法［J］. 北京工商大学学报(社会科学版)，2004，10(1).

［3］Anderson, James C. , Hakan Hakansson, and Jan Johanson. Dyadic business relationships within a business network context［J］. *Journal of Marketing*, 1994, 58(10).

［4］Antia, Kersi D. , and Gary L. Frazier. The severity of contract enforcement in interfirm channel relationships［J］. *Journal of Marketing*, 2001, 65(10).

［5］Assael. The political role of trade associations in distributive conflict resolution［J］. *Journal of Marketing*, 1968, 32(4).

［6］Bradford, Kevin D. , Anne Stringfellow, and Barton A. Weitz. Managing conflict to improve the effectiveness of retail networks［J］. *Journal of Retailing*, 2003, 80(3).

［7］Brass, Daniel J. , Joseph Galaskiewicz, Henrich R. Greve, and Wenpin Tsai. Taking stock of networks and organizations: A multilevel perspective［J］. *Academy of Management Journal*, 2004, 47(6).

［8］Campbell, Nigel C. G. , John L. Graham, Alain Jolibert, and Hans Gunther Meissner. Marketing negotiations in France, Germany, the United Kingdom, and the United States［J］. *Journal of Marketing*, 1988, 52(4).

［9］Chang, Kuo-Hsiung, and Donald F. Gotcher. Conflict-coordination learning in marketing channel relationships: The distributor view［J］. *Industrial Marketing Management*, 2010, 39.

［10］Dant, Rajiv, P. , and Patrick L. Schul. Conflict resolution processes in contractual channels of distribution［J］. *Journal of Marketing*, 1992, 56(1).

［11］Dwyer, Robert F. , and Sejo Oh. Output sector munificence effects on the internal political economy of marketing channels［J］. *Journal of Marketing Research*, 1987, 24(11).

［12］Duarte, M. , and Gary Davies. Testing the conflict-performance assumption in business-to-business relationships［J］. *Industrial Marketing Management*, 2003, 32.

［13］Ganesan, and Shankar. Negotiation strategies and the nature of channel relationships［J］. *Journal of Marketing Research*, 1993, 15(3).

［14］Hagel, J. and John Seely Brown. Productive friction: How difficult business partnerships can accelerate innovation［J］. *Harvard Business Review*, 2005, 2.

［15］Heide, Jan B. , and George John. Do norms matter in marketing relationships? ［J］. *Journal of Marketing*, 1992, 56(4).

［16］Koza, Karen L. , and Rajiv P. Dant. Effects of relationship climate, Control mechanism, and Communications on conflict resolution behavior and performance outcomes［J］. *Journal of Retailing*, 2007, 83(3).

［17］Kumar, K. , and Han G. Van Dissel. Sustainable collaboration: Managing conflict and cooperation in interorganizational systems［J］. *MIS Quarterly*, 1996, 9.

[18] March, Jams G. , and Herbert A. Simon. *Organizations*[M]. New York: John Wiley & Sons, Inc. , 1958.

[19] Mohr, Jakki, and Spekaman Robert. Characteristics of partnership success: Partnership attributes, Communication behavior, and Conflict resolution techniques[J]. *Strategic Management Journal*, 1994, 15.

[20] Samaha, Stephen, Robert W. Palmatier, and Rajiv P. Dant. Poisoning relationship: Perceived unfairness in channels of distribution[J]. *Journal of Marketing*, 2011, 75(3).

[21] Welch, C. , and Ian Wilkinson. Network perspectives on interfirm conflict: Reassessing a critical case in international business[J]. *Journal of Business Research*, 2005, 58.

[22] Wuyts, S. S. Stremersch, Christophe Van Den Bulte, and Philip Hans Franses. Vertical marketing systems for complex products: A triadic perspective[J]. *Journal of Marketing Research*, 2004, 32(11).

[23] Wilson, and David, T. . An integrated model of buyer-seller relationships[J]. *Journal of the A cademy of Marketing Science*, 1995, 23(4).

Enterprise Channel Conflict Resolution Research: an Integrated Perspective

Zhang Guangling[1]   Li Wei[2]

(1, 2 Economics and Management School of Wuhan University, Wuhan, 430072)

Abstract: The paper explores three aspects based on the prior researches. Firstly, three kinds of channel conflict resolution methods are proposed. Secondly, some factors influencing the conflict resolution are elaborated from internal, external and interactive perspectives. Thirdly, behavioral outcomes of channel conflict resolution are discussed. Additionally, some research issues are also put forward. Finally, a research framework is generalized further.

Key words: Conflict; Channel conflict; Conflict resolution

非对称信息条件下人力资本定价模型构建研究[*]

● 谢获宝[1] 段　蒙[2]

（1，2 武汉大学经济与管理学院　武汉　430072）

【摘　要】本文从数理分析角度出发，建立模型研究非对称信息条件下的人力资本定价模型构建问题，并分别从逆向选择和道德风险两个角度研究如何评估人力资本价值，从理论上为企业人力资本定价提供支持，也为现代企业人力资本管理提供建议。

【关键词】非对称信息　逆向选择　道德风险

1. 问题的提出和文献综述

美国著名经济学家西奥多·W. 舒尔茨（Theodore W. Schultz）将人力资本定义为体现在劳动者身上的、以劳动者的数量和质量表示的资本，因此人力资本是在教育、培训、保健、劳动力迁移等因素影响下凝结在劳动者身上的能为企业创造价值的宝贵资本。人力资本不同于物质资本的特殊性主要体现在人力资本不能相对可靠地计量，因而企业的资产负债表、利润表等报表账面并不能完全反映人力资本的价值，而未能体现于账面的那一部分人力资本价值则类似于企业自创商誉，它虽无法具体地计量，却真实地存在于企业内部，并可能是企业未来创造价值重要而不可忽视的来源。

要更加真实、可靠地衡量企业人力资本价值，则必须系统、详细地分析和研究那些未能反映于账面的人力资本价值。在现代企业中，企业给予员工的报酬，即人力资本收益，不仅包括基本工资、奖金、一般社会福利等工资性收益，还体现在更能起到激励作用的利润分享计划、股权分配、股票期权等方面，而后者更侧重于反映企业对人力资本，特别是企业高层管理人员和核心技术员工为企业创造价值潜力的评价，即不能可靠地反映于报表中的人力资本价值。可见，人力资本定价要比物质资本定价困难很多，困难很大一部分正是来源于员工与企业双方非对称信息的存在。将非对称信息引入人力资本定价模型中是完全符合现代企业人力资本定价的现状和未来发展需要的。

非对称信息最初由美国经济学家约瑟夫·斯蒂格利茨（Joseph Stiglitz）、乔治·阿克尔洛夫（George Akerlof）和迈克尔·斯彭斯（Michael Spence）提出，它是指在市场经济条件下，市场的买卖主体不可能完全占有对方的信息，这种信息不对称必定导致信息拥有方为谋取自身更大的利益而使另一方的利益受到损害。将非对称信息引入人力资本定价时，博弈双方利益相关者分别为员工和企业。信息经济学理论将信

* 本文获得国家社科基金项目"我国国有企业高管薪酬管理制度改革研究"（项目批准号：10BGL067）和教育部人文社科规划基金项目"国有控股上市公司管理层关联方持股的隧道效应研究"（项目批准号：10YJA790236）的资助。

息的非对称性从两个维度细分：（1）从与非对称信息有关的交易发生的时间划分，可将问题细分为员工与企业签约之前，即事前非对称信息条件下的人力资本定价，以及员工与企业签约之后，即事后非对称信息条件下的人力资本定价；（2）从与交易有关的非对称信息的内容划分，这些非对称信息或者是参与人的行动，或者是参与人的能力。

在上述两个维度的细分下，非对称信息条件下人力资本定价问题可具体细分为以下两大类模型：（1）人力资本定价的逆向选择模型。在这类模型里，有关员工个人能力的信息，员工比企业占据优势，在契约或劳动合同签订前，员工有动机隐藏个人真实的能力，以得到更高的工资待遇，这就涉及人力资本定价的逆向选择和信号传递问题，而企业在接收员工对个人能力的自我评价时，将面临人力资本定价的信息甄别问题，信号传递和信息甄别是解决人力资本定价逆向选择问题的有效途径和方法。（2）人力资本定价的道德风险模型。在该类模型里，关于员工努力程度的信息，员工仍然占据信息优势，员工有动机隐藏个人真实的努力程度，即隐藏行动，来享受更多的安逸和高报酬，带来道德风险问题。

人力资本定价的逆向选择模型和道德风险模型与信息经济学上的两个细分维度的对应关系如表1所示：

表1 逆向选择模型和道德风险模型与细分维度的对应关系

	隐藏行动	隐藏能力
事前	—	逆向选择
事后	道德风险	—

在这个细分框架的基础上，企业可以根据自身的具体要求，建立具有企业自身特点的人力资本定价模型，通过模型求解均衡值，以评估企业人力资本价值。这个从"假设"到"求均衡解"的过程，即"假设—建模—求解"过程，就是企业对非对称信息影响下人力资本定价问题的理论解答。

逆向选择和道德风险问题在理论研究上已受到不少经济学家的关注，如《创新还是不创新：层级中的激励和创新》（Dearden，Ickes，Samuelson，1990）、《道德风险和逆向选择下的激励机制设计》（Picard，1987）等文献均为非对称信息的理论框架作出了重要贡献。相比理论上研究，经验上的研究略显不足，而"产业关系里供应者的投机主义控制"（Stump，Heide，1996）就是有关逆向选择和道德风险在企业关系设计上的经典实证研究。

对于非对称信息问题，国内外已有众多文献做了理论探究：（1）有的学者应用博弈论的研究方法，将人力资本市场上拥有不同信息的多方视做博弈游戏的"玩家"，并利用特定的博弈规则约束这些"玩家"的行为，在博弈游戏中寻找最优解决方案：Roger B. Myerson（2004）就系统地总结和评述了从博弈论角度解决非对称信息问题的模型的思想。（2）有的文献则从市场供给与需求角度分析市场上人力资本在流动中面临的逆向选择与道德风险问题：Holmstrom（1979）从市场"供—需"角度的研究表明道德风险在市场中确实存在，而Rao、Qu和Ruekert（1997）的研究认为，在劳动力市场交易中，劳动力的供给即受雇员工，能很容易地影响所供应的劳动力质量，带来劳动力市场的道德风险。（3）自与"委托—代理"问题息息相关的契约理论建立以来，围绕契约或薪酬合同建立起来的数理模型成为公司治理过程中解决非对称信息最重要的理论基础。其中，薪酬合同中激励机制的设计是处理道德风险问题最常用的手段：Kreps（1990）指出，企业在规避道德风险问题上，可以采用激励机制，使得博弈双方的一方在选择行动时的动机和利益与博弈对手的利益一致。薪酬合同中的激励机制，体现企业对人力资本所应达到的目标的期望：Margaret Stevens（2003）讨论了为实现降低企业人力资本的流失率或延长工作任期的目标而设计和筹划薪酬合同方面的问题。激励机制的设计多种多样，例如，Klein 和 Leffler(1981)将这个提供高品质劳动力服务的保证用一个价格溢价表示，而这个价格溢价就是企业对员工的激励，围绕该观点，在后来的研究中，Rao 和 Monroe(1996)与 Rao 和 Bergen(1992)分别从概念和实证上在市场环境中针对该溢价展开了进一步的探讨。当然，含有激励的契约并不能完全解决"委托—代理"关系的道德风险问题，受托方可能出现的舞弊或粉饰利润的行为将导致含激励机制的契约最终无法施行，而市场上各种风险的不可预测性又增加了受托者承担的风险，因此，要使激励契约能够施行，又能证明受托者认真履行职责，针对受托方的尽职审计证明成为解决这一矛盾的有效武器。对于契约理论中的逆向选择问题，现有文献通常采用建立信号发送和信息识别模型的方法作为解决方案。Berry(1995)、Bitner(1995)均用"保证"作为信号传递的形式，而 Klein 和 Leffler(1981)则用对人力资本进行的投资作为信号传递的形式。Rubin(1990)与 Tirole(1989)的研究均认为，对于高水平员工，人力资本的投资能使其得到回报；Wernerfelt(1988)的研究则证明，对于低水平员工，其会因对人力资本的投资而承受效用损失，故而信号发送会使得低水平员工福利低于未进行信号发送的福利。

综上论述，非对称信息条件影响下的人力资本定价的结构体系如图 1 所示。

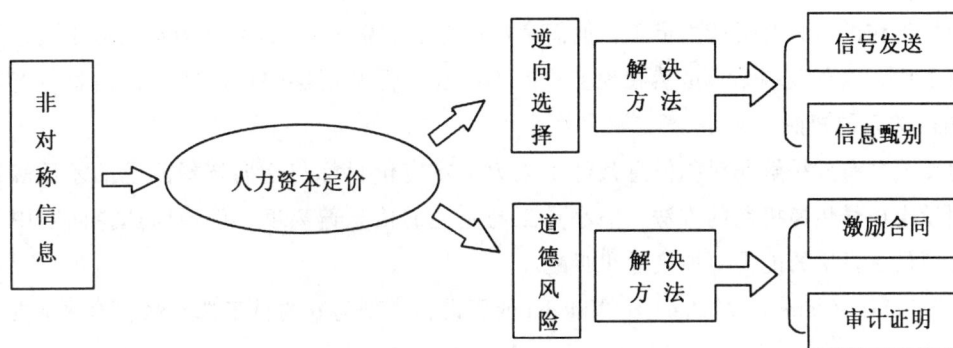

图 1   非对称信息条件影响下的人力资本定价的结构体系

在上述文献回溯的基础上，本文沿用信息经济学对非对称信息细分的结果，分别从"逆向选择"和"道德风险"两个角度研究非对称信息条件下人力资本定价模型的构建问题。在构建模型时，本文借鉴 Andrew Maas-Claire 与 Michael D. Winston 所著《微观经济学》①中有关逆向选择、道德风险分析中的模型构建思想，结合企业人力资本管理中非对称信息条件下人力资本定价问题，从数理分析角度论述企业如何解决非对称信息影响下的人力资本价值评估问题。在本文最后，笔者将根据模型分析的结果，为现代企业人力资本管理提供建议。

2. 存在逆向选择的人力资本定价模型构建研究

自从《"柠檬"市场：质量不确定性和市场机制》(Akerlof, 1970)一文发表后，"逆向选择"开始成为评价不同能力员工人力资本价值的重要因素。随着对逆向选择问题的进一步研究，在劳动力市场工资定位与员工能力匹配关系研究的推动下，信号发送理论成为解决人力资本定价中逆向选择问题的最有效的手段之一。Andrew Maas-Claire 与 Michael D. Winston 所著《微观经济学》一书在解释劳动力市场的非对称信息

---

①   Andrew Maas-Claire, Michael D. Winston. 微观经济学. 刘文忻，李绍荣，译. 北京：中国社会科学出版社，2001：609-684.

如何产生逆向选择问题时，将研究对象置于竞争性劳动力市场中，从人力资本市场"供—需"角度分别建立劳动力供给函数与需求函数：

$$\begin{cases} \Theta^* = \{\theta: r(\theta) \leqslant \omega^*\} & (1) \\ \omega^* = E[\theta \mid \theta \in \Theta^*] & (2) \end{cases}$$

其中，θ 表示员工的类型，即员工的能力水平，且 $\theta \in [a, b]$；Θ^* 代表受雇员工类型的集合，$r(\theta)$ 表示 θ 类型员工就业的机会成本。Andrew Maas-Claire 与 Michael D. Winston 认为，只有当企业提供的工资水平不低于该类员工的就业机会成本时，该类员工才归属于人力资本市场的供给方；而人力资本的需求方——企业，对市场上员工类型的条件期望 $E[\theta \mid \theta \in \Theta^*]$，则构成竞争性人力资本市场的需求函数。联立供给函数与需求函数，即式（1）与式（2），容易得到竞争均衡工资水平应满足等式：

$$\omega^* = E[\theta \mid r(\theta) \leqslant \omega^*] \tag{3}$$

式（3）的经济学含义表明，竞争均衡工资 ω^* 需满足在 $r(\theta) \leqslant \omega^*$ 条件下，市场对劳动力水平的预期。这个结果使低能力员工"浑水摸鱼"，得到虚高的报酬，而真正高能力员工，则得不到应有的回报和激励而选择放弃受聘。如果这个过程持续下去，则最终均衡状态将是市场上只有低水平员工受聘（劣质品驱逐优质品）。如若企业提前洞悉这一事实，则企业将只愿意提供最低的工资 $r(a)$ 来聘任低水平员工，这样，市场上真正参加工作的将只有低能力员工，他们拿着最低的工资 $r(a)$；高能力员工因工资水平低于其机会成本而放弃工作，这种极端结果虽然在现实中并不存在，但却能够映射出非对称信息对竞争性人力资本市场"供—需"关系的扭曲。

为清晰地反映并有效缓解非对称信息条件下人力资本定价目标与逆向选择问题的矛盾和冲突，笔者试图通过采用设定信号传递机制的方法，缩小员工与企业的信息偏离度，使逆向选择问题中的人力资本定价与各种类型员工真实的能力更加接近和匹配。

沿用 Andrew Maas-Claire 与 Michael D. Winston 的假设：类型为 θ 的员工选择教育水平 e 并获得工资 ω 时的效用函数 $u(\omega, e \mid \theta)$ 满足 $u(\omega, e \mid \theta) = \omega - c(e, \theta)$，其中，$e$ 表示员工的受教育水平，且 e 可观测（这里，e 就是员工向企业发送的信号），函数 $c(e, \theta)$ 表示类型为 θ 的员工达到 e 的教育水平所花费的成本，并满足 $\forall e > 0, c(0, \theta) = 0, c_e(e, \theta) > 0, c_{ee}(e, \theta) > 0, c_\theta(e, \theta) < 0, c_{e\theta}(e, \theta) < 0$（高水平员工的教育成本和边际成本都比低水平员工低）。

在以上模型假设基础上，笔者进一步假设，员工的类型 θ 服从密度函数为 $f(\theta)$ 的分布，则 $\forall \tilde{\theta} \in [a, b]$，$\theta \leqslant \tilde{\theta}$ 的概率 $F(\theta \mid \theta \leqslant \tilde{\theta})$ 满足 $F(\theta \mid \theta \leqslant \tilde{\theta}) = \int_a^{\tilde{\theta}} f(\theta) d\theta$，$F(\theta \mid \theta \leqslant \tilde{\theta}) \in [0, 1]$；为简化论述，令 $r(\cdot)$ 为恒等映射，即 $\forall \theta \in [a, b]$，$r(\theta) = \theta$；最后，企业根据自身特定需求，在有限的管理成本的约束下，人为地将员工的类型区间 $[a, b]$ 分为 n 个区间：$[x_0, x_1), [x_1, x_2), \cdots, [x_{n-2}, x_{n-1})$，$[x_{n-1}, x_n]$，其中，$x_0 = a$，$x_n = b$；为了反映教育水平 e 对员工类型信号的传递作用，假设在最理想的信号传递机制下，$e(\cdot)$ 是关于 θ 的非递减函数，且在 n 个区间 $[x_0, x_1), [x_1, x_2), \cdots, [x_{n-2}, x_{n-1})$，$[x_{n-1}, x_n]$ 上满足：

$$e(\theta_i) = e_i, \theta_i \in [x_{i-1}, x_i) \tag{4}$$

即当员工的能力 θ_i 在 $[x_{i-1}, x_i)$ 区间时，该类员工的教育水平对应为 e_i，由于 $e(\cdot)$ 是非递减函数，则 $\forall i < j, e_i \leqslant e_j$（即能力越高的员工，其教育水平越高）。

理想情况下的信号传递机制能使企业清晰地辨认员工的异质性，企业会效仿"因材施教"、"因地制宜"的理念，分别针对每种类型的员工，设定不同的工资标准，即在最优薪酬合约上应设定的工资函数满足：

$$\omega^*(e^*(\theta)) = r(\theta) = \theta \qquad (5)$$

而 $e^*(\theta)$ 则满足:

$$e^*(\theta \mid \theta \in [x_{i-1}, x_i)) = e_i \qquad (6)$$

也就是说,在理想状况的信号传递机制下,企业能够凭借员工的受教育水平 e 判断员工的能力,非对称信息要素被信号传递机制消灭,企业可以直接根据员工的机会成本对其人力资本进行定价。

因此,企业对员工类型划分的 n 个区间越精细,即 n 越大,员工的工资定位就越精确。其均衡条件满足 $\omega^*(e^*(\theta_i)) = \theta_i$,即每种能力类型的员工都能获得与其工作能力相匹配的工资报酬,人力资本定价的非对称信息问题得到解决。

然而遗憾的是,现实中这样理想的信号传递机制并不存在,或者其存在的代价太高而被企业放弃。尽管信号传递机制从一定程度上缓解了逆向选择对人力资本定价的不利影响,但它仅仅是缓解,并没有为人力资本定价提供一个完美的答案。实务中企业往往受招聘成本所限,仅仅只能"暂估"预录用员工的人力资本价值。

上文模型的主要贡献,在于它为企业求解逆向选择影响下人力资本定价问题提供了一个比较实用的思路:企业可以通过设置合理的信号传递机制,使其在招聘员工时,能够通过该机制对应聘员工的类型进行有效的甄别。在有限的招聘成本约束下,企业能够根据自身需要,对员工进行合理的分类,并在事前预估每种类型员工存在的概率。有效的信号传递机制帮助企业为每种类型员工的人力资本定价找到了突破口,缓解了非对称信息对人力资本价值评估的不利影响。当然,信号传递机制并未完全解决企业的困扰,由于机制设置和实施存在成本,"企业能不能利用有限的资金对目标人力资本进行合理的分类"也是考验企业人力资本管理能力的一个难题。如果企业在招聘环节因经验不足、招聘成本限制等因素,无法克服对人力资本合理分类的难题,则企业在与员工签订劳动合同时就存在效用的损失。对于一个拥有较高管理水平的公司而言,员工被公司聘任后,最初签订的非效用最优的劳动合同不可能持续太长时间。企业在员工受聘后,观察、收集和分析有关员工能力的更多信息,修正前期不合理的薪酬支付,从而更加高效地管理企业人力资本。这一点也解释了"试用期"存在的科学依据。

3. 存在道德风险的人力资本定价模型构建研究

道德风险一直是企业人力资本定价问题的最大障碍,按照信息经济学的细分方法,这里所指的道德风险属于契约签订后隐藏行动的道德风险。企业不能观察到员工是否努力工作,而员工却有动机偷懒来享受更多的安逸,获取更高的报酬。可见,研究道德风险对企业人力资本定价模型的影响是非常重要的。

道德风险的产生根源是企业与员工利益的冲突,分别从博弈双方效用角度分析道德风险在人力资本定价过程中的作用是很有意义的。Andrew Maas-Claire 与 Michael D. Winston 在分析道德风险问题时,建立了使企业利润最大化的目标函数: $\max\limits_{e \in [e_a, e_b]} \int (\pi - \omega(\pi)) f(\pi \mid e) \mathrm{d}\pi$。

当员工努力程度可观测时,员工工资水平满足: $\gamma = \dfrac{1}{v'(\omega(\pi))}$

当员工努力程度不可观测时,员工工资水平满足:

$$\gamma = \frac{1}{v'(\omega(\pi))} - \mu \left[1 - \frac{f(\pi \mid e_a)}{f(\pi \mid e_b)} \right]$$

经论证, $\gamma > 0$, $\mu > 0$,因此当 $f(\pi \mid e_a) < f(\pi \mid e_b)$ 时,企业需要支付比努力程度可观测情况下更高的工资才能保持员工的最低效用。

以上是 Andrew Maas-Claire 与 Michael D. Winston 在分析受托责任中道德风险问题时构建的模型。模型反映了这样一个事实：在员工努力程度不可观测的条件下，企业为激励员工付出勤勉的努力，必须向员工支付更高的工资（相比努力程度可观测时支付的工资而言）。从企业效用角度看，企业支付的这部分激励是其效用的损失。由于非对称信息是客观存在的，目前并没有任何一项机制或政策能完全规避非对称信息，因此企业在设计薪酬合同时应退而求其次，达到次优状态下企业效用的最大化，其基本原则是：不要试图完全消除非对称信息对企业福利的负面影响，应当在合理的审计监督成本范围内，提高企业内部管理水平，加强员工对企业的责任感，最大限度地激发员工的工作效率。当然，这部分审计监督成本是企业为非对称信息所支付的管理费用，合理利用有限的审计监督成本，使其物尽其用，达到最优的管理效率，是企业管理层治理企业能力的一个重要表现。

换一个角度来看这个问题，由于人的潜力和成长性是无法用具体的数字来衡量的，企业为激励员工多支付的薪酬不能狭隘地仅仅看做企业效用的损失，这些多支付的薪酬使企业在员工心中树立了良好的形象，从而在无形中为企业积累了稳固的人脉关系，员工在企业中的技能、服务水平、业务熟练程度等都会随着时间而逐步提高，这些都是人力资本价值增值的表现，这些增值的人力资本都会成为持续经营的企业在未来回报的来源。有的企业正是看到薪酬激励的这一长远利益，专门成立薪酬委员会，研究薪酬激励与人力资本成长性、增值性的相互关系，甚至愿意为激励高层管理者而支付超高额报酬。因此，企业应该用动态、发展的眼光看待道德风险对人力资本价值的影响，科学、合理、理性地规划和设计企业薪酬计划。

4. 结论和建议

本文从数理分析角度研究了在非对称信息条件下人力资本定价模型的设计问题，为现代企业人力资本定价模型的构建提供理论支撑。在建模前，首先利用信息经济学观点将非对称信息问题分为逆向选择和道德风险两类，再分别建立模型，利用合理假设和数理推导，克服非对称信息的不利影响，设计出最优或次优薪酬合同。

逆向选择条件下人力资本定价模型的分析结果表明，企业在招聘员工前，应该按照模型中的理论指导，做好人力资本市场的调查工作，了解本企业潜在目标员工的人力资本状况和结构，同时结合企业自身特定需求，将目标人力资本划分为不同的层次，并根据市场调研结果赋予不同层次人力资本相对应的概率，最后形成企业相对理性的信念，才能初步决定劳动合同中的薪酬结构和水平。盲目设计薪酬合约，不但会使企业因违反"成本—效益"原则而蒙受损失，也妨碍了对优秀员工的顺利聘任，不利于员工签订契约后激励机制的施行。

道德风险条件下人力资本定价模型的分析结果表明，员工努力程度的不可观察性带来了企业效用的损失，而这个损失直接来源于非对称信息，即该损失来源于模型的内生因素，因此，这个损失只能通过相应的机制设计得到缓解，却无法彻底消除。在实务中，为减少道德风险为企业带来的损失，委托代理关系双方均采取了应对措施：委托方设立薪酬委员会、审计委员会和监事会等，监督和反映代理方的尽责状况；而代理方则通过正式的审计文件，证明自己已尽责。双方的应对措施虽然能减少道德风险的不利影响，但也为企业带来了相应的管理成本和审计成本。如果薪酬委员会、审计委员会和监事会的设立，以及审计服务的发生符合"成本—效益"原则，那么这些应对措施是有价值的。但在现实生活中，却大量存在着企业监督、评价机构设置冗杂，管理成本、行政成本、审计成本高昂的实例，这些成本费用远远高出了规避道德风险而带来的收益，从而违背了监督、评价机构设立的初衷，成为企业一项沉重的负担。

因此企业股东大会和董事会应牢牢将"成本—效益"原则作为应对道德风险的最低标准，从企业治理和机制设计中抢夺被道德风险吞没的效用。

最后，年轻员工的人力资本是能够随着工作年限的增长而逐步成长、增值的特殊资本，因此，定期考核并评价员工的潜在人力资本价值，也是现代企业应正视的一项具有挑战性的工作。将人力资本的跨期成长性反映于人力资本定价模型，并采取相应的激励机制引导和促进人力资本增值，是企业人力资本管理水平的重要标志。

（作者电子邮箱：Xie_hb@263. net）

参考文献

[1] 杜兴强，李文. 人力资源会计中的理论基础及其确认与计量[J]. 会计研究，2000，6.

[2] Andrew Maas-Claire, Michael D. Winston. 微观经济学[M]. 刘文忻，李绍荣，译. 中国社会科学出版社，2001.

[3] 沈阳. 浅谈基于 EVA 的经理人薪酬激励制度[J]. 经济研究导刊，2010，23.

[4] 施飞飞，宋玉可. 企业知识型员工的激励机制设计[J]. 经济研究导刊，2010，12.

[5] 王侃，王运清. 国外企业高管减薪对我国国有企业负责人薪酬管理的启示[J]. 经济研究参考，2009，66.

[6] 武恒光. 审计证据、审计风险及不规则关系研究[J]. 审计与经济研究，2010，4.

[7] 吴炯，胡培，耿建锋. 人力资本定价的逆向选择问题研究[J]. 中国工业经济，2002，4.

[8] 左晶晶，唐跃军. 过度激励与企业业绩[J]. 产业经济研究，2010，1.

[9] 周其仁. 市场里的企业：一个人力资本与非人力资本的特别合约[J]. 经济研究，1996，6.

[10] Berry, and Leonard, L.. Relationship marketing of services growing interest, Emerging perspectives [J]. *Journal of the Academy of Marketing Science*, 1995, 23(4).

[11] Bitner. Building service relationships: It's all about promises[J]. *Journal of the Academy of Marketing Science*, 1995, 23(4).

[12] Dearden, James, Barry W. Ickes, and Larry Samuelson. To innovate or not to innovate: Incentives and innovation in hierarchies[J]. *American Economic Review*, 1990, 80.

[13] Frode Brevik, and Stefano D. Addona. Information quality and stock returns revisited[J]. *The Journal of Financial and Quantitative Analysis*, 2010, 45(6).

[14] Holmstrom, and Bengt. Moral hazard and observability[J]. *Bell Journal of Economics*, 1979.

[15] Margaret Stevens. Wage-tenure contracts in a frictional labour market: Firm's strategies for recruitment and retention[J]. *The Review of Economic Studies*, 2004, 71(2).

[16] Picard, and Paul. On the design of incentive schemes under moral hazard and adverse selection[J]. *Journal of Public Economics*, 1987, 19.

[17] Rao Kent B. Monroe. Causes and consequences of price premiums[J]. *Journal of Business*, 1996, 69(4).

[18] Roger B. Myerson. Comments on games with incomplete information played by Bayesian players, Ⅰ-Ⅲ: Harsanyi's games with incomplete information[J]. *Management Science*, 2004, 50(12).

[19] Rubin, and Paul, H.. *Managing business transactions: Controlling the cost of coordinating, Communicating, and Decision making*[M]. New York: The Free press, 1990.

[20] Stump, Rodney, L. , and Jan B. Heide. Controlling supplier opportunism in industrial relationship [J]. *Journal of Marketing Research*, 1996, 33.

[21] Zhang, Q. . Human capital, Weak identification, and Asset pricing [J] . *Journal of Money, Credit and Banking*, 2006, 38.

Construct Research of Human Capital Pricing Model Under Asymmetric Information

Xie Huobao[1]   Duan Meng[2]

(1, 2 Economics and Management School of Wuhan University, Wuhan, 430072)

Abstract: This paper build models to study human capital pricing problem under asymmetric information from mathematical perspective, and researches how to assess human capital's value from adverse selection and moral hazard, in order to help enterprises' human capital pricing management theoretically, and also provide some advice to modern enterprises.

Key words: Asymmetric information; Adverse selection; Moral hazard

股权结构、公司业绩与高管薪酬

● 毛洪安[1]　张天楠[2]

（1 中南财经政法大学会计学院博士后流动站　武汉 430073；2 中南财经政法大学审计处　武汉　430073）

【摘　要】本文选取 2007—2009 年我国 A 股上市公司为研究样本，选择股权结构指标对我国上市公司的高管薪酬与公司业绩的相关性进行了实证检验。研究发现，在控制了公司规模、行业等因素之后，高管薪酬与公司业绩、股权制衡度、公司规模之间存在显著的正相关关系，高管现金薪酬与股权集中度呈显著的负相关关系，同时发现我国民营性质的上市公司较国有控股的上市公司更加注重对于高管人员的股权激励。

【关键词】高管薪酬　股权结构　公司业绩　相关性

1. 引言

近年来，企业高管的薪酬制度日益成为媒体和社会各界关注的焦点，部分企业高管出现的逆势涨薪更是引起了公众的热议和质疑。2009 年度，天利高新、ST 宝利来和涪陵电力 3 家上市公司的高管薪酬总额超过了公司 2009 年净利润。以涪陵电力为例，其 2009 年度的净利润仅为 212.06 万元，高管薪酬总额却达到 463.9 万元，高管赚得的薪酬比整个上市公司业绩高出 118%。2008 年，涪陵电力的净利润为 2618.51 万元，2009 年业绩大幅下降 91.9%。与此同时，公司的高管薪酬不减反增，逆势上涨，从 2008 年的 225.8 万元增加到 463.9 万元，增长幅度超过了 100%。

高管薪酬高于上市公司业绩，而上市公司业绩同比大幅下降，这种不合理的现象确实存在于中国市场。高管的薪酬究竟有多少取决于企业业绩的提高，企业股权结构对高管薪酬的制定有多大的影响，如何确定高管持股比例使其发挥最佳效用，如何完善高管薪酬契约，避免高管逆市涨薪，保护投资者利益，这些都是解决高管薪酬问题需要回答的。

本文将在前人研究的基础上，着眼于中国特殊的制度背景，充分考虑我国资本市场股权结构的特殊性这一关键因素，进行针对性的研究，主要关注股权结构对上市公司高级管理层的薪酬激励与公司业绩的相关性的影响，尝试进行如下创新：

其一，选择较长的时间窗口进行研究，弥补之前大多数学者只对某一年度进行研究的缺陷；其二，将行业变量纳入控制变量中，克服只考察单一行业的局限性；其三，重点考察股权结构对高管薪酬与公司业绩相关关系的影响，将多个股权结构的衡量指标纳入模型的控制变量之中进行检验，在已有研究的基础上大大丰富了模型，增强模型的解释能力。

2. 理论分析与研究假设

2.1 高管薪酬与公司业绩

给予高管必要的薪酬激励源于企业所有权与控制权分离而产生的委托—代理矛盾。而对高管薪酬激励的研究是以经济人为出发点，以利润最大化或效用最大化为目的。委托代理理论认为，在所有权与控制权分离的条件下，信息不对称普遍存在于企业的委托人与代理人、股东和高层管理当局之间。在这种委托代理关系中，委托方和代理方的目标均为自身效用最大化。因此，委托代理理论所关注的问题就是如何制定一系列有激励意义的契约以达到对代理人进行控制的目的。本文将以经济学角度的委托代理理论为基础，对股权结构、公司业绩与高管薪酬之间的关系进行探讨研究。

高管薪酬与公司业绩的关系方面，研究成果较为丰富，国外学者研究起步较早，普遍认为公司业绩对高管薪酬的影响为正。Jensen 和 Meckling（1976）提出所有权结构、管理者薪酬结构不仅彼此相互影响，还受到现金流量模式、企业风险、公司规模等因素的影响，而且这些因素会影响公司的业绩。他们的研究奠定了高管薪酬与公司绩效相关性研究的理论基础，增强了后来学者对于管理者薪酬的直观认识。Jensen 和 Murphy（1990）以股东财富的变化代表公司市场价值的变化，指出总经理报酬与业绩之间有微弱关系。Xianming Zhou 和 Swan（2003）发现当存在业绩底限时，CEO 获得薪酬的概率与公司绩效正相关。Lucian 和 Yaniy（2005）控制了股权回报率、每股收益增长率和销售增长后，检验了公司 CEO 报酬与公司规模的关系，发现它们之间具有正相关性。Lee（2009）检验了财务业绩以及公司治理结构和 CEO 业绩薪酬的关系，研究的侧重点在于财务业绩在年度之间的变化对 CEO 业绩薪酬的影响，通过对澳大利亚和新加坡公司的对比分析得出：两个国家的高管薪酬不仅和业绩相关，还与财务业绩的变化相关；两个国家都倾向于采用销售收入作为基准来确定 CEO 的业绩薪酬，但是 CEO 业绩薪酬的变化与公司治理结构无关。

我国的研究早期的结论多为高管薪酬与公司业绩之间不存在显著的相关性。而陈志广以净资产收益率代表企业业绩，发现样本公司可能已经将企业绩效作为决定高管报酬的主要因素[①]。张俊瑞等指出，高级管理人员的薪酬的对数与公司经营绩效变量 EPS 及公司规模变量 lnSIZE 之间呈现较显著的、稳定的正相关关系[②]。可见随着模型使用的不断完善和变量选取的丰富，研究结论倾向于高管薪酬与公司业绩的关系趋于正相关。杜兴强、王丽华发现高管薪酬的变化与 ROA、ROE、企业规模成明显的正相关性，并且认为公司的董事会或薪酬委员会在决定高管薪酬时青睐于会计盈余指标的变化更甚于股东财富指标[③]。杨海燕、李辰颖的实证结果表明：上市公司对高管层的短期激励与股东财富的账面价值和市场价值均呈现出显著的正相关关系[④]。而张一晋的研究结果认为现金薪酬对高层管理者具有正向激励作用，但高于平均水平的薪金计划并未带来同等的激励效果[⑤]。

通过以上文献回顾，本文认为，在委托代理理论下，高管人员的薪酬就是一种有效的激励机制，公司股东赋予高管某些决策权，为了使高管按照股东的利益进行决策，同时减少高管人员道德风险，公司

---

① 陈志广. 高级管理人员报酬的实证研究[J]. 当代经济科学，2002，9：58-95.

② 张俊瑞，赵进文，张建. 高级管理层激励与上市公司经营绩效相关性的实证分析[J]. 会计研究，2003，9：29-34.

③ 杜兴强，王丽华. 高层管理当局薪酬与上市公司业绩的相关性实证研究[J]. 会计研究，2007，1：58-93.

④ 杨海燕，李辰颖. 高管薪酬激励与股东财富相关性实证研究——以 2001—2006 年广西上市公司为样本[J]. 会计之友，2010，5：84-87.

⑤ 张一晋. 我国上市公司高管薪酬激励机制分析[J]. 工业技术经济，2010，6：157-161.

股东一般会选择公司业绩等指标来评价高管人员的努力程度，支付其薪酬。因而，公司经理势必会通过提高企业经营业绩来提高自己的报酬。由此，本文提出假设1。

假设1：高管人员现金薪酬与公司业绩存在正相关关系。

对于高级管理层的股权激励属于长期的激励措施，相对于短期的现金薪酬激励来说，风险较大，但是激励效果比较显著，可有效避免代理人的短视行为，促使其关注企业的长期发展和长期经营业绩的实现。在高管权益薪酬的研究方面，Coughlan 和 Schmidt（1985）以及 Joscow、Rose 和 Shepard（1993）都研究了高管持股与公司业绩之间的关系，并证明经理报酬与公司业绩之间存在正相关性。而 Jensen 和 Murphy 的研究认为最佳的 CEO 业绩激励是让他们持有公司的股份，但是这一所有权比例不高，且在不断下降中[1]。Mehran 发现薪酬的形式而非其水平更能激励经理增加公司价值，公司业绩与基于权益的管理薪酬的百分比及经理所持有权益的百分比是相关的，管理者股票认购权价值的变化与股东权益的联系是紧密且显著的[2]。Hall 和 Liebman 利用美国上百家公众持股的最大商业公司最近 15 年的数据，得出管理者薪酬与公司业绩具有强相关性的结论，并将其归因于 1980 年以后管理者所持股票期权数量的增加[3]。杨海燕、李辰颖认为长期激励对股东财富的账面价值和市场价值没有显著影响，而张一晋的研究则发现持股激励与公司业绩存在正相关关系但不显著，我国公司目前仍以短期激励为主，按照规范实施长期激励公司的数量较少，长期激励机制的建设仍在起步阶段。

在通常情况下，公司经理被认为是风险回避者，这意味着在自身年度薪酬水平一定的情况下，以固定现金形式发放的薪酬更受他们的青睐。公司高管从自身的利益出发，往往会选择风险小的项目，从而影响了股东可能获得的高收益。而公司的股东通常被认为是风险中性的，期望从投资中获得较高的溢价收益，因此，他们不希望公司高管的保守经营方式侵蚀他们的潜在高收益。通常解决这一矛盾的方法是让高管层获得部分剩余索取权，从而使他们与公司的股东在最大限度上达到利益的一致性。当代理人没有剩余索取权时，代理人通常会规避高风险项目，并且存在较为严重的短期行为；当代理人享有剩余索取权时，就会倾向于与股东的利益保持高度的一致性，重视公司的长期发展，从而最大化自身的收益水平。因此，假设公司经营绩效与高管持股比例间存在正相关关系，提出假设2。

假设2：高管人员权益薪酬与公司业绩存在正相关关系。

2.2 高管薪酬与股权结构

我国上市公司从 1998 年开始披露高级管理人员的持股情况及年度报酬等信息。基于这一信息进行的研究发现大部分上市公司经理人员的持股比例较低，难以发挥应有的激励作用，存在"激励空缺"的现象。魏刚（2000）的研究结论为持股数量与上市公司的经营业绩不存在显著的相关关系。陈志广认为，法人股比例的提高对高管报酬和企业绩效之间的联系产生正的影响，而国家股基本上产生了负的影响。张俊瑞等的研究认为高级管理人员的薪酬的对数与高级管理人员持股比例呈正相关关系，但较不稳定，与国有

① Jensen, M. C., and K. J. Murphy. Performance pay and top management incentive[J]. *Journal of Political Economy*, 1990a, 98：225-264.

② Mehran. Executive compensation structure, Ownership and firm Performance[J]. *Journal of Financial Economics*, 1995, 38：163-184.

③ Hall and Liebman. The other side of the trade-off：The impact of risk on executive compensation[J]. *Journal of Political Economy*, 1998, 9：48-52.

股持股比例之间存在较弱的负相关关系①。杜兴强、王丽华却得出了高管薪酬的变化与上市公司具有国有性质呈明显的正相关性的结论②。赖普清认为公司治理结构对高管薪酬存在显著影响，并观察到股权治理结构与薪酬—业绩激励机制之间存在一定的互补性，最大股东持股比例越高，最大股东控制力越强，越有利于上市公司采取薪酬与会计业绩挂钩的政策③。张一晋发现长期激励方式绝大部分为持股激励，激励强度处于较低水平。

从委托代理理论来看，当公司的股权分散程度增长时，股东对高管的监督成本会随之增大并大于个人收益，而小股东又没有足够动力去监督并限制高管的行为，从而使得股东对于高管的监督变弱。"搭便车"问题的存在又使得分散度较高的股东无法实现利益一致性来对高管进行有效监督，此时的代理成本就会较高。通常，股东会用高薪来激励高管的工作热情以达到股东利益最大化。相反，当公司的股权集中度增大时，前几大股东自身利益与公司业绩的相关性会随之增强，从而具有较强动力对公司高管进行监管，此时代理成本会在一定程度上变小。第一大股东与第二大股东控股数量的相对多少会使公司治理呈现出不同的特点，第一大股东往往并没有给高管优厚薪酬的动力。特别是在国有控股企业中，薪酬体制的行政化可能导致高管无法和其他一般职工的薪酬拉开距离。所以，在对相关文献进行回顾和理论分析的基础之上，本文认为上市公司的股权集中度越高，其高管薪酬越低；而股权制衡程度越高，则高管薪酬越高。由此，本文提出假设3和假设4。

假设3：高管现金薪酬和权益薪酬均与股权集中度负相关。

假设4：高管现金薪酬和权益薪酬均与股权制衡度正相关。

我国上市公司治理普遍存在股权结构不合理的问题，国有股大多具有绝对控股地位，而国有资本主体一直处于缺位状态，影响了激励机制的效用发挥，受行政管理体制和工资管理体制影响，国有性质股份占主导地位的公司对高级管理人员的市场价格信息反应慢，接受和传输信息的速度也慢，最后进行工资的调整也慢。国有企业不会像非国有股东控股的上市公司一样完全采用市场化的、激励导向的报酬原则，而法人股占主导地位的企业，其自主权增大，掌握了更多的控制权，因此能动性也随之提高，高管人员的薪酬随市场变化灵活调整。刘凤委、孙铮和李增泉认为产品市场的竞争程度对会计业绩在经理人员薪酬契约中的作用的影响主要体现为充分竞争的产品市场提高了会计业绩的可比性，降低了从公司综合业绩中分离高管努力的成本，即提高了会计业绩的可观测性④。他们的研究结果表明，上市公司所在地的政府干预程度越低或者上市公司所处行业的竞争程度越高，公司高管薪酬与会计业绩之间的相关性越强，反之亦然。在国有控股类上市公司中，高级管理人员的选择具有浓厚的行政色彩，由于多层代理关系的复杂性，出现"所有者主体缺位"和"内部人控制"现象，这就可能导致国有控股类上市公司的高管薪酬与公司业绩的相关性比非国有控股类上市公司低。因此，提出假设5。

假设5：高管现金薪酬与最终控制人性质呈正相关关系，而高管权益薪酬与最终控制人性质呈显著负相关关系。

① 张俊瑞，赵进文，张建．高级管理层激励与上市公司经营绩效相关性的实证分析[J]．会计研究，2003，9：29-34.

② 杜兴强，王丽华．高层管理当局薪酬与上市公司业绩的相关性实证研究[J]．会计研究，2007，1：58-93.

③ 赖普清．公司业绩、治理结构与高管薪酬——基于中国上市公司的实证研究[J]．重庆大学学报，2007，5：49-54.

④ 刘凤委，孙铮，李增泉．政府干预、行业竞争与薪酬契约——来自国有上市公司的经验证据[J]．管理世界，2007，9：76-128.

3. 研究设计

3.1 变量选择

3.1.1 因变量

本文选取高管所获得的现金薪酬和权益薪酬两部分来衡量高管人员的年薪报酬。

(1)高管现金薪酬(PAY)。本文选取上市公司年报披露的高管年度平均薪酬金额来衡量上市公司高管现金薪酬。

(2)高管权益薪酬(EI)。张俊瑞等用高管层的总体持股数量占公司总股本的比例作为高管的持股变量,张一晋以高管持股比例作为衡量长期激励薪酬的替代变量,因此本文以高管人员持股占总股本的比例作为衡量高管权益薪酬的替代变量。

3.1.2 自变量

为了排除单一指标度量的偏差,本文选取会计业绩指标(总资产报酬率 ROA)和市场业绩指标(Tobin q, TQ)两类指标来度量上市公司的业绩。

(1)会计业绩指标(ROA)。在会计业绩指标的选取上,杜兴强,王丽华认为 ROA 的解释能力最强①,因此本文借鉴他们的做法,选取总资产报酬率 ROA 来衡量企业的会计业绩。

(2)市场业绩指标(TQ)。Tobin q=权益的市场价值/总资产账面价值,权益的市场价值由股权的市场价值和债权的市场价值两部分构成,股权的市场价值数据取自巨灵金融服务平台,而债权的市场价值数据无法取得,因此本文选择债权的账面价值加以替代。

3.1.3 控制变量

(1)股权集中度(EC)。杨玉凤等(2010)注意到股权集中度会对高管薪酬有所影响,而衡量股权集中度的一般做法是采用赫芬德尔指数(Herfindahl Index, HI),即每个股东持股比例的平方之和,所以本文采取了第一大股东持股比例的平方作为衡量股权集中度的近似指标。

(2)股权制衡度(EBD)。本文以第二、三、四、五位大股东持股比例之和与第一大股东持股比例的比值来度量上市公司的股权制衡程度。

(3)最终控制人性质(EP)。区分最终控制人的性质为国有和非国有来检验其对高管人员薪酬的影响。

(4)公司规模(SIZE)。魏刚的研究证实公司规模越大,高管人员获得较高报酬的可能性越大。国内外研究大多得出高管薪酬与公司的规模存在联系的结论,因此本文加入公司规模这一控制变量,并以公司总资产的自然对数来计量。

(5)行业变量(IND)。行业因素对高管薪酬有较大的影响,李增泉(2000)发现电力行业和其他类行业的净资产收益率与经理人员的年度报酬之间的相关关系较为显著。因此本文将行业因素作为一个控制变量纳入研究。按 CSCR 行业分类标准进行分类,剔除金融、保险类企业,共有 12 个行业。

(6)年度变量(YE)。不同的年度也会影响回归结果,因此本文加入年度虚拟变量来控制不同年度的影响。

变量描述详见表1。

---

① 杜兴强,王丽华. 高层管理当局薪酬与上市公司业绩的相关性实证研究. 会计研究,2007,1:58-93.

表1 变量定义表

类型	名称		符号	定义
因变量	高管薪酬 EP	高管现金薪酬	PAY	高管人员年度平均薪酬
		高管权益薪酬	EI	高管人员持股占总股本比例
自变量	公司业绩 FP	总资产报酬率	ROA	净收入/总资产账面价值
		Tabin q	TQ	权益的市场价值/总资产账面价值
	股权结构 ES	股权集中度	EC	第一大股东持股比例的平方
		股权制衡度	EBD	第二、三、四、五位大股东持股比例之和与第一大股东持股比例的比值
		最终控制人性质	EP	虚拟变量：最终控制人为国有性质时 EP=1，否则 EP=0
控制变量	公司规模		SIZE	总资产的自然对数
	行业变量		IND	虚拟变量：公司属于某个行业时，IND=1，否则 IND=0
	年度变量		YE	虚拟变量：样本期属于某年度，YE=1，否则 YE=0

3.2 模型设计

为了重点考察股权结构对高管薪酬与公司业绩之间相关关系的影响，本文建立模型如下：

$$EP_{it} = \beta_0 + \beta_1 FP_{it} + \beta_2 ES_{it} + \beta_3 PERF_{it} \times ES_{it} + \beta_4 SIZE + \sum_{i=5}^{16} \beta_i IND_{it} + \sum_{i=17}^{19} \beta_i YE_{it} + \varepsilon_{it}$$

3.3 研究样本和数据来源

本文选取 2007—2009 年 A 股上市公司公布的年报数据为研究对象，数据均来源于深圳巨灵信息技术有限公司的巨灵金融服务平台，为了保证数据的有效性和连续性，剔除了如下异常值：（1）净资产收益率低于 –1000% 的样本；（2）资产负债率大于 1 的样本；（3）金融、保险类企业；（4）PT 和 ST 股；（5）由于本文研究的是 2007—2009 年较长的时间窗口，故删除不具有 3 年连续数据的样本。

在以上数据筛选原则下，本文共得到有效样本 995 家，即 2007—2009 年全样本数为 2985 个。

4. 结果与分析

4.1 描述性统计

表 2 是 2007—2009 年我国上市公司高管薪酬和公司业绩以及股权结构情况的描述性统计。通过表 2 的统计结果，我们可以发现，我国上市公司的高管薪酬最低值仅为 1.53 万元，最高值为 221.32 万元，两者之间差距达到 219.79 万元，数额相差巨大。而高管持股比例最大值为 78.3805%，最小值仅为 0，中值为 0.0036%，均值为 3.4647%，说明我国上市公司高管持股比例普遍偏低，股权激励程度有限。股权集中度的最大值为 7468.417，最小值为 20.1601，相差 369 倍。股权制衡度的差距更加明显，相差将近 797 倍。

表2　　　　　　　　　　　　　　　　　　全样本描述性统计

变量名称	均值	中值	标准差	最小值	最大值
PAY	26.5022	31.62	21.021	1.53	221.32
EI	3.4647	0.0036	11.8152	0	78.3805
ROA	6.8225	4.2579	6.8590	−56.2635	58.6342
TQ	2.5415	1.4875	1.6599	0.6596	20.9118
EC	1585.539	1743.275	1256.305	20.1601	7468.417
EBD	0.5421	0.317	0.5499	0.0046	3.6952
SIZE	21.7087	22.2482	1.2199	19.0208	28.0031

4.2 相关性分析

从表3可以看出高管现金薪酬(PAY)与会计业绩指标(ROA)在1%的置信水平上显著正相关,而与市场业绩指标(TQ)在5%的置信水平上显著负相关。高管权益薪酬(EI)与会计业绩指标(ROA)以及市场业绩指标(TQ)均在1%的置信水平上显著正相关。高管现金薪酬(PAY)与股权集中度(EC)及股权制衡度(EBD)呈正相关关系,但不具有统计上的显著性。然而高管权益薪酬(EI)与股权集中度(EC)及股权制衡度(EBD)均在1%的置信水平上显著正相关,这说明股权集中程度越高的公司,其高管持股比例越高,这可能与我国上市公司股权结构并不合理有关。同时大股东之间的股权制衡程度越高,越倾向于给予高管股权激励,这与我们的假设相吻合。同时,高管现金薪酬(PAY)和高管权益薪酬(EI)也与最终控制人性质(EP)在1%的置信水平上显著正相关。而高管现金薪酬(PAY)及高管权益薪酬(EI)均与公司规模(SIZE)在1%的置信水平上显著正相关,说明公司规模越大,高管薪酬越高。

由对相关性检验的分析可知,检验结果与本文的研究假设基本一致。

表3　　　　　　　　　　　相关性检验(PERSON 左下、SPERMAN 右上)

	PAY	EI	ROA	TQ	EC	EBD	EP	SIZE
PAY		0.0862***	0.2658***	−0.0493**	0.0233	0.019	0.1510***	0.4408***
EI	−0.0696***		0.1355***	0.0817***	−0.1442***	0.2195***	−0.2863***	−0.1249***
ROA	0.2355***	0.1266***		0.3651***	0.0715**	0.1087***	0.1088***	0.0715**
TQ	−0.0138	0.1755***	0.4027***		−0.0116	0.1202***	0.1732***	0.4014***
EC	0.0297	−0.0430**	0.1000***	0.0105		0.3113***	0.1088***	0.1395***
EBD	0.0557**	0.2846***	0.0552**	0.1078***	0.22***		0.2604***	0.1961***
EP	0.1144***	−0.3822***	0.0845***	0.1566***	0.0892***	0.2245***		0.3254***
SIZE	0.4204***	−0.2461***	0.0745**	0.3195***	0.1791***	0.1556***	0.3268***	

注:***表示显著性水平为1%,**表示显著性水平为5%,*表示显著性水平为10%。

4.3 回归分析

4.3.1 采用 STATA10.0 软件进行回归

本文采用 STATA10.0 软件对高管薪酬及其相关的影响因素进行回归,所得的结果如表4和表5所示。

表 4　　以高管现金薪酬（PAY）为因变量的回归结果

	模型（1）				模型（2）		
变量	系数	t 值	标准差	变量	系数	t 值	标准差
ROA	0.6915***	13.66	0.0506	TQ	2.4515***	9.84	0.2491
EC	−0.0005*	−1.67	0.0003	EC	−0.0004	−1.32	0.0003
EBD	4.1119***	6.46	0.6367	EBD	4.1892***	6.48	0.6463
EP	1.2621*	1.65	0.7671	EP	0.4578	0.59	0.7739
SIZE	7.5173***	24.56	0.3061	SIZE	8.8938***	27.16	0.3275
Adjusted R-square:0.2681				Adjusted R-square:0.2412			

注：***表示显著性水平为1%，**表示显著性水平为5%，*表示显著性水平为10%。

表 5　　以高管权益薪酬（EI）为因变量的回归结果

	模型（3）				模型（4）		
变量	系数	t 值	标准差	变量	系数	t 值	标准差
ROA	0.1686***	5.84	0.0289	TQ	0.6331***	4.51	0.1403
EC	0.0004**	2.36	0.0002	EC	0.0004**	2.47	0.0002
EBD	4.2872***	11.80	0.3632	EBD	4.2994***	11.80	0.3643
EP	−7.0518***	−16.11	0.4376	EP	−7.2408***	−16.60	0.4362
SIZE	−1.3134***	−7.52	0.1746	SIZE	−0.9626***	−5.21	0.1846
Adjusted R-square:0.2405				Adjusted R-square:0.2370			

注：***表示显著性水平为1%，**表示显著性水平为5%，*表示显著性水平为10%。

4.3.2　回归结果分析

通过对表4和表5的回归结果进行分析，我们发现：

（1）高管现金薪酬和权益薪酬均与公司业绩之间存在显著的正相关关系。从表4和表5可以看出，在考虑了股权集中度、股权制衡度、最终控制人性质等股权结构指标后，高管现金薪酬（PAY）和高管权益薪酬（EI）与公司业绩指标均呈显著正相关关系。其中，高管现金薪酬（PAY）与会计业绩指标（ROA）的相关系数为0.6915，显著性水平为1%；与市场业绩指标（TQ）的相关系数为2.4515，同样在1%的显著性水平上。高管权益薪酬（EI）与会计业绩指标（ROA）以及市场业绩指标（TQ）均在1%的置信水平上显著正相关，相关系数分别为0.1686和0.6331。实证结果说明，在报酬—绩效契约下，公司高管人员的年度薪酬将与公司的经营业绩相挂钩，因此，在公司的高管人员同样以自身利益最大化为目标的前提下，高管人员必将通过提高公司经营绩效这一有效途径来使自身年度薪酬达到最大化。当代理人——高管人员获得公司股份即享有剩余索取权时，就会倾向于与股东的利益保持一致，重视公司的长期发展，以实现自身的收益水平最大化。这一结果有力地支持了本文的假设1和假设2。

（2）高管现金薪酬与股权集中度呈显著负相关关系。在选取会计业绩指标（ROA）作为衡量公司业绩指标的模型（1）中，高管现金薪酬（PAY）与股权集中度（EC）之间具有较强的负相关关系，在10%的置信水平上显著。该结论证实了本文的假设3——当公司股权高度分散时，单个股东缺乏足够的动力去监督高管的行为；而当股权集中度较高时，前几大股东的自身利益与公司业绩的相关性较大，从而有足够的动力对高管人员的行为进行有效监管。在选取市场业绩指标(TQ)作为衡量公司业绩指标的模型(2)中，虽然高管现金薪酬(PAY)与股权集中度(EC)也呈负相关关系，但结果并不显著，导致这一结果的原因可能是我国上市公司更加注重以会计业绩指标的变化来衡量高管人员的努力程度，而忽略了市场业绩的变化。在高管权益薪酬(EI)与公司业绩之间的相关关系回归模型(3)和模型(4)中，高管权益薪酬(EI)与控制变量股权集中度(EC)均呈正相关关系，与我们的假设相背，导致这一结果的原因可能是目前我国上市公司高管持股比例偏低，且高管所持股份的流通还未完全放开，因此高管持股的激励作用有限。

(3)高管薪酬与股权制衡度呈显著正相关关系。在区分了公司的会计业绩指标和市场业绩指标之后，高管现金薪酬(PAY)和高管权益薪酬(EI)均与股权制衡度(EBD)在1%的置信水平上显著正相关，从而验证了本文的假设4，第一大股东往往不愿给予高管人员高薪，而在股权制衡程度较高的情况下，其他股东会选择以高薪来激励高管人员的工作热情和努力程度，从而最大化自身利益。

(4)最终控制人为国有性质的上市公司更加注重高管的现金薪酬激励，而最终控制人为非国有性质的上市公司则更加注重以权益薪酬的方式来激励高管，说明我国民营性质的上市公司较国有控股的上市公司更加注重以权益薪酬对高管人员进行激励。尽管目前我国的上市公司高管人员持股比例普遍偏低，采取的股权激励较为有限，但从回归结果可以看出，随着我国上市公司治理机制的不断完善，民营及外资上市公司正逐渐采取股权激励这一有效方式监管高管的行为，这也与我们的分析相一致。

(5)高管现金薪酬与公司规模之间存在显著正相关关系。这与现有的研究结论基本一致，说明公司的规模越大，高管人员需要处理更为繁重的工作，需要更强的管理能力和更丰富的工作经验，高管人员得到较高报酬的可能性越大。根据委托代理理论，规模大的企业经营难度更高，代理问题更容易产生，因此需要支付管理层更高的个人回报。而高管权益薪酬(EI)与公司规模呈负相关关系的结果，与我们的假设不符，可能归因于我国上市公司高管较低的持股比例。

5. 研究结论

本文以中国非金融上市公司作为研究样本，在控制相关变量的条件下，应用一系列OLS经验检验了公司业绩、股权结构与高管薪酬之间的关系。得出了以下结论：

(1)公司业绩与高管现金薪酬、权益薪酬显著正相关，将高管报酬与公司业绩挂钩，高管通过提高公司业绩就可提高自身收入，而他们的努力工作也带来了公司业绩的提高。

(2)对于股权制衡度较高的公司，其股东会用高薪来激励高管的工作热情以达到股东利益最大化，所以其高管的现金薪酬和权益薪酬也相应较高。

(3)公司规模对高管现金薪酬具有显著的正向影响，公司规模越大，要求高管人员的能力就越强，从而高管人员获得高报酬的可能性越大。

(4)股权集中度对高管现金薪酬有负向影响，股权集中度较高时，前几大股东有足够的动力对高管人员的行为进行有效监管。

(5)我国民营性质的上市公司较国有控股的上市公司更加注重对于高管人员的股权激励。

本文的创新点在于将股权结构纳入高管薪酬与公司业绩相关性的影响因素中，并通过实证检验发现了股权结构对高管薪酬与公司业绩相关性的影响。同时，本文研究也存在一定的局限性，即应将衡量股权结构的指标进一步细化，选取更详尽的度量方法，例如第一大股东持股比例、第二大股东持股比例、国有股比例、法人股比例等指标，这也是今后进一步研究的方向。

(作者电子邮箱：afeng3000@163.com)

参考文献

[1] 陈志广. 高级管理人员报酬的实证研究[J]. 当代经济科学，2002，9.

[2] 杜兴强，王丽华. 高层管理当局薪酬与上市公司业绩的相关性实证研究[J]. 会计研究，2007，1.

[3] 赖普清. 公司业绩、治理结构与高管薪酬——基于中国上市公司的实证研究[J]. 重庆大学学报，2007，5.

[4] 李增泉. 激励机制与企业绩效——一项基于上市公司的实证研究[J]. 会计研究，2000，11.

[5] 刘凤委，孙铮，李增泉. 政府干预、行业竞争与薪酬契约——来自国有上市公司的经验证据[J]. 管理世界，2007，9.

[6] 柯可，邱凯. 上市公司高管薪酬影响因素分析——基于沪深股市的实证研究[J]. 财会通讯，2009，3.

[7] 魏刚. 高级管理层激励与上市公司经营业绩[J]. 经济研究，2000，3.

[8] 杨海燕，李辰颖. 高管薪酬激励与股东财富相关性实证研究——以2001—2006年广西上市公司为样本[J]. 会计之友，2010，5.

[9] 杨瑞龙，刘江. 经理报酬、企业绩效与股权结构的实证研究[J]. 江苏行政学院学报，2002，1.

[10] 杨玉凤，沈玉玲，胡欣. 上市公司高管薪酬与公司业绩相关性研究[J]. 会计之友，2010，2.

[11] 张俊瑞，赵进文，张建. 高级管理层激励与上市公司经营绩效相关性的实证分析[J]. 会计研究，2003，9.

[12] 张一晋. 我国上市公司高管薪酬激励机制分析[J]. 工业技术经济，2010，6.

[13] Coughlan, Anne T., and Schmidt, Ronald M.. Executive compensation, Management turnover, and Firm performance: An empirical investigation[J]. *Journal of Accounting and Economics*, 1985, 7.

[14] Hall, and Liebman. The other side of the trade-off: The impact of risk on executive compensation[J]. *Journal of Political Economy*, 1998, 9.

[15] Jensen, and Meckling. Theory of the firm: Managerial behavior, Agency cost and ownership structure[J]. *Journal of Law Economics*, 1976, 3.

[16] Jensen, M. C., and K. J. Murphy. Performance pay and top management incentive[J]. *Journal of Political Economy*, 1990a, 98.

[17] Joscow, Paul, Nancy Rose, and Shepard Andrea. Regulatory constraints on CEO compensation[R]. *Brookings Papers: Microeconomics*, 1993, 1.

[18] Lee, Janet. Executive performance-based remuneration, Performance change and board structures[J]. *The International Journal of Accounting*, 2009, 44(2).

[19] Lucian Bebchuk, and Yaniv Grinstein. Executive pay and firm size[R]. *Working Paper*, 2005, 4.

[20] Mehran. Executive compensation structure, Ownership and firm performance[J]. *Journal of Financial Economics*, 1995, 38.

[21] Xianming Zhou, and Peter L. Swan. Performance thresholds in managerial incentive contracts[J]. *The Journal of Business*, 2003, 4.

Equity Structure, Firm Performance and Executive Pay

Mao Hong'an[1]   Zhang Tiannan[2]

(1 Accountancy School of Zhongnan University of Economics and Law, Wuhan, 430073;

2 Audit Office of Zhongnan University of Economics and Law, Wuhan, 430073)

Abstract: This paper chose A-share listed companies of China from 2007 to 2009 as the sample, examined the relationship between remuneration of senior management and firm performance, using the index of equity structure. Through the analysis, we got the following conclusions: Performance, degree of balance ownership, firm size and remuneration of senior management are significant positive correlation. Cash remuneration of senior management and Ownership concentration are significant negative correlation. Private listed companies paid more attention to the stock ownership incentive for senior executives than state-owned listed companies.

Key words: Remuneration of senior management; Equity structure; Firm performance; Correlation

我国上市公司 H 股研究综述：基于财务会计视角[*]

● 陶　岚

（中国地质大学经济管理学院　武汉　430074）

【摘　要】本文主要从财务会计的视角，以 H 股个股为研究对象，以"双重审计"模式取消为时间点，对其取消前后的 H 股研究文献分别进行了归纳与总结，并提出了 H 股未来研究的可行性方向。

【关键词】H 股　双重审计　交叉上市

1. 概述

自 1993 年 7 月 15 日首个 H 股（青岛啤酒）在香港联交所上市以来，至 2011 年 12 月 31 日，共有 171 家内地注册企业在香港发行 H 股并上市，其中同时在沪深两地发行 A 股并上市的公司有 73 家。虽然 H 股上市公司数量不算很多，但我国学者围绕此展开的研究成果却十分丰富，这主要由于 H 股样本研究具有一定的特殊性。

第一，H 股公司的注册地和主要的经营场所都在内地，只是在香港联交所上市，将 H 股公司与 A 股公司进行比较，可以发现境外上市（或者说交叉上市）对企业的影响。

第二，将 H 股公司与香港的本土公司相比，可以发现公司经营地不同而导致的不同制度背景对企业造成的不同影响。

第三，在新会计准则出台之前，在 H 股公司中，有一部分公司同时发行 A、H 股，这类公司的股票在多个市场上市交易，按中国内地会计准则和香港会计准则分别编制、披露财务报表，多个市场上的股票对应于同一标的资产，但有着不同的价格表现，因此可以对同时发行 A、H 股公司的 A 股和 H 股在报表与价格方面的差异进行分析，研究其影响因素和经济后果。

另外，我们也可以将 A、H 股公司与仅仅发行 H 股的公司进行比较分析，等等。通过不同样本之间的比较，我们可以发现仅仅研究 A 股所不能得出的结论。因此，学者们对于 H 股问题的研究具有相当的兴趣，并得出了一系列的研究结论。

早期对 H 股问题的研究，主要针对原因、步骤等基本问题（李启亚和李少明，1998；李幛喆，1994；马险峰等，1998；汪海波和梁云波，1997）。随着资本市场的不断发展，越来越多的文章开始研究 H 股在

　* 本文受到教育部人文社科青年基金项目"企业环保投入与公司价值关系的实证研究——基于合法性理论"（项目批准号：12YJC630187）的资助。

资本市场中的表现。洪永淼等(2004)、胡新明和唐齐鸣(2008)研究了 H 股与其他股市之间的风险溢出效应;吴世农和潘越(2005)研究了 H 股的协整和因果关系;郭彦峰等(2010)、胡新明和唐齐鸣(2008)则研究了 H 股的信息传递效应。还有的文章从市场微观结构的角度研究 A、H 股之间的价差和互动关系,如周开国和王海港(2009)、沈红波和钱沁如(2007)、周开国等(2006)、黄贵海和宋敏(2005)。本文则主要聚焦于财务和会计领域,关注的是以 H 股个股为研究对象的文献,从财务会计视角对有关 H 股的研究文献进行回顾。

2010 年 12 月 10 日,中国内地大型会计师事务所正式获准可以采取内地审计准则为内地在香港上市的 H 股企业提供审计服务,H 股的"双重审计"正式取消。本文将以"双重审计"模式取消为时间点,对财务会计领域 H 股已有文献做出综述。H 股的"双重审计"正式取消也引发了一个新的研究方向。接下来,本文将从以下几个方面对 H 股的研究进行归纳和评述。

2. "双重审计"模式取消前 H 股文献回顾

已有文献主要以 H 股个股为对象从以下四个方面展开:第一,双重上市公司的 A 股和 H 股的差异研究;第二,双重上市公司与非双重上市公司(纯 A 股公司)的比较研究;第三,其他对 H 股上市公司的研究;第四,随着内地经济以及股市的发展,原来赴香港上市的 H 股企业纷纷回归 A 股市场上市融资,引发了市场对"H 股回归"恶意"圈钱"动机的猜想,以及交叉上市(主要是指 H 股企业回归 A 股市场实现交叉上市这一行为)的经济后果的研究。以下从这四个方面对 H 股的研究进行综述。

2.1 双重上市公司的 A、H 股的差异研究

同时发行 A 股和 H 股的上市公司,有两个非常鲜明的特点:第一,在相同的经营活动基础上,依据中国内地会计准则和香港会计准则以及证券管制法规,分别编制和披露财务报表,并且常常存在差异(报表差异);第二,同一家公司股票在多个市场上市交易,其对应于同一标的资产但有着不同的价格表现(价格差异)。因此,这个研究对象吸引了大量学者的关注。本文将研究 A 股和 H 股差异的文献分为两类:报表差异和价格差异。

2.1.1 报表差异研究

2006 年 2 月 15 日,中国财政部颁布了包括 1 项基本会计准则和 38 项具体会计准则在内的一整套新的企业会计准则体系,并要求所有上市公司从 2007 年 1 月 1 日起开始执行。与旧准则相比,新会计准则不仅涵盖的内容增加,在计量思想上也有重大改变。新准则突出强调了资产负债表和公允价值,对多种资产的计量属性从要求采用历史成本改为允许在条件成熟的情况下使用公允价值。对于同时发行 A、H 股的公司来说,它们编制境内报表的依据在 2007 年前后发生了巨大改变,而编制境外报表的依据则变化较小。因此,本文将有关财务报表差异的文献根据研究样本是否包括 2007 年及以后的数据细分为两小类:旧准则下的研究和新准则下的研究。

2.1.1.1 旧准则下的研究

在 2006 年以前,同时发行 A、H 股的公司编制境内报表依据的是旧会计准则(包括各项会计制度和具体会计准则等),因此,学者们的研究视角集中于上市公司 A 股和 H 股分别遵循的会计准则和信息披露原则的差异,境内外报表净利润的差异、产生原因及其经济后果①。

①　北京大学光华管理学院王立彦教授研究旧准则下 A、H 股财务报表的差异最为深入和全面。其主持的国家自然科学基金项目"公司管治与财务信息披露机制——比较 A 股/H 股年度财务报告的实证研究"(项目批准号:79970021,批准时间:2000 年,起止时间:2000—2003 年),研究成果在 2004 年 8 月国家基金委管理科学部组织的结题项目评估中被评为"优"。

从境内外报表分别遵循的会计准则和信息披露原则的差异入手,姜惠姣(1999)以首家同时在香港联交所和上海证券交易所上市的企业——青岛啤酒股份有限公司为例,根据连续七年的财务报表(包括年报和中报),研究两地会计制度、会计政策、会计准则的种种差异,以及稳健性原则在 A 股与 H 股报表编制中运用之差异。结果发现,香港的会计制度比内地的会计制度更为稳健,更加重视实质。王立彦和高展(2002)分析了上市公司 A 股和 H 股分别遵循的会计准则与信息披露原则的差异。

在境内外报表净利润差异方面,王立彦和刘军霞(2003)通过检验 A、H 股公司 1994—2000 年净利润双重报告差异发现,1998 年以前内地与香港的会计准则存在较大差异,但 1998 年内地新会计准则的实行并没有消除或者显著减小双重报告差异;而且旨在缩小内地与香港会计准则差异的与坏账准备、存货和投资有关的会计处理方法的变动,同样没有消除或者显著减小双重报告差异。傅宏宇等(2005)以同时发行 A 股和 H 股的公司 2000 年、2001 年和 2002 年按中国内地会计规范和香港会计实务准则或国际会计准则披露的净利润为样本,对净利润的差异进行统计分析,并对产生差异的不同准则项目的影响进行统计和比较分析,其结果表明 2000—2002 年期间中国内地实施的会计准则在实质上与发达国家的会计准则已十分相近,按中国内地会计准则和香港 SSAP 或 IAS 分别计算的净利润的差异不会对信息使用人产生大的误导。傅宏宇等(2005)进一步发现,境内外净利润 2001 年和 2002 年的差异均值小于 2000 年,表明我国的会计规范在此期间正在向国际会计惯例靠拢。

对境内外报表净利润差异的经济后果的研究主要集中在价值相关性方面。王立彦等(2002)对同一家公司在 A 股和 H 股市场上编制的两套财务报表的信息价值相关性进行了研究,结果表明了价值相关关系的存在,验证了境外资本市场要求中国境内公司在其市场上市必须披露不同财务报表的合理性。陆静(2007)的研究表明,在 A 股市场,境内报表披露的会计盈余等信息与 A 股超额收益之间没有显著的价值相关性,境内外报表关于会计盈余和账面净值的调整值对 A 股价格也没有影响;在 H 股市场,会计信息与股价之间的相关性较强,不仅境外报表披露的主要会计指标能够有效解释年报披露期间 H 股超额收益,而且境内外报表的会计盈余和账面净值调整值还具有增量信息价值。张景奇等(2009)运用 Ohlson 模型,以 2003—2006 年我国既发行 A 股又发行 H 股的 28 家企业为研究样本,分别以 A 股股票价格和 H 股股票价格为评价标准,从多种角度对我国会计准则和国际会计准则的有用性进行了比较研究,结果发现:总体而言,无论是以 A 股股票价格为评价标准还是以 H 股股票价格为评价标准,国际会计准则的有用性均较国内会计准则强。

2.1.1.2 新准则下的研究

2006 年 2 月 15 日,中国财政部颁布了与国际会计准则趋同的企业会计准则体系,与此同时,根据香港联交所的规定,同时发行 A、H 股的公司编制境外报表主要遵循国际财务报告准则,因此,2007 年以后,学者们的研究视角聚焦于新实施的企业会计准则与国际财务报告准则的区别。孙江霓和段艳楠(2008)通过对所有 A+H 股上市公司 2007 年年报的净利润差异及其原因的分析,总结新会计准则与国际财务报告准则的主要差异。崔学刚和张宏亮(2010)以同时发行 A、H 股的公司作为基础样本,并通过配对样本,分别对比基础样本 A 股、H 股报告的盈余稳健性差异及其变化、基础样本与配对样本 A 股报告的盈余稳健性差异及其变化,发现我国 2006 年企业会计准则的实施较大幅度地提高了 A 股报告的盈余稳健性,从而为我国会计准则的国际趋同效果评价提供了初步证据。王天东和赵菲(2011)以 2006—2009 年 A+H 股上市公司为样本,在比较中国企业会计准则与国际财务报告准则内容差异的基础上,采用按两套准则编制的净利润差异值和净资产差异值作为两套准则趋同程度的度量指标进行分析。研究发现,中国企业会计准则与国际财务报告准则的趋同度在逐年提高。

2.1.2 价格差异研究

从理论上来说,由于在不同市场交易的股份是由同一家公司发行且它们的价值受共同的基本因素影响，所以其经过汇率调整之后的证券价值应大致相同，而且不受交易地点的影响（Gultekin et al. , 1989；Jorion and Schwartz，1986）。但是之前的研究表明，多地上市的中国公司的股票在不同金融市场的交易价格存在较大的差异。例如，根据曲保智等（2010）的研究，对于同时在内地证券交易所（A 股交易市场）和香港证券交易所（H 股交易市场）上市的中国公司而言，A、H 股价差在 2001—2002 年期间高达 80%，2003—2005 年，价差开始下降并在 2005 年年中几乎接近于零，但其后 A、H 股价差再次扩大直至 2008 年，之后一直在 20% ~40% 波动。双重上市公司 A、H 股对应于同一标的资产却有着不同的价格表现①，大量文献对 A、H 股价差的形成原因进行了研究。

A、H 股价差表现为同一资产的价格在不同市场上的差异，是市场分割的集中表现。Stulz 和 Wasserfallen（1995）将市场分割定义为一种状态，在此状态下，"属于不同市场，但在某些没有国际投资障碍的国际资产定价模型下，具有相同风险的两种资产，存在不同的期望回报"。市场分割由多种因素造成，有学者将这些导致同质产品市场不一致的因素分为两种：硬分割和软分割。前者主要是指法律、制度、政策、成本等客观的制度因素，后者主要是指一些非制度因素，或由制度因素衍生出来的因素，包括流动性差异、信息不对称、投资者偏好、风险厌恶程度差异、文化差异等（韩德宗，2006；刘昕，2004），具体见表 1。

表 1　　　　　　　　　　　　　　　　外资股折价因素分析表②

因素		假设	原因设想
硬分割	投资限制	+	投资限制越大，有效需求越少，价格越低
	相对成本	+	成本越大，需求越少，价格越低
软分割	相对信息不对称程度	+	外国投资者信息不足，要求较高的信息不对称补偿，因此价格较低
	相对流动性	-	外资股市场流动性低，要求较高流动性溢价，因此价格较低
	投资者相对投机程度	-	国外投资者相对理性，价格泡沫较少
	体制因素	+	国家控制越紧，折价越高
	汇率风险（人民币贬值预期）	+	人民币贬值预期越大，外国投资者预期损失越大，折价越大
	相对需求弹性	-	国外投资者对中国股票有相对弹性的需求，而国内投资者对中国股票的需求弹性小，企业可以对中国投资者实行价格歧视，价格较高
	相对系统风险	+	市场的系统风险越大，要求的风险溢价越高，价格越低

研究者尝试从各种角度分析 A、H 股价差的原因，大量的文献都是从"软分割因素"入手研究 A、H 股价差，比较有代表性的解释有以下四种假说：信息不对称假说、差别需求假说、流动性假说和风险差异假说，这方面的文献包括李大伟等（2004）、刘昕（2004）、韩德宗（2006）、吴战篪（2007，2008）、宋军和吴冲锋（2008）、巴曙松等（2008）、胡章宏和王晓坤（2008）等。

曹红辉和刘华钊（2009）是唯一一篇从制度差异的角度研究 A、H 股价差的文献。他们主要研究内地和香港地区在股票卖空制度、汇率制度以及新股发行制度等方面存在的重大差异对 A、H 股二级市场定价

---

① 价格表现的差异表现在收益率和波动性两方面，但只有李大伟等（2003）、宁向东和周鹏（2004）对收益率的问题进行了研究，因此本文主要从收益率的角度进行综述。

② 刘昕. 中国 A、H 股市场分割的根源分析[J]. 南开管理评论，2004，5：22.

差异的影响。研究发现 A 股禁止卖空使 A 股相对 H 股更容易被高估；中国外汇储备增长越快、人民币升值压力越大，H 股折价就越轻。A 股在一级市场被高估，就会在二级市场被进一步高估，间接反映出新股发行制度差异对 A、H 股二级市场定价差异的影响。

另外，随着股权分置改革的完成、QFII、QDII 和"港股直通车"等政策的出台，有学者开始关注这些重大政策事件对 A、H 股价差的影响。曲保智等（2010）的研究发现合格境外机构投资者（QFII）和合格境内机构投资者（QDII）的发展显著地减小了 A、H 股的价差，但胡章宏和王晓坤（2008）的研究则表明，在控制了市场波动等因素的影响之后，股权分置改革、QDII 和"港股直通车"政策本身对 A、H 股价差并没有显著影响。因此，这些政策的实施对 A、H 股价差的影响值得做进一步的研究。

从研究对象上说，双重上市公司 A、H 股价差与同时发行 A、B 股公司 A、B 股的价差有非常相似之处，都是研究同一家公司的股票在不同交易市场上的价格表现差异。但是，与 A、B 股之间的关系相比，A、H 股之间还存在着监管制度、法律环境和投资主体等方面的区别，因此，笔者认为研究 A、H 股之间的价差和互动关系需要更独特的研究视角和更精细的研究设计。这估计是研究 A、B 股之间的价差和互动关系的论文已经发表于国际顶级杂志（Chan et al.，2008；Tang，2011），而研究 A、H 股之间的价差和互动关系的论文到目前为止却没有的一个可能原因。

2.2 双重上市的经济后果研究

这类研究主要通过比较双重上市公司与非双重上市公司（纯 A 股公司）在公司治理、融资成本和公司价值等方面的区别，考察双重上市的经济后果。从内容上说，该类文献属于交叉上市（cross-listing）的研究范围。当然，用"双重上市"来概括这类文献更精准。从研究方法上来说，该类文献主要通过配对、抽样等技术选择纯 A 股公司，但也有文献直接将同时发行 A、H 股的公司与所有的纯 A 股公司进行比较。

谢碧琴（2005）以 2002 年 26 家同时发行 A 股和 H 股的公司为样本，为每一家 A、H 股公司选取 3 家纯 A 股公司作为控制样本，结果发现同时发行 A、H 股公司的关联交易水平低于纯 A 股公司；沈红波（2007）比较了 2004 年 A—H 股、A—B 股以及 A 股公司在资金成本上的差异，发现 A—H 股和 A—B 股公司的资金成本比 A 股公司低；沈红波等（2009）以 1998—2004 年中国资本市场中 A—H 股、A—B 股以及配对的 A 股公司为研究样本，检验发现，A—H 股和 A—B 股公司按国内会计准则所报告盈余的质量都高于 A 股公司。辛清泉和王兵（2010）、Wang 和 Xin（2011）也发现 A—H 股公司的盈余质量高于 A 股公司。另外，也有文献不是将 A—H 股公司与纯 A 股公司进行比较，而是将所有发行 H 股的公司与纯 A 股公司比较。程敏（2009）以 2007 年沪深两市 A 股上市公司和在香港联交所主板市场上市的 H 股（包括红筹股）公司为样本（将同时发行 A、H 股的公司归为海外上市公司，在内地 A 股上市公司样本中予以剔除），对比分析了境内外上市公司股权集中度和现金股利政策的关系，以及现金股利政策的差异。这类文献认为，香港证券市场较严格的信息披露以及较完善的投资者法律保护制度能够改善公司治理，缓解上市公司与投资者之间的信息不对称，降低资本成本，提升企业价值。

然而，这类研究有两点不足：

第一，遗漏变量问题。H 股公司是在中国内地注册成立并由内地政府机构或个人控制的公司，既有如中国电信、青岛啤酒、中国中铁、广深铁路、东方航空等大型国企，也有如比亚迪、上海复地、屹东电子等民营企业（刘峰等，2009）。一般而言，H 股公司的规模相当大，大多属于基础产业且占据该行业的领导地位，以国有企业居多，因此 H 股又被称为国企股，对于同时发行 A、H 股的公司来说更是如此。但我国 A 股公司中存在相当部分的民营企业。因此，H 股公司（或者同时发行 A、H 股的公司）与 A 股公司除了上市地不同以外，在公司特征方面，比如企业性质、所有权结构等都存在很大的差别。在这种情况下，我们很难判断 H 股公司（或者同时发行 A、H 股的公司）与 A 股公司在融资成本、盈余质量、公司价值等方面的差异是由上市地的不同还是公司特征的差别带来的。

第二，自选择问题。H股发行必须经过四个步骤：(1)申请发行H股的公司向所在地的省级人民政府或者所属国务院有关企业主管部门（直属机构）提出申请。(2)地方企业由企业所在地的省级人民政府、中央部门直属企业由国务院有关企业主管部门（直属机构）以正式文件向中国证监会推荐。省级人民政府和国务院有关企业主管部门可联合推荐企业。(3)中国证监会在征求行业主管部门的意见后初步确定预选企业，报国务院批准。(4)国务院同意后，由中国证监会发文通知省级人民政府或国务院有关企业主管部门，企业开始进行发行、上市准备工作。从这个过程我们可以看到：第一，只有属于基础产业且占据该行业的领导地位的公司才能到香港联交所上市；第二，申请发行H股的企业具有很强的政治关系；第三，发行H股的公司都会成为当地政府的"名片"。因此，H股公司本身就是非常优秀的公司。以融资成本为例，这些公司本身具有很好的盈利能力和偿债能力，可以动用政治关系获取较多的资金支持，更关键的是，当地政府在一定程度上也会迫使当地银行以较低的利率向这些公司提供较多的贷款。所以，简单地对H股公司和A股公司的融资成本进行比较，会存在较为严重的自选择问题。

2.3 其他对H股上市公司的研究

除前面两类研究以外，还有一种单纯以H股为研究对象的文献。这类文献将H股公司仅仅作为一个简单的研究对象，与其他以美国股票市场或者中国A股市场为研究对象的文献相比，没有非常特别之处。当然，值得说明的是，这类文献数量很多，研究范围也很广。从理论上讲，这类文献可以触及财务与会计的任何领域，对其归纳和综述没有任何意义。因此，本文主要关注国内文献对H股的研究。更进一步，我们希望回答如下问题：在国内学者能够以中国A股为研究对象的时候，他们为什么会选取H股？这个问题很重要。对国内学者来说，他们熟悉中国A股的运行规则、制度背景，这是他们研究的比较优势。因此，当他们想到一个研究主题，做出研究假设，要利用数据进行实证检验时，如果A股数据和H股数据都能够对假设进行验证的话，我们可以合理预期他们会利用中国A股的数据来进行验证[①]。但为什么他们要以H股数据为研究样本呢？

通过仔细梳理和总结，我们发现这类文献可以细分为两类：对H股公司的介绍，加深人们对H股公司的了解，因此具有一定的实践指导意义；利用H股相对于A股的独特性，对研究假设进行验证。

魏刚和陈工孟(2001)比较H股、红筹股公司与香港本地企业之间盈余预测的精确性，发现H股、红筹股公司的盈余预测比香港本地企业的预测更为精确。黄贵海和宋敏(2005)研究了H股公司上市前后的财务及经营绩效，发现中国上市公司部分民营化可以提高企业绩效。易宪容和卢婷(2006)分析了境内企业境外上市的原因及其经济后果。沈红波和钱沁如(2007)考察了H股IPO溢价的影响因素。石凡等(2009)从IPO溢价以及长期市场回报的角度，考察H股公司对境外战略投资者的引入能否提升公司价值。周开国和王海港(2009)研究了H股市场上指令不均衡与个股日收益率之间的关系。这些文献加深了人们对H股的理解，具有一定的实践指导意义，但学术贡献有限。

李自杰和曾敏(2007)研究创新行为对资本结构的影响，由于A股公司在年报中没有披露研发费用，而H股公司的财务报告包括研发费用，因此他们选用H股公司作为研究样本。刘峰等(2009)利用内地在

---

① 对欧美的会计学者来说，他们更可能会利用美国的上市公司数据进行检验，一方面是由于其对美国制度背景和数据库的了解，但更重要的是，美国是世界上市场经济最为发达的国家，经济运行规律更市场化，能够更好地验证论文提出的研究假设；资本市场规模大、运行平稳，可以选取较多的样本公司、较长的研究期间以得到更多的研究样本，保证论文结论的可靠性。从这个角度出发，国内学者在研究一些基本的理论问题时，如果美国和中国A股的上市公司数据都能够对研究假设进行验证，应该尝试利用美国的数据（当然前提是有相关的数据库）。如果要以中国A股上市公司作为研究样本，最好找到一个好的研究主题和切入点，挖掘出中国A股上市公司数据的特质性。

香港上市的三组公司(H 股、红筹股和民营股)之间在规模和审计师规模上的区别,研究会计师事务所规模与审计质量(店大欺客)、客户规模与审计质量(客大欺店)等的关系。这一类文献利用了 H 股相对于 A 股的独特性对研究假设进行验证,具有一定的学术贡献。但是,如果跳出 A 股和 H 股的限制,从全球资本市场来看,H 股的这些特征并不具有特质性,我们完全可以利用美国上市公司的数据进行相应的检验。

2.4 交叉上市的经济后果研究

这里所说的交叉上市的经济后果主要是指 H 股企业回归 A 股市场实现交叉上市这一行为带来的影响。近年来,随着内地经济以及股市的发展,原来赴香港上市的 H 股企业纷纷回归 A 股市场上市融资,引发了市场对"H 股回归"恶意"圈钱"动机的猜想,因此有文献研究交叉上市(主要是指 H 股企业回归 A 股市场实现交叉上市这一行为)的经济后果。

这类研究主要关注 H 股公司回归 A 股市场的动机,对公司自身、A 股和 H 股市场的影响。沈悦和赵建军(2011)对 H 股公司选择回归 A 股市场的原因进行实证分析,研究发现国有化程度、上市时机、融资能力以及估值水平是 H 股公司选择回归 A 股市场的主要因素;孔宁宁和闫希(2009)考察了 H 股公司回归 A 股市场前后公司外源融资成长的变化;对 A 股市场的影响方面,陈国进和王景(2007)与程均丽和孙会兵(2008)发现 H 股回归对同行业公司和上证指数收益率有负面影响;最后,在对 H 股市场的影响上,周开国和王建军(2011)研究了 H 股公司回归 A 股市场前后 H 股换手率的变化;林少宫和李东(1997)以采用"先 H 后 A"方式上市的中国企业作为研究样本,研究了 H 股公司回归 A 股市场给 H 股带来的负面效应;但董秀良和曹凤岐(2009)却发现 H 股公司在 A 股市场招股之前通常有较大的涨幅,累计超额收益在招股日达到最大,之后逐渐下降。

3. "双重审计"模式取消后 H 股文献回顾

2010 年 12 月 10 日,H 股的"双重审计"正式取消,这也引发了一个新的研究方向。但是由于政策出台的时间较短,进行量化研究的数据不足,这方面的研究到目前为止不多。潘君(2010)对国际"四大"会计师事务所入围 H 股审计试点提出了质疑,郑伟等(2011)分析了内地事务所参与 H 股审计的特殊意义、内地事务所赴港发展的机遇和挑战,并提出了针对性的策略。

对国内学者来说,取消 H 股的双重审计,内地事务所可以参与 H 股审计工作,是一个非常值得研究的课题。比如说,这一政策出台的背景是什么?哪些经济因素影响了该政策的出台?政治因素起了什么作用?取消 H 股双重审计会降低 H 股报表的质量吗?内地事务所参与 H 股审计会对 H 股的审计市场结构产生什么影响?……利用 H 股公司按照内地会计准则编制财务报表并由内地事务所出具审计报告这一政策的市场反应研究法律执行水平对财务报告质量的影响就是对该问题的一个初步研究。

4. 未来展望

总体而言,由于 H 股的研究成果已非常丰富,本文主要从财务会计的视角,以 H 股个股为研究对象,以"双重审计"模式取消为时间点,对其取消前后的文献分别进行了归纳与总结。但由于取消"双重审计"模式政策出台距今不到 2 年时间,目前针对取消后 H 股的研究文献有限,这也恰好可能成为未来较长时期在 H 股研究上取得突破性研究成果的努力方向。概括而言,可能包括以下几个方面:

第一,对国内学者来说,取消 H 股的双重审计,内地事务所可以参与 H 股审计工作,这首先就是一个非常值得研究的问题。

第二，从政策制定层面而言，这一政策出台的背景是什么？这一政策是多方博弈均衡后的结果吗？哪些经济因素影响了该政策的出台？政治因素起了什么作用？这些也是非常值得研究的问题。

第三，取消 H 股双重审计会对 H 股财务报表产生何种影响？是降低还是会提高 H 股报表的质量？

第四，内地事务所参与 H 股审计会对 H 股的审计市场结构产生什么样的影响？这一系列的问题，都有待学者们进行思考与研究。

（作者电子邮箱：nancyaccounter@ yahoo.com.cn）

参考文献

[1] 巴曙松，朱元倩，顾媞.股权分置改革后 A+H 股价差的实证研究[J].当代财经，2008，5.

[2] 曹红辉，刘华钊.制度差异对 A、H 股定价的影响 [J].金融评论，2009，1.

[3] 陈国进，王景.我国公司 A+H 交叉上市的溢出效应分析 [J].南开管理评论，2007，4.

[4] 陈信元，何贤杰，田野.新会计准则研究：分析框架与综述 [J].中国会计评论，2011，92.

[5] 程均丽，孙会兵.H 股回归对 A 股市场收益率影响的实证研究 [J].财经科学，2008，12.

[6] 程敏.派发现金股利有利于保护投资者利益吗？——来自 A 股和 H 股上市公司的经验证据 [J].经济与管理研究，2009，2.

[7] 程敏.制度环境、现金股利政策和投资者保护——来自 A 股和 H 股上市公司的经验证据 [J].上海立信会计学院学报，2009，2.

[8] 崔学刚，张宏亮.A 股、H 股报告盈余稳健性趋同研究——中国会计准则国际趋同效果的初步证据 [J].当代财经，2010，9.

[9] 董秀良，曹凤岐.交叉上市、股价反应与投资者预期——基于 H 股回归 A 股的经验研究 [J].财贸经济，2009，8.

[10] 傅宏宇，桂晞，孙瑶.A 股和 H 股净利润双重披露的实证分析(上)——实证研究的背景和结果 [J].北京联合大学学报(人文社会科学版)，2005，1.

[11] 傅宏宇，桂晞，孙瑶.A 股和 H 股净利润双重披露的实证分析(下)——实证研究结果分析 [J].北京联合大学学报(人文社会科学版)，2005，4.

[12] 郭彦峰，黄登仕，魏宇，林宇.A+H 交叉上市股票间信息传递的不对称性研究 [J].中国管理科学，2010，3.

[13] 胡新明，唐齐鸣.B 股与 H 股及红筹股之间的溢出效应与信息流动 [J].管理工程学报，2008，4.

[14] 胡章宏，王晓坤.中国上市公司 A 股和 H 股价差的实证研究 [J].经济研究，2008，4.

[15] 黄贵海，宋敏.H 股公司上市前后绩效变化的实证研究 [J].管理世界，2005.

[16] 姜惠姣.稳健性原则在 A 股与 H 股报表编制中运用之差异[J].财务与会计，1999.

[17] 孔宁宁，闫希.交叉上市与公司成长——来自中国"A+H"股的经验证据[J].金融研究，2009，7.

[18] 李大伟，朱志军，陈金贤.A 股 H 股收益率和波动率研究[J].财贸经济，2003，12.

[19] 李大伟，朱志军，陈金贤.H 股相对于 A 股的折让研究[J].中国软科学，2004.

[20] 李自杰，曾敏.创新行为、企业绩效与资本结构——基于 H 股上市公司的实证研究[J].经济问题探索，2007，6.

[21] 林少官，李东.在国内上市时 H 股所受的影响：事件研究法[J].应用概率统计，1997，1.

[22] 刘昕.信息不对称与 H 股折价关系的定量研究[J].财经研究，2004，4.

[23] 刘昕.中国 A、H 股市场分割的根源分析[J].南开管理评论，2004，5.

[24] 宁向东，周鹏.A 股与 H 股市场的差异与互动[J].中央财经大学学报，2004，8.

[25] 潘君 . 国际"四大"合作所入围 H 股审计试点弊端[J]. 财会通讯，2010，4.

[26] 曲保智，任力行，吴效宇，陈凌 . H 股对 A 股的价格折让及其影响因素研究[J]. 金融研究，2010，9.

[27] 沈红波 . 市场分割、跨境上市与预期资金成本——来自 Ohlson-Juettner 模型的经验证据[J]. 金融研究，2007，2.

[28] 沈红波，廖冠民，廖理 . 境外上市、投资者监督与盈余质量[J]. 世界经济，2009，3.

[29] 沈红波，钱沁如 . 中国 H 股市场 IPO 抑价现象实证研究[J]. 上海立信会计学院学报，2007，3.

[30] 沈悦，赵建军 . H 股公司回归 A 股市场动因的实证研究[J]. 经济与管理研究，2011，8.

[31] 石凡，陆正飞，张然 . 引入境外战略投资者是否提升了公司价值——来自 H 股公司的经验证据[J]. 经济学(季刊)，2009，1.

[32] 宋军，吴冲锋 . 国际投资者对中国股票资产的价值偏好：来自 A-H 股和 A-B 股折扣率的证据[J]. 金融研究，2008，3.

[33] 孙江霓，段艳楠 . 从 A + H 股上市公司 2007 年年报看中外会计准则的差异[J]. 中国总会计师，2008，7.

[34] 王立彦 . 公司管治与财务信息披露机制——比较 A 股/H 股年度财务报告的实证研究[J]. 审计与经济研究，2008，4.

[35] 王立彦，冯子敏，刘军霞 . A 股-H 股上市公司双重财务报表价值相关性[J]. 经济科学，2002，6.

[36] 王立彦，高展 . 对 A 股和 H 股会计信息差异的会计技术因素分析[J]. 山西财经大学学报，2002，4.

[37] 王立彦，刘军霞 . 上市公司境内外会计信息披露规则的执行偏差——来自 A-H 股公司双重财务报告差异的证据[J]. 经济研究，2003，11.

[38] 王天东，赵菲 . 看我国会计准则与国际财务报告准则趋同——基于 2006—2009 年 A + H 股上市公司报表的分析[J]. 财会月刊，2011.

[39] 魏刚，陈工孟 . IPO 公司盈余预测精确性之实证研究——H 股、红筹股上市公司与香港本地企业的一个比较[J]. 财经研究，2001，3.

[40] 吴世农，潘越 . 香港红筹股、H 股与内地股市的协整关系和引导关系研究[J]. 管理学报，2005，2.

[41] 吴战篪 . 解释与证据：基于估值理念差异下的 A 股与 H 股价差[J]. 财经科学，2007，6.

[42] 吴战篪 . A 股与 H 股估值合理性的实证分析[J]. 经济评论，2008，1.

[43] 谢碧琴 . 关联交易：H 股公司与 A 股公司的比较[J]. 证券市场导报，2005，2.

[44] 张景奇，孟卫东，王杏芬 . 国际会计准则、国内会计准则与股票价格——来自中国 A、H 股双重上市公司的经验数据[J]. 经济与管理研究，2009，2.

[45] 郑伟，刘瑾，马建威 . 内地事务所参与 H 股审计问题研究——基于内地事务所国际化战略与 H 股审计市场格局[J]. 审计研究，2011，6.

[46] 周开国，王海港 . 指令不均衡与个股收益率的关系：对 H 股的实证分析[J]. 金融研究，2009，8.

[47] 周开国，王建军 . A、H 股交叉上市能提高流动性吗？[J]. 证券市场导报，2011，12.

[48] Brown, P.. International financial reporting standards：What are the benefits？[J]. *Accounting and Business Research*，2011，41(3).

[49] Brüggemann, U., Hitz, J., and Sellhorn, T.. Intended and unintended consequences of mandatory IFRS adoption：Review of extant evidence and suggestions for future research[C]. *Working Paper*，Lancaster University，2010.

[50] Bushman, R. M., and Smith, A. J.. Financial accounting information and corporate governance[J]. *Journal of Accounting and Economics*，2001，32.

[51] Chan, K. , Menkveld, A. J. , and Yang, Z. . Information asymmetry and asset prices: Evidence from the China foreign share discount[J]. *The Journal of Finance*, 2008, 63(1).

[52] Francis, J. R. , Richard, C. , and Vanstraelen, A. . Assessing France's joint audit requirement: Are two heads better than one? [J]. *Auding: A Journal of Practice & Theory*, 2009, 28(2).

[53] Gultekin, M. N. , Gultekin, N. B. , and Penati, A. . Capital controls and international capital market segmentation: The evidence from the Japanese and American stock markets[J]. *The Journal of Finance*, 1989, 44(4).

[54] Haapamäki, E. , Järvinen, T. , Niemi, L. , and Zerni, M. . Do joint audits offer value for the money? Abnormal, Accruals, Earnings conservatism, and Auditor remuneration in a setting of voluntary joint audits [C]. *Working Paper*, University of Vaasa and Aalto University School of Economics, 2011.

[55] Hail, L. , Leuz, C. , and Wysocki, P. . Global accounting convergence and the potential adoption of IFRS by the U. S. (Part Ⅰ): Conceptual underpinnings and economic analysis[J]. *Accounting Horizons*, 2010, 24(3).

[56] Hail, L. , Leuz, C. , and Wysocki, P. . Global accounting convergence and the potential adoption of IFRS by the U. S. (Part Ⅱ): Political factors and future scenarios for U. S. accounting standards[J]. *Accounting Horizons*, 2010, 24(4).

[57] Healy, P. M. , and Palepu, K. G. . Information asymmetry, Corporate disclosure, and The capital markets: A review of the empirical disclosure literature[J]. *Journal of Accounting and Economics*, 2001, 31(1-3).

[58] Jorion, P. , and Schwartz, E. . Integration vs. segmentation in the Canadian stock market[J]. *The Journal of Finance*, 1986, 41(3).

[59] Soderstrom, N. S. , and Sun, K. J. . IFRS adoption and accounting quality: A review [J]. *European Accounting Review*, 2007, 16(4).

[60] Stulz, R. , and Wasserfallen, W. . Foreign equity investment restrictions, Capital flight, and Shareholder wealth maximization: Theory and evidence[J]. *Review of Financial Studies*, 1995, 8(4).

[61] Sunder, S. . IFRS and the accounting consensus[J]. *Accounting Horizons*, 2009, 23(1).

[62] Tang, V. W. . Isolating the effect of disclosure on information risk[J]. *Journal of Accounting and Economics*, 2011, 52(1).

[63] Wang, B. , and Xin, Q. . Auditor choice and accruals patterns of cross-listed firms[J]. *China Journal of Accounting Research*, 2011, 4(4).

Literature Review on H-stock Research of Chinese Listed
Companies: from a Financial Accounting Perspective

Tao Lan

(Economics and Management School of China University of Geosciences, Wuhan, 430074)

Abstract: This study, based on each H-stock in China(HSC) and "duplicate auditing" time model, is mainly from a financial accounting perspective and sheds on a literature review from pre-cancel to post-cancel of HSC, then makes an insightful analysis on them to propose the future research of HSC.

Key words: H-stock; Duplicate auditing; Cross listing

企业慈善战略为何适得其反？

——消费者感知企业伪善研究

● 牟宇鹏[1]　汪　涛[2]　王　波[3]

（1，2，3　武汉大学经济与管理学院　武汉　430072）

【摘　要】近年来，越来越多的企业开始注重企业的社会责任；与此同时，部分企业的慈善行为非但得不到社会的认可，反而还受到"炒作"、"伪善"的责骂，之前的研究较少探讨这一现象的本质及形成机制。本研究从企业的慈善战略——实施策略及宣传策略分析了企业"伪善"现象的形成路径：企业社会责任行为的信息不一致性是导致消费者形成企业伪善评价的主要因素，企业的慈善宣传强度和宣传主动性会调节消费者基于不一致信息所形成的企业伪善感知。

【关键词】慈善　伪善　信息不一致性　宣传强度　宣传主动性

1. 引言

近年来，企业开始逐渐关注对社会的责任，并尝试通过各种慈善活动来体现企业对社会的关怀和责任。消费者对企业慈善行为的评价却往往超出很多企业的预期，不少企业甚至反而因为慈善行为背负了"炒作"、"伪善"等骂名。企业慈善行为"做与不做"、"如何做"一度成为社会争议的焦点。之前的研究并未对此问题引起足够的重视，也缺乏相应的研究。

"伪善"一词源自希腊单词"hypokrisis"，它的意思是在舞台上扮演一个角色。社会学研究将其理解为"说一套，做一套"，即指人们的行为与声称的不符。一个人的行为和声明不一致，这种不一致信息就会引发伪善感知的感知（Shklar，1984）。Wagner（2009）首次从营销视角提出了企业伪善（corporate hypocrisy）的概念，认为消费者对企业伪善的感知会影响消费者对企业社会责任（Corporate Social Responsibility，CSR）行为以及整个企业的评价。但是消费者如何形成企业伪善的感知？企业如何实施慈善战略才会削弱直至消除消费者对企业伪善的评价？这些问题仍然需要研究者进一步深入探讨。

本研究首先通过对企业 CSR 行为及伪善的文献进行回顾，发现企业 CSR 行为不一致性是引发消费者形成企业伪善感知的主要因素，然后通过三组实验探讨不同的企业慈善战略如何导致消费者形成企业伪善的评价。最后本文提出了研究的不足之处和未来研究方向。

2. 理论背景

2.1　企业社会责任行为的界定

企业社会责任行为是指企业在有关社会性责任或者利益相关者责任等方面的形象和行为（Brown，

Dacin，1997；Luo，Bhattacharya，2006；Luo，Bhattacharya，2009）。Carroll(2010)将企业社会责任行为分为四大类，即经济责任、法律责任、道德责任、慈善责任，企业的慈善责任是指社会期望企业作为一个好的企业公民能做出满足人类利益和美好愿望所需要的行为。四种企业社会责任中企业的道德责任和慈善责任是企业社会责任的核心(Carroll，2010)。本研究以企业最难做到的，也是消费者最关注的企业慈善责任行为作为研究重点。

2.2 企业社会责任的溢出效应

不论在发达国家还是发展中国家，企业作为一个社会公民都肩负着对社会的责任(Carroll，2010；Fassin，Buelens，2011)。消费者也希望企业除了在满足市场的需求以及解决社会就业问题外，同时承担起对社会的慈善责任(Brown，Homer，Inman，1998；Brown，Dacin，1997；Luo，Bhattacharya，2009；Luo，Homburg，2008)。研究发现，企业的 CSR 行为能为企业带来良好的声誉，并增加消费者的购买行为(Luo，Bhattacharya，2006)。因为企业的 CSR 行为会增强消费者对企业的认同(Lafferty，2007；Parasuraman，Zeithaml，Berry，1994)，而这种认同感又会激发消费者对企业的社会责任联想(Brown，Dacin，Pitt，2010；Dacin，Brown，2006) 以及对品牌的联想(Brown，Dacin，1997；Menon，Kahn，2003)，这种正面联想会增加消费者满意，从而影响企业的市场绩效(Luo，Bhattacharya，2006；Luo，Bhattacharya，2009；Luo，Homburg，2008)。

然而随着企业社会责任意识的提升，消费者对企业履行社会责任的期望也越来越高，消费者期望看到企业根据自己的承诺和定位来履行对社会的责任。企业往往却因为内部沟通协调、资金等因素导致在反应时间、捐献额度等方面与初始承诺出现一定的差距(Jahdi，Acikdilli，2009；Jewell，Barone，2007)。所以尽管有时候可能企业的慈善行为可能是真诚的，但消费者依然会对企业给以较为负面的评价(Fray，Soparnot，2007)。

对于企业慈善的评价，之前的研究多集中于对消费者个体心理和行为的探讨。伪善是否适合于对组织的研究呢？Hamilton(1996)等认为消费者在评价企业组织的产品质量和其他属性特征与评价个体上存在很大的相似性，因此，与伪善相关的结果同样也可运用于企业组织。Wagner(2009)进一步发现，企业的慈善行为与企业的声称不一致会导致消费者形成企业伪善的感知。据此，我们可以认为，如果一个企业宣称自己是一个具有社会责任感的企业，但是其慈善行为却与这种定位不一致，这种不一致的信息就可能会引发消费者对企业伪善的评价(Jahdi，Acikdilli，2009)。

消费者对企业 CSR 行为的信念会影响消费者对企业品牌(Klein，2004) 以及企业(Brown，Dacin，1997)的评价，因为消费者总是会根据一个个体或者组织的典型性特征来形成对个体或者组织整体的评价(Anderson，1971)。企业伪善的感知是消费者基于企业 CSR 信息形成对企业 CSR 信念以及企业评价的重要解释机制(Wagner，Lutz，Weitz，2009)。如何制定一个好的慈善战略，既能实现对社会的责任，又能收获一个好的社会名声(避免承担"伪善"的骂名)，这不仅是对现有 CSR 理论研究的完善，同时也对企业实施慈善行为具有现实的指导意义。

3. 研究框架与研究假设

Fassin(2011)指出，一个完整的企业慈善战略包括两个部分，即慈善实施行为和宣传行为。企业的慈善实施行为需要体现企业的慈善战略决策、行为实施和后续反馈①；企业的慈善宣传行为则包含真实性内

---

① N. Brunsson. The irrationality of action and action of rationality：Decisions，Ideologies and organizational actions［J］. *Journal of Management Studies*，1982，19(1)：29-44.

容和象征性内容两部分,即慈善行为和方案本身以及慈善行为背后所依附的企业形象和慈善动机(Anderson,Anderson,1971;Breunig et al.,2010;Brown,Homer,Inman,1998)。本研究将分析企业慈善实施行为和宣传行为如何导致不一致 CSR 信息产生,以及两种行为如何交互影响这种不一致性感知,并进一步探讨消费者如何形成企业伪善感知的机制。本研究的研究框架见图 1。

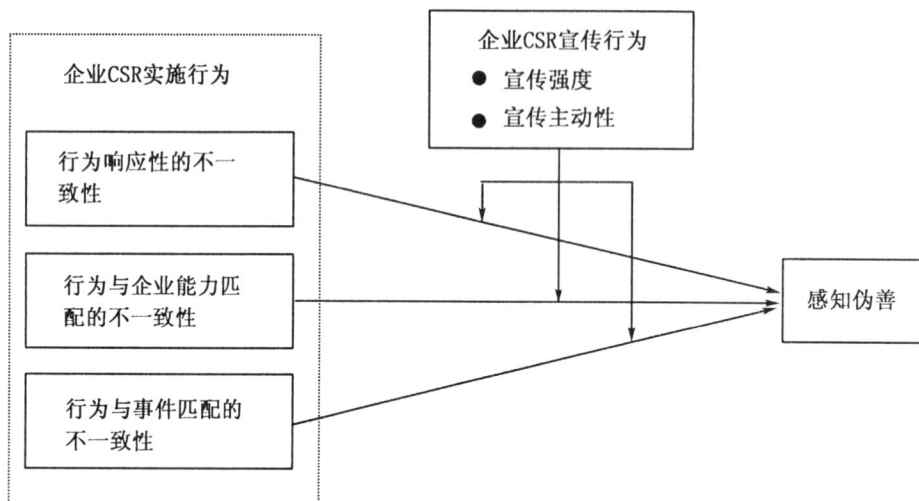

图 1 本研究的研究框架

3.1 企业 CSR 实施行为

Keller(1998)指出,一个企业声誉的形成基础由企业的行为和宣传两个维度构成。企业的行为信息是启动消费者编码和记忆的主要信息来源①。信息呈现的内容和呈现方式会影响消费者的评价已经被大量心理学研究证实(Petty,Cacioppo,1996;Petty,Cacioppo,Schumann,1983)。在企业 CSR 行为所传递的信息中,企业的动机(Jewell,Barone,2007;Laczniak,Barone,Teas,2007),如响应性;努力程度(Bolton等,2007),如企业行为与企业能力的匹度;情境因素(Lafferty,2007),如企业行为与事件的匹配度,是消费者最为关心的要素,也是 CSR 行为导致不一致性感知的主要信息来源。

(1)企业 CSR 行为的响应性的不一致性。Souchon(2004)指出响应性包括两个层面,即响应设计和响应实施,即对什么响应和如何响应。而 Homburg(2007)指出,响应性这一构念最核心的部分应该是响应的速度,他将响应性定义为企业对顾客及竞争者相关的变化快速响应的程度。据此本研究将企业 CSR 行为的响应性界定为企业对 CSR 相关信息快速响应的程度。企业 CSR 行为的响应性反映了企业对社会责任事件的关注和行为意愿。如果企业在公众中一直定位为具有社会责任感的企业,但是在突发事件中企业的慈善行为反应速度迟缓,如表现为捐赠速度在相似企业中排名靠后,这就会导致消费者形成 CSR 行为不一致性的感知。因此研究认为,企业 CSR 行为的响应性会影响消费者对企业 CSR 行为一致性的评价,提出假设 H1:

H1:企业 CSR 行为响应性的信息不一致性越高,消费者对企业伪善的感知越强。

(2)企业 CSR 行为与企业能力匹配度的不一致性。企业能力是指企业有关专家知识及能力的各种元素的集合,这些能力能改善目前产品/服务的质量或者形成新的产品/服务(Gürhan-Canli,Batra,2004;

---

① Kanfer,R.,and Ackerman,P. L.. Aging,Adult development,and Work motivation [J]. *Academy of Management Review*,2004,29(3):440-458.

58

Gatignon, Xuereb, 1997；Menon, Kahn, 2003；Simmons, Schindler, 2003）。企业联想的研究发现，最能影响消费者对企业联想的因素是企业社会责任和企业能力两个因素①，其中企业的 CSR 行为会影响消费者满意进而影响消费者的购买倾向，但这种机制会受到企业能力的影响（Luo, Bhattacharya, 2006；Luo, Bhattacharya, 2009；Luo, Homburg, 2008）。对于能力相对较差的企业来说，其是否出于炒作的动机而从事慈善——这是消费者评判企业 CSR 行为的重要标准之一。当感知到能力较差的企业实施 CSR 行为时，消费者可能推测企业的 CSR 行为会伤害到企业对产品质量和企业研发部门的投入，从而对企业的 CSR 行为给予较差甚至负面的评价（Brown, Homer, Inman, 1998；Brown, Dacin, 1997；Brown, Dacin, Pitt, 2010）。再次，根据互惠理论，能力较强的企业与社会之间的良性互动会形成消费者与企业之间的隐形契约（Handelman, Arnold, 1999；Jahdi, Acikdilli, 2009；Keller, Heckler, Houston, 1998），消费者基于这种契约会形成一种预期——企业需要回馈社会。如果企业的 CSR 行为没有达到这种预期，就可能会导致消费者对企业 CSR 信息认知的不一致性。因此，企业 CSR 行为与企业能力的匹配度会影响消费者对企业 CSR 行为一致性的评价，提出假设 H2：

H2：企业 CSR 行为与企业能力的匹配不一致性越高，消费者对企业伪善的感知越强。

（3）企业 CSR 行为与事件匹配度的不一致性。所谓企业 CSR 行为与事件的匹配度是指消费者感知到企业的 CSR 行为与事件之间的相似性和可配比性②。除了企业 CSR 行为与企业能力的匹配度，企业 CSR 行为与事件的匹配度也是消费者评判企业是可信的重要标准，它会影响消费者对企业 CSR 行为动机的判断③。Rifon et al.（2004）的研究同时也发现无论企业的 CSR 行为与事件的匹配度高或者低，消费者都会对企业进行动机归因，但是在此前提下，企业 CSR 行为与事件的匹配度越高，消费者对企业 CSR 行为的正面评价越高（Jewell, Barone, 2007；Laczniak, Barone, Teas, 2007）。

除了企业社会责任的研究，研究者在善因营销等领域，也发现了企业 CSR 行为与事件之间的高匹配度会正向影响消费者对企业 CSR 行为乃至企业的评价（Aaker, Keller, 1990；Breunig et al., 2010；Brunsson, 1982；Simmons, Schindler, 2003）。因此，我们可以认为，企业 CSR 行为与事件之间匹配度会影响消费者对企业 CSR 行为一致性的评价，即企业 CSR 行为与事件之间的匹配度越低，消费者对企业 CSR 行为不一致性的感知越高，故提出假设 H3：

H3：企业的 CSR 行为与事件的匹配不一致性越高，消费者对企业伪善的感知越强。

3.2 企业 CSR 宣传策略

对企业而言，企业的真诚和道德责任感如果没有被利益相关者意识到，那么企业的社会责任行为并不能为企业带来任何经济收益（Fassin, 2009；Fassin, Buelens, 2011；Fassin, Van Rosem, 2009）。很多企业在对自身的 CSR 行为进行宣传的过程中都投入了大量的精力，试图在消费者心目中将企业定位为富有社会责任感的企业。企业对 CSR 行为的宣传虽然会增强消费者对 CSR 行为的认知，但也会同时增加消费者对企业慈善行为动机的怀疑④。因为企业的宣传会强化消费者对企业社会责任感的预期，如果企业下

---

① Brown, T. J., and Dacin, P. A.. The company and the product：Corporate associations and consumer product responses [J]. *Journal of Marketing*. 1997, 61(1)：68-84.

② Lafferty, B. A.. The relevance of fit in a cause-brand alliance when consumers evaluate corporate credibility[J]. *Journal of Business Research*, 2007, 60(5)：447-453.

③ Bolton, L. E., Reed, I. I. A., Volpp, K. G., and Armstrong, K.. How does drug and supplement marketing affect a healthy lifestyle? [J]. *Advances in Consumer Research -North American Conference Proceedings*, 2007, 34：530-531.

④ Marquis, C., and Lounsbury, M., Vive la résistance：Competing logics and the consolidation of U. S. community banking [J]. *Academy of Management Journal*, 2007, 50(4)：799-820.

一次的 CSR 行为不能达到消费者的预期，这种行为结果与预期之间的不一致性信息会促使消费者形成对企业伪善的信念；另一方面，消费者会对比企业的宣传信息与企业的实际 CSR 行为，例如消费者可能会思考企业宣传的信息是否与企业的实际行为是一致的，宣传的信息有多少是真实的，这些问题都会引发消费者对企业伪善的判断。因此，企业的 CSR 宣传策略实际上包含两条逻辑，即经济利益逻辑和道德逻辑，两条路径之间的不匹配性是企业实施 CSR 战略最大的障碍（Fassin，Rossem，Buelens，2011；Handelman，Arnold，1999；Homburg，Wieseke，Bornemann，2009）。企业的 CSR 战略所需要思考的也就是如何在企业实施策略与宣传策略之间找到一个最佳组合点，从而将消费者对企业伪善动机的怀疑降到最低。那么，企业 CSR 宣传策略究竟如何影响消费者基于企业 CSR 信息不一致性所形成企业伪善的认知，本研究选取了企业 CSR 宣传策略中最重要的两个要素进行探讨——宣传强度和宣传主动性。

（1）宣传强度。宣传强度（intensity of communication）指企业在试图将企业 CSR 行为信息传播给消费者所付出的努力程度①。企业适度的宣传能将企业 CSR 信息传递给消费者，从而树立企业良好的社会声誉，而企业过度的宣传尽管会强化消费者对既有企业慈善形象的认识，同时也会强化消费者对企业 CSR 行为的预期，如果企业的 CSR 行为没有达到消费者的预期，则更容易导致消费者产生"说一套，做一套"的认识，从而加强消费者对企业伪善的认识。故提出假设 H4：

H4：企业 CSR 行为的宣传强度会影响消费者基于 CSR 信息不一致性形成企业伪善的感知，即 CSR 行为的宣传强度越大，消费者基于 CSR 行为：（a）响应不一致性；（b）与企业能力匹配不一致性；（c）与事件匹配不一致性而形成的企业伪善的感知越强。

（2）宣传主动性。在某种程度上，企业能够控制在 CSR 信息传播到消费者过程中所扮演的宣传角色②。所谓企业 CSR 宣传主动性，指 CSR 行为不一致信息传播到消费者之前，企业通过主观努力传递 CSR 信息来构建企业良好的 CSR 形象③。关于道德伪善的研究已经证实，改变不一致信息呈现的顺序会改变个体对不一致性认识的强度（Petty，Cacioppo，Schumann，1983；Shklar，1984），即发生同样的不一致行为的情况下，让个体先接触企业宣传信息比让个体后接触到宣传信息，个体感知到的不一致性会更强。因此，企业如果采用被动的 CSR 宣传策略，会降低消费者对企业 CSR 信息不一致性的感知。故提出假设 H5：

H5：企业 CSR 行为的宣传主动性会影响消费者基于 CSR 信息不一致性形成企业伪善的感知，即 CSR 行为的宣传主动性越高，消费者基于 CSR 行为（a）响应不一致性；（b）与企业能力匹配不一致性；（c）与事件匹配不一致性形成的企业伪善的感知越强。

4. 实验

4.1 实验一

实验一的目的主要有两个：第一是检验企业 CSR 行为响应不一致性对消费者感知企业伪善的影响；

---

① Fassin，Y.，and Buelens，M.. The hypocrisy-sincerity continuum in corporate communication and decision making：A model of corporate social responsibility and business ethics practices[J]. *Management Decision*，2011，49（4）：586-600.

② Wagner，T.，Lutz，R. J.，and Weitz，B. A.. Corporate hypocrisy：Overcoming the threat of inconsistent corporate social responsibility perceptions[J]. *Journal of Marketing*，2009，73（6）：77-91.

③ Winterich，K. P.，and Barone，M. J.. Warm glow or cold，Hard cash? Social identify effects on consumer choice for donation versus discount promotions[J]. *Journal of Marketing Research*（*JMR*），2011，48（5）：855-868.

第二是检验企业宣传主动性和宣传强度对响应不一致性和消费者感知企业伪善之间关系的调节效应。

4.1.1　实验方法

实验采用2(响应不一致高与响应不一致低)×2(宣传强度高与宣传强度低)×2(宣传主动性高与宣传主动性低)的组间因子设计,响应不一致性与宣传强度、宣传主动性均通过实验操控来实现。

为避免被试对实验对象既存的认识,本实验采用虚拟的企业对象。实验随机将实验对象按响应不一致性高低及宣传强度、宣传主动性高低交叉组合分成8组,响应不一致性的刺激通过"企业 CSR 行为的响应性"(Homburg, Fürst, Prigge, 2010; Homburg, Wieseke, Hoyer, 2009)来进行操控。宣传强度通过描述媒体对企业 CSR 行为曝光频率进行刺激(Fassin, Buelens, 2011; Fassin, Rossem, Buelens, 2011)。宣传主动性通过描述被试接收到 CSR 宣传信息的形式,分为被试自己主动搜寻信息获得和通过企业的主动宣传获得两种(Wagner, Lutz, Weitz, 2009)。

被试阅读完材料后需要填写响应不一致性和宣传强度、宣传主动性的操控检验的测量量表(Shklar, 1984),共11个题项,其中宣传主动性4个题项,宣传强度4个题项,响应不一致性3个题项。另外,被试还需要填写相关的结果变量和基本的人口统计学特征。结果变量为被试对企业 CSR 行为的感知伪善(Wagner, Lutz, Weitz, 2009)。人口统计学特征为性别、年龄和受教育程度。本研究所采用的量表均通过严格的双向翻译程序而成,刻度为5级李克特量表。数据分析结果表明,本研究所用量表均具有很好的信度和效度。

4.1.2　被试与实验结果

经统计,共有160名在校本科生及研究生参加该实验,其中88名女性,72位男性,年龄为20~26岁,均值为23.4岁。实验平均耗时15分钟,实验完毕,对完整填写测量量表的被试给予小礼物以示感谢。

4.1.3　操控检验

利用5级李克特量表来检查响应不一致性与宣传强度、宣传主动性是否操纵成功。其中3个题项测量不一致性($a=0.84$);4个题项测量宣传强度($a=0.89$),4个题项测量宣传主动性($a=0.80$)。数据处理结果显示,在响应不一致性高组,被试感知企业 CSR 行为不一致性高($M=4.33$)显著高于被试感知企业 CSR 行为不一致性低组($M=2.09$),$t=21.85$,$df=84$,$p<0.01$。在宣传强度高组,被试感知宣传强度高($M=4.21$)显著高于被试感知宣传强度低组($M=2.34$),$t=33.75$,$df=84$,$p<0.01$。在宣传主动性高组,被试感知宣传主动性($M=4.11$)显著高于被试感知宣传主动性低组($M=1.78$),$t=42.65$,$df=80$,$p<0.01$。可见,情景操控的效果是成功的。

4.1.4　结论

为了检验响应不一致性是否导致消费者感知企业伪善以及宣传强度、宣传主动性是否具有调节效应,本研究采用多元线性回归的方式,回归结果如表1所示。

回归分析结果发现,企业 CSR 行为响应不一致性、宣传主动性、宣传强度都会显著影响消费者对企业伪善感知($F_{(1, 168)}=101.64$,$p<0.01$),H1得到验证。同时数据处理结果显示,关于信息不一致性与宣传强度、宣传主动性的调节效应发现,宣传强度和宣传主动性的调节效应均显著,且信息不一致性与宣传主动性的交互效应与感知伪善呈负向相关的关系($t=-2.50$,$p<0.01$)。也就是说,尽管企业的行为响应性与消费者对企业的定位不一致,但如果企业较少主动去宣传企业的行为,可能并不会激发消费者对企业伪善的认知,H4(a)与H5(a)得到证实。这与现实中的一些实例也较为一致,如"5·12"汶川大地震中,尽管外资企业在赈灾中的表现并不尽如人意,但是舆论批判的中心却并不是这些"低调"的外资企业。

表1　　　　　　　　　宣传强度、宣传主动性对响应不一致性导致感知伪善的调节作用

自变量	因变量	B	T	结论
模型1				
响应不一致性		1.361**	10.552	H1 通过验证
宣传主动性		0.31**	3.05	H2 通过验证
宣传强度		0.44**	3.99	
	感知伪善			
响应不一致性×宣传主动性		-0.14**	-2.50	H3 通过验证
响应不一致性×宣传强度		0.11**	2.39	H4(a) 通过验证
响应不一致性×宣传主动性×宣传强度		0.014	1.36	H5(a) 通过验证
Adjusted R square = 0.78				
F = 101.64**				

注：* 代表 $p < 0.05$ ，** 代表 $p < 0.01$ ，$n = 160$ 。

4.2 实验二

实验二的目的主要有两个：第一是验证企业 CSR 行为响应不一致性对消费者感知企业伪善的影响；第二是检验企业宣传主动性和宣传强度对企业 CSR 行为与企业能力匹配不一致性和消费者感知企业伪善之间关系的调节效应。

4.2.1 实验方法

实验采用2(与企业能力匹配不一致性高与企业能力匹配不一致性低)×2(宣传强度高与宣传强度低)×2(宣传主动性高与宣传主动性低)的组间因子设计，企业 CSR 行为与企业能力匹配不一致性与宣传强度、宣传主动性均通过实验操控来实现。

为避免被试对实验对象既存的认识，本实验采用虚拟的企业对象。实验随机将实验对象按与企业能力匹配不一致性高低及宣传强度、宣传主动性高低交叉组合分成8组，与企业能力匹配不一致性的刺激通过"企业 CSR 行为与企业能力的匹配度"(Lafferty，2007)来进行操控。宣传强度通过描述媒体对企业 CSR 行为曝光频率进行刺激(Fassin，Buelens，2011)。宣传主动性通过描述被试接收到 CSR 宣传信息的形式是被试自己主动搜寻信息获得还是通过企业的主动宣传获得(Wagner，Lutz，Weitz，2009)。被试阅读完材料后同样填写实验一中的问卷。

4.2.2 被试与实验结果

经统计，共有 168 名在校本科生及研究生参加该实验，其中 76 名女性，92 位男性，年龄为 19～25岁，均值为 22.5 岁，实验平均耗时 15 分钟。实验完毕，对完整填写测量量表的被试给予小礼物以示感谢。

4.2.3 操控检验

利用5级李克特量表来检查与企业能力匹配不一致性与宣传强度、宣传主动性是否操纵成功。其中3个题项测量与企业能力匹配不一致性($a = 0.76$)；4个题项测量宣传强度($a = 0.85$)，4个题项测量宣传主动性($a = 0.83$)。数据处理结果显示，在与企业能力匹配不一致性高组，被试感知企业 CSR 行为不一致性高($M = 4.37$)显著高于被试感知企业 CSR 行为不一致性低组($M = 2.11$)，$t = 31.75$，$df = 84$，$p < 0.01$。在宣传强度高组，被试感知宣传强度高($M = 3.81$)显著高于被试感知宣传强度低组($M = 1.84$)，$t = 17.85$，$df = 84$，$p < 0.01$。在宣传主动性高组，被试感知宣传主动性($M = 3.92$)显著高于被试感知宣传主动性低组

（$M=1.77$），$t=32.65$，$df=84$，$p<0.01$。可见，情景操控的效果是成功的。

4.2.4 结论

为了检验与企业能力匹配不一致性是否导致消费者感知企业伪善以及宣传强度、宣传主动性是否具有调节效应，本研究采用多元线性回归的方式，回归结果如表2所示。

表2　　　　　　　　　宣传强度、宣传主动性对响应不一致性导致感知伪善的调节作用

自变量	因变量	B	T值	结论
模型1				
与企业能力匹配不一致性		4.62**	3.59	H1 通过验证
宣传主动性		4.44**	3.22	H2 通过验证
宣传强度		0.27	0.29	H3 通过验证
与企业能力匹配不一致性×宣传主动性	感知伪善	0.616**	5.07	H4(b)通过验证
与企业能力匹配不一致性×宣传强度		0.28**	2.69	H5(b)通过验证
与企业能力匹配×宣传主动性×宣传强度		0.092**	2.71	
Adjusted R square=0.032				
$F=68.24$**				

注：* 代表 $p<0.05$，** 代表 $p<0.01$，$n=168$。

回归分析结果发现，企业 CSR 行为与企业能力匹配不一致性、宣传主动性会显著影响消费者对企业伪善感知（$F(1,168)=68.24$，$p<0.01$），H1 得到验证。同时数据处理结果显示，宣传强度和宣传主动性的调节效应均显著，也就是说，企业对 CSR 行为的宣传强度和宣传主动性都会影响消费者基于与企业能力匹配不一致性所形成的伪善感知，H4(b)与 H5(b)得到证实。

4.3 实验三

实验三的目的主要有两个：第一是验证企业 CSR 行为响应不一致性对消费者感知企业伪善的影响；第二是检验企业宣传主动性和宣传强度对企业 CSR 行为与事件匹配不一致性和消费者感知企业伪善之间关系的调节效应。

4.3.1 实验方法

实验采用 2（与事件匹配不一致性高与事件匹配不一致性低）×2（宣传强度高与宣传强度低）×2（宣传主动性高与宣传主动性低）的组间因子设计，企业 CSR 行为与事件匹配不一致性与宣传强度、宣传主动性均通过实验操控来实现。

为避免被试对实验对象既存的认识，本实验仍然采用虚拟的企业对象。实验随机将实验对象按与事件匹配不一致性高低及宣传强度、宣传主动性高低交叉组合分成 8 组，与事件匹配不一致性的刺激通过"企业 CSR 行为与事件（善因）的匹配度"（Lafferty，2007）来进行操控。被试阅读完材料后同样填写了实验一中采用的问卷。

4.3.2 被试与实验结果

经统计，共有 168 名在校本科生及研究生参加该实验，其中 72 名女性，96 位男性，年龄为 18～25 岁，均值为 20.5 岁。实验平均耗时 15 分钟，实验完毕，对完整填写测量量表的被试给予小礼物以示感谢。

4.3.3 操控检验

利用5级李克特量表来检查与事件匹配不一致性与宣传强度、宣传主动性是否操纵成功。其中3个题项测量与事件匹配不一致性（$a=0.84$）；4个题项测量宣传强度（$a=0.76$），4个题项测量宣传主动性（$a=0.83$）。数据处理结果显示，在与事件匹配不一致性高组，被试感知企业CSR行为不一致性高（$M=4.45$）显著高于被试感知企业CSR行为不一致性低组（$M=1.98$），$t=119.14$，$df=84$，$p<0.01$。在宣传强度高组，被试感知宣传强度高（$M=4.17$）显著高于被试感知宣传强度低组（$M=2.11$），$t=78.64$，$df=168$，$p<0.01$。在宣传主动性高组，被试感知宣传主动性（$M=4.11$）显著高于被试感知宣传主动性低组（$M=2.09$），$t=44.72$，$df=84$，$p<0.01$。可见，情景操控的效果是成功的。

4.3.4 结论

为了检验与事件匹配不一致性是否导致消费者感知企业伪善以及宣传强度、宣传主动性是否具有调节效应，本研究采用多元线性回归的方式，回归结果如表3所示。

表3　　　　　宣传强度、宣传主动性对响应不一致性导致感知伪善的调节作用

自变量	因变量	B	T	结论
模型1				
与事件匹配不一致性		2.37**	11.57	H1 通过验证
宣传主动性		0.42**	3.65	H2 通过验证
宣传强度		0.57**	4.87	H3 通过验证
与事件匹配不一致性×宣传主动性	感知伪善	0.24**	3.11	H4(c) 通过验证
与事件匹配不一致性×宣传强度		0.17**	2.89	H5(c) 通过验证
与事件匹配×宣传主动性×宣传强度		0.034	1.66	
Adjusted R square = 0.046				
$F=298.09$**				

注：*代表 $p<0.05$，**代表 $p<0.01$，$n=168$。

回归分析结果发现，企业CSR行为与事件匹配不一致性、宣传主动性、宣传强度会显著影响消费者对企业伪善的感知（$F(1,168)=298.09$，$p<0.01$），H1得到验证。同时数据处理结果显示，宣传强度（$t=-2.39$，$p<0.01$）和宣传主动性（$t=-2.50$，$p<0.01$）的调节效应均显著，也就是说，企业对CSR行为的宣传强度和宣传主动性都会影响消费者基于与企业能力匹配不一致性所形成的伪善感知，H4(c)与H5(c)得到证实。

5. 结论

之前有关CSR的研究多集中研究CSR行为如何影响消费者的积极性态度及行为，这些研究结论容易给研究者带来一个陷阱，即企业只要实施CSR行为，都能为企业带来正面的效益。本研究发现，企业的CSR"善因"反而可能结出"恶果"——企业伪善。企业CSR行为的一致性是消费者评判企业的主要机制。对企业伪善现象的剖析是对当前CSR理论研究的补充，并不是所有的CSR行为都能带来正面的效应。本研究通过分析企业CSR战略的实施策略和宣传策略中可能会影响消费者形成企业伪善的因素，对消费者形成企业伪善感知的机制进行了验证。根据三组实验的结果我们可以得出以下结论：

第一，企业的慈善实施行为需要考虑到企业慈善行为的响应性、与企业能力的匹配度、与事件的匹配度，这三个因素是消费者感知企业 CSR 行为一致性的主要来源，也是消费者形成企业伪善感知的重要因素。

第二，消费者形成对企业伪善感知的来源除了企业的 CSR 实施策略之外，企业的 CSR 宣传策略同样也会直接影响消费者对企业 CSR 行为的评价。陈光标式的慈善行为过度地将企业的行为曝光于媒体，导致了消费者对其伪善的感知，是舆论不能接受的重要原因之一。

第三，企业的 CSR 宣传策略除了直接影响消费者评价企业的慈善行为外，还对消费者基于企业的 CSR 行为不一致性形成的企业伪善的感知具有调节效应。尽管企业长期一贯地从事慈善行为，但若企业习惯于将自身长期曝光于媒体，如果某一次企业的慈善行为没有达到企业的承诺，就可能会给企业带来致命的打击。

本文从 CSR 的实施策略和宣传策略两个维度探讨了企业伪善的形成机制，但是仍然存在一些不足和未来需要进一步探讨的地方：

第一，因为缺乏西方国家成熟的慈善机构和完善的监督体系，中国企业的慈善行为暂无固定的模式，更多的企业愿意选择跨过慈善机构选择直接帮扶的形式，这也给予消费者更多的关注和评价的空间。本研究基于中国的慈善现状来研究企业伪善的形成机制，并未完全分析中国与西方国家慈善行为之间的所有差异性因素（如品牌忠诚、个人道德观）。

第二，本研究所选取的实验样本为大学在校本科生及研究生，研究结论是否能够推广至其他消费者群体，还需要进一步探讨。

（作者电子邮件：mouyp@ hotmail. com；wangtao@ whu. edu. cn；bellchow@ 126. com）

参考文献

[1] Aaker, D. A., and Keller, K. L.. Consumer evaluations of brand extensions[J]. *Journal of Marketing*, 1990, 54(1).

[2] Anderson, S. D., and Anderson, N. E.. Human relations training for women[J]. *Training & Development Journal*, 1971, 25(8).

[3] Breunig, M. C., O'Connell, T. S., Todd, S., Anderson, L., and Young, A.. The impact of outdoor pursuits on college students' perceived sense of community[J]. *Journal of Leisure Research*, 2010, 42(4).

[4] Brunsson, N.. The irrationality of action and action of rationality: Decisions, Ideologies and organizational actions[J]. *Journal of Management Studies*, 1982, 19(1).

[5] Brown, T. J., and Dacin, P. A.. The company and the product: Corporate associations and consumer product responses[J]. *Journal of Marketing*, 1997, 61, 1.

[6] Brown, T. J., Dacin, P. A., and Pitt, L. F.. Corporate image and reputation in B2B markets: Insights from CI/ARG 2008[J]. *Industrial Marketing Management*, 2010, 11.

[7] Brown, S. P., Homer, P. M., and Inman, J.. A meta-analysis of relationships between ad-evoked feelings and advertising responses[J]. *Journal of Marketing Research*, 1998, 35(1).

[8] Bolton, L. E., Reed, I. I. A., Volpp, K. G., and Armstrong, K.. How does drug and supplement marketing affect a healthy lifestyle? [J]. *Advances in Consumer Research—North American Conference Proceedings*, 2007, 34.

[9] Carroll, A. B.. Reflections on the business ethics field and business ethics quarterly[J]. *Business Ethics*

Quarterly, 2010, 20(4).

[10] Dacin, P. A. , and Brown, T. J. . Corporate branding, Identity, and Customer response[J]. *Journal of the Academy of Marketing Science*, 2006, 34(2).

[11] Fassin, Y. . Inconsistencies in activists' behaviours and the ethics of NGOs[J]. *Journal of Business Ethics*, 2009, 90(4).

[12] Fassin, Y. , and Van Rosem, A. . Corporate governance in the debate on CSR and ethics: Sensemaking of social issues in management by authorities and CEOs [J]. *Corporate Governance: an International Review*, 2009, 17(5).

[13] Fassin, Y. , and Buelens, M. . The hypocrisy-sincerity continuum in corporate communication and decision making: A model of corporate social responsibility and business ethics practices[J] . *Management Decision*, 2011, 49(4).

[14] Fassin, Y. , Rossem, A. , and Buelens, M. . Small-business owner-managers' perceptions of business ethics and CSR-related concepts[J]. *Journal of Business Ethics*, 2011, 98(3).

[15] Gatignon, H. , and Xuereb, J. M. . Strategic orientation of the firm and new product performance [J]. *Journal of Marketing Research*, 1997, 34(1).

[16] Gürhan Canli, Z. , and Batra, R. . When corporate image affects product evaluations: The moderating role of perceived risk[J]. *Journal of Marketing Research*, 2004, 41(2).

[17] Homburg, C. , Wieseke, J. , and Bornemann, T. . Implementing the marketing concept at the employee-customer interface: The role of customer need knowledge [J]. *Journal of Marketing*, 2009, 73(4).

[18] Handelman, J. M. , and Arnold, S. J. . The role of marketing actions with a social dimension: Appeals to the institutional environment[J]. *Journal of Marketing*, 1999, 63(3).

[19] Homburg, C. , Fürst, A. , and Prigge, J. K. . A customer perspective on product eliminations: How the removal of products affects customers and business relationships[J]. *Journal of the Academy of Marketing Science*, 2010, 38(5).

[20] Jewell, R. D. , and Barone, M. J. . Norm violations and the role of marketplace comparisons in positioning brands[J]. *Journal of the Academy of Marketing Science*, 2007, 35(4).

[21] Jahdi, K. , and Acikdilli, G. . Marketing communications and corporate social responsibility (CSR): Marriage of convenience or shotgun wedding? [J]. *Journal of Business Ethics*, 2009, 88(1).

[22] Kanfer, R. , and Ackerman, P. L. . Aging, Adult development, and Work motivation [J]. *Academy of Management Review*, 2004, 29(3).

[23] Klein, J. , and Dawar, N. . Corporate social responsibility and consumers' attributions and brand evaluations in a product-harm crisis[J]. *International Journal of Research in Marketing*, 2004, 21(3).

[24] Keller, K. L. , Heckler, S. E. , and Houston, M. J. . The effects of brand name suggestiveness on advertising recall[J]. *Journal of Marketing*, 1998, 62(1).

[25] Laczniak, R. N. , Barone, M. J. , and Teas, R. K. . Steady persuasion[J]. *Marketing Research*, 2007, 19(4).

[26] Luo, X. , and Bhattacharya, C. B. . Corporate social responsibility, Customer satisfaction, and Market value[J]. *Journal of Marketing*, 2006, 70(4).

[27] Luo, X. , and Bhattacharya, C. B. . The debate over doing good: Corporate social performance, Strategic marketing levers, and Firm-idiosyncratic risk[J]. *Journal of Marketing*, 2009, 73(6).

[28] Luo, X., and Homburg, C.. Satisfaction, Complaint and the stock value gap[J]. *Journal of Marketing*, 2008, 72(4).

[29] Lafferty, B. A.. The relevance of fit in a cause-brand alliance when consumers evaluate corporate credibility [J]. *Journal of Business Research*, 2007, 60(5).

[30] Menon, S., and Kahn, B. E.. Corporate sponsorships of philanthropic activities: When do they impact perception of sponsor brand? [J]. *Journal of Consumer Psychology*, 2003, 13(3).

[31] Marquis, C., and Lounsbury, M.. Vive la résistance: Competing logics and the consolidation of U. S. community banking [J]. *Academy of Management Journal*, 2007, 50(4).

[32] Petty, R. E., and Cacioppo, J. T.. Addressing disturbing and disturbed consumer behavior: Is it necessary to change the way we conduct behavioral science[J]. *Journal of Marketing Research*, 1996, 12(1).

[33] Parasuraman, A., Zeithaml, V. A., and Berry, L. L.. Reassessment of expectations as a comparison standard in measuring service quality: Implications for further research[J]. *Journal of Marketing*, 1994, 58 (1).

[34] Petty, R. E., Cacioppo, J. T., and Schumann, D.. Central and peripheral routes to advertising effectiveness: The moderating role of involvement[J]. *Journal of Consumer Research*, 1983, 10(2).

[35] Simmons, L. C., and Schindler, R. M.. Cultural superstitions and the price endings used in chinese advertising[J]. *Journal of International Marketing*, 2003, 11(2).

[36] Shklar, J. N.. The renaissance American[J]. *New Republic*, 1984, 191(18).

[37] Wagner, T., Lutz, R. J., and Weitz, B. A.. Corporate hypocrisy: Overcoming the threat of inconsistent corporate social responsibility perceptions[J]. *Journal of Marketing*, 2009, 73(6).

[38] Winterich, K. P., and Barone, M. J.. Warm glow or cold, Hard cash? Social identify effects on consumer choice for donation versus discount promotions[J]. *Journal of Marketing Research*, 2011, 48(5).

Why Does the Corporate Try Harder, but always Get Worse?
—a Study on Consumers' Perceived Corporate Hypocrisy

Mou Yupeng[1] Wang Tao[2] Wang Bo[3]

(1, 2, 3 Economics and Management School of Wuhan University, Wuhan, 430072)

Abstract: Nowadays, more and more corporate try harder to pursue a good reputation from the philanthropic behavior, however, the consumers always try to suspect the motivation of the behavior and even form the perception of corporate hypocrisy. The paper explores the mechanism of perception of corporate hypocrisy from the implementation polices and communication policies, and found that: the inconsistencies of the information is the main cause of the perception of corporate hypocrisy, and the inconsistencies comprise of the responsiveness of the behavior, the fit between the behavior and the corporate ability, and the fit between the cause and the behavior. And simultaneously the study reveals that the intensity of the communication behavior and the proactivity of the communication behavior and the moderates the effect of corporate hypocrisy.

Key words: Philanthropic behavior; Corporate hypocrisy; Inconsistencies; Intensity of the communication; Proactivity of the communication

Gibrat 法则对于 C2C 网店成立吗？[*]

——来自淘宝网的证据

● 高宝俊[1]　　侯洋洋[2]　　陈晓玲[3]

（1，2，3　武汉大学经济与管理学院　武汉　430072）

【摘　要】Gibrat 法则，又称比例效应法则，是实体经济中研究企业规模分布的经典理论，基本思想是企业的成长是独立于企业初始规模的随机过程，进一步研究发现企业的规模是服从对数正态分布的。据此，本文从两个角度检验 Gibrat 法则是否成立，一是验证企业的规模、成长是否服从对数正态分布；二是分析企业的增长是否与规模相关。本研究以淘宝网店铺为研究对象，基于分层抽样方法得到相关数据，以卖家信用作为规模的度量指标，同时将淘宝网店划分为 15 个行业，分别研究各行业的规模分布状况以及规模与增长的关系。结果表明，大部分行业的规模不服从对数正态分布，且 Gibrat 法则对所有的行业都不成立，表现出小企业增长更快的特征。

【关键词】Gibrat 法则　企业规模　分布　卖家信用　淘宝网

1. 引言

企业规模一直是经济学界的一个重要研究课题，其中，企业规模分布又是企业规模理论的一个不容忽视的研究领域。早在 1931 年，Robin Gibrat 提出并系统分析了企业规模分布理论，并总结了对后期研究有着重要指导意义的 Gibrat 法则（Gibrat's law，GL）。最开始，由于数据采集的限制，对 Gibrat 法则的研究并不多且主要集中于大型的制造业（Robin Gibrat, 1931；Kalecki, 1945；E. Mansfield, 1962）。在对大型制造业企业的研究中，Gibrat 法则是倾向于成立。随着科技的发展，数据采集问题得到进一步解决，越来越多的研究开始包含小企业且注重企业规模分布的行业差异，如服务业、零售业、农业等被引入研究领域。如 Singh 和 Whittington(1975)研究了制造业、服务业与建筑业，L. Z. Bakucs 和 I. Fertö(2007)研究了农业，Teresa D. Harrison 和 Christopher A. Laincz(2008)研究了非营利组织等。当数据包含小企业后，更多的研究倾向于拒绝这一法则，即企业的增长并不独立于规模，表现出小企业增长更快的特征。

结果的不同可能与研究对象的选取有关。Mansfield(1962)提出，可以针对三类不同的对象来检验 Gibrat 法则是否成立。第一，以全部企业来研究法则是否成立；第二，只针对那些生存下来的企业研究法则是否成立；第三，只研究规模达到最小有效规模(Minimum Efficient Scale，MES，长期中平均成本处于或接近其最小值的最小规模)的企业。

---

* 本文是 2009 年度教育部人文社会科学研究青年基金项目"基于 Agent 的金融市场交易机制评价与设计"（项目批准号：09YJC630176）的阶段性成果。

而众多的研究表明，Gibrat 法则可能只针对规模达到一定程度的企业而言是成立的；而当研究对象包含大量小企业时，Gibrat 法则倾向于不成立。

本文以淘宝网中存活下来的店铺为研究对象，考察规模与增长的关系。我们可以把淘宝网中的店铺看做一个企业，分行业研究存活下来的企业（包含大量小企业）其规模与增长的关系，最终的结果表明小企业增长更快。

2. 数据采集和规模度量指标的选取

为了得到准确可靠的数据，本研究运用"网络爬虫"工具进行数据采集。在长期的观察与探索中发现，淘宝网店铺的域名结构为 http://shop*.taobao.com/，"*"表示一个自然数。任何一家店铺都有唯一一个域名，并可通过此域名进入。所以，"*"便被认为是网店的 ID。通过分层筛选，确定了待爬行的 ID 地址，采集了 2011 年 3 月（201103）、2011 年 9 月（201109）以及 2012 年 3 月（201203）三期淘宝网各行业卖家信用的数据。将三期卖家信用都不为零的数据看做有效数据，经过处理，得到的有效数据为 37847，即本文以淘宝网中的 37847 家卖家为研究对象，来考察规模与增长的关系。

淘宝网中的店铺所销售的产品有很大的差异性，笼统地考察其规模与增长的关系并不科学。因此，我们将淘宝网店分成 15 个行业，分别为 3C 数码、服饰鞋包、家居用品、美容护理、母婴、汽车配件、生活服务、食品保健、书籍音像、玩乐收藏、游戏话费、运动户外、珠宝配饰、家装家饰和其他行业（各行业的店铺数量 N 见表1），以此来研究这 15 个行业的规模与增长的关系。

在研究企业的规模分布时，首要解决的问题是怎样衡量企业的规模，企业有大量经济指标，每个指标也对应着不同的含义。诸多检验 Gibrat 法则是否成立的研究表明：采用不同的指标来度量企业的规模可能会得到不同的结果。因此，首先要确定采用什么样的指标来度量网店规模。度量实体经济中企业规模的指标主要有：员工人数、总资产、净资产、销售收入、企业市值等。由于我们的研究对象是电子商务中的虚拟企业，而这些企业的企业总资产、市值、员工人数等指标数据都是很难精确获得。

此时，Zhangxi Lin、Balaji Janamanchi、Dahui Li 和 Wayne Huang（2006）开辟了一条新的思路，运用企业信用得分这一可科学衡量的因素作为企业在市场中的地位的度量来代表电子市场中企业的规模。eBay、淘宝等市场中，一笔交易完成后，买卖双方会相互评价，评价分为好评、中评和差评三个等级。卖家（买家）信用的计算方法是：若得到买家（卖家）的好评，则卖家（买家）信用加一分；若得到差评，则减一分；中评不影响信用得分。即：

$$\text{Reputation}_{i,\,T} = \sum_{t=0}^{T} (\text{positive} - \text{feedback}) - \sum_{t=0}^{T} (\text{negative} - \text{feedback})$$

之所以选取卖家信用作为企业规模的度量指标，可以从以下角度理解：对于社会经济中的任一个体（个人或组织），信用的建立都是基于其过去的行为评价的累积，是其无形资产的重要组成部分。企业资产可以分为有形资产与无形资产两大类，如果企业规模大，传统意义上理解为其具有庞大的有形资产，但是有形资产也必然需要对应能使其运作的无形资产的支撑，所以，有形资产与无形资产在企业规模上所代表的意义是同等的。当有形资产难以对网络虚拟企业进行衡量时，无形资产便可以担负起此项任务。特别是，从宏观经济层面上来说，信用早就被公认为企业分层的一项重要指标，信用代表着企业在经济社会中的地位，以此可以将企业分到不同的企业层级，那么同样，从实体经济引申到虚拟经济环境中，信用也可以代表在 C2C 电子商务中企业的地位与规模。

特别地，从卖家信用的计算公式可以看出，信用是销售量和好评的函数，卖家较高的信用就意味着较高的销售量，同时具有较高的好评率，某种程度上也意味着较大的规模，因此信用可以作为网店规模的度量指标。

3. 淘宝网店规模分布的正态性检验和持续性增长分析

从企业规模分布角度来探讨虚拟经济中网店是否服从 Gibrat 法则，首先要研究淘宝网店的规模分布是否服从对数正态分布。我们对已划分的 15 个行业进行分析，考察各个行业的规模是否服从对数正态分布。

表 1 中，分层抽样所得到的各行业存活下来的企业数量 N 是不同的，这表明淘宝网中每个行业所占的比重不同，淘宝网所经营的产品以服饰鞋包为主，其中服饰鞋包的卖家有 11730 家，而卖家最少的为书籍音像，只有 468 家，分别占总体 37847 的 30.99% 和 1.24%。

美容护理的均值和标准差最高，而其他行业与家装家饰的均值和标准差较低，这些规律表明行业之间存在一定的差异性以及行业的发展结构不同。

从偏度值 S 和峰度值 K 可以看出，各行业的分布都存在一定的偏态，且 S 大部分为正值，表示与正态分布相比，其分布曲线正偏，有较长的右尾；同时，峰度值 K 大部分为负值，表示与正态分布相比，其分布较为平坦，有胖尾特征。

为考察规模是否服从对数正态分布，我们对各行业进行了 JB 检验。JB 检验是对于对数正态分布进行检验的一种非参数检验方法，它是基于残差而进行的渐进性检验。由于 JB 检验室关于分布偏度和峰度的一个综合的衡量，所以进行 JB 检验首先要知道分布的偏度 S 和峰度 K 的值。通过 JB 正态性检验的行业有 4 个，分别为汽车配件、运动户外、家装家饰珠宝配饰，其 JB 检验的 P 值都大于 0.05，接受原假设 H_0：行业的规模分布为对数正态分布。

以各行业 2012 年 3 月（201203）卖家信用为例，其检验结果见表 1：

表 1 各行业正态性检验结果

行业	N	均值	标准差	偏度 S	峰度 K	JB-probablity
3C 数码	3989	3250.796	12858.4774	0.079	−0.142	0.02164*
服饰鞋包	11730	3780.880	27899.4288	0.063	−0.043	0.01243*
家居用品	2371	4581.620	17352.1997	0.153	−0.276	0.00017*
美容护理	2086	8600.812	105504.957	0.181	−0.034	0.00323*
母婴	1001	4734.9940	20145.1106	0.141	−0.346	0.01473*
汽车配件	836	3084.0371	23603.7078	0.023	−0.109	0.75134
生活服务	2148	2392.3468	12592.1308	0.196	0.027	0.00084*
食品保健	1742	3523.3995	12980.2679	0.266	−0.209	0.00001*
书籍音像	468	4690.4979	10159.2315	−0.256	−0.512	0.00570*
玩乐收藏	2132	2860.1989	14633.3049	0.228	−0.040	0.00009*
游戏话费	3756	2794.7157	17427.6751	0.465	0.341	0.00000*
运动户外	1789	3008.5880	15046.3405	−0.078	−0.035	0.38723
珠宝配饰	1193	4649.1048	37952.4058	0.148	0.138	0.07358
家装家饰	1635	1879.310	8634.2822	−0.004	−0.266	0.085078
其他行业	971	792.5314	3362.1812	0.349	0.024	0.000053*

注：*表示未通过 JB 检验，拒绝原假设 H_0：行业的规模分布为对数正态分布；N 表示各行业存活下来的卖家数量。

验证 Gibrat 法则的另一个角度是分析规模与成长是否相关。如果企业的成长服从一个独立于企业初始规模的随机过程，则 Gibrat 法则成立；反之，不成立。本文将淘宝网的整体大类下分为 15 个行业，对每个行业分别研究其规模与增长的关系；采用 $z_{t,i} = (\beta + \rho)z_{t-1,i} + (-\beta\rho)z_{t-2,i} + \mu_{i,t}$ 的模型来检验 Gibrat 法则对淘宝网店是否成立。

根据 Checher(1979)，公司 i 在 $t-1$ 到 t 的增长过程表示为：

$$z_{t,i} = \beta z_{t-1,i} + \varepsilon_{t,i} \tag{1}$$

其中 $Z_{t,i}$ 为公司 i 在 t 时刻的对数规模与全部公司在 t 时刻的对数规模均值之差，即 $Z_{t,i} = \ln S_{t,i} - \frac{1}{n}\sum_{i=1}^{n}\ln S_{t,i}$，$S_{t,i}$ 表示公司 i 在 t 时刻的规模；$\varepsilon_{t,i}$ 差项为误差项，β 为待估系数。若假定误差项是相互独立的，那么当 $\beta=1$ 时，企业规模与增长无关；当 $\beta<1$ 时，小企业增长更快；当 $\beta>1$ 时，大企业增长更快。但是在现实中，随机误差项 $\varepsilon_{t,i}$ 可能存在自相关，导致 β 的估计值出现偏误。所以，在分析中应对 $\varepsilon_{t,i}$ 的一阶自相关性进行处理。$\varepsilon_{t,i}$ 存在一阶自相关性可以定义为：$\varepsilon_{t,i} = \rho\varepsilon_{t,i} + \mu_{i,t}$，此处 $\mu_{i,t} \sim N(0, \sigma_\mu^2)$

将上式带入式(1)整理后得：$z_{t,i} = (\beta + \rho)z_{t-1,i} + (-\beta\rho)z_{t-2,i} + \mu_{i,t}$，令 $\gamma_1 = \beta + \rho$，$\gamma_2 = -\beta\rho$，则上式变为：

$$z_{t,i} = \gamma_1 z_{t-1,i} + \gamma_2 z_{t-2,i} + \mu_{i,t} \tag{2}$$

对式(2)进行回顾可得到 γ_1 和 γ_2 的估计值 $\hat{\gamma}_1$ 和 $\hat{\gamma}_2$。根据 Chesher(1979)，β 和 ρ 也可以通过 $\hat{\gamma}_1$ 和 $\hat{\gamma}_2$ 进行估算，即：

$$(\hat{\beta}, \hat{\rho}) = \frac{\hat{\gamma}_1 \pm \sqrt{\hat{\gamma}_1^2 + 4\hat{\gamma}_2}}{2}$$

根据 Chesher(1979)，对 $(\beta, \rho) = (1, 0)$ 的检验就等价于 $(\gamma_1, \gamma_2) = (1, 0)$ 的检验，在此我们选择了 Wald 检验的方法[1]：

原假设为 H_0：$(\gamma_1, \gamma_2) = (1, 0)$

备择假设 H_1：$(\gamma_1, \gamma_2) \neq (1, 0)$

由 Wald 检验的原理可知，Wald 检验的统计量为：

$$W = z_1^2 + z_2^2 = \frac{(\hat{\beta} - 1)^2}{\sigma_{\hat{\beta}}^2} + \frac{(\hat{\rho} - 0)^2}{\sigma_{\hat{\rho}}^2} \chi_a^2(2)$$

当 χ^2 分布的统计量 $W \leq \chi^2(2)$ 时，原假设 H_0 不能被拒绝，即认为 β 与 1 无显著差异，ρ 与 0 无显著差异，亦即 Gibrat 法则成立；否则拒绝原假设，Gibrat 法则不成立。

按照 Chesher(1979)的模型 $z_{t,i} = \gamma_1 z_{t-1,i} + \gamma_2 z_{t-2,i} + \mu_{i,t}$[2]，$z_{t,i}$、$z_{t-1,i}$、$z_{t-2,i}$ 分别表示 201203、201109、201103 的卖家信用，通过 OLS 回归估计，得到 R^2、γ_1、γ_2 以及 β 和 ρ 的值，并通过 Wald 检验来判定规模是否与增长独立，若通过 Wald 检验，表明该行业店铺的规模和增长是独立的；否则，规模与增长是相关的。

表 2 中，当对淘宝网店细分行业进行分析时，各行业店铺成长与规模都是负相关的，$\beta<1$，且各行业都未通过 Wald 检验，规模与增长并不满足 Gibrat 法则，小企业增长更快。同时各行业的误差项之间都存在一阶自相关，且 $\hat{\rho}>0$，从而可以得出各细分行业的淘宝网店都面临着企业可以"意外"收获的成长机遇，

① Audretsch, D. B., Klomp, L., Santarelli, E., and Thurik, A. R.. Gibrat's law: Are the services different? [J]. *Review of Industrial Organization*, 2004, 24: 301-324.

② Chesher A.. Testing the law of proportionate effect[J]. *The Journal of Industrial Economics*, 1979, 27: 403-411.

这会促使其成长增快，总的来说，对于淘宝网店铺细分行业进行研究时，都不服从 Gibrat 法则。分行业分析结果如表 2 所示：

表 2 　　　　　　　　　　　　　各行业持续性增长分析结果

行业	R^2	γ_1	γ_2	β	ρ	Wald 检验 $\chi^2(2)$
3C 数码	0.9567	1.2223	-0.2709	0.9315	0.2908	894.2973*
服饰鞋包	0.9305	1.0830	-0.1532	0.9157	0.1673	1438.7950*
家居用品	0.9614	1.2630	-0.2948	0.9540	0.3090	518.1229*
美容护理	0.9582	1.2868	-0.3320	0.9297	0.3571	620.2972*
母婴	0.9427	1.2355	-0.2940	0.9137	0.3218	174.7263*
汽车配件	0.9632	1.2777	-0.3230	0.9306	0.3471	272.0301*
生活服务	0.9463	1.1065	-0.175	0.9153	0.1912	345.7631*
食品保健	0.9523	1.1517	-0.2066	0.9294	0.2223	276.4393*
书籍音像	0.9660	1.3580	-0.3953	0.9354	0.4226	161.3249*
玩乐收藏	0.9717	1.2796	-0.3092	0.9563	0.3233	572.8469*
游戏话费	0.9325	0.9919	-0.0753	0.9091	0.0828	490.6718*
运动户外	0.9645	1.1636	-0.2070	0.9444	0.2192	328.6563*
珠宝配饰	0.9616	1.1397	-0.1872	0.9407	0.1990	167.3380*
家装家饰	0.9694	1.2436	-0.2737	0.9579	0.2857	482.2251*
其他行业	0.9586	1.1451	-0.2043	0.9240	0.2211	181.0053*

注：R^2 表示 OLS 回归分析所得的拟合优度；* 代表其对应计算得出的 P 值为 0.0000，在显著水平 $\alpha = 0.05$ 的情况下，$P < \alpha$，对于 Wald 检验来说，则代表原假设 H_0 不成立，拒绝原假设。

4. 结论与展望

理论研究发现对 Gibrat 法则进行验证可以从验证其企业规模是否服从对数正态分布和验证其成长是否与其规模相关两个角度进行研究。本文在此基础上，对 C2C 电子商务市场企业规模的分布规律以及其成长与规模的关系进行了理论分析，并以中国最大的 C2C 电子商务平台——淘宝网的店铺为研究对象，以卖家信用为店铺规模的度量指标，进行了企业规模分布状况分析，以及规模与增长之间关系的相关实证研究，从而对 Gibrat 法则是否适用中国 C2C 电子商务市场进行了验证。

在对淘宝网店铺的企业规模分布的研究过程中，通过 JB 检验来验证规模是否服从对数正态分布。通过正态性检验的行业有汽车配件、运动户外、家装家饰、珠宝配饰，其他的行业也都不服从对数正态分布，而是表现出一种比较接近的现象，进一步研究表明，其对数化了的结果存在分布曲线正偏，右尾偏长，分布较平坦（有胖尾特征）的极其接近正态分布的情况。

同时，本文以卖家信用为规模度量指标，将淘宝网店划分为 15 个行业，对各行业成长与规模之间的关系进行了研究，通过持续性增长分析，研究淘宝网店的企业规模与成长是否相关。其中，在增长的持续性分析中，由于误差项存在一阶自相关，本文通过 OLS 回归分析，以动态回归模型 $z_{t,i} = (\beta + \rho) z_{t-1,i} + (-\beta\rho) z_{t-2,i} + \mu_{t,i}$ 为模型，选取 201203、201109、201103 的卖家信用为变量，通过 β 的取值来判定增长与规模的关系。最终，结果表明，$\hat{\beta}<1$，$\hat{\rho}>0$，且未通过 Wald 检验，可以得出企业成长与规模之间存在负相关，规模小的企业增长更快。

中国 C2C 电子商务的研究还尚处于起步阶段，特殊的市场环境给我们带来了与西方国家的学者的研究不同的实证研究对象，所以具有极大的研究价值与意义。本文以卖家信用作为企业规模的度量指标，但也存在一些问题。如网络中不可避免地存在刷"信用"等不规则行为，而现期的研究并没有一个确切的方法来辨别此行为、剔除此类数据，这些对研究的准确性产生了影响，如何消除此类影响是一个研究方向。

本文验证了中国 C2C 电子市场上，店铺的规模和成长是相关的，那么在以后研究影响店铺的成长因素时，就不能因为 Gibrat 法则而剔除店铺规模这一因素。在此基础上，再考虑店铺的服务情况、保障制度等因素，可以进一步对影响店铺的成长因素进行探索，从而指导实际经济的运行。

（作者电子邮箱：sinkgao@ gmail. com）

参考文献

[1] Bromley, D. B. . *Reputation*, *Image*, *and Impression management*[M]. West Sussex, England：John Wiley & Sons, 1993.

[2] Geroski, P. A. . What do we know about entry? [J]. *International Journal of Industrial Organization*, 1995, 13(4).

[3] Gibrat Robert. *Les inegalites economiques*[M]. Paris：Librairie du Recueil Sirey, 1931.

[4] Hart, P. E. , and Oulton, N. . The growth and size of firms[J]. *Economic Journal*, 1996, 106(3).

[5] Kalecki, M. . On the Gibrat distribution[J]. *Econometrica*, 1945, 13(2).

[6] Mansfield, E. . Entry, Gibrat's law, Innovation, and The growth of firms[J]. *American Economic Review*, 1962, 52(5).

[7] Robert Petrunia. Does Gibrat's law hold? Evidence from Canadian retail and manufacturing firms[J]. *Small Buiness Economics*, 2008, 30.

[8] Shrum, W. , and Wuthnow, R. . Reputational status of organization in technical systems[J]. *American Journal of Sociology*, 1988, 93.

[9] Singh, A. , and Whittington, G. . The size and growth of firms[J]. *Review of Economic Studies*, 1975, 42(1).

[10] Zhangxi Lin, Balaji Janamanchi, Dahui Li, and Wayne Huang. Reputation distribution and consumer-to-consumer online auction market structure：An exploratory study[J]. *Decision Support Systems*, 2006, 41.

Does Gibrat's Law Hold True?

—Evidence from Sellers in Taobao. com

Gao Baojun[1] Hou Yangyang[2] Chen Xiaoling[3]

(1, 2, 3 Economics and Management School of Wuhan University, Wuhan, 430072)

Abstract：Gibrat's law, meanwhile can be called the law of proportional effect, is the classical theory of the firm size distribution in the real economy. It points out that growth rate is independent of firm size. Then further study found that the size of the business is subject to the lognormal distribution. Accordingly, to.test if Gibrat's law holds true, the researchers can start from two angles, one is to test if the firm size growth is lognormal, the other one is to analyze the relevance between the firm growth and its size. We get the related data based on stratified sampling method from the sellers in Taobao. com, using the reputation of sellers as the measure of size. In order to analysis the relevance between the firm growth and its size, we divided Taobao. com into 15 sectors to analysis the size distribution and the relevance between firm size and its growth of each sector. At last, the results show that, firstly, most sectors do not subject to lognormal distribution; secondly, all sectors do not follow the Gibrat's law, but the smaller firms grow faster.

Key words: Gibrat's law; Firm size; Distribution; Reputation of sellers; Taobao. com

企业环境创新对企业绩效的影响：实证研究[*]

● 张光明[1]　温兴琦[2]　赵锡斌[3]

（1，2，3 武汉大学经济与管理学院　武汉　430072）

【摘　要】企业作为环境创新的主体之一，可以通过主动的创新活动影响、选择、改变、控制或创造环境，形成有利于企业经营的环境，从而影响企业绩效。本文通过对中国中部地区企业的访谈、调研和问卷调查，采用统计分析方法实证研究企业环境创新对企业绩效的影响，并提出有针对性的管理启示与建议。

【关键词】企业　环境　环境创新　企业绩效

1. 引言

对于企业环境及其创新的研究，从已有的相关研究文献来看，研究的基本范式都是：企业环境—管理要素—企业绩效，将企业环境作为管理的外部变量，而没有考虑到企业在影响、改变或创新环境方面的主体性。我们认为企业不仅要管理生产与经营活动，而且要管理环境，要像管理生产经营活动那样去管理环境，实现环境创新。这一观点的提出，不仅强调了企业在环境管理与创新方面的主体性，实质上也强调了将环境管理内生化，将环境管理与创新同企业的技术创新、组织创新、管理创新、制度创新等创新要素同等对待。

以往对企业环境创新的研究大多集中于企业外部，将政府、行业协会、区域联盟等机构作为环境创新的主体，主要关注国家、地区、产业（集群）层面的环境创新及创新战略和绩效的关系[①]。以企业为主体进行环境创新或区域环境创新与企业绩效关系的研究还很鲜见。

企业作为主体的环境创新，就是企业通过对环境的感知、预测，与外部机构进行沟通，建立关系来影响外部环境创新，主动调适和处理外部环境创新带来的变化，通过创新内部激励机制、领导与管理方式、人际关系与企业文化等途径创造有利于企业自身发展的环境条件。只有企业外部环境创新与企业作为主体的环境创新实现耦合，才能真正形成有利于企业发展的环境，对企业经营行为与绩效产生影响。所以，无论是政府还是行业协会、区域联盟等组织的环境创新行为，只有通过企业的感知和接收，转化为企业的创新与经营管理行为，才可能使环境创新取得实际效果，而且外部机构的环境创新也离不开企

---

* 本文受教育部高等学校博士学科点专项科研基金"企业环境创新的理论构建及实证研究"（项目批准号：200804860052）资助。

① 陈柳钦. 国内外关于产业集群技术创新环境研究综述［J］. 贵州师范大学学报（社会科学版），2007，5.

业的参与，企业在外部环境创新中并不是被动地适应和接收，而是可以在一定程度上影响、改变或创新外部环境。企业环境创新，实际上是多元主体以及内部环境和外部环境协同创新的过程，企业也是环境创新的主体，而且，企业对其内外部环境的创新会影响企业绩效。

本文的实证研究就是从企业的视角，通过企业调研访谈、案例研究、问卷调查、统计分析等方法，研究企业对环境创新的认知、环境创新行为与调适等状况以及企业环境创新与企业绩效的关系。

2. 研究假设

本研究基于大量的企业访谈、调研和文献研究，针对企业环境创新与绩效的关系提出如下基本假设：

假设 1：企业对环境创新的认知有利于企业绩效改善。企业对环境创新的认知决定了企业是否对环境变化作出积极响应。企业是主动创新环境，还是被动适应环境，将影响企业的经营战略与环境调适行为，从而影响企业绩效。

假设 2：企业与外部机构环境创新的互动有利于企业绩效改善。企业并不是一个孤立的主体，它与环境及多个利益相关方共同构成一个商业生态系统，外部机构的环境创新试图为企业经营创造良好的外部环境，但是，如果企业没有在环境创新方面与外部机构建立协调、互动关系，企业就不能主动参与、影响外部机构的环境创新，争取到有利于企业发展的外部环境，企业就只能被动地适应外部机构的环境创新，就得不到高出行业平均水平的环境创新利益。

假设 3：企业对外部环境的调适创新有利于企业绩效改善。企业环境认知、对环境信息的扫描以及与外部机构环境创新的互动关系为企业环境创新和绩效改善创造了有利的条件，但是，更重要的是企业要根据认知的环境状况与对外部机构环境创新的参与和影响，采取创新性的环境调适行为，比如，建立环境预警与应急机制，进行技术、管理、组织创新，调整战略等，从而有利于企业绩效的改善。

假设 4：企业的内部环境创新有利于企业绩效改善。尽管企业是环境创新的主体之一，可以一定程度上参与、影响或创新外部环境，但毕竟企业对外部环境的创新是有限的。作为企业环境的重要组成部分，企业内部环境是企业可以控制和创新的。企业要通过不断学习与创新，构建与创新企业文化，建立良好的管理团队、人际关系和激励机制。企业内部环境创新一方面是为了应对外部环境变化，提高环境调适能力；另一方面也是为企业技术创新、管理创新、组织制度创新创造良好氛围，鼓励创新，允许失败，从而有利于企业短期与长期绩效的改善。

3. 数据获取与分析

3.1 数据获取

由于以企业为主体对企业环境创新的实证研究文献很少，所以，本研究着力从实践中挖掘资料数据。

基于课题组成员对环境创新的理解，本文认为企业环境创新主要表现在环境创新认知、环境创新预警机制、内部环境创新行为、外部环境创新调适等方面。笔者通过对武汉、南昌、长沙等中部地区的 7 家企业的实地考察、案例收集和高层访谈，了解和整理出企业在环境创新方面的实践及理论认识的基本情况，并设计出调查问卷量表。问卷初步设计出来后，又充分征求了武汉、南昌、长沙等地多家企业高管的意见，部分人员指出了问卷中的问题，比如问卷对环境创新有的方面考虑不够、有的问题含义比较模糊、难以填写等，提出了很好的修改建议。经过反复修改后，笔者才正式进行广泛的问卷发放。问卷的发放主要是通过武汉大学经济与管理学院的校友和朋友。在填写之前，列举了简单的注意事项，要求对企业各方面情况比较熟悉的人员填写。先后发放问卷 300 份，但由于多种原因，实际回收问卷 180 份，回收率为 60%，其中有效问卷 162 份，总有效率 54%。参与问卷调查的企业中，国有及国有控股企业和民营企业占据主导地位，分别占调查总数的 44.4% 和 42%；被调查企业的行业分布既有制造业也有服务业；参与调查的人员中，中高层管理者占 67.3%。由于采取了无记名方式和感知性测评，不涉及任何个人隐私和企业机密，基本保证了问卷填写的真实性和可信性。相关统计数据见后文。

3.2 变量定义

本研究将企业作为环境创新的主体，企业环境创新主要从四个方面进行测量：环境创新认知、环境创新预警机制、内部环境创新行为、外部环境创新调适。基于对文献的研究，根据这几个方面设计了详细的、通俗易懂的问卷，并通过对部分企业的调研及其高管的访谈、试测评，最后确定选取 19 个项目来测量环境创新。所有项目均采用 Likert 七点量表，从完全不同意或十分差到完全同意或十分好。作为主观测评，测评得分基于测评者的感知和理解，参照的对象是企业的主要竞争对手。

对企业绩效的测量，本研究选取利润率、资产回报率、投资收益率、市场占有率与竞争力 4 个项目来测量。由于绩效的动态性以及许多绩效指标难以定量描述，所以，借鉴国外学者所采用的主观测评法，采用与同行业平均水平相比的相对水平来测量。

3.3 数据分析

3.3.1 频数分析

从地区的分布来看，中部、西部分别占了 67.7% 和 23.5%；从所有制来看，国有及国有控股与民营占据主体，分别占 44.4% 和 42%；从企业规模来看，以中型企业为主，占 50%；企业经营的年限，10 年以下的占 50%；行业分布以制造业为主，占 34.6%；企业所处的寿命周期绝大部分在成长期和成熟期；就环境变化的态势来看，大多数企业认为处于稳定或中等变化状态，环境快速变化的企业只占 16.7%。参与问卷填写的人员中高层占 67.3%。

3.3.2 信度分析

采用 Cronbach α 一致性系数来检验问卷的信度，所有变量的信度均在 0.96 以上，经方差分析，$F = 7.8591$，$P \leqslant 0.0001$，说明量表重复度量效果良好。Hotelling T 检验 $F = 4.0329$，$P \leqslant 0.0001$，说明量表项目之间得分的相等性好，项目具有内在的相关性。信度检验变量总体 $\alpha = 0.9661$，标准化 $\alpha = 0.9665$，说明问卷具有很好的一致性和稳定性。

3.3.3 因子分析

首先，对问卷进行了 Bartlett 检验，得到 Bartlett 值为 2838.570，$P \leqslant 0.0001$，说明相关矩阵不是单位矩阵，可以进行因子分析。本文采用主成分分析法，为了更好地说明问题，我们提取了 4 个主因子，根据其意义，分别命名为 F_1 代表企业内部环境创新行为，F_2 代表企业环境创新认知，F_3 代表企业外部环境创新调适，F_4 代表企业环境创新预警机制，4 个因子累计贡献率为 72.318%，说明这四个因子能够用来代表全部环境创新要素，具有很好的效度。

对企业绩效也进行因子分析，提出 1 个主因子来代表所有项目，用 P_1 表示。其 Bartlett 检验值 579.212，$P \leqslant 0.0001$。该因子贡献率为 82.884%，足以代表企业绩效。

3.3.4 相关分析

因子相关分析表见表1。

表1 相关分析表

		F_1	F_2	F_3	F_4	P_1
F_1	Pearson 相关	1	0.000	0.000	0.000	0.620(**)
	Sig. (2-tailed)	—	1.000	1.000	1.000	0.000
	N	162	162	162	162	162
F_2	Pearson 相关	0.000	1	0.000	0.000	0.093
	Sig. (2-tailed)	1.000	—	1.000	1.000	0.237
	N	162	162	162	162	162
F_3	Pearson 相关	0.000	0.000	1	0.000	0.339(**)
	Sig. (2-tailed)	1.000	1.000	—	1.000	0.000
	N	162	162	162	162	162
F_4	Pearson 相关	0.000	0.000	0.000	1	0.294(**)
	Sig. (2-tailed)	1.000	1.000	1.000	—	0.000
	N	162	162	162	162	162
P_1	Pearson 相关	0.620(**)	0.093	0.339(**)	0.294(**)	1
	Sig. (2-tailed)	0.000	0.237	0.000	0.000	—
	N	162	162	162	162	162

注: **表示在 0.01 水平显著相关(双尾 T 检验)。

从相关分析表中可以看出,F_1、F_3、F_4 与企业绩效显著相关,F_2 与企业绩效不显著相关。若考虑控制变量的影响,分别选择企业所在区域、行业、所有制、规模等作为控制变量进行相关分析,发现这些控制变量对相关性没有显著影响。

3.3.5 方差与回归分析

将企业绩效 P_1 作为因变量,环境创新 4 个因子作为自变量,进行方差与回归分析,采用 Enter(全部输入)法,模型的复相关系数 $R=0.771$,$F=57.584$,$P \le 0.0001$,说明模型线性关系成立。Durbin-Watson 检验值为 1.756,说明回归分析中的残差是相互独立的,可以进一步进行多元线性回归分析,其结果见表 2 和表 3。

表2 方差分析表

	平方和	自由度	均方	F	Sig.
回归偏差	95.741	4	23.935	57.584	0.000
残差	65.259	157	0.416		
全部偏差	161.000	161			

表3 企业绩效与环境创新线性回归分析

	未标准化系数		标准化系数	t	Sig.	共线性统计	
	系数 B	标准误差	β			容许度	方差膨胀因子 VIF
常数	$-9.947E-17$	0.051		0.000	1.000		
F_1	0.620	0.051	0.620	12.207	0.000	1.000	1.000
F_2	0.093	0.051	0.093	1.838	0.068	1.000	1.000
F_3	0.339	0.051	0.339	6.667	0.000	1.000	1.000
F_4	0.294	0.051	0.294	5.786	0.000	1.000	1.000

注：因变量为企业绩效 P_1。

表3显示企业绩效与 F_2 不显著相关，与前面相关分析结论一致。

3.3.6 选择变量的影响

区域：东部地区，企业绩效与 F_4 不显著相关；中部地区，企业绩效与 F_2 不显著相关；西部地区，企业绩效与 F_2、F_4 均不显著相关。

所有制：国有控股企业，企业绩效与 F_2 不显著相关；民营企业，企业绩效与环境创新因子全部显著相关；其他（主要指港澳台企业），企业绩效与 F_1、F_3、F_4 均不显著相关。

企业规模：大型企业，企业绩效与 F_2、F_4 不显著相关；中小型企业，企业绩效与环境创新因子全部相关。

企业经营年限：5年以下与6年以上，企业绩效与 F_2 不显著相关。

行业：制造业（选项小于等于4），企业绩效与 F_2 不相关；服务业，企业绩效与 F_2、F_4 不显著相关。

环境稳定性：对于较稳定的环境，企业绩效与 F_2 不显著相关；而对于中等或快速变化的环境，企业绩效与环境创新因子均显著相关。

企业生命周期：无论企业处在生命周期的何阶段，均表现出企业绩效与环境创新因子显著相关。

4. 研究结论与管理启示

4.1 研究结论

第一，实证研究结果表明，从总体上看，企业环境创新对企业绩效影响显著。但这种影响主要来自企业环境创新的内外调适行为与预警机制的建立，企业环境创新的认知（F_2）对企业绩效没有显著影响，说明企业仅仅认识到环境创新的重要性是远远不够的，需要落实到具体的企业内部环境创新行为及对外部环境创新的调适和环境创新预警机制的建立与完善。但是，没有对环境创新的认知，就不可能转化为行为，所以，环境创新认知是基础和前提，对企业绩效产生间接的影响。

第二，不同地区、所有制、规模、行业等的企业，其环境创新对绩效的影响也表现出一定的差异。比如，从区域来看，中西部地区企业绩效与环境创新认知没有发现显著相关，特别是西部地区，环境创新预警机制与企业绩效也没有显著相关，反映出中西部地区企业对环境的关注度不够，对环境的变化敏感度较低，缺乏环境创新预警机制。另一方面，和采集样本的企业属性有一定关系，所收集中西部的样本企业多数属于国有企业，其经营环境相对稳定或受到相关政策的扶持。

第三，从所有制来看，民营企业的4个环境创新因子均与企业绩效显著相关，说明民营企业由于自身面临的环境不同于国有及国有控股企业、港澳台与外资企业，需要对环境有更高的敏感度，其更善于主动应对环境的变化，因而环境创新的各个方面均显著影响企业绩效。而对于港澳台与外资企业，表现出与国有及国有控股企业完全相反的情况，企业环境创新内外调适行为及预警机制均没有对企业绩效产生显著影响。或许是由于其受到某些特殊的政策保护，其经营管理水平较高与组织制度相对成熟完善，已经建立起环境创新的调适与预警机制。

4.2 管理启示与建议

根据上述不同层次的实证研究，我们认为，在企业环境创新的管理过程中，应从理论认识和管理实践上努力开展以下主要工作：

4.2.1 企业要充分认识到环境及环境创新的重要性

在我们看来，环境与环境创新是两个不同的概念。一般而言，企业容易认识到环境的重要性，重视环境特别是外部环境，但对环境创新的认识还是不够的。不同的企业对环境及环境创新的认知、重视程度及采取的调适与创新行为也有所不同。尽管实证研究中环境创新认知对企业绩效没有直接的显著影响，但并不能说明环境创新认知就不重要。因为没有对环境创新的认知，就不可能产生主动的环境创新行为，所以，企业管理层首先要充分认识到环境创新的重要性，转变环境创新观念，认识到企业是环境创新的主体之一，即使是中小企业，在环境创新中也是可以有所作为的。企业要将环境创新同技术创新、管理创新同等对待，主动影响、改变和创新环境，对环境的变化高度敏感和关注，树立高度的危机意识。

4.2.2 努力探索企业内部环境创新的途径

企业内部环境相对于外部环境来说可控性更强，更容易创新。根据我们对部分企业的实地访谈，每个企业对其内部环境创新都有自己独特的方法与途径。一般而言，企业要创建有利于创新的企业文化，注重管理团队、人际关系与工作方式变革，创造有利于企业发展的环境；企业要营造鼓励创新的氛围，建立有利于创新的激励机制；企业要注重员工培训、学习与知识、信息的共享；企业要加强技术创新、管理创新与组织制度创新，等等。

4.2.3 强化与外部环境创新的调适

无论是企业访谈还是问卷调查，总体来说，我们发现企业在与外部环境创新的调适方面做得还不够。企业要加强与政府的沟通，尽力影响或改变现有政策与法律法规等，创造有利于企业发展的政策环境；企业要积极参与行业协会活动，通过与行业协会、中介组织等的沟通或结成联盟创造有利于企业发展的行业环境；企业要加强供应链管理，通过建立与供应商、经销商等的合作关系创造有利于企业发展的供应链环境；企业可以通过收购与兼并，创造有利于企业发展的竞争环境；企业可以通过建立同媒体、公众、社区等的良好关系创造有利于企业发展的社会环境。

4.2.4 建立和完善环境创新预警机制

预警机制的建立就是要主动把握环境的变化，实现环境创新的主动性、先行性。企业要密切关注环境的变化，注重对环境信息的收集、处理、传递与利用；建立和完善环境变化的预警机制，从而对环境变化做出一定的预测判断；建立环境变化的应急机制，以对环境变化做出及时响应。

4.2.5 不同企业环境创新的重点不同

不同企业所处的环境是不同的，企业要根据自身所处环境的特点，有重点地强化环境创新的不同方面。有的企业环境创新的重点可能在企业内部的各个方面，有的企业环境创新的重点可能在外部的各个方面。国有企业要借鉴和学习民营企业对环境及其创新的敏感关注，民营企业要更多地加强与政府及其他机构的联系沟通，争取更多的支持。中西部企业要努力转变对环境创新的认识，主动追求环境创新，注重环境创新机制的建立和完善。

本研究还存在一定的局限性。首先，调研访谈的企业代表性还不够，虽然走访了7家企业，但限于经费，主要局限于中部三省的企业；问卷的发放也主要是中西部地区的企业，东部发达地区的企业数偏少。其次，由于缺乏以企业为主体的企业环境创新相关实证研究资料，问卷的设计也不一定完善，还显得比较简单。最后，在统计分析中，缺乏更多中间变量的考虑，没有建立结构方程模型做进一步的路径分析，因而在分析企业环境创新对企业绩效影响的逻辑上不够严谨。尽管如此，本实证研究结果对于企业环境创新理论探索和实践还是具有一定价值的，为今后的深入研究提供了基础，为企业环境创新实践提供了方向。

（作者电子邮箱：gmzhang@ whu. edu. cn）

参考文献

[1] 陈柳钦. 国内外关于产业集群技术创新环境研究综述[J]. 贵州师范大学学报（社会科学版），2007，5.

[2] 董小英. 环境扫描与信息获取：男女管理者差异分析[EB/OL]. http：//finance. sina. com. cn/leadership/CXO conduct/20060302/13332385978. shtml.

[3] 龚荒，王元地. 自主创新环境作用机理及其环境结构分析[J]. 商业研究，2008，11.

[4] 彭尔霞，王为，路军. 企业创新环境危机的原因分析与对策[J]. 科技与管理，2008，10(6).

[5] 张东红，蒋勤峰. 企业动态能力影响组织内部创新机制[J]. 上海管理科学，2008，6.

[6] 张莹，张宗益. 区域创新环境对创新绩效影响的实证研究——以重庆市为例[J]. 科技管理研究，2009，29(2).

[7] 赵付民，邹珊刚. 区域创新环境及对区域创新绩效的影响分析[J]. 统计与决策，2005，4.

[8] 赵锡斌. 企业环境分析与调适——理论与方法[M]. 北京：中国社会科学出版社，2007.

[9] 杨震宁，吕萍，王以华. 科技园的创新环境对园内企业绩效的影响[J]. 科学与科学技术管理，2008，7.

The Impact of Business Environment Innovation on Business Performance：An Empirical Study

Zhang Guangming[1]   Wen Xingqi[2]   Zhao Xibin[3]

(1, 2, 3 Economics and Management School of Wuhan University, Wuhan, 430072)

Abstract： As the main body of environmental innovation, enterprise can through the innovation activities affect, select, change, control or create the environment to form a better business environment for the enterprise, thus influence enterprise performance. The factors that enterprise's environmental innovation influences the enterprise performance are environmental cognition, inside and outside environment interaction, adjustment and internal environmental innovation. Based on central China enterprises' interview, investigation and questionnaire survey, we conduct an empirical research of the influence enterprise environmental innovation to the enterprise performance. The research shows that the influence is significant. The paper finally puts forward some countermeasures and suggestions on the environmental innovation management.

Key words： Enterprise；Environment；Environmental innovation；Enterprise performance

公司治理影响并购绩效吗?

● 赵立彬

(北京交通大学经济管理学院　北京　100044)

【摘　要】利用我国 A 股市场 2006 年发生并购活动的上市公司相关数据,探讨了并购长期绩效与公司治理之间的关联性。实证研究的结果表明:董事会规模与并购长期绩效呈倒 U 形关系;高管持股并没有缓解代理问题,对并购长期绩效呈负面的影响;股权集中度与并购长期绩效显著负相关。而独立董事比例对并购后第一年和第三年并购长期绩效没有显著影响,但在第二年(2008)与并购绩效显著正相关。

【关键词】公司治理　并购绩效　董事会　股权结构

1. 引言

并购能否创造价值是并购研究领域的一个重要议题。正确认识并购重组的价值效应,有利于企业科学决策,并且是确立立法与监管的基本价值取向的基础(张新,2003)。国内外学者对于并购是否创造价值进行了一系列实证研究,但是,却没有得出一致的结论。Jensen 和 Ruback(1983)对以往 13 篇并购文献进行分析,指出在成功的要约收购中竞价企业的超常收益率为正的 4%。Agrawal 和 Jaffe(2001)研究发现,收购企业的股东在兼并完成后 5 年时损失了财富的 10%。Bruner(2002)研究表明,收购公司的股东收益率很不确定,且有负的趋势,同时收购公司的长期财务业绩随着时间推移呈现递减趋势。随着我国证券市场快速发展,在"资本运营"理念指导下,并购重组事件在中国也如火如荼地进行着。并购能否创造价值同样引起国内学者的关注,陈信元和张田余(1999)采用事件法,以 1997 年在上海证券交易所挂牌的发生重组活动的公司为样本,实证发现兼并收购类公司的股价没有出现明显波动,市场对公司兼并活动没有反应。冯根福和吴江林(2001)实证检验了 1994—1998 年我国上市公司的并购绩效,发现上市公司绩效整体上有个先升后降的过程。张新(2003)研究发现并购重组对收购公司股东产生负面效应。李善民和李珩(2003)以 2000 年发生的资产重组上市公司为样本,发现收缩类公司在重组两年后绩效得到显著改善,而其他类型资产重组没有使上市公司绩效发生显著变化。李善民等(2004)以 1997—1999 年重组的公司为样本,发现扩展类上市公司绩效也得到改善。为什么在相似的外部环境下,一些企业可以通过并购提升绩效,而另一些企业却遭受失败?

战略管理领域的学者认为,并购成功取决于协同效应的实现(Haspeslagh and Jemison,1991;Larsson and Finkelstein,1999),以及有效的并购后整合(Chatterjee et. al,1992),财务领域研究则主要关注并购主体特征或交易本身特征对并购绩效的影响(King et. al,2004；李善民等,2004)。而一些学者认为单纯从战略管理或财务领域某个角度研究并购能否创造价值过于片面,不能很好解释并购中的绩效差异,应该同时考虑各相关领域对并购价值创造的影响(Larsson and Frinkestein,1999；Papadakis,2005)。周小春和李善民(2008)综合财务学、战略管理、组织行为学和并购后整合领域的相关理论构建了影响我国上市公司并购价值创造的影响因素的理论模型。研究发现,员工抵制程度、资源整合程度、支付方式和收购比例是影响我国上市公司并购价值创造的因素。这些研究有个共同之处,他们都是关注交易过程或并购双方特征,总结的是成功或失败的公司所表现出来的特征,例如多元化并购公司股东在并购后1~3年内财富损失达到6.5%~9.6%(李善民和朱滔,2006)。显然,上述文献研究得到的只是企业并购绩效差异的表面原因。既然多元化导致公司股东价值财富损失,那么股东为什么不阻止多元化并购呢？公司为什么发动有损股东价值的并购决策呢？是不是治理结构好的公司并购重组交易的决策和批准机制,能够抑制大股东和经理层的不良动机和错误判断(张新,2003)？

国外学者注意到公司治理对并购有着重要影响。Byrd和Hickman(1992)认为并购是公司一项重大投资,有可能改变公司战略发展方向,对股东财富一定会产生影响,作为股东代表的董事,有义务和权力对管理层提议的并购进行合理评估,进而影响并购决策和股东收益。Shivdasani(1993)实证发现,当外部董事在董事会中位置更为重要的时候,公司被敌意收购的可能性减小。Walking和Long(1984)实证发现,当管理者在公司中所持股份比例低的时候,管理者会采取措施阻碍有利于公司价值增加的收购。Shleifer和Vishny(1997)认为管理者为了控制权私人收益会阻碍收购,损害股东价值。Cotter、Shivdasani和Zenner(1997)实证结果显示,当目标公司中外部董事所占比例高时,敌意收购使其回报率要相对高出20%。而Masulis et al. (2007)从公司治理外部机制——公司控制权市场,考察了公司治理对并购绩效的影响。当公司有更多的反接管条款保护,管理者更不容易受到控制权市场惩罚,因此,这些管理者更热衷于发动有损股东价值的并购,股东并购公告期获得更低的超额回报率。同时,作者也发现当公司CEO和董事长两职合一时,股东在并购公告前可以获得更高的回报率。

国内也有少数学者从公司治理角度讨论了我国上市公司并购绩效问题。张新(2003)认为健全的微观决策机制可以否决不良动机驱使下的并购交易提案。中国上市公司治理中存在的内部人控制和"一股独大"的问题比较严重,管理层的并购并不一定是为了提高股东利益。冯根福和吴江林(2001)实证发现,第一大股东持股比例与并购当年的并购绩效呈正相关关系,而与并购后三年绩效的关系不大。据此,他们认为股权集中度过高的公司的许多并购活动可能是"投机性资产重组"或"政府干预型资产重组",而非实质性资产重组。李善民等(2010)实证研究发现,尽管我国管理者持股水平相对较低,但管理者持股能够缓解高管以谋取私有收益为目的低效率并购的行为。

从以上国内外文献回顾可知,公司治理对并购有着重要影响。但遗憾的是,目前学者在研究公司治理对并购影响时,仅关注公司治理某个方面,没有综合考虑各个方面作为一个整体机制对并购绩效所产生的作用。而公司治理机制作用的发挥是董事会、大股东以及管理者薪酬等机制交互效应,郑志刚和吕秀华(2009)实证结果表明,董事会独立性与大股东监督、管理层薪酬激励等治理机制的治理效果互相加强(互补),而与法律对投资者权力的保护和股权制衡等治理机制则存在替代关系。本文利用我国A股市场2006年并购数据,系统考察公司治理内部机制对并购绩效的影响。

本文下面的内容组织如下：第二部分结合中国上市公司并购的制度背景,提出研究假设；第三部分对本文样本和变量进行界定,以及描述性分析；第四部分从董事会特征、管理层特征和股权结构及变量交互作用考察公司治理对并购绩效影响；最后是本文的结论部分。

2. 理论分析和研究假设

公司治理是解决现代公司所有权和控制权分离导致代理问题的一系列制度安排,以使投资者能够收回投资和收益①。投资决策会影响到公司未来现金流,进而影响投资者收益。而公司治理机制在公司决策过程中发挥着举足轻重的作用,Weisbach(1988)实证结果显示,当董事会中外部董事占据多数是,CEO的更替对于公司绩效表现更为敏感。这一结果可能是由于外部董事对于CEO的监督比内部董事更为有效。Yermack(1996)研究发现公司董事会规模小,其公司业绩表现与CEO的更换的关系更为紧密。这与小董事会更为有效的推论是一致的。同样,并购也是公司一项重要决策,治理机制对于公司一项并购的提案是否通过起着重要作用。张新(2003)认为健全的微观决策机制可以否决不良动机驱使下的并购交易提案。于是,作者提出本文一个总体的研究假设 H_0:治理水平高的公司,会做出有利增加股东财富的并购决策,即假设公司治理水平与并购绩效正相关。

作者主要从董事会特征、管理层特征、股权结构三个维度研究公司治理内部机制对并购绩效的影响。

2.1 董事会特征与并购绩效

董事会作为公司治理一项重要机制,保留了决策控制和批准权以及雇佣、解聘和设定最高经理人员薪水的人事权(Fama and Jensen,1983)。而董事会作用的发挥受到董事会规模、董事会构成和领导结构因素影响。

Jensen(1993)认为随着董事会规模增大,成员之间沟通和协调难度随之增大,进而降低了对管理层的控制能力。董事会成员之间分歧产生的权利空隙,为CEO控制董事会提供了便利(Eisenberg et al.,1998)。Shleifer和Vishny(1997)认为管理者为了他们的个人控制利益,阻碍收购增加股东价值的收购。我国上市公司的董事会主要由股东代表构成,董事会成员之间的协调和沟通主要是基于各董事所代表股东权利的大小,而不是基于董事本人的能力和学识(李增泉,2000)。因此,股东之间利益存在分歧时,规模大的董事会,不仅并不能发挥"集思广益"带来的好处,反而会降低决策效率。孙永祥和章融(2000)结果表明,董事会规模越大,企业业绩越差。于东智和池国华(2004)实证显示,董事会规模与企业绩效之间存在倒"U"形的关系,董事会规模过大会降低企业价值。赵昌文、杨记军和夏秋(2009)对我国转型期商业银行的公司治理与绩效进行研究,发现公司治理与银行董事会规模与银行业绩之间存在显著的倒"U"形关系,他们也将这种结果归于董事会与股东之间的利益格局博弈。

我们认为董事会规模影响公司价值是通过对公司重大决策选择来实现。并购作为公司的一项重要决策,董事会规模过大会导致决策效率低下,错过恰当的投资时间,进而放弃一项有利于增加公司价值的投资机会,或支付过高溢价,损害公司价值。同时,董事会规模过大使得管理层掌握实际控制权有机可乘,而高管为了获得更多的薪酬和在职消费,往往发动并购(李善民等,2010)。管理层通过并购获得私人收益的机会主义行为,必将降低公司并购绩效。而适度的董事会规模不仅能提高并购决策效率,也能有效监督管理层机会主义行为。

基于上述分析,我们提出假设H1:董事规模与企业并购绩效之间存在非线性关系。

成员的构成对于创建一个有效的监督管理者行为的董事会起着重要作用(Fama,1980)。财务学者认为,随着独立董事比例的提高,董事会独立性逐渐增强,进而提升公司决策质量。Cotter、Shivdasani和Zenner(1997)研究发现,当外部董事为多数时,敌意收购中被收购方的回报率要相对高出20%。2001年

---

① Shleifer, A., and Vishny, R. W.. A survey of corporate governance[J]. *Journal of Finance*, 1997: 52.

8月，中国证监会发布《关于在上市公司建立独立董事制度的指导意见》，开始在上市公司中推行独立董事制度。2002年1月，中国证监会、国家经贸委联合发布《上市公司治理准则》，再次明确规定上市公司应该建立独立董事制度。处于经济转型的中国，引进西方成熟的独立董事制度能否对"内部人控制"问题有所缓解，国内学者就独立董事的作用进行了一系列研究。梁琪等（2009）采用事件研究法，时间窗口设为2001年8月至2002年7月，对我国独立董事制度引入的市场效应进行了检验，结果表明，《关于在上市公司建立独立董事制度的意见》的发布对上市公司价值具有显著的负面影响。而郑志刚和吕秀华（2009）认为中国资本市场独立董事制度的推行将改善大股东监督和管理层薪酬激励的治理效果。支晓强和童盼（2005）发现我国公司的盈余管理程度越高，独立董事变更概率和变更比例越高。叶康涛等（2011）考察了独立董事相对于管理层的独立性及其监督作用，发现当公司业绩不佳时，独立董事更有可能对管理层行为提出公开质疑。这表明当公司面临危机时，独立董事能够发挥监督作用，并且独立董事的监督行为能够缓解代理问题，提高公司价值。我们认为，早期市场对于独立董事制度的负面反应，是由于投资者对于这一新生事物不了解，并且早期公司内部治理存在严重缺陷，所以对于独立董事的作用持怀疑态度。而2005年以来，我国资本市场实施了一系列制度建设，这将有助于提高上市公司治理水平，有助于提升独立董事在公司董事会中的独立性，发挥独董的作用。并购是有风险的，独立董事出于维护自身声誉（叶康涛等，2011），能够更加客观地评估并购的成本和收益（Byrd and Hickman，1992）。

基于上述分析，我们提出假设H2：独立董事比例与企业并购绩效之间存在正相关关系。

2.2 高管特征与并购绩效

高管对公司发展起着重要作用，公司应采用何种领导结构一直是学术界长期争论的焦点。Pi和Timme（1993）实证表明，CEO与董事长两职分离公司价值更高，然而，Brickley等（1997）研究则得出了与其相反的结论。而我国的董事会领导结构，两职合一的情况逐步减少（李增泉，2000）。吴淑琨等（1998，2002）实证发现我国上市公司两职是否合一与公司绩效之间并没有显著的联系。而于富生等（2008）实证表明董事长与总经理的二职分离有助于降低企业风险。CEO与董事长两职合一，一方面会影响董事会的独立性；另一方面使得监督机制形同虚设。因此，我们预期两职分离可以提高公司并购决策质量。

另一方面，代理成本源于控制权与所有权分离，管理层持股在一定程度使管理者与股东之间利益趋于一致，降低代理成本①。与西方不同，我国管理层持股普遍偏低（李增泉，2000；魏刚，2003），可能不能发挥激励作用。但是，刘国亮和王加胜（2000）发现管理层持股比例与企业经营绩效正相关。蔡吉甫（2009）发现管理层持股能够减轻上市公司的过度投资行为，且与过度投资—自由现金流量敏感性在形式上呈正"U"形的曲线关系。李善民等（2010）研究发现，我国管理者持股水平虽然相对较低，但管理者持股能够缓解高管以谋取私有收益为目的低效率并购行为。和英、美上市公司不同，我国的上市公司治理问题的重点是解决大股东和其他股东之间的代理问题，而不是分散的股东和经理层之间的代理问题（姜国华等，2006），因此，在我国上市公司管理者持股目的，同英美降低股东与管理层之间利益不一致性不同，我国公司管理层持股可以作为对管理层的一种薪酬补偿，提高管理者的积极性，促使其在发动并购时认真搜索相关信息，合理评估目标公司。

基于上述分析，我们提出如下假设：

H3：与两职合一相比，CEO与董事长两职分离，企业并购绩效更好。

H4：与非持股管理层相比，管理层持股与并购绩效呈正相关关系。

---

① Jensen, M. C., and Meckling, W. H.. Theory of the firm: Managerial behavior, Agency costs and ownership structure [J]. *Journal of Financial Economics*, 1976, 3.

2.3 股权结构与并购绩效

股权结构会对公司的并购决策产生影响，进而影响到并购业绩。潘红波、夏新平和余明桂（2008）认为发达国家中，企业并购活动是并购双方基于市场化原则自由达成的契约，较少地受到政府的干预。而我国制度背景下，企业股权结构有两个特点，从性质而言，国有控股企业占主体；从股权集中度来看，"一股独大"现象非常普遍。企业性质的不同，导致企业目标存在很多差异。地方政府能够通过并购手段来缓解当地的失业率问题或者实现其政治晋升目标（潘红波、夏新平和余明桂，2008），这会导致国有企业的低绩效（Shleifer，1998）。同时，国有性质的企业存在"所有者缺位"导致内部人控制。陈冬华、陈信元和万华林（2005）认为国有资产的管理体制和政府的行政干预造成国有企业高管薪酬管制对管理者的相对收入水平的扭曲尤为严重。而"所有者缺位"为高管通过并购获取更高的薪酬和在职消费提供了机会，李善民、毛雅娟和赵晶晶（2010）实证表明，高管发动并购事件谋求在职消费的私有收益动机最为明显。

股权集中被认为是缓解代理问题的一种途径。当存在大股东或机构投资者时，他们有动机和能力去搜集信息，监督高管活动。但是，股权过度集中也可能导致过度监管，抑制高管经营才能和积极性；同时，股权集中也会导致大股东盘剥小股东，李增泉等（2005）实证考察了发现控股股东和地方政府的支持或掏空动机对上市公司长期绩效的影响，发现无保资格之忧时进行的并购活动目的在于掏空资产，会损害公司的价值。而非国有企业其发展更多是基于市场竞争原则，当遇到经营困难时，无法像国有企业那样可以获得政府财政支持，其只有获取持续竞争优势，才能在激烈的竞争市场中生存。因此，非国有企业在发动并购时，股权集中可以更好地监督管理层，防止高管机会主义行为。

基于上述分析，我们提出如下假设：

H5：与非国有企业相比，国有控股企业并购绩效更差。

H6：股权集中度对公司并购绩效受到企业性质影响，非国有企业股权集中的并购绩效好于国有企业。

3. 研究设计

3.1 样本选择

本文样本来自沪、深两市 2006 年发生的并购活动的公司，并购事件来源于中国企业兼并重组研究中心数据库（CCMAR），财务指标来源于 CSMAR 数据库，为保证实证分析的可靠性并获得本文所需要的总样本，初始样本进行如下原则的筛选：（1）控制权转移发生转移的样本；（2）交易已经完成的样本，即进行了工商登记变更或办理了过户手续的；（3）剔除金融类上市公司的样本；（4）剔除关键数据缺失的样本；（5）剔除多次并购样本。最终得到 84 个有效样本事件。

3.2 研究设计

本文研究的关键变量是并购长期绩效和公司治理。其中，并购长期绩效是被解释变量，公司治理是解释变量。

3.2.1 模型设计

$$\Delta OCFROA = \alpha_{11} + \beta_{11} BS + \beta_{12} BS \times BS + \beta_{13} DR + \beta_{14} SIZE + \beta_{15} LEV + \varepsilon \tag{1}$$

$$\Delta OCFROA = \alpha_{21} + \beta_{21} DU + \beta_{22} GH + \beta_{23} SIZE + \beta_{24} LEV + \varepsilon \tag{2}$$

$$\Delta OCFROA = \alpha_{31} + \beta_{31} SC + \beta_{32} HH + \beta_{33} HH \times SC + \beta_{34} SIZE + \beta_{35} LEV + \varepsilon \tag{3}$$

$$\Delta OCFROA = \alpha_{41} + \beta_{41}BS + \beta_{42}BS \times BS + \beta_{43}DR + \beta_{44}DU + \beta_{45}GH + \beta_{46}SC + \beta_{47}HH$$
$$+ \beta_{48}HH \times SC + \beta_{49}SIZE + \beta_{410}LEV + \varepsilon \tag{4}$$

3.2.2 被解释变量

股票超额回报和会计收益是用来衡量并购绩效的常用方法。但是,我们认为股票超额回报率不一定能够真正反映公司发展状况[①]。此外,并购重组概念一直是我国资本市场炒作的热点,这导致股票回报率与未来绩效不一定相关。因此,为了更好地反映并购绩效,我们采用会计收益指标。经营现金流资产回报率(operating cash flows return on assets)可以更好地消除盈余管理的影响。据此,本文选择 $\Delta OCFROA$ 指标来衡量公司并购长期绩效。

3.2.3 主要解释变量——治理机制变量

根据以上对公司治理内部机制分析,并借鉴前人研究成果,本文主要引入以下治理变量。用董事会人数、独董比例来衡量董事会治理效应;高管特征我们采用 CEO 与董事长两职是否合一和管理层是否持股进行衡量。当 CEO 与董事长两职合一时,我们取值 1,0 表示两职分离;当控股股东性质为国有时取值 1,非国有时取值 0;第二至第十大股东持股比例衡量股权集中度。根据相关文献我们加入了公司规模、资产负债率 2 个控制变量。变量具体说明见表 1。

表 1 变量定义

变量	定义
$F(i)-F(-1)$	并购后第 i 年公司 OCFROA 减去并购前一年 OCFROA
BS	董事会总人数的自然对数
DU	虚拟变量,CEO 是兼任董事长取 1,否则为 0
GH	虚拟变量,高管持股取 1,否则为 0
SC	虚拟变量,最终控制人为国有取 1,否则取 0
HH	第二至第十大股东持股量
SIZE	年末总资产的自然对数
LEV	年末总负债和总资产的比例

3.2.4 描述性统计

从表 2 我们可以发现样本公司中,董事会规模均值为 9.452,而独立董事比例均值为 0.347,表明独立董事占董事会比例约 1/3,这在一定程度上说明我国上市公司设立独立董事是为了满足证监会的要求[②]。在一人一票、少数服从多数的决策机制条件下,若独立董事不能超过半数,这种仅为满足监管部门的强制规定而设定的独立董事制度可能徒有形式,其治理效应值得怀疑。在领导结构上,CEO 与董事两职合一的情况只占 6%。58.3% 的上市公司高管持有股票,这说明半数以上的公司期望通过高管持股来缓解代理成本,激励高管工作积极性。

---

① 2001—2005 年,尽管我国经济高速发展,而股票指数却大幅下挫,这段期间股票走势与企业发展水平相背离。

② 证监会 2001 年发布的《关于在上市公司建立独立董事制度的指导意见》要求,上市公司董事会成员中在 2003 年 6 月 30 日之前至少包括 1/3 的独立董事。

表2 解释变量描述性统计

变量	观测值	均值	中位数	标准差	最小值	最大值
BS	84	9.452	9	1.859	5	15
DR	84	0.347	0.333	0.034	0.273	0.444
DU	84	0.06	0	0.238	0	1
GH	84	0.583	1	0.496	0	1
SC	84	0.548	1	0.501	0	1
HH	84	0.183	0.153	0.131	0.008	0.517
SIZE	84	21.456	21.348	1.11	19.637	26.978
LEV	84	0.497	0.525	0.169	0.013	0.707

从表3我们可以发现,并购后1年和并购后2年仅有45.24%的收购者实现正的并购绩效,到了并购后第三年才有半数以上收购企业实现正的并购绩效。这表明并购是有风险的,很难为收购公司创造价值,这一结论同 Jensen 和 Ruback(1983)、张新(2003)等研究结论是一致的。

表3 被解释变量描述性统计

并购绩效	N	均值	中位数	正值比率
$F(1)-F(-1)$	84	−0.007	0.011	45.24%
$F(2)-F(-1)$	84	−0.015	−0.018	45.24%
$F(3)-F(-1)$	84	0.014	0.015	58.33%

4. 实证检验

4.1 董事会特征与并购绩效

表4给出了董事会特征对并购绩效的影响。从回归结果来看,我们发现董事会规模同并购绩效呈非线性关系。这种非线性关系体现在回归方程的变量,BS×BS 即 BS 的平方。可以看出,BS×BS 的系数在并购后三年的并购绩效模型中均为负,并且在统计上具有显著性。这意味着企业并购绩效同董事会规模之间呈倒"U"形关系,表明公司董事会规模并非越大越好,这一结果符合我们的预期,支持了假设 H1。DR 的系数都为正,但仅在并购后第二年时在统计上显著,这可能是因为在 2008 年金融危机发生时,公司面临困难,独立董事能够发挥监督作用,这一结果与叶康涛等(2011)研究结果一致。

从控制变量来看,公司规模(SIZE)和资产负债率(LEV)对并购绩效没有显著影响,这与万丛颖和郭进(2009)相关研究一致。

表 4**董事会特征与并购绩效 OLS 回归**

变量	$F(1)-F(-1)$	$F(2)-F(-1)$	$F(3)-F(-1)$
截距	-2.115**	-2.272***	-1.229
	(-2.14)	(-2.71)	(-1.51)
BS	1.699**	1.861***	1.213**
	(2.22)	(2.86)	(1.92)
BS×BS	-0.361**	-0.373**	-0.255*
	(-2.14)	(-2.60)	(-1.83)
DR	0.499	0.694**	0.100
	(1.21)	(1.97)	(0.29)
SIZE	0.003	-0.012	-0.010
	(0.25)	(-1.08)	(-0.95)
LEV	0.047	-0.023	-0.002
	(0.60)	(-0.38)	(-0.03)
行业	控制	控制	控制
样本	84	84	84
调整后 R^2	0.008	0.12	0.01

注：＊＊＊、＊＊、＊分别为在 1%、5%、10% 水平下显著。

4.2 管理层特征与并购绩效

表 5 考察了管理层特征对并购绩效的影响。可以看出 CEO 与董事长两职合一变量回归系数为正，但只有并购后第一年统计上显著，而后两年则不显著。而高管是否持股变量系数为负，表明管理层持股并不能缓解代理问题，相反可能为了提高股价，积极推动并购活动，借助二级市场炒作实现股价升值，这一结果与假设 H4 不符。控制变量回归结果与表 4 一致。

表 5　　　　　　　　　　　　**管理层特征与并购绩效 OLS 回归**

变量	$F(1)-F(-1)$	$F(2)-F(-1)$	$F(3)-F(-1)$
截距	-0.042	0.112	0.160
	(-0.18)	0.50	(0.78)
DU	0.091*	0.002	0.0317
	(1.80)	(0.00)	(0.73)
GH	-0.072***	-0.036	-0.033
	(-2.97)	(-1.58)	(-1.59)
SIZE	0.003	-0.003	-0.005
	(0.25)	(-0.31)	(-0.54)
LEV	0.017	-0.067	-0.026
	(0.23)	(-0.94)	(-0.78)
行业	控制	控制	控制
样本	84	84	84
调整后 R^2	0.08	0.18	-0.001

4.3 股权特征与并购绩效

表6报告了最终控制人性质和股权集中度对并购绩效的影响。我们可以看出，实际控制人变量的系数为负，但不显著。因此，仅考虑股权特征的治理情况下，实际人控制性质对并购绩效没有影响。股权集中度的回归系数为负，在第三年统计上显著，而实际人控制性质与股权集中度交叉对绩效不存在显著的影响。

表6   股权特征与并购绩效 OLS 回归

变量	$F(1)-F(-1)$	$F(2)-F(-1)$	$F(3)-F(-1)$
截距	-0.181	0.248	0.267
	(-0.88)	(1.06)	(1.26)
SC	-0.036	-0.040	-0.023
	(-1.06)	(-1.03)	(-0.65)
HH	-0.088	-0.202	-0.207***
	(-0.79)	(-1.58)	(-1.80)
HH×SC	0.122	0.229	0.027
	(0.80)	(1.31)	(0.17)
SIZE	0.008	-0.009	-0.008
	(0.82)	(-0.82)	(-0.81)
LEV	0.036	-0.053	-0.056
	(0.55)	(-0.71)	(-0.83)
行业	控制	控制	控制
样本	84	84	84
调整后 R^2	0.023	0.012	0.027

4.4 总体检验

我们将本文所设置的公司治理变量同时加入模型，考察了公司治理对并购绩效的影响。我们发现董事会规模、高管持股和股权集中度对并购后三年的并购绩效都有显著的影响。董事会规模对并购绩效影响呈倒"U"形关系；高管持股却对并购绩效呈负面的影响。国有股控制的企业并购绩效更差，并且在并购后第一年和第二年在5%水平上显著；控制人性质与股权集中度交叉项的系数均为正，并且在并购后第一年和第二年在5%水平上显著，这与假设 H6 不符(见表7)。

表7   公司治理与并购绩效 OLS 回归

变量	$F(1)-F(-1)$	$F(2)-F(-1)$	$F(3)-F(-1)$
截距	-2.650***	-2.588***	-1.395*
	(-2.96)	(-3.15)	(-1.76)

变量	$F(1)-F(-1)$	$F(2)-F(-1)$	$F(3)-F(-1)$
BS	2.149***	2.173***	1.375**
	(3.09)	(3.40)	(2.24)
BS×BS	−0.445***	−0.436***	−0.283**
	(−2.92)	(−3.09)	(−2.09)
DR	0.591	0.846**	0.154
	(1.55)	(2.42)	(0.46)
DU	0.109**	0.034	0.045
	(2.22)	(0.75)	(1.04)
GH	−0.080***	−0.042**	−0.038**
	(−3.52)	(−2.05)	(−1.90)
SC	−0.104**	−0.071**	−0.044
	(−2.63)	(−1.97)	(−1.26)
HH	−0.327**	−0.285**	−0.250**
	(−2.48)	(−2.35)	(−2.14)
HH×SC	0.318*	0.341**	0.089
	(1.76)	(2.05)	(0.56)
SIZE	0.0004	−0.013	−0.009
	(0.04)	(−1.22)	(−0.84)
LEV	0.007	−0.033	−0.044
	(0.10)	(−0.47)	(−0.67)
行业	控制	控制	控制
样本	84	84	84
调整后 R^2	0.207	0.18	0.094

5. 结论

公司治理对公司价值起着重要影响，这一点已被国内外学者研究所证实。并购作为公司一项重要投资，其绩效好坏必然影响到公司价值。但鲜有系统研究公司治理对并购绩效的影响。基于公司治理与公司价值的研究思路，本文以我国 2006 年 A 股市场发生的并购上市公司为研究样本，研究了公司治理对并购绩效的影响。研究结果表明：

第一，董事会规模影响并购绩效并非简单的线性关系，而是呈倒"U"形。这与我们预期相符，董事会规模需要在一定程度的范围内，才能使成员之间充分沟通和交流，而董事会规模过大不仅增加成员之间沟通成本，同时导致决策效率低下。

第二，在企业正常经营环境下，独立董事没有显著地影响并购绩效，但是当企业面临困难时，独立董事能够发挥作用。这可能是由于独立董事出于自身声誉的考虑，在公司面临困境时采取积极行动，从而使其声誉免于任职公司丑闻的影响(叶康涛等,2011)。

第三,CEO是否兼任董事长对并购长期绩效没有显著影响。

第四,高管持股没有缓解代理问题,相反对并购绩效产生了负面效应。这可能与企业的高管薪酬在一定程度上受到管制(Grove et al.,1995;Qian,1995),导致管理者薪酬激励不足有关。而2005年4月我国启动股权分置改革,截至2007年底股改基本完成。管理者持有的股份流通消除了制度障碍,其购买的成本价很低,通过并购活动在二级市场进行炒作,提升股票价格,然后套现,弥补薪酬激励不足问题。这种短视行为必然影响公司长期并购绩效。

第五,国有控股性质的企业并购绩效要差,这可能是由于国有企业发展过程中扮演着更多的角色所致,如潘红波等(2008)发现地方政府有很强的动机干预地方国有企业的并购活动,以实现其政治目标。

第六,股权集中度对并购长期绩效产生负面影响。白恩重等(2005)将第二至十大股东持股状况作为公司控制权的代理变量,认为这些大股东是第一大股东实施隧道行为的障碍,对公司的控制权具有威胁,因此,股权集中度越高企业价值将越高。但这一结论与我们的研究不符,这可能是由于股权越集中,第一大股东同其他股东合谋的成本越小,导致大股东盘剥小股东的利益。

第七,控制人性质与股权集中度交叉项的系数均为正,并且在并购后第一年和第二年在5%水平上显著,这与李增泉(2005)、潘红波、夏新平和余明桂(2008)等的"政府支持理论"实证结果一致。即当国有企业面临经营困难时,政府干预对企业并购绩效有正的影响,2008年突如其来的金融危机,使我国企业面临巨大打击,国有企业能够获得政府更多的支持。

(作者电子信箱:zlb947007@126.com)

参考文献

[1] 陈冬华,陈信元,万华林.国有企业中的薪酬管制与在职消费[J].经济研究,2005,2.

[2] 陈信元,张田余.资产重组的市场反应——1997年沪市资产重组的实证分析[J].经济研究,1999,9.

[3] 冯根福,吴林江.我国上市公司并购绩效的实证研究[J].经济研究,2001,1.

[4] 姜国华,徐信忠,赵龙凯.公司治理和投资者保护研究综述[J].管理世界,2006,6.

[5] 李善民,李珩.中国上市公司资产重组绩效研究[J].管理世界,2003,11.

[6] 李善民,毛雅娟,赵晶晶.高级管理层的私有收益与公司的并购行为[D].工作论文,2010.

[7] 李善民,朱滔.多元化并购能给股东创造价值吗?——兼论影响多元化并购长期绩效的因素[J].管理世界,2006,3.

[8] 李善民等.中国上市公司资产重组长期绩效研究[J].管理世界,2004,9.

[9] 李增泉,余谦,王晓坤.掏空、支持与并购重组——来自我国上市公司的经验证据[J].经济研究,2005,1.

[10] 李增泉.国有控股与公司治理的有效性——一项基于中国证券市场的实证研究[D].工作论文,2000.

[11] 梁琪,余峰燕,郝项.超独立董事制度引入的市场效应研究[J].中国工业经济,2009,11.

[12] 潘红波,夏新平,余明桂.政府干预、政治关联与地方国有企业并购[J].经济研究,2008,4.

[13] 孙永祥,章融.董事会规模、公司治理与绩效[J].企业经济,2000,10.

[14] 魏刚.高级管理层激励与上市公司经营绩效[J].经济研究,2003,3.

[15] 吴淑琨,刘忠明,范建强.执行董事与公司绩效的实证研究[J].中国工业经济,2001,9.

[16] 于东智，池国华. 董事会规模、稳定性与公司绩效：理论与经验分析[J]. 经济研究，2004，4.

[17] 于富生，张敏，姜付秀，任梦杰. 公司治理影响公司财务风险吗？[J]. 会计研究，2008，10.

[18] 张新. 并购重组是否创造价值？——中国证券市场的理论与实证研究[J]. 经济研究，2003，6.

[19] 赵昌文，杨记军，夏秋. 中国转型期商业银行的公司治理与绩效研究[J]. 管理世界. 2009，7.

[20] 郑志刚，吕秀华. 董事会独立性的交互效应和中国资本市场独立董事制度政策效果的评估[J]. 管理世界，2009，9.

[21] 支晓强，童盼. 盈余管理、控制权转移与独立董事变更——兼论独立董事治理作用的发挥[J]. 管理世界，2005，11.

[22] 周小春，李善民. 并购价值创造的影响因素研究[J]. 管理世界，2008，5.

[23] Brickley, J. A., Coles, J. L., and Jarrell, G.. Leadership structure: Separating the CEO and chairman of the board[J]. *Journal of Corporate Finance*, 1997, 3.

[24] Bruner. Does M & A pay? A survey of evidence for the decision-maker[J]. *Journal of Applied Finance*, 2002, Spring/Summer.

[25] Byrd, J. W., and Hickman, K. A.. Do outside directors monitor managers? Evidence from tender offer bids [J]. *Journal of Financial Economics*, 1992, 32.

[26] Chatterjee, S., Lubatkin, M., Schweiger, D. M., and Weber, Y.. Cultural differences and shareholder value in related merger: Linking equity and human capital[J]. *Strategic Management Journal*, 1992, 13.

[27] Cotter, J., Shivdasani, A., and Zenner, M.. Do independent directors enhance target shareholder wealth during tender offers? [J]. *Journal of Financial Economics*, 1997, 51.

[28] Eisenberg, T., Sundgren, S., and Wells, M. T.. Larger board size and decreasing firm value in small firm[J]. *Journal of Financial Economics*, 1998, 48.

[29] Fama, E. F.. Agency problems and the theory of the firm[J]. *The Journal of Political Economy*, 1980, 88.

[30] Fama, E. F., and Jensen, M. C.. Agency problems and residual claims [J]. *Journal of Law and Economics*, 1983, 26.

[31] Haspeslagh, P. C., and Jemison, D. B.. *Managing acquisitions: Creating value through corporate renewal* [M]. New York: The Free Press, 1991.

[32] Jensen, M. C.. The modern industrial revolution, Exit and the failure of internal control systems[J]. *Journal of Finance*, 1993, 48.

[33] Jensen, M. C., and Meckling, W. H.. Theory of the firm: Managerial behavior, Agency costs and ownership structure[J]. *Journal of Financial Economics*, 1976, 3.

[34] Jensen, M. C., and Richard S. Ruback. The market for corporate control: The scientific evidence[J]. *Journal of Financial Economics*, 1983, 11.

[35] King David R. Dalton, Dan R. Daily, Catherine, M., and Covin Jeffery, G.. Meta-analysis of post-acquisition performance: Indications of unidentified moderators [J]. *Strategic Management Journal*, 2004, 25.

[36] Larsson, R., and Finkelstein, S.. Integrating strategic, Organizational and human resource perspectives on mergers and acquisitions: A case survey of synergy realization[J]. *Organization Science*, 1999, 10.

[37] Papadakis Vassilis, M.. The role of broader context and the communication program in merger and acquisition implementation success[J]. *Management Decision*, 2005, 43.

[38] Pi, L., and Timme, S. G.. Corporate control and bank efficiency[J]. *Journal of Banking and Finance*,

1993, 17.

[39] Ronald W. Masulis, Cong Wang, and Fei Xie. Corporate governance and acquirer returns[J]. *Journal of Finance*, 2007, 62.

[40] Shivdasani, A.. Board composition, Ownership structure and hostile takeover[J]. *Journal of Accounting and Economic*, 1993, 16.

[41] Shleifer, A., and Vishny, R. W.. A survey of corporate governance[J]. *Journal of Finance*, 1997, 52.

[42] Shleifer, A.. State versus private ownership[J]. *The Journal of Economic Perspectives*, 1998, 12.

[43] Walking, R., and Long, M.. Agency theory, Managerial welfare and takeover bid resistance[J]. *Rand Journal of Economics*, 1984, 15.

[44] Weisbach, M.. Outside directors and CEO turnover[J]. *Journal of Financial Economics*, 1988, 20.

[45] Yermack, D.. Higher market valuation of companies with a small board of directors[J]. *Journal of Financial Economics*, 1996, 40.

Does Corporate Governance Affects M & A Performance?

Zhao Libin

(Economics and Management School of Beijing Jiaotong University, Beijing, 100044)

Abstract: Based on the A-share listed companies' data in 2006, this paper investigates the impact of corporate governance on acquirer'return. The results indicate that the relation between board size and the acquirer' long return is inverted-U. The agency costs can't be alleviated by managerial ownership and it's negative on the long return. The relation between ownership concentration and the return is negative. Independent directors don't play a role on the firm performance after M & A action in the first year and the second year.

Key words: Corporate governance; M & A performance; Board of directors; Ownership structure

所有权、竞争、公司治理与国有企业改制绩效[*]
——一个荟萃回归分析

● 谢贞发[1]　陈　玲[2]

（1，2　厦门大学经济学院财政系　厦门　361005）

【摘　要】为了检验所有权、竞争与公司治理对中国国有企业改制绩效影响的实证结果是否受到具体研究特征的影响，文章搜索并选取了 24 篇具有较高质量的实证研究文献进行荟萃回归分析。实证结果表明：所有权对国有企业改制绩效的影响显著地受到样本量、区域范围、固定效应模型、企业所处行业竞争程度的影响；而公司治理对国有企业改制绩效的影响没有显著地受到相关研究特征的影响，与企业所在行业的竞争程度也没有显著关系。通过对私有股份占比和股权集中度的漏斗不对称检验，结果表明在样本文献中，所有权效应的实证研究可能存在着正向的发表偏倚，而公司治理效应的实证研究则不存在发表偏倚。

【关键词】所有权　竞争　公司治理　国有企业绩效　荟萃回归分析

1. 引　言

20 世纪 90 年代中期以来，国有企业改制是我国经济改革的关键组成部分，改制的总体方向是沿着放权让利、明晰产权、建立现代企业制度、实现产权多元化的路径渐进式展开的。这一改革在取得重大成绩的同时也伴随着争议，其中最重要的争议问题是：什么因素主导了国有企业改制的绩效？学术界争论不休的因素主要有三：所有权、竞争与公司治理。不同学者、不同学术流派基于各自的理论依据和实践观察，强调了不同因素的重要性，都具有一定的解释力。

理论争议的正确与否需要实践检验，因此，实证研究就显得特别重要了。我国丰富多样的国有企业改制实践为相应的实证研究提供了条件，许多学者已在此领域作出了重要贡献。但是，不同的实证研究可能与其研究特征相关，如样本量、研究年份、区域范围、计量方法等，从而使得研究结论不具有一般性。例如，同样是研究国有企业改制对资本劳动比的影响，Jefferson 和 Su（2006）的研究发现改制后资本劳动比下降了，而白重恩等（2006）的研究却发现改制后资本劳动比上升了。白重恩等认为结果不同的原因可能包括：（1）样本量和样本区间的差别；（2）样本企业改制形式的差异等。因此，本文的研究目的就在于利用荟萃回归分析（meta-regression analysis）方法，探究所有权、竞争与公司治理对国有企业改制绩效影响的实证研究是否受到具体研究特征的影响，从而在一定程度上检验这些影响因素的解释力

---

* 本文是国家社科重大项目"健全公共财政体系研究"（项目批准号：10zd & 036）和教育部人文社会科学研究基金项目"所有权、竞争与激励对公共服务供给的效应研究"（项目批准号：09YJC790165）的阶段性成果。

和结论的普适性。

荟萃回归分析是对实证研究文献进行评价、综述的一种有用的工具，是指依靠搜集已有或未发表的具有某一可比特性的文献用特定的设计和统计学方法对研究结果进行系统性的定量分析（Weichselbaumer and Winter-Ebmer，2005）。自20世纪80年代末荟萃回归分析方法被引入后，它就被应用于经济学文献研究中。Stanley和Jarrell（1989）列示了引起同一主题实证研究的结果变化的可能原因，它们大体可以归入三大类（Bel and Fageda，2009）：（1）统计方法的特征；（2）模型误差的偏差；（3）特定研究的数据集的具体特征等。目前荟萃回归分析方法已经被广泛运用于研究各种经济问题之中：β收敛假说（Groot and Florax，2005）、国际工资性别差距（Weichselbaumer and Winter-Ebmer，2005）、移民对工资的影响（Longhi，Nijkamp et al.，2005）、地方民营化的解释因素（Bel and Fageda，2009）、FDI与税制（Feld and Heckemeyer，2011）等。

据我们所知，国内运用荟萃回归分析方法的文献还很少，且没有文献对国有企业改制绩效的影响因素进行过荟萃回归分析，因此，本文拟在这方面有所贡献。我们的研究结果显示，所有权对国有企业改制绩效的影响显著地受到样本量、区域范围、固定效应模型、企业所处行业竞争程度的影响；而公司治理是一个独立的内部特征，其与研究特征和行业环境无显著关系。

本文后面的结构安排如下：第二部分描述了实证研究文献中最常见的几个关系假设；第三部分是对荟萃回归方程中使用的数据的解释说明；第四部分是应用Probit的估计结果与分析；第五部分是发表偏倚的检验；第六部分是结论及讨论。

2. 实证研究文献中的几个关系假设

理论上对于国有企业改制绩效影响因素的争议主要集中于所有权、竞争与公司治理，与此对应，实证文献也主要是对这些因素的影响效应进行检验。因此，我们将这些文献中关于影响国有企业改制绩效的因素假设为所有权、竞争、公司治理和其他变量。

$$国有企业改制绩效 = F（所有权、竞争、公司治理、其他） \tag{1}$$

2.1 所有权

20世纪70—80年代以来发展起来的产权理论在中国受到了经济学家们的普遍重视，所有权的转变被视为是转变激励机制进而提高企业绩效的最根本方式，因为私有产权可以克服公有产权的天然劣势（如产权利益排他性不足、多重代理关系、更多的行政干预、降低了管理者的努力投资水平等）。一般认为，国有股的产权往往存在不明晰、不可流通性等缺陷，可能会引发道德风险。在国有股占控股地位的公司中容易形成事实上的内部人控制，企业的经理人员可能会以牺牲出资者的利益为代价，利用所控制的资本为自己谋取利益，致使企业整体效益低下。但一些学者（陈晓和江东，2000）认为，高的国有股比例也同时意味着企业获得政府保护、享受税收优惠待遇的可能性上升，当这一影响大于道德风险成本时，国有股比例也可能与企业的业绩正相关。

2.2 竞争

一些学者（刘芍佳和李骥，1998；Yarrow，1999）超越所有权理论，强调竞争的重要作用。他们认为，国有企业的主要问题在于激励不足，而改制恰恰给国有企业创造了公平的竞争环境，激励企业所有者和管理层进行市场竞争，减少偷懒行为并降低产品成本，从而迫使企业改善绩效。另外，竞争可以向资产所有者提供关于成本和经理努力程度的信息，利用这些信息，资产所有者可以制定更有效的激励机制并对经理努力程度进行更为准确的评估（Lin，Cai and Li，1998）。然而在转轨经济中，激烈的竞争也可能会对企业绩效产生负面影响。Blanchard 和 Kremer（1997）认为，在制度尚不完善的情况下，竞争会导致违约行为的频繁发生。Ickes 等（1995）认为，在转轨的初期阶段，过度的竞争尤其是来自国外的竞争，会破坏社会资本网络并对企业绩效产生不利影响。总之，有关竞争对企业绩效的影响，理论上尚未得出明确一致的结论（胡一帆等，2005）。

2.3 公司治理

在民营化的浪潮风靡全球时，经济学家们发现，单纯的所有制转变并不能保证国有企业绩效的提升。大量的经验研究结果表明，在某些产业，所有权的转变取得了良好的绩效；而有些领域，却无法取得预期的效果。像中国这样一个"转轨+新型"的国家，国有企业中既存在产权不清晰、所有者缺位等特殊问题，也有代理冲突、大股东的隧道行为、信息披露不充分等各国各种所有制性质企业中共同的公司治理问题。青木昌彦、钱颖一（1995）指出，公司治理是所有者（主要是股东）对经营者的一种监督与制衡机制，即通过一种制度安排，来合理地配置所有者与经营者之间的权利与责任关系，其主要特点是通过股东大会、董事会、监事会及管理层所构成的公司治理结构的内部治理。所有权改革后，若公司治理结构不完善，绩效提升并不是必然的事情。因此，相比所有权改革，公司治理结构的改革对国有企业绩效改善显得更为重要。

当然，一些学者采取了某种中立的态度，认为所有权、竞争和公司治理都是影响绩效的重要因素。程承坪、伍新木（2004）在评论了三种改革论后，认为它们都存在着内在的理论缺陷：竞争不可能是完全的，产权的合理性必须经过竞争的检验，管理的成效有利于合理的产权安排和有效的市场竞争环境。因此，他们认为，在企业资源禀赋既定的条件下，企业绩效是竞争的市场结构、合理的产权安排和高效的企业管理三个因素综合作用的结果。

3. 实证策略：数据与方法

为了构建样本集，我们采用比较一致的数据库进行搜索。在清华 CNKI 数据库以及 John Wiley 电子期刊数据库中搜索题目、关键词、摘要涉及国有企业、改制（改革）、绩效、所有权（产权）、公司治理（公司治理结构、第一大股东）等，搜集到 1235 篇相关文献，其中大部分是理论研究文献，不符合本文进行荟萃回归分析的文献要求，将之去除；剩余文献有的因为质量太低，将之去除；还有一些实证研究文献的主题与本文研究的主题不同，将之去除；最终剩余 35 篇实证研究文献。在提取相关数据时，有 11 篇文献的数据不符合荟萃回归分析的需要，将之去除。最终本文荟萃回归分析所用到的数据来自 24 篇主题相同且具有较高质量的文献①。文献具体信息参见附表。

为了保证研究目的的一致性和可比性，本文将绩效限定为经济效益而不包含社会效益。由于每篇文献所使用的绩效指标不止一个，且各不相同，为了增加可比性，我们只考虑几个常用绩效指标：利润增加值、净资产增加值、全要素生产效率等，但不包括劳动生产率②。

---

① 本文所用到的 24 篇文献大部分来自于《经济研究》、《中国社会科学》与《管理世界》等权威期刊。
② 劳动生产率（也就是企业的总收入除以员工总数）在企业改制后仅靠简单的裁减员工的办法就能提升劳动生产率。另外，有些企业在改制后面对更市场化的资本和劳动力成本，它们可能会使用较为廉价的劳动力来替代资本以节省成本。这种情况下，虽然企业总体效率提高了，但劳动生产率却由于员工人数的增加反而可能会降低，所以劳动生产率从理论上来讲很难度量我国企业改制的绩效。宋立刚和姚洋（2004）发现中国民营化对劳动生产率的影响微弱，在统计学上并不显著。

我们发现，在研究国有企业改制绩效的文献中，专门对竞争效应进行实证研究的文献很少，无法满足荟萃回归分析对文献数量的要求。因此本文未将竞争作为独立的因素作为因变量纳入荟萃分析中。但这并不意味着许多实证文献中没有考虑到竞争因素，大多文献是将竞争（即行业特征）作为控制变量进行处理的。与此对应，我们也将反映竞争的行业因素作为调节变量纳入到 Probit 模型中来。另外，这样做的一个好处是，它可以检验所有权与竞争、公司治理与竞争的关系，从而有助于验证单一因素还是某种综合论更具有合理性。

因此，本文的因变量只有两个：所有权与公司治理。用于荟萃回归分析的因变量的值由 t 统计量判断实证研究文献中变量间的显著性关系后赋值（Stanley and Jarrell，1989）。

（1）所有权：本文所研究的国有企业改制后的所有权变量主要是指所有权的基本子类别：国有股份与私有股份、国有资本与非国有资本以及与所有制相关的国有控股、私有控股的所有权概念，而不包括所有权结构中的其他成分或者更小子类别。当国有企业改制绩效与非国有资本、非国有股份、私人股等变量显著正相关时赋值为 1，其余为 0。

（2）公司治理：根据现有实证文献，本文所选取的公司治理指标包括第一大股东的股份比例、CEO 的变更次数、股权集中度等。当国有企业改制绩效与这些变量的 t 统计量显著时，荟萃回归方程中的因变量赋值为 1，其他为 0。

本文选取的调节变量（moderator variable）包括：样本量、数据搜集的起止年份、区域范围、估计方法、行业竞争性以及文献模型数量权重。调节变量中的前四个变量是一般荟萃分析所必要的变量，体现的是各实证研究文献的基础特征。行业竞争性变量反映文献研究的企业所在行业是竞争性的还是非竞争性的对因变量显著性的影响。文献模型数量权重是在同一篇文献中提取数据的相关模型个数的倒数，这一变量的选取参考了 Weichselbaumer 和 Winter-Ebmer（2005）所采取的处理同一篇文献中提取多组数据时可能产生误差问题的方法①。

用于荟萃分析的变量描述见表1。

表1 　　　　　　　　　　　　　　用于荟萃分析的变量描述

因变量	描述	均值		标准差	
所有权（Ownership）	虚拟变量：绩效与非国有资本、非国有股份、私有股份等变量显著正相关时赋值为 1，其余为 0	0.76		0.43	
公司治理（Corgov）	虚拟变量：当绩效与第一大股东的股份比例、CEO 的变更次数、股权集中度等变量的关系显著时赋值为 1，其他为 0	0.39		0.49	
调节变量	描述	所有权		公司治理	
		均值	标准差	均值	标准差
样本量（Sample）	文献模型中的观察值数量	3287.10	4300.23	885.06	1265.15
起始年份（Start）	所搜集数据的起始年份	1996.32	1.94	1997.69	2.74
终止年份（End）	所搜集数据的终止年份	2000.96	1.93	2002.24	3.04

---

① 一篇实证研究文献中往往会对相似或者相同变量采用不同的模型进行回归估计，有时实证结果也会有多个，但是同一篇文献的研究特征大部分是相同的。研究特征作为调节变量在每组数据中一样，会造成数据相互间的不独立问题，它们在荟萃回归估计中会使误差项受到影响。

因变量	描述	均值		标准差	
区域范围（Region）	虚拟变量：当文献研究的对象是全国范围时赋值为1，来自一个省份的为0①	0.96	0.20	0.85	0.36
最小乘法（OLS）	虚拟变量：当估计方法用的是OLS时赋值1，其他为0	0.66	0.47	0.63	0.49
固定效应（FE）	虚拟变量：当模型采用固定效应模型时赋值为1，其他为0	0.60	0.49	0.32	0.47
行业（Industry）	虚拟变量：当文献研究的企业所在行业几乎是完全竞争性行业时赋值为1，其他为0	0.5	0.50	0.56	0.50
权重（Weight）	每篇文献中模型个数的倒数	0.284	0.26	0.24	0.28

4. 估计与结果

根据一般荟萃回归方程的模式，我们构建了以下荟萃回归估计方程：

$$\text{Ownership} = F(\text{Sample}, \text{Start}, \text{End}, \text{Region}, \text{OLS}, \text{FE}, \text{Industry}, \text{Weight}) \tag{2}$$

$$\text{Corgov} = F(\text{Sample}, \text{Start}, \text{End}, \text{Region}, \text{OLS}, \text{FE}, \text{Industry}, \text{Weight}) \tag{3}$$

由于因变量是离散型的，所以我们应用Probit模型在Stata11.0软件中对每组变量进行荟萃回归估计。为了显示"权重（Weight）"变量对回归结果的影响，我们分别对没有该变量和加入该变量的模型进行了回归。

表2是以"所有权对国有企业改制绩效的影响"为因变量的回归结果，其中（1）是未引入"权重"变量的结果，（2）是引入"权重"变量的结果。由表2可以发现，引入"权重"变量显著提高了回归总体拟合优度，且在没有改变各回归变量的系数方向基础上提高了某些变量的显著性。这一结果表明，同一文献中提取多组数据对回归结果具有显著影响（"权重"变量的系数在5%水平上显著），从而考虑该因素的影响显得更为合理。因此，我们将以加入"权重"变量后的结果（2）为基础进行分析。

表2　　　　　　　　　**所有权对国有企业改制绩效影响的荟萃回归估计（Probit）结果**

调节变量	因变量：所有权对国有企业改制绩效的影响	
	（1）	（2）
样本量	0.0001（0.0007）	0.0002（0.00009）**
起始年份	−0.012 （0.14）	−0.25（0.16）
终止年份	−0.005（0.12）	−0.17（0.15）
区域范围	0.71（0.55）	3.89（1.53）**
最小二乘法（OLS）	0.60（0.63）	1.07（0.72）

① 在所有样本文献中，如果数据不是来自全国的，就是来自同一个省份的。

调节变量	因变量：所有权对国有企业改制绩效的影响	
	（1）	（2）
固定效应（FE）	-0.80(0.68)	-1.50(0.91)*
行业	2.00(0.56)***	2.59(0.75)***
权重	—	3.61(1.61)**
常数项	34.53(262.42)	845.99(438.90)*
伪 R^2	0.31	0.39
对数伪似然值	-18.88	-16.93
χ^2（联合显著性）	17.56**	16.58**
N	50	50

注：括号内为标准误值（异方差稳健）；＊＊＊表示1%的显著性水平，＊＊表示5%的显著性水平，＊表示10%的显著性水平。

由表2结果（2）可知，调节变量"起始年份"、"终止年份"、"最小二乘法（OLS）"的系数不显著，表明它们对"国有企业改制绩效的所有权效应"没有显著影响；相反，调节变量"样本量、区域范围、固定效应、行业"的系数具有不同水平的显著性，表明它们确实影响了"国有企业改制绩效的所有权效应"的实证研究结果。

样本量正向影响了所有权效应的实证研究结果，说明样本量的增加会增加所有权正向效应的概率，虽然它的影响很微小（系数仅为0.0002）；区域范围的系数在5%水平上显著为正，说明与样本企业仅为同一省份相比，文献中所有样本企业来自于全国不同省份会提高所有权正效应的概率；在方法选择上，采取固定效应模型会降低所有权正效应的概率；行业是否属于竞争性领域会显著影响所有权正效应的实证研究结果，如果样本企业属于竞争性行业则会显著提高所有权对国有企业改制绩效正效应的概率。

行业变量的影响是我们最为关心的，其对所有权效应的显著正向影响给了我们一个重要启示：在某种程度上，竞争环境与所有权改革是互补相容的。即在竞争性强的行业中，对国有企业进行民营化改革可以提高经济绩效，而在非竞争性的行业，单纯进行所有权改革并不一定能取得成功。这一结论与许多实证研究和现实观察是一致的。这一结果还表明，所有权改革与竞争的市场结构存在着某种互补性，从而难以得到"所有权比竞争对绩效影响更大"的结论，而更支持某种综合的结论，即同时推进所有权和市场结构改革将更有利于提高国有企业的经济绩效。

表3是以"公司治理对国有企业改制绩效的影响"为因变量的回归结果。与表2相比，"权重"变量的引入并没有显著改变回归结果，只是调节变量"固定效应"的显著性水平由10%变为不显著而已。这一结果表明，各调节变量对"公司治理对国有企业改制绩效影响"的实证研究的影响是稳定的。

表3 公司治理对国有企业改制绩效影响的荟萃回归估计（Probit）结果

调节变量	因变量：公司治理对国有企业改制绩效的影响	
	（1）	（2）
样本量	0.00018(0.0002)	0.0002(0.00019)
起始年份	-0.21(0.17)	-0.18(0.20)
终止年份	0.23(0.16)	0.20(0.19)
区域范围	0.43(0.94)	0.26(1.24)

调节变量	因变量：公司治理对国有企业改制绩效的影响	
	（1）	（2）
最小二乘法（OLS）	0.25（0.47）	0.28（0.50）
固定效应（FE）	1.18（0.66）*	1.06（0.84）
行业	−0.83（0.52）	−0.67（0.77）
权重	—	0.25（1.61）
常数项	−50.62（154.57）	−45.08（158.78）
伪 R^2	0.142	0.143
对数伪似然值	−35.49	−35.47
χ^2（联合显著性）	13.71*	13.90*
N	62	62

注：括号内为标准误值（异方差稳健）；＊＊＊表示1%的显著性水平，＊＊表示5%的显著性水平，＊表示10%的显著性水平。

由表3可知，总体而言，所有的研究特征对公司治理效应的实证结果都不具有显著性影响，说明公司治理是影响国有企业改制绩效的重要因素，且其影响效应与具体研究环境无关。这一结果与公司治理的特征保持了一致：公司治理是一个内在化的体系，包括的是公司内部的激励机制、股权结构、对小股东的保护制度等，所以与所有权对改制绩效发挥作用的渠道不同，一般来说，公司治理对改制绩效的作用比较少地受到外部环境的影响，与行业的竞争度也不存在显著的关系。

值得注意的是，虽然行业竞争性变量的系数不显著，但系数为负（−0.83和−0.67），这说明行业的竞争程度对公司治理产生的绩效具有一定的负效应，其原因可能在于非竞争性行业中的国有企业虽然进行民营化改制不能取得良好的绩效，但是在进行了公司治理改革后却可能提高经济绩效。

5. 发表偏倚的估计

在进行荟萃回归分析中可能会遇到发表偏倚（publication bias）的问题，即一般来说能够得出显著性的实证结果的论文更容易被发表（Stanley，2001；2005），另外，对于无统计学意义的研究，研究者可能认为意义不大，因而不发表或推迟发表。发表偏倚较大会大大降低荟萃回归估计结果的可靠性。为此，Stanley（2005，2008）指出，在荟萃回归中可以采用漏斗不对称检验（Funnel Asymmetry Tests，FAT）来检测发表偏倚。这些检验是基于一项研究的报告效应与其标准误差之间的估计。因此，我们估计以下方程：

$$T_i = \beta_0 + \beta_1(1/SE_i) + \varepsilon_i \tag{4}$$

T是一篇文献中报告的 t 统计量，$1/SE$ 是标准误差的倒数（Stanley，2005，2008）。截距项 β_0 即为测试发表偏倚的指标，且它的符号显示偏倚的方向。当 β_0 显著不为0时，则可发现发表偏倚存在的证据；反之则可以认为不存在发表偏倚。

进行发表偏倚测试时一般只能对各组假设中最常见的变量进行检测。在所有样本文献中的所有权指标最常用的是私有股份占比，而公司治理指标中最常用的是股权集中度，所以我们在估计方程（4）中分别使用文献中报告的私有股占比和股权集中度的 t 统计量和标准误差进行估计。

表4

漏斗不对称检验（OLS）结果

解释变量	被解释变量：t 统计量	
	私有股份占比	股权集中度
截距项	2.40(0.57)***	0.33(0.33)
1/SE	0.002(0.009)**	0.26(0.08)***
N	26	21
R^2	0.13	0.58

注：括号内为标准误值（异方差稳健）；＊＊＊表示1%的显著性水平，＊＊表示5%的显著性水平，＊表示10%的显著性水平。

由表4可知，私有股份占比的 t 统计量作为被解释变量时，β_0 估计值在1%水平上显著不为0（$\beta_0 = 2.40$），意味着发表偏倚的存在，且 β_0 为正表明实证结果越显著的文献越可能被发表；股权集中度的 t 统计量作为被解释变量时，β_0 无法拒绝 $\beta_0 = 0$ 的原假设，因此我们可以认为不存在发表偏倚。

根据漏斗不对称检验的结果可知，在我们的样本文献中，所有权效应的实证研究可能存在着正向的发表偏倚，意味着现有发表的实证文献可能高估了所有权的真实效应；而公司治理效应的实证研究则不存在发表偏倚，意味着公司治理的影响是相对稳定的。当然，需要谨慎对待这些结论，首先，在荟萃回归分析中涉及的所有权与公司治理的指标不止一个，本文在漏斗不对称检验中仅仅选取了样本数较多的指标；其次，漏斗不对称检验结果的精度会随着样本数量增加而提高，而本文的样本数量比较有限。这些都可能影响检验的准确性。

6. 结论及讨论

对于20世纪90年代以来的国有企业改革，理论界一直存在着"所有权、竞争与公司治理对国有企业改制绩效孰优孰劣"的争论。与这些争议相伴随的是全国各地各种类型各种行业的国有企业开展形式多样的改革改制实践。这些丰富的改制实践为检验所有权、竞争和公司治理的影响效应提供了大量的样本，许多学者对它们进行了相关的实证研究。为了验证这些实证研究结果的可靠性和适用性，本文搜索并选取了24篇具有较高质量的实证研究文献进行荟萃回归分析，并运用漏斗不对称检验方法验证了发表偏倚的存在性。

我们的实证结果表明：所有权对国有企业改制绩效的影响虽然没有受到样本起止年份、最小二乘法这两种研究特征的影响，但却显著地受到样本量、区域范围、固定效应模型、企业所处行业竞争程度的影响；而公司治理对国有企业改制绩效的影响没有显著地受到相关研究特征的影响，与企业所在行业的竞争程度也没有显著关系。通过对私有股份占比和股权集中度的漏斗不对称检验，结果表明在样本文献中，所有权效应的实证研究可能存在着正向的发表偏倚，而公司治理效应的实证研究则不存在发表偏倚。这些结果说明：

（1）样本文献中的所有权对国有企业改制绩效的所有权效应的实证研究结果受到了一些具体研究特征的影响，这意味着我们必须谨慎对待相应的实证研究结果；

（2）所有权与市场竞争结构存在着某种互补性，同时推进两项改革也许更有利于提升国有企业改制绩效；

（3）公司治理是一种企业内部特征，受到外在环境影响的可能性比较低，但它是保障企业绩效提升的重要因素，尤其是在非竞争性行业中。这些结论为进一步推进实践改革提供了依据：一是为了进一步提高国有企业改制绩效，公司治理比简单的所有权改革更为有效；二是在一些竞争性较强的行业，继续推进民营化改制是合宜的，而在一些非竞争性行业（例如垄断行业）引入竞争机制与所有权改革一样重要；三是改进或者改变国有企业的公司治理结构，如增加对管理层和员工的激励、减少中央控制、适当频率地更换 CEO、改变集权式的管理方式等可能会取得更好的效果。

本文的荟萃回归分析结论也为我们对此主题进行相关实证研究提供了具有参考价值的规范框架。首先，在进行所有权对国有企业改制绩效影响的实证研究时，一定要注意样本企业所处行业的竞争性，若把竞争性与非竞争性行业的改制企业混在一起作为样本企业，将会影响估计结果的可靠性。其次，所有权效应研究要注意样本企业的数量、估计方法、区域范围的选取。样本量越大的结果会越好；全国性样本比一省内的样本更为合宜；采用固定效应模型可能不是一个很好的选择。第三，所有权、竞争与公司治理对国有企业改制绩效的影响可能是综合性的，即它们可能共同作用于国有企业绩效。因此，在相关指标选取上要保持谨慎态度。

（作者电子邮箱：xzf@xmu.edu.cn）

参考文献

［1］白重恩，路江涌，陶志刚．国有企业改制效果的实证研究［J］．经济研究，2006，8.

［2］陈亮．我国国有企业改革的绩效分析与实证研究［J］．经济研究参考，2009，15.

［3］陈晓，江东．股权多元化、公司业绩与行业竞争性［J］．经济研究，2000，8.

［4］陈晓，王昆．关联交易、公司治理与国有股改革［J］．经济研究，2005，4.

［5］程承坪，伍新木．竞争论、产权论与管理论的理论缺陷及其变革限度［J］．改革，2004，3.

［6］郝大明．国有企业公司制改革效率的实证分析［J］．经济研究，2006，7.

［7］何浚．上市公司治理结构的实证分析［J］．经济研究，1998，5.

［8］胡一帆，宋敏，张俊喜．竞争、产权、公司治理三大理论的相对重要性及交互关系［J］．经济研究，2005，11.

［9］胡一帆，宋敏，张俊喜．中国国有企业民营化绩效研究［J］．经济研究，2006，7.

［10］胡一帆，宋敏，郑红亮．所有制结构改革对中国企业绩效的影响［J］．中国社会科学，2006，4.

［11］李广子，刘力．上市公司民营化绩效：基于政治观点的检验［J］．世界经济，2010，11.

［12］李楠，乔榛．国有企业改制政策效果的实证分析——基于双重差分模型的估计［J］．数量经济技术经济研究，2010，2.

［13］刘芍佳，李骥．超产权论与企业绩效［J］．经济研究，1998，8.

［14］刘伟，李绍荣．所有制变化与经济增长和要素效率提升［J］．经济研究，2001，1.

［15］刘小玄．民营化改制对中国产业效率的效果分析［J］．经济研究，2004，8.

［16］刘小玄，李利英．改制对企业绩效影响的实证分析［J］．中国工业经济，2005，3.

［17］刘小玄，李利英．企业产权变革的效率分析［J］．中国社会科学，2005，2.

［18］陆挺，刘小玄．企业改制模式和改制绩效［J］．经济研究，2005，6.

［19］青木昌彦，钱颖一．转轨经济中的公司治理结构——内部人控制和银行的作用［M］．北京：中国经济出版社，1995.

［20］宋立刚，姚洋．改制对企业绩效的影响［J］．中国社会科学，2005，2.

［21］孙永祥，黄祖辉．上市公司的股权结构与绩效［J］．经济研究，1999，12.

［22］徐莉萍，陈工孟，辛宇．控制权转移、产权改革及公司经营绩效之改进［J］．管理世界，2005，3．

［23］徐晓东，陈小悦．第一大股东对公司治理、企业业绩的影响分析［J］．经济研究，2003，2．

［24］姚洋．非国有经济成分对我国工业企业技术效率的影响[J]．经济研究，1998，12．

［25］张军，王祺．权威、企业绩效与国有企业改革［J］．中国社会科学，2004，5．

［26］张俊喜，张华．民营上市公司的经营绩效、市场价值和治理结构［J］．世界经济，2004，11．

［27］张威威．国有企业现代企业制度公司化改制的实证研究[J]．经济科学，2002，1．

［28］张祥建，郭岚，李远勤，朱志武．部分民营化与企业绩效：基于国有企业民营化发行的研究［J］．观察，2011，9．

［29］朱武祥，宋勇．股权结构与企业价值［J］．经济研究，2001，12．

［30］Bel, Germà, and Xavier Fageda. Factors explaining local privatization: A meta-regression analysis［J］. *Public Choice*, 2009, 139.

［31］Blanchard, Olivier, and Michael Kremer. Disorganization［J］. *The Quarterly Journal of Economics*, 1997, 112(4).

［32］Choi, Suk Bong, Soo Hee Lee, and Christopher Williams. Ownership and firm innovation in a transition economy: Evidence from China[J]. *Research Policy*, 2011, 40.

［33］Feld, Lars, P., and Jost H. Heckemeyer. FDI and taxation: A meta-study［J］. *Journal of Economic Surveys*, 2011, 25(2).

［34］Groot, Maria Abreu Henri L. F. de, and Raymond J. G. M. Florax. A meta-analysis of B-convergence: The legendary 2%［J］. *Journal of Economic Surveys*, 2005, 19(3).

［35］Ickes, B., Ryterman, R., and Tenev, S.. On your marx, Get set, Go: The role of competition in enterprise adjustment[J]. *Mimeo*, World Bank, 1995.

［36］Jefferson, Gary, H., and Jian Su. Privatization and restructuring in China: Evidence from shareholding ownership, 1995-2001[J]. *Journal of Comparative Economics*, 2006, 34.

［37］Jefferson Gary, H., Thomas G. Rawski, Li Wang, and Yuxin Zheng. Ownership, Productivity change, and Financial performance in Chinese industry[J]. *Journal of Comparative Economics*, 2000, 28(4).

［38］Lin Justin Yifu, Fang Cai, and Zhou Li. Competition, Policy burdens, and State-owned enterprise reform［J］. *American Economic Review*, 1998, 88(2).

［39］Longhi, Simonetta, Peter Nijkamp, and Jacques Poot. A meta-analytic assessment of the effect of immigration on wages[J]. *Journal of Economic Surveys*, 2005, 19(3).

［40］Ng, Alex, Ayse Yuce, and Eason Chen. Determinants of state equity ownership, and Its effect on value/performance: China's privatized firms[J]. *Pacific-Basin Finance Journal*, 2009, 17.

［41］Stanley, T. D.. Wheat from chaff: Meta-analysis as quantitative literature review[J]. *Journal of Economic Perspectives*, 2001, 15(3).

［42］Stanley, T. D.. Beyond publication bias[J]. *Journal of Economic Surveys*, 2005, 19(3).

［43］Stanley, T. D.. Meta-regression methods for detecting and estimating empirical effects in the presence of publication selection[J]. *Oxford Bulletin of Economics and Statistics*, 2008, 70.

［44］Stanley, T. D., and Stephen B. Jarrell. Meta-regression analysis: A quantitative method of literature surveys［J］. *Journal of Economic Surveys*, 1989, 3(2).

［45］Wei Zuobao, Oscar Varela, Juliet D. Souza, and M. Kabir Hassan. The financial and operating performance of China's newly privatized firms[J]. *Financial Management*, 2003, 32(2).

[46] Weichselbaumer, Doris, and Rudolf Winter-Ebmer. A meta-analysis of the international gender wage gap [J]. *Journal of Economic Surveys*, 2005, 19(3).

[47] Yarrow, and George. A theory of privatization, or Why bureaucrats are still in business [J]. *World Development*, 1999, 27(1).

The Impacts of Ownership, Competition and Corporate Governance on the Performance of Chinese SOE's Reform: a Meta-regression Analysis

Xie Zhenfa[1]   Chen Ling [2]

(1, 2 Department of Public Economics of Economics School, Xiamen University, Xiamen, 361005)

Abstract: In order to verify whether the existed empirical results about the impacts of ownership, competition and corporate governance on performance of Chinese SOE's reform are influenced by the characteristics of literatures, we do a meta-analysis using data from 24 empirical studies. The results show that the impacts of ownership on the performance of SOE's reform are significantly influenced by sampel size, fixed effects model, the regional scope and industrial competition, but the impacts of corporate governance on the performance of SOE's reform have no relationship with all literature features including industrial competition. The funnel asymmetry tests show that there may be some publication bias in the sample literatures about the effcet of ownership, but there may be no publication bias about the effect of corporate governance.

Key words: Ownership; Competition; Corporate governance; Performance of SOE's reform; Meta-regression analysis

附表　　　　　　　　所有权、公司治理与国有企业改革绩效关系实证研究文献的基本特征

作者	期刊	主要结论	样本数量	数据年份	区域	方法	行业竞争性
陈亮	经济研究参考	国有控股与绩效显著负相关,以国资委为实际控制人的上市公司与绩效显著正相关	3569	2004—2007	全国	OLS	非全部竞争性
胡一帆等	经济研究	民营股份、民营控股与绩效显著正相关	299	1996—2001	全国	FE	竞争性
刘小玄	经济研究	国有资本与绩效显著为负	17万	1995	全国	OLS	竞争性
张威威	经济科学	公司治理变量与绩效显著为正	79	1994、1997	全国	OLS	非全部竞争性
张建祥等	观察	公司治理变量与绩效有显著关系,国家控股与绩效显著为负	364	1999—2005	全国	OLS	竞争性
姚洋、宋立刚	中国社会科学	国有控股与绩效显著为正,私有股达到一定比例才与绩效有显著正关系	683	1996—2001	全国	FE	非全部竞争性
刘小玄、李孝英	中国工业经济	国有资本与绩效显著为负,个人资本与绩效显著为正	451	1994—1999	全国	OLS logit	竞争性

作者	期刊	主要结论	样本数量	数据年份	区域	方法	行业竞争性
刘小玄	中国社会科学	国家资本与绩效显著为负,个人资本与绩效显著为正	451	1994—1999	全国	OLS、FE	竞争性
胡一帆、张喜俊等	经济研究	产权、公司治理与绩效有显著关系	700多	1996—2001	全国	OLS、IV FE	竞争性
白重恩、路江涌、陶志刚	经济研究	非国有股权比例与绩效显著为正	2866	1998—2002	全国	FE	非全部竞争性
李楠、乔榛	数量经济技术经济研究	国有及国有控股企业与绩效显著为负	600	1999—2006	全国	OLS Tobit	非全部竞争性
郝大明	经济研究	在一定程度上,国有资本比与绩效显著为负,公司治理指标与绩效显著为正	2788	2001	省级	OLS	非全部竞争性
张军、王棋	中国社会科学	公司治理指标变量与绩效显著为正	1300	2000—2001	全国	OLS	竞争性
李广子、刘力	世界经济	私有股份与绩效显著正相关,公司治理结构变量与绩效有显著关系	129	1996—2007	全国	OLS	非全部竞争性
胡一帆、宋敏、郑红亮	中国社会科学	私有股对绩效显著为正,国有股显著为负,公司治理指标与绩效显著关系	299	1996—2001	全国	FE	竞争性
陆挺、刘小玄	经济研究	公司治理变量与绩效具有显著关系	451	1994—2001	全国	FE	竞争性
徐晓东、陈晓悦	经济研究	公司治理指标变量与绩效显著为正	508	1997—2000	全国	OLS	非全部竞争性
陈晓、江东	经济研究	国有股在完全竞争行业与绩效显著负效应,在非完全竞争行业与绩效无显著关系	368	1996—1999	全国	OLS	完全竞争、非全部竞争性
徐莉萍、陈工孟等	管理世界	公司治理指标变量与绩效显著为正	262	1996—2000	全国	FE	非全部竞争性
荆新、廖冠民、毛世平	经济理论与经济管理	在一定环境下,私有股份与绩效显著正相关,公司治理指标与绩效有显著关系	331	1999—2004	全国	—	非全部竞争性
张喜俊、张华	世界经济	公司治理变量与绩效显著关系	197	1999—2001	省	FE、OLS	非全部竞争性
AlexNg,AyseYuce等	Pacific-Basin Finance Journal	国有股权与绩效显著负相关,公司治理变量与绩效具有显著关系	4315	1996—2003	全国	OLS	非全部竞争性
Zuobao Wei,Oscar Varela	Finacial Management	私有股份与绩效显著正相关,公司治理结构变量与绩效具有显著关系	208	1990—1997	省	OLS	非全部竞争性
Suk Bong Choi等	Research Policy	国有股与绩效显著负相关,公司治理指标与绩效无显著关系	548	2001	全国	NBR	竞争性

R&D 投入、FDI 与外资企业内需市场寻求倾向[*]

——区域创新能力影响因素研究的新视角

● 王　鹏[1]　王灿华[2]

（1，2　暨南大学经济学院　广州　510632）

【摘　要】本文构建了表示本土区域 R&D 投入与 FDI 互动性程度以及反映外资企业内需市场寻求倾向的指标，并依据两个指标的时间趋势图，对本土研发部门对于外资进入的敏感性以及外资企业获取本地市场的变化趋势进行了描述性分析。通过改善基本的知识生产函数，构建了实证分析区域创新投入与产出间关系的计量经济模型，并采用 2000—2009 年泛珠三角区域内地九省区的相关面板数据，从创新投入、FDI 技术溢出和区域创新环境三个方面考察了区域创新产出的影响机制。研究结果表明，创新人力投入和创新资本积累是提升区域创新能力的重要力量，R&D 投入与 FDI 保持着较高的同步性，这种同步性对于本土区域创新能力的影响是微弱的。同时，FDI 在本土区域总的技术溢出效应是正的，区域创新环境有助于提升区域创新能力，但外资企业内需市场寻求倾向的增加并没有推动本土区域创新能力的增强。

【关键词】R&D 投入　FDI　外资企业内需市场寻求倾向　区域创新能力

1. 引　言

在新一轮的全球产业链调整过程中，中国既面临来自发达国家和后发展中国家同类行业竞争的挑战，又有通过产业升级走向世界产业链高端的机遇。随着人民币升值预期的加强，以及扩大内需的战略实施，大量国外资本进入我国。此时，探讨外资进入对于我国区域自主创新能力的影响，有利于引导政府制定相关政策，更好地利用外资并使其服务于本土创新，进而加速产业升级的步伐。同时，考察外资企业对本地市场效应的利用趋势，有利于本土企业把握竞争方向，加强自主创新，以避免本地市场份额的丢失。

泛珠三角区域①作为中国经济发展较快的地区之一，技术创新活动在提高该地区对外开放与经济发展水平方面扮演着重要角色。区域创新调整和优化了产业结构，提高了产品的科技含量，促进了当地经济和科技发展。连接珠三角、海峡西岸、环北部湾、赣西北、长株潭等都市圈的泛珠三角区域内地九省区，

---

* 本文得到国家自然科学基金青年科学基金项目"基于焦点企业的企业集群间共生网络演化机理研究"（项目批准号：71202141）、教育部人文社会科学研究青年基金项目"基于多元利益主体的跨行政区域基础设施合作供给及其机制研究"（项目批准号：11YJCZH169）、广东省哲学社会科学"十一五"规划项目"绿色技术创新视角下的珠三角港澳台资企业竞争优势研究"（项目批准号：GD10YTQ01）的资助。

①　泛珠三角区域包括广东、广西、云南、贵州、四川、福建、湖南、海南、江西内地九省区和我国香港、澳门特别行政区。

同时也是我国外资相对聚集的地区，积累了较为丰富的吸引外资经验。因此，探讨外资进入对于泛珠三角区域内地九省区创新能力的作用机制，有利于提升该区域的自主创新能力，缩小省区之间的发展差距，促进区域经济一体化进程，也可为其他区域的创新发展提供借鉴参考。

2. 文献综述

关于外商直接投资(FDI)与本土区域创新能力之间的关系，国内外学者已做了较多研究。从国外文献看，较多学者注重东道国自身体制的分析，而把FDI当成一种影响创新的要素。如 Wang 等(2007)讨论了作为外资载体的跨国公司对于本国的影响机制，指出引进外资和推动中小企业创新是保证经济安全的主要方式。Wang 和 Kafouros(2009)通过构建国际贸易、FDI、研发(R&D)影响国家创新能力的综合分析框架，指出这三种要素发挥作用取决于该国技术机遇和外资份额。Sun 和 Du(2010)对中国的研究表明，国内研发已经成为产业创新的重要因素，外资的溢出效应有利于专利授权，但对新产品销售收入影响有限。Kemeny(2010)认为FDI与技术创新正相关，对东道国技术创新的影响效果取决于该国经济发展水平、社会能力和社会体制，FDI倾向于向欠发达国家传播技术升级策略。Veliyath 和 Sambharya(2011)探讨了影响跨国公司转变国际研发投资方式的因素，指出国家综合技术创新能力是关键要素，还包括国家战略动机、知识产权保护、FDI本地经验等。

国外文献的另一研究重心是分析FDI的运作模式和特点，以此探寻FDI影响本土区域创新的机制。如 Liu 和 Buck(2007)分析了不同渠道的外资技术溢出对中国高科技产业创新的影响，研究表明国际技术溢出和本土研发投入共同决定本土高科技部门的创新能力。Iyer 等(2008)以 20 个 OECD 国家为例，发现贸易和FDI均促进东道国的创新效率，但FDI流进和流出对创新效率的影响相反。Brambilla 等(2009)的研究表明，内向型FDI导致本土知识积累水平的升高，邻近区域FDI增加可以增加本土创新产出水平。Xu(2011)研究了FDI、出口与本土及公司技术性收益间的关系，指出FDI有很低的国内技术研发和技术采购倾向，并不能促进本土创新能力的提升。Fu 和 Gong(2011)将生产力分解成技术变迁和效率改进两部分，发现外商投资有利于推动静态产业能力增长，外资公司对于技术变迁则产生了负面影响。

从国内文献看，学者们主要从三个方面开展对FDI与本土区域创新之间关系的研究：

一是侧重分析FDI影响本土区域创新的内在机制。如倪海清和张岩贵(2009)通过构建南北技术转移模型，分析得出FDI技术转移对于南方国家相对知识资本存量的影响取决于其模仿能力。庄子银(2009)构建了一个扩展南北产品周期模型，发现严格知识产权保护有利于南方还是北方取决于北方创新性质导致的市场结构。葛顺奇和罗伟(2011)构建了三部门模型，认为FDI对东道国经济的影响表现为技术扩散效应、资本效应和资源竞争效应，并指出了自主研发和模仿两种倾向的产生条件。

二是研究FDI提升本土区域创新能力的基本条件。如冼国明和薄文广(2005)的研究表明，外资企业技术创新促进内资企业技术创新能力的提高，但仅发生在内外资技术差距较小和市场寻求性行业中。邱斌等(2007)认为中国产业从加工中学来提高技术创新的作用有限，必须加强自主创新来提高FDI利用效率和改善在全球分工中的地位。裴长洪和樊瑛(2008)指出良好的本土环境有利于吸引高质量的外资，是提升本土创新能力的途径之一。陈羽和邝国良(2009)研究了FDI进入和内外资企业技术差距对内资企业研发投入行为的影响，认为外资进入促进技术先进企业提高创新投入，抑制落后企业创新投入。

三是从实证分析的角度检测FDI对于本土区域创新的作用效果。如平新乔等(2007)发现产业内的外资份额与内资企业的生产率之间不显著相关，只有港澳台投资可以缩小内资企业与港澳台资企业间的技术差距。陈国宏和郭玎(2008)用 Engle-Granger 协整关系和因果关系检验法分析FDI、知识产权保护力度和自主创新能力三者间的关系，表明FDI对我国自主创新能力的作用不显著。谭蓉娟和阮娴静(2009)的研究表明，内外资企业技术差距较大对技术创新的带动作用有限，技术差距小时，产业链展开充分。张海洋和史晋川（2011）构建了一个衡量工业自主创新效率的新产品技术效率，研究结果表明企业规模、FDI、进口、R&D人员和消化吸收投入促进了新产品技术效率的提高。

上述国内外学者的相关研究，由于侧重点和研究范围存在差异，得出了多样化的研究结论。总体而言，现有文献对于区域创新能力影响因素的研究还存在以下不足：首先，研究对象主要以整个行业或者单个区域为主，缺乏对连接两个（或多个）外资重点布局区域的整体区域的研究；其次，在强调外资竞争效应的影响时，较少运用互动性的竞争效应指标来刻画外资竞争效应；再次，关于外资企业内需市场寻求倾向对于区域创新能力影响的研究也较少，而这一研究视角有利于评判本土企业感知外资进入本地市场的敏感性强弱，有利于为本土企业建立起加强自主创新、保持本地市场份额的预警机制。

本文在已有知识生产函数和研发模型的基础上，添加R&D投入与FDI的互动性竞争效应指标以及外资企业内需市场寻求倾向等指标，以泛珠三角区域内地九省区为研究对象，探究R&D投入和外资进入对于区域创新能力的影响机制，试图弥补前人研究中的不足。本文第三部分是关于指标选取、数据来源和实证模型的说明；第四部分是关于新添加指标的描述性分析、创新的空间溢出效应检验和面板数据计量分析；最后一部分是本文的主要研究结论以及相应的政策建议。

3. 指标选取和模型构建

3.1 指标选取

区域创新能力指标可以采用专利申请量、专利授权量和新产品销售收入来表示，但是考虑到专利授权需要较长的时间周期，且受主观因素影响较大，而新产品在不同区域和时间的定义存在显著差别，本文借鉴冼国明和薄文广（2005）的做法，采用专利申请量 $Patenta_{it}$ 来表示区域创新能力指标，其中 i 表示第 i 个省，t 表示第 t 年（下同），$Patenta_{it}$ 在本文作为被解释变量。

区域创新能力的影响因素通常包括投入能力、扩散能力、支撑保障能力和产出能力。基于数据的可得性，本文将影响创新产出的因素分解为投入能力（IC）、FDI技术外溢效应（TS）以及相关的经济环境因素（IE）三个方面，并将每一个方面的影响因素作为实证模型的解释变量。其中，采用R&D经费内部支出 RD_{it} 和R&D人员全时当量 $RDQSDL_{it}$ 两个指标来反映IC，RD_{it} 用研发资本存量 $rdcapi_{it}$ 来代替[1]，$RDQSDL_{it}$ 用第 t 年和第 $t-1$ 年的R&D人员全时当量之和除以2得到（即 $qsdl_{it}$ ）；采用外商直接投资额 fdi_{it} 以及外资企业内需市场寻求倾向 $dmst_{it}$ 来反映TS，而 $dmst_{it}$ 的计算则采用外资企业的出口总值和外资工业企业销售收入的比值来表示；IE的指标主要包括人均国内生产总值 $agdp_{it}$ 、以当地在校大学生人数占当地总人口比例表示的人力资本水平 hum_{it} 、R&D投入与FDI同步性系数 $synch_{it}$ 。以上各项经费指标均按照研发价格指数以2000年为基期进行平减，研发价格指数＝0.55×消费者价格指数＋0.45×固定资产投资价格指数[2]。

泛珠三角区域内地九省区的各年专利申请量 $Patenta_{it}$ 、R&D经费内部支出 RD_{it} 和R&D人员全时当量 $RDQSDL_{it}$ 数据，均来源于2001—2010年《中国科技统计年鉴》；外商直接投资额 fdi_{it} 的数据来源于2001—2010年《中国统计年鉴》；$dmst_{it}$ 、$agdp_{it}$ 、hum_{it} 、$synch_{it}$ 等指标的数值则由笔者按照各自定义计算而得。

---

[1] 参见李婧等（2010），$rdcapi_{it} = rdcapi_{it-1}(1-\delta) + RD_{it}$，$rdcap_{i0} = RD_{i0}/\delta$，$\delta = 0.15$。

[2] 参见李婧等（2010），研发价格指数＝0.55×CPI＋0.45×固定资产投资价格指数。

3.2 模型构建

本文借鉴蒋殿春和夏良科(2005)的方法计算外资企业内需市场寻求倾向 $dmst_{it}$，并用外资企业的出口交货值和销售收人的比值来表示，即 $dmst_{it} = fexport_{it}/fincome_{it}$，其中 $fexport_{it}$ 表示外资企业出口交货总值，本文采用三资企业出口总值代替；而 $fincome_{it}$ 则表示外资企业的总收人，本文采用三资工业企业主营业务收入代替。$dmst_{it}$ 值越大，表示外资企业的市场主要在国外，因此寻求本地市场的倾向程度较低，反之则较高。

关于 R&D 投入与 FDI 同步性系数 $synch_{it}$ 的计算，本文借鉴 Cerqueira 和 Martins(2009)的研究成果，在原来 GDP 的交叉相关系数基础上进行改进，并最大限度地保留时间观测值，以便使用面板数据估计方法分析经济周期同步性及其传导机制。这种计算方法主要基于两方面的原因：一方面，考虑到外资进入可能导致的竞争效应，从而激发本土研发部门加大研发力度，而这又会反过来形成对外资研发部门的"挤牙膏"效应①，因此 R&D 投入与 FDI 之间可能存在内部联动效应；另一方面，该系数的采用便于本文后面运用面板数据估计方法作实证分析。$synch_{it}$ 的计算方式如下：

$$synch_{it} = 1 - \frac{1}{2}\left[\frac{(d_{ir,\,t} - \overline{d_{ir}})}{\sqrt{\frac{1}{T}\sum_{t=1}^{T}(d_{ir,\,t} - \overline{d_{ir}})^2}} - \frac{(d_{if,\,t} - \overline{d_{if}})}{\sqrt{\frac{1}{T}\sum_{t=1}^{T}(d_{if,\,t} - \overline{d_{if}})^2}}\right]^2$$

其中，$d_{ir,\,t}$、$d_{if,\,t}$ 分别表示第 i 个省第 t 年的 R&D 投入和 FDI 进入量，而 $\overline{d_{ir}}$、$\overline{d_{if}}$ 表示这两个变量在考察期内的均值。此时，$synch_{it}$ 就构成了反映本土区域研发部门投入与外资进入之间的变化同步性，即反映外资进入是否引致了在本区域的研发创新的竞争效应。

按照上文的描述，解释变量和被解释变量之间的函数表达式如下：

$IC = f_1(RD, RDQSDL)$

$TS = f_2(fdi, dmst)$

$IE = f_3(agdp, hum, synch)$

$Patenta = f(IC, TS, IE) = f(f_1(RD, RDQSDL), f_2(fdi, dmst), f_3(agdp, hum, synch))$ (1)

进一步，可以将式(1)表示成 Cobb-Douglass 形式，从而得到本文实证所需的面板数据形式的计量模型②：

$\ln Patenta_{it} = c + \ln rdcapi_{it} + \ln qsdl_{it} + (\ln fdi_{it} + \ln hum_{it} + \ln agdp_{it} + \ln dmst_{it} + synch_{it}) + \varepsilon_{it}$ (2)

由于影响区域创新能力最主要的因素为研发的资本投入 $rdcapi_{it}$ 和人力投入 $qsdl_{it}$，式(2)括号里的变量将作为控制变量逐步引入到计量模型。为进一步验证外资进入在本地产生的创新竞争效应，本文在实证过程中还添加 RD_{it} 与 fdi_{it} 的对数化交叉项 $\ln fdi \ln RD_{it}$，用来与 $synch_{it}$ 对比。

4. 实证分析

4.1 描述性分析

本文分别测算了 2000—2009 年泛珠三角区域内地九省区的 $synch_{it}$ 和 $dmst_{it}$ 值，其变化趋势如图 1 和

---

① 参见蒋殿春和夏良科(2005)，"挤牙膏"效应指外资进入引致本土企业加大创新，而这又反过来激发外资企业加大创新力度，从而导致本土企业在技术创新领域很难占据上风。

② 由于 $synch_{it}$ 这个指标可能出现负值，并且取该指标的指数形式并不改变这个指标的变动方向，因此本文在 Cobb-Douglass 函数中采用 $e^{synch_{it}}$ 这样的表达形式。

图 2 所示。从图 1 可以看出，除了海南省和广东省在 R&D 投入与 FDI 同步性系数上出现较大波动外，其他省区的 $synch_{it}$ 值波动幅度均较小，显示 R&D 投入与 FDI 保持较高的一致性。海南省和广东省 $synch_{it}$ 值出现跳跃的时间分别在 2007—2009 年、2002—2005 年，前者与 2007 年海南省国际旅游岛的申报有关，因为这种区域发展战略促使外资加速进入，而本土研发投入相对平稳，使得二者之间的发展趋势不一致；同时，国际旅游岛的设立也导致投资者倾向撤离研发资金，从而转向短期利润更高的基础设施建设项目中。后者 $synch_{it}$ 值的下滑与 2003 年"非典"事件的出现有关，外资的短暂锐减导致广东省 R&D 投入与 FDI 之间步调不一致；而随着"非典"的结束以及 2004 年《内地与香港（澳门）关于建立更紧密经贸关系的安排》（CEPA）和《泛珠三角洲区域合作框架协议》的签订实施，广东省的 $synch_{it}$ 值又恢复平均水平。

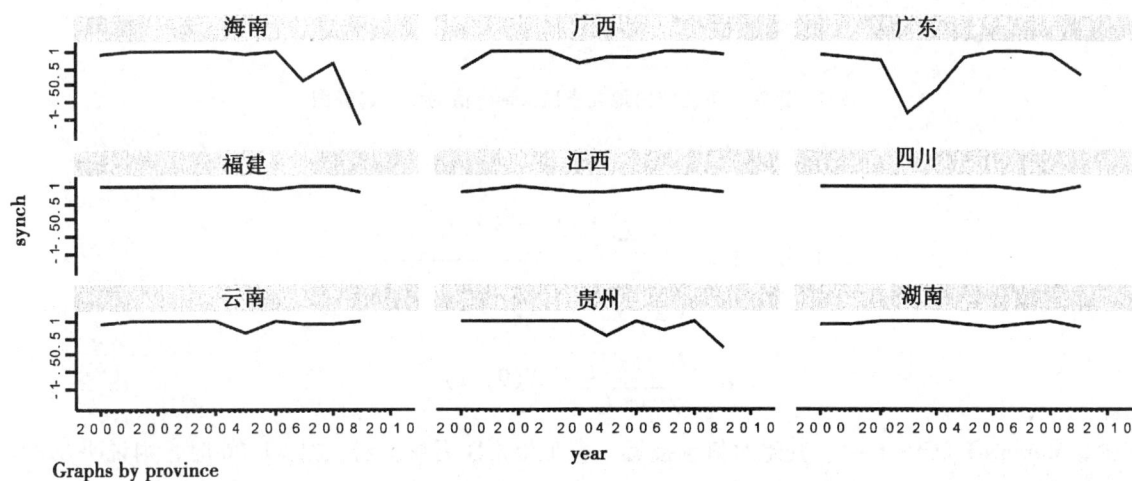

图 1 泛珠三角区域内地九省区 $synch_{it}$ 值的变化趋势图

从图 2 可以看出，2000—2009 年除了四川省的外资企业内需市场寻求倾向出现微弱下降外（表现为 $dmst_{it}$ 值的向上趋势），泛珠三角区域其他省区的外资企业内需市场寻求倾向均有不同程度的上升，尤其以海南省的表现最为明显。究其原因，可能是由于四川省特殊的地理区位，导致其相对其他省区具有更低的土地成本和人力成本，因此虽然吸引了众多外资企业，但这些企业的需求客户并不在四川省本地。此外，外向型经济越发达的地区（如广东省和福建省），由于其出口总额占企业销售收入的比值较高，这些地区的外资企业内需市场寻求倾向相对偏弱，在图 2 中表现为 $dmst_{it}$ 的平均值会比其他省区略高。

4.2 面板数据计量分析

就全国范围而言，创新生产的空间溢出效应已经得到了验证，如窦雪霞等（2009）、王家庭和贾晨蕊（2009）以及李婧等（2010）均表明我国各个省（区）创新生产间存在明显的空间相关性。因此，在进行面板数据实证分析之前，应该检测泛珠三角区域的创新生产是否存在明显的空间溢出效应，本文借鉴窦雪霞（2009）、王家庭和贾晨蕊（2009）及李婧等（2010）的做法，采用全局空间自相关系数 Moran's I 进行检测。参照王劲峰等（2010）的计算方法，计算泛珠三角区域内地九省（区）2000—2009 年基于创新生产的 Moran's I 及其相应的统计值，并查表得出显著性对应的概率。Moran's I 及表征显著性水平统计量的计算公式如下：

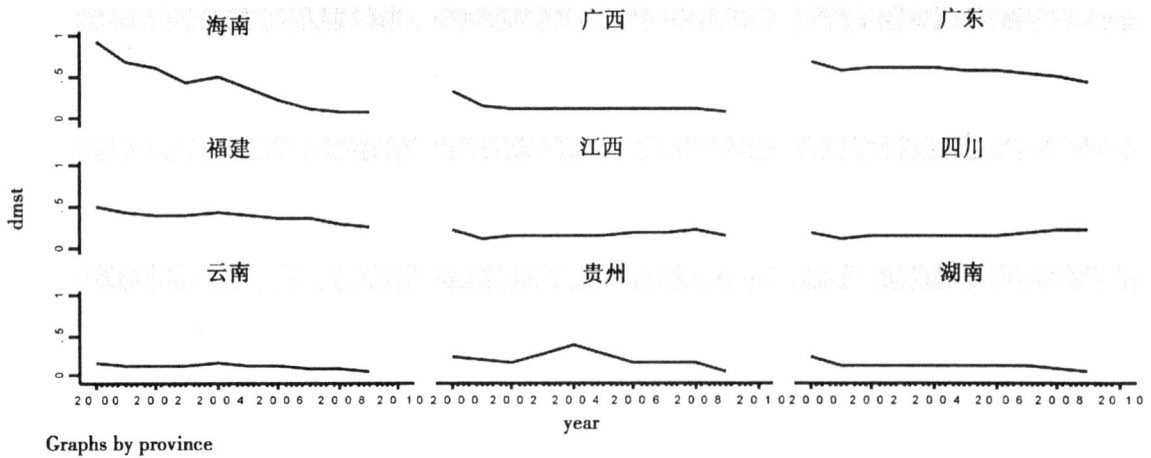

图 2　泛珠三角区域内地九省区 $dmst_{it}$ 值的变化趋势图

$$\text{Moran's} I = \frac{n \sum_{i=1}^{n} \sum_{j=1}^{n} w_{ij}(x_i - \bar{x})(x_j - \bar{x})}{\left(\sum_{i=1}^{n} \sum_{j=1}^{n} w_{ij} \right) \sum_{i=1}^{n} (x_i - \bar{x})^2},$$

$$Z = \frac{I - E(I)}{\sqrt{\text{var}(I)}} \sim N(0, 1)$$

其中，Moran's I 介于 $-1 \sim 1$，其绝对值越接近 1 表明相关性更高；当 $|Z| > 1.96$ 时，则说明在 95% 的概率下，存在空间自相关；w_{ij} 为空间加权矩阵元素，本文仅考虑空间邻接情形，即两省份邻接时其值为 1，否则为 0，且将广东和海南看成是邻接的情形；x_i 表示考察期内某一年第 i 个省（区）的专利申请量。Moran's I 计算结果如表 1：

表 1　　　　　　泛珠三角区域内地九省（区）2000—2009 年创新生产空间溢出效应检验表

年份	2000	2001	2002	2003	2004	2005	2006	2007	2008	2009
Moran's I	−0.2809	−0.2628	−0.2495	−0.2454	−0.2470	−0.2920	−0.3095	−0.3121	−0.3298	0.3957
Z	−1.5139	−1.4466	−1.3969	−1.3817	−1.3877	−1.5555	−1.6206	−1.6303	−1.6964	1.010
p	0.1286	0.147	0.1616	0.1676	0.1646	0.1188	0.1052	0.1032	0.0892	0.3124

由表 1 可以看出，2000—2009 年泛珠三角区域的整体空间相关系数 Moran's I 除 2008 年外，其他均在 10% 水平上不显著，因此各省区间不存在明显的创新生产的空间溢出效应。同时，为了避免遗漏影响区域创新能力的关键变量，充分考虑泛珠三角区域内地九省区不同的经济发展状况和区位因素的差异，所以本文仅采用普通面板数据分析方法进行分析。传统的 Hausman 检验假定 u_i 与随时间变化的随机效应 ξ_{it} 必须是独立同分布的，如果聚类稳健标准差与普通标准差相差较大，则传统的 Hausman 检验不适用。因此，本文借鉴陈强（2010）提到的辅助回归方法，用修正 Hausman 检验统计量进一步验证 Hausman 检验的准确性。

假定一个回归模型的被解释变量为 y_{it}，被解释变量中的时变变量向量为 x_{it}，非时变的个体差异变量向量为 z_i，则可以通过以下回归方程，对系数向量 γ 进行原假设为 0 向量的联合检验。若显著则拒绝

Hausman 检验的原假设，认为适宜采用 FE 模型进行估计。

$$y_{it} - \hat{\theta}\,\overline{y_i} = (x_{it} - \hat{\theta}\,\overline{x_i})'\beta + (1 - \hat{\theta})z_i'\delta + (x_{it} - \overline{x_i})'\gamma + \left[(1 - \hat{\theta})u_i + (\xi_{it} - \hat{\theta}\,\overline{\xi_i})\right]$$

因为随机效应模型可以转化为以下的回归形式：

$$y_{it} - \hat{\theta}\,\overline{y_i} = (x_{it} - \hat{\theta}\,\overline{x_i})'\beta + (1 - \hat{\theta})z_i'\delta + \left[(1 - \hat{\theta})u_i + (\xi_{it} - \hat{\theta}\,\overline{\xi_i})\right]$$

运用 STATA10.1 软件进行估计，可以得到各种模型的回归结果(见表 2)。

表 2　　　　　　　　　　　　　　　实证模型计量分析结果表

variables	M1	M2	M3	M4	M5	M6	M7	M8	M9
	ln patenta	ln patenta	ln patenta	ln patenta	ln patenta	ln patenta	ln patenta	ln patenta	ln patenta
c	0.57768	0.295	0.45	1.436**	0.527	-2.023**	1.374*	0.779	1.222*
	(0.67)	(0.34)	(0.657)	(1.97)	(0.65)	(-2.33)	(1.74)	(0.98)	(1.68)
ln qsdl	0.368***	0.389***	0.376***	0.441***	0.494***	0.332***	0.272**	0.401***	0.398***
	(2.75)	(2.96)	(2.81)	(3.55)	(3.67)	(3.07)	(2.15)	(3.02)	(3.21)
ln rdcapi	0.889***	0.939***	0.894***	0.301**	0.405**	0.402***	0.688***	0.431***	0.342***
	(7.05)	(7.39)	(7.08)	(1.89)	(2.54)	(3.26)	(5.14)	(2.80)	(2.17)
ln dmst		0.1108*						0.105*	0.069
		(1.83)						(1.70)	(1.17)
synch			0.0621					-0.023	
			(0.386)					(-0.34)	
ln fdiln RD				0.021***					0.014***
				(5.01)					(3.20)
ln fdi					0.243***			0.138**	
					(4.25)			(2.50)	
ln agdp						0.571***			
						(6.94)			
ln hum							0.159***	0.173***	0.135**
							(3.15)	(3.16)	(2.39)
F-value ui=0	20.45***	16.12***	18.28***	16.36***	18.29***	16.25***	18.97***	11.79***	12.78***
Hausman-test	10.05**	20.94***	23.11***	7.01	9.1*	15.23***	1.96	12.78*	3.46
MH	29.66***	18.04***	63.18***	7.4*	56.49***	7.51*	8.59***	107.48***	19.79***
model choice	FE	FE	FE	RE	RE	RE	RE	RE	RE
R-sq	0.932	0.94	0.9304	0.9503	0.947	0.964	0.937	0.955	0.956

注：*、**、***分别表示在 10%、5%、1% 显著性水平上显著，c 表示常数项，括号中的数字代表 t 值。

表 2 中 M1 至 M9 分别表示 9 个不同的回归模型，F-value ui=0 表示经典的 OLS 回归是否适用于本文数据集的分析，原假设是个体随机效应部分的 ui 全都为零，若该值显著则表明面板数据模型估计更适宜，

由于所有模型中该检验值均在 1% 水平上显著，因此均不适合采用 OLS 进行混合回归；Hausman-test 表示 Hausman 检验统计量的统计值；MH 表示对 Hausman 检验进一步改善后得到的统计值，若显著则应采用 FE 模型进行估计；model choice 表示在 FE 与 RE 二者之间的选择；R-sq 表示模型在所有个体层面的解释程度。

具体来看，M1 是最基本的创新产出模型，包含创新人力投入和创新资本积累两个解释变量，实质上也是生产函数的表现形式。Hausman 值和 MH 值分别在 5% 和 1% 水平上显著，因此采用 FE 进行估计。结果表明创新人力投入 qsdl 与创新资本积累 rdcapi 对创新产出都产生了显著的促进作用，qsdl 和 rdcapi 的创新产出弹性分别为 0.368 和 0.889，模型的整体解释程度为 93.2%。

M2 在基本创新产出模型基础上，将控制变量——外资企业内需市场寻求倾向 dmst 引入回归方程，由于 Hausman 值和 MH 值均在 1% 水平上显著，所以仍采用 FE 进行估计。结果表明 dmst 在 10% 的水平上促进了创新产出的增加，其创新产出弹性为 0.1108，即外资企业的内需市场份额每上升 1%，会导致该区域的创新产出下降 0.1108%。因此，外资企业内需市场寻求倾向的增加并没有推动本土区域创新能力的增强，相反，外资企业以其优厚的待遇吸收了本土众多的创新要素。

M3、M4 分别在基本模型基础上引入 R&D 投入与 FDI 同步性系数 synch 和 R&D 投入与 FDI 进入的交叉项 ln fdiln rd 作为解释变量，Hausman 值和 MH 值显示分别应采用 FE 和 RE 进行估计。synch 和 ln fdiln RD 反映了本土研发对于外资进入的敏感性，以及外资进入在创新领域引致的竞争效应。其中，synch 对应的系数为正，表明 R&D 投入与 FDI 同步性的提高对于区域创新能力的提升有促进作用，但这种作用不显著；而交叉项 ln fdiln RD 在 1% 水平上显著促进了区域创新能力的提高，其每提高 1% 能使创新产出的对数值提升 0.021%。

M5 将 FDI 引入模型中来考察外资进入对于本土区域创新能力的影响。尽管 Hausman 检验显著，但是模型估计过程中发现 MH 值在 1% 水平上显著，而且各个系数的稳健标准差和普通标准差之间相差较小，因此选择 RE 进行估计。结果表明 FDI 进入显著促进了本土区域创新能力的提升，其创新产出弹性为 0.243，这说明 FDI 进入对于本土区域创新能力提升的整体效应是正的。

M6、M7 在基本模型中分别引入表征区域经济发展水平的 agdp 和表征人力资本水平的 hum，以此考察经济环境对于区域创新能力的影响。M6 中尽管 Hausman 检验显著，但由于系数的稳健标准差和普通标准差相差较大，所以采用 RE 进行估计；M7 中的情形刚好相反，且 MH 值仅在 10% 水平上显著，因此也采用 RE 进行估计。结果表明经济发展水平 agdp 正向促进本土区域创新能力的提高，人力资本水平 hum 对于区域创新能力的促进作用也同样显著。

M8、M9 在基本模型的基础上将所有原来单个引入的控制变量全部置入回归模型且区分 synch 与 lnfdilnrd 进行分析。在分析过程中发现 lnagdp 与 lnhum 之间存在较强的相关性，因此在这两个模型中去除 lnagdp；在对 ln fdiln RD 进行分析时为了分离这个交叉项对于区域创新能力的影响，去除 lnfdi 项。结果表明 R&D 投入与 FDI 同步性系数 synch 和 R&D 投入与 FDI 进入的交叉项 ln fdiln RD 对应的系数均较小，分别为 -0.023 和 0.014，前者不显著而后者在 1% 水平上显著，说明外资进入导致的同步竞争效应和本土研发部门的敏感性对于区域创新产出的影响是微弱的。尽管外资进入与本土研发之间存在重要关联，但这种作用机制不明显有时甚至还可能产生副作用。此外，ln dmst 对应的系数分别为 0.105 和 0.069，表明外资企业内需市场寻求倾向的提高会降低区域创新产出；ln hum 对应的系数分别为 0.173 和 0.135，且显著为正，表明人力资本水平的深化显著提升了区域创新能力。

5. 主要结论和政策建议

本文通过建立与知识生产函数以及新经济增长理论中研发模型相适应的基本计量模型,采用引入控制变量的方法,利用2000—2009年泛珠三角区域内地九省区的面板数据进行计量分析,考察了表示R&D投入与FDI互动性程度的synch、外资企业内需市场寻求倾向dmst等因素对区域创新产出的影响,可以得出以下主要结论:

(1)synch的时间趋势图表明,泛珠三角区域内地九省区的R&D投入与FDI保持着较高的同步性,FDI与这些省份的研发之间存在某种联动机制,这可能是源自外资进入引致的创新领域的竞争效应,也可能是本土研发对于外资进入的敏感性比较强导致的。而dmst的时间趋势图表明,除了四川省以外,泛珠三角区域其他省区的外资企业内需市场寻求倾向均出现加强的趋势。创新生产的空间溢出效应检验表明,泛珠三角区域内创新知识空间溢出效果较差。

(2)创新人力投入和创新资本积累是提升区域创新能力的重要力量,在模型M1至M9中这两个基本要素对区域创新能力的贡献都是非常显著的,其对应的系数在5%或1%水平上显著,而且影响程度相对于其他要素更大。

(3)外资企业内需市场寻求倾向的增加并没有促进区域创新能力的提升,外资企业挖掘本土市场取得发展的同时,还以优厚的物质条件吸收了本土创新要素。同时,本土企业对于外资企业日渐加强的内需市场拓展不敏感,缺乏通过自主创新增强与外资企业在本地市场竞争的激励。

(4)本土研发与外资进入之间存在某种引致同步性的联动机制,但这种同步性对于本土区域创新能力的影响是微弱的。本土研发对于外资进入的敏感性,以及外资进入在创新领域引致的竞争效应,均未能明显提高区域创新能力,这与技术差距导致本土区域创新能力效率较低以及本土缺乏创新独立性有关。

(5)FDI在本土区域总的技术溢出效应是正的,因为在模型M5、M8中lnfdi对应的系数在1%、5%显著性水平上分别为0.243、0.138,吸收利用FDI仍有利于本土区域创新能力的提升。而以经济发展水平为代表的区域创新环境,也是促进区域创新能力提升的重要因素。外资进入能带来创新样本以供学习,且能激发本土区域创新活力,而良好的区域创新环境又会吸引外资进入,并积极寻求拓展本地市场。人力资本水平对应的系数在M7至M9中均显著为正,表明地区人力资本深化有利于其创新能力的提升。

针对以上结论,本文提出如下政策建议:

(1)由于本土研发与外资进入之间存在内生的联动机制,而一个区域持续创新能力的提升需要不断的创新投入,因此政府应该通过改善投资环境、制定优惠政策等措施吸引外资进入,鼓励非政府主导的研发机构加大创新投入,从而持续提升区域创新能力。另一方面,鉴于外资企业内需市场寻求倾向的加强,为促进本土企业的发展,政府应该通过调研外资企业或者组织机构的方式,及时向社会发布外资企业在内地市场发展的信息,通过建立情况公开和资源共享的信息对称机制,促使本土企业制定应对战略。此外,应该加强各地科学技术研发机构交流平台的建设,畅通创新知识空间溢出的渠道。

(2)创新人力投入和创新资本积累可以有效提升区域创新能力,政府应该通过转移支付等手段继续加强教育建设,通过津贴等方式提高科研人员的福利水平,地方财政收入应有部分用于研发部门的投入。同时,要意识到良好的经济发展条件是区域创新能力提升的重要保证,不能一味地追求区域创新而忽略本地经济发展,应该充分利用比较优势发展本地经济,改善公共生活环境以留住创新人才。

(3)因为外资企业内需市场寻求倾向的增加未能促进区域创新能力的提升,政府在引进外资时应进行甄别,对那些一味追求吸收本土创新要素而又不利于本土创新能力提高的外资,要慎重考虑乃至予以拒绝。对于本土的创新型企业,除了协助建立前文中提到的信息对称机制外,政府还应该通过发放补贴等方式督促企业加强自主创新能力的建设，增强在内需市场的竞争力。

（4）尽管本土研发与外资进入存在较高的同步性，但这种同步性提升区域创新能力的效果并不明显，因此提高区域创新效率、加强自主研发显得特别重要。政府应该在产学研一体化过程中发挥媒介作用，制定合理促进区域产业转型升级的政策，从而提升区域创新效率；通过优化制度环境，改善人才待遇，引进国外优秀人才，建立起与国外相关机构的交流机制，增强在创新领域的自主研发能力。

（作者电子邮箱：jnuwp@163.com）

参考文献

[1] 陈国宏，郭弢．我国FDI、知识产权保护与自主创新能力关系实证研究[J]．中国工业经济，2008，4.

[2] 陈强．高级计量经济学[M]．北京：高等教育出版社，2010.

[3] 陈羽，邝国良．FDI、技术差距和本土企业的研发投入——理论及中国的经验研究[J]．国际贸易问题，2009，7.

[4] 窦雪霞，程开明，窦志强．创新溢出的空间尺度与实证检验[J]．科研管理，2009，4.

[5] 葛顺奇，罗伟．外商直接投资与东道国经济增长——基于模仿与创新的研究[J]．世界经济研究，2011，1.

[6] 蒋殿春，夏良科．外商直接投资对中国高技术产业技术创新作用的经验分析[J]．经济研究，2005，8.

[7] 李婧，谭清美，白俊红．中国区域创新生产的空间计量分析——基于静态与动态空间面板模型的实证研究[J]．管理世界，2010，7.

[8] 李习保．中国区域创新能力变迁的实证分析：基于创新系统的观点[J]．管理世界，2007，12.

[9] 倪海青，张岩贵．知识产权保护、FDI技术转移与自主创新[J]．世界经济研究，2009，8.

[10] 裴长洪，樊瑛．利用外资仍要坚持数量与质量并重[J]．中国工业经济，2008，3.

[11] 平新乔等．外商直接投资对中国企业的溢出效应分析：来自中国第一次全国经济普查数据的报告[J]．世界经济，2007，8.

[12] 邱斌，尹威，杨帅．全球生产网络背景下的企业创新与经济增长——"FDI、企业国际化与中国产业发展学术研讨会"综述[J]．管理世界，2007，12.

[13] 谭蓉娟，阮娴静．FDI影响珠三角装备制造业自主创新能力的实证研究[J]．国际贸易问题，2009，2.

[14] 王家庭，贾晨蕊．中国区域创新能力及影响因素的空间计量分析[J]．中国科技论坛，2009，12.

[15] 王劲峰，廖一兰，刘鑫．空间数据分析教程[M]．北京：科学出版社，2010.

[16] 冼国明，薄文广．外国直接投资对中国企业技术创新作用的影响——基于产业层面的分析[J]．南开经济研究，2005，6.

[17] 张海洋，史晋川．中国省际工业新产品技术效率研究[J]．经济研究，2011，1.

[18] 庄子银．知识产权、市场结构、模仿和创新[J]．经济研究，2009，11.

[19] Brambilla, I., Hale, G., and Long, C. X.. Foreign direct investment and the incentives to innovate and imitate[J]. *The Scandinavian Journal of Economics*, 2009, 111(4).

[20] Cerqueira, P. A., and Martins, R.. Measuring the determinants of business cycle synchronization using a panel approach[J]. *Economics Letters*, 2009, 102(2).

[21] Fu, X. L., and Gong, Y. D.. Indigenous and foreign innovation efforts and drivers of technological upgrading: Evidence from China[J]. *World Development*, 2011, 39(7).

[22] Iyer, K. G. , Rambaldi, A. N. , and Tang, K. K. . Efficiency externalities of trade and alternative forms of foreign investment in OECD countries[J]. *Journal of Applied Econometrics*, 2008, 23(6).

[23] Kemeny, T. . Does foreign direct investment drive technological upgrading? [J]. *World Development*, 2010, 38(11).

[24] Liu, X. H. , and Buck, T. . Innovation performance and channels for international technology spillovers: Evidence from Chinese high-tech industries[J]. *Research Policy*, 2007, 36(3).

[25] Sun, Y. F. , and Du, D. B. . Determinants of industrial innovation in China: Evidence from its recent economic census[J]. *Technovation*, 2010, 30(5).

[26] Veliyath, R. , and Sambharya, R. B. . R&D investments of multinational corporations: An examination of shifts in patterns of flows across countries and potential influences[J]. *Management International Review*, 2011, 51(3).

[27] Wang, C. Q. , and Kafouros, M. I. . What factors determine innovation performance in emerging economies? Evidence from China[J]. *International Business Review*, 2009, 18(6).

[28] Wang, Y. J. , Liu, Z. Z. , and Zhang, Y. . Cross-border mergers and acquisitions: Innovative capacity and national economic security[J]. *Journal of Economic Policy Reform*, 2007, 10(4).

[29] Xu, B. . The impact of trade and foreign direct investment policies on technology adoption and sourcing of Chinese firms[J]. *Contemporary Economic Policy*, 2011, 29(2).

R&D Investment, FDI and Tendency for Domestic Market of Foreign-funded Enterprises
——a New Perspective of the Factors Affecting the Regional Innovation Capacity

Wang Peng[1]   Wang Canhua[2]

(1, 2   College of Economics of Ji'nan University, Guangzhou, 510632)

Abstract: This paper designs two indicators which respectively represent the extent of interaction between R&D investment and FDI and the tendency for domestic market of foreign-funded enterprises. Based on the graphs of two dimensions (indicator and time), a descriptive analysis of both the sensitivity of domestic R&D departments responding to the entry of foreign investment and adjustment of the share of market of foreign-funded enterprises has been shown. By improving the traditional knowledge production function, the econometrical model for empirical study of relationship of input-output of regional innovation has been constructed. Through the panel data analysis on the sample data set which includes the relative data of nine provinces in Pan-pearl River District from 2000 to 2009, mechanism of how the factors which have been classified to three parts including input capability, technology spillover from foreign-invested enterprises and the regional environment of innovation affect the output of innovation of the region has also been supplied. The results show that the input of labor and the accumulation of innovation capital drive the increasing of innovation output apparently. There is always a high synchronism between R&D investment and FDI, such a kind of synchronism affects the regional innovation capacity weakly. Simultaneously, the whole effect of technology spillover from FDI is significantly positive. An improvement of environment of innovation promotes regional innovation capacity, however, the reinforcing of the tendency for domestic market of foreign-funded enterprises doesn't affect regional innovation capacity obviously.

Key words: R&D investment; FDI; Tendency for domestic market of foreign-funded enterprises; Regional innovation capacity

自由现金流量与非效率投资

——基于企业生命周期理论的实证研究

● 曹崇延[1]　任　杰[2]　许崇春[3]

（1，2 中国科学技术大学管理学院　合肥　230026；3 中国科学技术大学公共事务学院　合肥　230026）

【摘　要】目前关于非效率的研究主要集中于自由现金流量与过度投资的关系，对投资不足的问题关注较少，更鲜有学者从企业生命周期的角度来对自由现金流量和非效率投资的关系进行实证研究。本文以我国沪深 A 股制造业 960 家上市公司 2007—2010 年的面板数据为样本，从企业生命周期这一新的视角，对上市公司投资行为进行实证研究。实证结果表明：处在成长期企业的自由现金流量为负值，企业会出现投资不足的问题；处在成熟期和衰退期企业的自由现金流量为正值，企业会出现过度投资的现象。本文建议评价企业的投资效率应该从其所处的生命周期阶段出发。这种思路对于以后评价企业的投资效率有一定的指导意义。

【关键词】自由现金流量　企业生命周期　非效率投资　投资控制

1. 引言

好的投资决策能够降低企业的风险、获得收益，非效率投资则可能使企业陷入困境。然而在现实中，许多企业都不同程度地存在着非效率投资。由于中国资本市场存在先天性制度缺陷，再加上过度融资和公司治理机制不完善，普遍存在非效率投资行为，这可能是造成我国许多企业经营效率较差甚至经营失败的主要原因之一。"非效率投资"已成为制约上市公司质量提升和长期持续发展的重要因素。

那么，处在不同生命周期阶段的企业其投资决策有何特征？其自由现金流量与非效率投资有无联系？我们能否根据企业所处生命周期的不同阶段来制定相适宜的现金流量管理策略和投资策略？本文将循着把自由现金流量与企业非效率投资的关系置于企业生命周期各个阶段进行考察的思路，通过对中国制造业上市公司的统计分析，考察企业自由现金流量与非效率投资的联系。

企业处于生命周期的不同阶段，其所需资金的性质、规模取决于自身发展的需要。企业应当根据所处阶段内外部环境的要求，结合企业的发展战略，采取适应于该阶段的现金流量管理策略和投资策略，这样才能提高资金运用效率，把钱用在刀刃上，解决企业资金短缺的问题，从而规避财务风险。

基于以上研究目的，考虑到以往文献大多研究的是非效率投资中的过度投资问题，而对投资不足的问题很少展开研究，"且尚未有文献考察投资不足的现状和程度"①，本文提出了划分企业生命周期量化

---

① 周伟贤. 投资过度还是投资不足——基于 A 股上市公司的经验证据［J］. 中国工业经济，2010，9：151-160.

的方法，考察了企业生命周期的不同阶段企业非效率投资的状况。从企业生命周期的视角来审视自由现金流量与企业非效率投资的关系，这也是一次新的尝试。

全文结构安排如下：第二部分在文献回顾的基础上提出实证研究假设，第三部分介绍了本文的样本数据和研究设计，第四部分列示了实证结果，最后给出本文的研究结论。

2. 文献回顾与实证研究假设的提出

2.1 企业生命周期理论及其界定

像生物有机体一样，企业也具有生命，而且都存在着较为稳定的生命周期，即所有企业都会经历由幼稚到成熟的过程，它们都有自己的生命轨迹——出生、成长、成熟和衰退，并且每个阶段紧密相连，由此构成了一个企业完整的生命变化过程。这个过程就是企业的生命周期。

20世纪50年代开始，学者们开始从仿生学的视角观察企业的生命现象。第一次提出企业生命周期概念的是美国学者拉瑞·葛雷纳（Larry E. Greiner，1972），他在 *Evolution and Revolution as Organizations Grow* 一文中，首次提出企业生命周期的概念，并且围绕这一概念提出了企业成长五阶段模型。这被视为企业生命周期理论研究的开端。其后，企业生命周期理论已发展到二十多种，其中阶段论影响最大，并吸引了大批学者的注意力，由此产生了许多彼此有别的阶段论（参见表1）。

表1　　　　　　　　　　　　　　　企业生命周期阶段的划分

主要提出者	年份	阶段数	划分阶段标准
McGuire	1963	5	经济增长
Downs，Lippitt	1967	3	组织结构及复杂程度
Quinn，Cameron	1983	4	企业规模
Kazanjian	1988	4	产品或技术的生命周期
Adizes	1989	10	灵活性和可控性
Flamholt	1990	7	销售额
Rowe et al.	1994	5	组织规模+管理风格

资料来源：根据相关文献整理得到。

然而，谭力文（2001）等认为，国外研究大多将企业生命周期与企业的经营周期或商业周期结合起来，分析了企业生命周期的决定因素，其结论不一定与我国的企业生命周期特征产生的原因相吻合。因此，我国学者结合中国的实际对企业生命周期界定问题做了进一步的研究。陈佳贵（1995）从企业规模变化的角度出发，对企业生命周期进行了重新划分，并将企业生命周期分为：孕育期、求生存期、高速成长期、成熟期、衰退期和蜕变期。此学说不同于以往的研究之处在于在衰退期后面加了蜕变期，增加的这个关键阶段有助于研究企业的可持续发展。曹裕等（2010）借鉴产业经济学产业增长率法将企业生命周期大致分成成长期、成熟期和衰退期，考察不同的生命周期阶段对于企业绩效的影响以及不同生命周期阶段智力资本与企业绩效的关系。尹闪（2009）根据 Dickinson 提出的基于现金流的分类方法，运用哥特和开普兰的企业生命周期五阶段模型对中国的上市公司生命周期代理变量的符号进行了判断。叶建芳等（2010）利用企业现金流符号组合信息构建了企业生命周期的代理变量，研究了企业生命周期、债权治理与资产减

119

值三者之间的关系。任佩瑜等（2004）运用管理熵与企业生命周期相关理论对中国上市公司生命周期进行了实证分析。

总的来说，尽管各种理论划分的标准不同，得出的阶段数也不尽相同，但各种企业生命周期理论的核心观点是一致的：企业就像有机生物体一样，也有一个由盛转衰、从生到死的过程。现在多数研究中，将企业生命周期简化为四个阶段：初创期、成长期、成熟期、衰退期。公司如果要在证券交易所上市，必须达到一定的规模，并有较为稳定的收益，所以在我们的研究中，提出假设1：

假设1：上市公司的生命周期分为成长期、成熟期和衰退期三个阶段。

2.2　自由现金流量、非效率投资与企业生命周期

自由现金流量是指企业全部现金流入扣除成本费用和必要的投资后剩余的部分，它是企业一定期间内可以提供给所有投资人的税后现金流量。

Modigliani 和 Miller（1958）认为企业最优投资决策是投资收益大于投资成本，且最优投资决策就是净现值为正。按照现代公司金融理论，非效率投资是过度投资或投资不足。首先提出过度投资概念的 Jensen 和 Meckling（1976）认为过度投资是经理人为追求自身利益而投资一些净现值（NPV）为负的项目。Myers（1977）则提出了投资不足的概念为企业放弃净现值为正的项目，并且解释了原因。

对于投资效率的测算，最早可以追溯到 Baumol、Heim、Malkie 和 Quand（1970）（简称 BHMQ）对美国企业的留存收益再投资报酬率（returns on reinvested cash flows）的研究，他们发现留存收益再投资报酬率仅为 3% ~ 4.6%。Mueller 等（1993）对 BHMQ 的发现提出质疑，他们采用了"边际投资收益"（marginal return on investment）这一新的概念测算了企业投资效率，并认为当边际投资成本大于边际投资收益时，企业存在过度投资行为。Richardson（2006）构建了一个新的计量过度投资和自由现金流框架，第一次运用实证的方法对企业过度投资和自由现金流的关系进行了检验。这种方法对后来的研究产生了深远的影响。

处在生命周期的不同阶段，企业的现金流状况存在差异，对投资行为的影响也在所难免。

当企业处在成长期，其产品或业务开始适销对路，出现少量的净利润。而处于这个时期的企业尚未形成明显的竞争优势，对产品的生产和存货存储方面投入较大，产品的销售可能需要借助赊销，因此经营活动净现金流量较低。高成长性急需企业增加对长期资产的投入，此时资本支出迅速增加[①]。企业的长期资产、无形资产已开始形成一定的折旧和摊销。总的来说，企业为保证现有的市场占有率并争取更大的市场，需要在存货、固定资产、广告等方面投入更多的资金。这一阶段的企业经营活动取得的现金净流入仍难满足投资扩张的需要，会面临资金紧张的状况，同时，信息不对称可能会使净现值为正的项目被放弃，出现投资不足的情况。由此我们提出假设2：

假设2：处在成长期的企业自由现金流量为负值，企业会出现投资不足的问题。

步入成熟期，企业便进入了"黄金发展时期"，销售额和利润都达到最高点，此时由于"学习曲线"的存在，产品成本下降，经营者已积累了比较丰富的管理企业的经验，管理逐步正规化。企业逐步形成一定信誉与品牌，税后净利润进一步增加，经营活动净现金流量较高，而长期资产、无形资产的折旧和摊销可能略有增加，此时现金流充裕。此阶段代理问题会更加突出，为了构建自己的"企业帝国"，经理会投资于一些高风险的项目，尽管这些项目的净现值可能为负[②]。基于以上分析，我们提出假设3：

---

① 张俊瑞，李彬．企业生命周期与盈余管理关系研究——来自中国制造业上市公司的经验证据[J]．预测，2009，2：16-20.

② 童盼，陆正飞．负债融资、负债来源与企业投资行为——来自中国上市公司的经验证据[J]．经济研究，2005，5：75-84.

假设 3：处在成熟期的企业自由现金流量为正值，企业会出现过度投资的问题。

企业处在衰退期，表示开始走下坡路，经营状况逐步恶化，销售业绩逐渐下滑。但是由于企业前期积累的技术经验以及市场信誉度，产品仍能维持较高的税后净利润。而长期资产、无形资产的折旧和摊销基本维持不变，企业会有较高现金流。但此时企业会面临被兼并的风险，"反兼并"措施可能导致企业的"盲目扩张"，对于投资项目可能不够谨慎，可能投资于净现值为负的项目。在此阶段，企业代理问题会更加严重，再加上企业高层管理人员已带领企业取得辉煌的成绩，会"高高在上，极易产生过度自信心理"①，从而产生过度投资的问题。基于以上分析，我们提出假设 4：

假设 4：处在衰退期的企业自由现金流量为正值，企业会出现过度投资的问题。

3. 样本数据和研究设计

3.1 样本的选择

本文选取 2007—2010 年沪深 A 股制造业上市公司为初始样本，选择制造业作为样本主要基于以下考虑：（1）制造业投资直接作用于生产过程②，对于企业产出产生直接的影响；（2）制造业的投资大多是实物投资，"回收周期长，资产专用性强，具有不可逆的特征"③；（3）制造业较早地大规模地进入证券市场，具有数量多、数据充足的优点。筛选样本时，剔除以下公司：ST 公司、数据不全的公司。最后得到 960 家公司在 2007—2010 年的 3840 组观测数据。所有原始数据来源于 CSMAR，不足的数据由锐思数据库补全。本文采用 Execl2010、SPSS17.0 和 Eviews6.0 进行数据处理与分析。

3.2 模型的构建与变量的设计

3.2.1 企业生命周期的界定

本文在借鉴前人研究的基础上，结合研究需要，选择了总资产增长率、营业收入增长率、利息保障倍数、公司经营年限、股利支付率④、每股经营活动现金净流量、每股投资活动现金净流量、每股筹资活动现金净流量⑤构建一个度量企业生命周期的综合指数。

（1）企业的总资产与营业收入在生命周期前期以较快速率增长⑥，后期由于市场的饱和、新竞争对手的进入、自身发展的限制等原因，这两项指标会逐渐下降；而企业成立初期负债融资相对较难，利息保障倍数较高，但随着企业的发展，负债融资渠道逐渐打开，企业会利用财务杠杆的作用⑦，这样利息保障倍数会降低。故本文将总资产增长率、营业收入增长率、利息保障倍数这 3 个指标分别按由大到小排序，以此来体现其成长性的差异。公司经营年限一般与企业的成长性成反比。企业在发展阶段一般会将盈余

① 姜付秀，张敏，陆正飞，陈才东. 管理者过度自信、企业扩张与财务困境[J]. 经济研究. 2009，1：131-143.
② 唐雪松，郭建强. 基于自由现金流代理成本假说的投资行为研究[J]. 证券市场导报，2007，4：62-68.
③ 魏锋，刘星. 融资约束、不确定性对公司投资行为的影响[J]. 经济科学，2004，2：35-43.
④ 数据分析之前，我们已对这 5 个变量之间的相关性进行了分析，发现它们之间是不相关的，故这些变量是企业生命周期特征较好的代理变量。
⑤ 曹裕（2010）在《关注企业生命周期》一书中对判别企业生命周期三种常用的方法——管理熵法、产业增长率法和现金流组合法进行了实证比较分析，发现现金流组合法对企业生命周期的判别相比于其他两种方法更具有一定的稳定性。因此这里将现金流组合法作为判别企业的生命周期的一个方面。
⑥ 王秀丽. 现金流量、利润与企业生命周期的关系解读[J]. 财会月刊，1995，6：48-49.
⑦ 曹晋生. 企业生命周期与银行信贷结构调整[J]. 金融论坛，2000，10：40-44.

的资金用来支持企业发展而不是发放给股东[1]，导致企业股利支付率较低；而处在成熟期和衰退期的企业由于没有好的投资项目，会把盈余的资金发放给股东，由此会呈现出较高的股利支付率。故本文将公司经营年限、股利支付率这2个指标分别按由小到大排序，以此来体现其成长性的差异。最后计算这5个指标中每家公司在各年样本中的百分位等级分数，这样，每个指标均转换成[0，1]的一个数值。

（2）根据每股经营活动现金净流量、每股投资活动现金净流量、每股筹资活动现金净流量的符号来判断企业所处的生命周期阶段[2]，并分别赋予0.3、0.6、1。

（3）将这些转换后的指标数值加总，即得出生命周期的综合指数，其值在[0，8]区间，数值越大，说明企业越成熟。

3.2.2 自由现金流量的度量设计

本文借鉴 Richardson(2006)等相关研究对自由现金流量的度量，即自由现金流量是在满足了维持性投资支出和最优投资支出之后剩余的现金流量：

$$FCF_{it} = CFO_{it} - I_{maintence} - I_{new}^* \tag{2}$$

其中，FCF_{it}是自由现金流量/第$t-1$年期末资产总额；CFO_{it}是经营活动净现金流量/第$t-1$年期末资产总额；$I_{maintence}$是维持性投资支出/第$t-1$年期末资产总额；I_{new}^*是最优投资支出/第$t-1$年期末资产总额。

3.2.3 非效率投资度量模型与变量的设计

本文研究的投资是实业投资，即长期资产的投资。定义：

$$总投资 I_{total} = 固定资产增加值 + 工程物资增加值 + 在建工程增加值 \tag{1}$$

如图2所示，企业的总投资（I_{total}）又可以分为必要的维持现有项目的维持性投资（$I_{maintence}$）与新增投资（I_{new}）。而新增投资（I_{new}）又可以分为两个部分：最优投资 I_{new}^* 和非效率投资 I_{new}^e。由此我们可以得出企业的非效率投资就是企业实际投资支出减去维持性投资和最优投资的差，即：

$$I_{new_{it}}^e = I_{new_{it}} - I_{new_{it}}^* - I_{maintence_{it}} \tag{2}$$

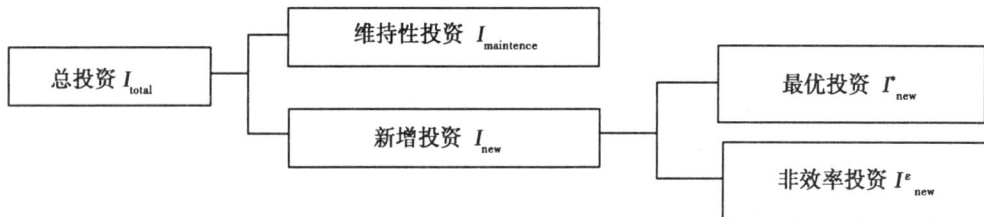

图2　总投资的构成

詹雷等(2011)对常用的三种衡量过度投资的模型——FHP模型、Vogt模型、Richardson的残差度量模型进行了评价，同时还介绍了我国学者对三种模型的应用情况。最后指出，Richardson模型相比于其他两种模型更科学，运用范围更广，更适合我国的实际情况。所以，我们在借鉴 Richardson 非效率投资度量模型(2006)的基础上，结合本文的研究需要[3]，重新构建了以下过度投资检验模型：

$$I_{new_{it}} = \beta_0 + \beta_1 Growth_{it-1} + \beta_2 Lev_{it-1} + \beta_3 Cash_{it-1} + \beta_4 Age_{it-1} + \beta_5 Size_{it-1} + \beta_6 I_{new_{it-1}} + \xi_{it} \tag{3}$$

---

[1] 张俊瑞，李彬. 企业生命周期与盈余管理关系研究——来自中国制造业上市公司的经验证据[J]. 预测，2009，2：16-20.

[2] 具体方法请参见宋常、刘司慧(2011)以及叶建芳(2010)的研究。

[3] 由于本文选择的样本是制造业，无需考虑行业效应，故舍去原模型中的行业变量 Industry；由于是从企业生命周期划分样本，故舍去原模型中的年度变量 Year。

模型中相关变量的定义及设置见表2。

表2　　　　　　　　　　　　　　　模型中的变量定义及设置说明

变量	变量的含义	变量的设置
$I_{\mathrm{new}_{it}}$	i 企业第 t 年新增投资支出	第 t 年固定资产、无形资产现金流出净额①/第 $t-1$ 年期末资产总额
$I_{\mathrm{maintence}_{it}}$	i 企业第 t 年维持性投资支出	资产负债表中固定资产折旧与无形资产摊销之和/第 $t-1$ 年期末资产总额
Growth_{it-1}	i 企业第 $t-1$ 年的成长机会	托宾 q、市盈率、主营业务收入增长率、年度资产折旧与总资产的比这四个指标采用 SPSS 的主成分分析法的得分②
Lev_{it-1}	i 企业第 $t-1$ 年的财务杠杆	第 $t-1$ 年的资产负债率
Cash_{it-1}	i 企业第 $t-1$ 年的现金持有量	第 $t-1$ 年的现金持有量的自然对数
Age_{it-1}	i 企业第 $t-1$ 年经营年限	第 $t-1$ 年时的成立年数
Size_{it-1}	i 企业第 $t-1$ 年的企业规模	第 $t-1$ 年的总资产的自然对数
$I_{\mathrm{new}_{it-1}}$	i 企业第 $t-1$ 年的新增投资支出	第 $t-1$ 年固定资产、无形资产现金流出净额/第 $t-2$ 年期末资产总额

　　模型(3)估计的被解释变量 I_{new} 是由企业的成长机会、财务杠杆、现金持有量等因素决定的最优投资水平(I_{new}^{*}),很多学者会把模型的残差项当做划分非效率投资的标准:如果为正,则为过度投资;如为负数,则为投资不足。这样做会有一个共同的问题:使用模型(3)中的残差项来估计投资不足和投资过度,容易产生"系统性偏差"③,因为作为残差项,其均值为零,残差项之和被预先决定了。这样使用 Richardson 模型会使处于最优投资水平附近的企业被认定为投资过度或者投资不足,就导致了被认定为非效率投资企业的数量大幅增加,而最优投资水平的企业数量总是极少,显然这与事实不符。本文借鉴周伟贤(2010)的做法来划分过度投资组和投资不足组。

3.2.4　企业生命周期不同阶段的自由现金流量与非效率投资相关性检验模型

　　在得到过度投资组和投资不足组的样本后,本文建立以下计量模型来检验不同生命周期阶段的自由现金流量与非效率投资的相关性:

$$I_{\mathrm{new}_{it}}^{e} = \alpha_0 + \beta_1 \mathrm{dum. pos\_fcf} + \beta_2 \mathrm{dum. neg\_fcf} + \varepsilon_{it} \qquad (4)$$

被解释变量 $I_{\mathrm{new}_{it}}^{e}$ 为过度投资组或投资不足组中模型(3)的残差项,若 $I_{\mathrm{new}_{it}}^{e}$ 为正,则模型(4)是检验过度投资组中自由现金流量与过度投资的相关性;若 $I_{\mathrm{new}_{it}}^{e}$ 为负,则模型(4)是检验投资不足组中自由现金流量与投资不足的相关性。在模型(4)中,若 $\mathrm{fcf}_{it}>0$,则 dum. pos_ fcf=fc,dum. neg_ fcf=0;若 $\mathrm{fcf}_{it}<0$,则 dum. neg_ fcf=fcf,dum. pos_ fcf=0。

　　把成长期的样本划分为过度投资组和投资不足组,若投资不足组企业的数量明显多于过度投资组,则说明处于成长期的企业更容易发生投资不足的情况;再者,若通过模型(4)得到 β_2 显著大于 β_1,则说明自由现金流量为负的企业更容易发生投资不足的情况,从而假设2得到证实。

　　再把成熟期和衰退期的样本分别划分为过度投资组和投资不足组,若过度投资组企业的数量明显多

---

　　① 固定资产、无形资产现金流出净额等于"购建固定资产、无形资产和其他长期资产支付的现金"、"投资支付的现金"、"取得子公司及其他营业单位支付的现金净额"之和减去"处置子公司及其他营业单位收到的现金净额"。

　　② 由于篇幅有限这里省去相关的处理过程。

　　③ 周伟贤. 投资过度还是投资不足——基于 A 股上市公司的经验证据[J]. 中国工业经济,2010,9:151-160.

于投资不足组，则说明处于成熟期和衰退期的企业更容易发生过度投资的情况。此外，若通过模型(4)得到 β_1 显著大于 β_2，则说明自由现金流量为正的企业更容易发生过度投资的情况，从而假设3、假设4得到证实。

4. 实证研究

4.1 企业生命周期的界定

表3是采取综合指数法每阶段的公司个数统计，从中可以看到，处于成长期的公司有307个，占全样本的31.98%；处于成熟期的公司有581个，占全样本的60.52%，所占比重最大；处于衰退期的公司有72个，占全样本的7.50%，占比最小。

表3   综合指数法下每阶段的公司个数

	公司样本数	比重
成长期	307	31.98%
成熟期	581	60.52%
衰退期	72	7.50%
总计	960	100%

基于企业生命周期三个阶段的划分，我们对与企业生命周期有关财务指标进行了统计分析，旨在考察划分企业生命周期后企业的各项数据是否具有实际的经济意义（具体情况如表4所示）。从统计结果来看，大部分指标与实际情况是基本相符的，比如处于成长期的企业的总资产增长率高于成熟期，营业收入增长率在成熟期最高；每股现金净流量由高到低的顺序也与预期一致，企业从成长期经成熟期至衰退期，每股投资活动现金净流量在成长期最高而在衰退期最低，每股筹资活动现金净流量在成长期最高。

表4   综合指数法下三个阶段的统计结果

	成长期	成熟期	衰退期
总资产增长率	0.8739	0.1698	0.0263
营业收入增长率	1.6705	0.4027	0.0437
利息保障倍数	31.8046	24.4887	6.7644
公司经营年限	4.562	13.3100	16.0600
股利支付率	0.1712	0.3333	0.5791
每股经营活动现金净流量	−0.8015	0.2616	0.1221
每股投资活动现金净流量	2.6381	−0.3968	−0.1979
每股筹资活动现金净流量	0.2722	0.1916	−0.0866

当然，简单的统计描述尚无法确定这些差异是否显著。故我们对三个阶段两两之间的财务指标进行了 T 检验，结果发现 T 值显著。其结果表明总资产增长率在成长期显著大于成熟期和衰退期，资本支出

增长也是成长期显著大于成熟期、衰退期，企业经营年限的高低顺序正好相反，成长期企业经营年限显著小于成熟期、衰退期（具体情况如表 5 所示）。

表5
各阶段间变量差异 T 检验

	成长期—成熟期	成熟期—衰退期	成长期—衰退期
总资产增长率	0.7074***	0.1167***	0.4771***
营业收入增长率	0.3764***	0.1345***	0.3071***
利息保障倍数	10.367***	2.249**	7.651***
公司经营年限	-2.8697***	-2.0972***	-4.0556***
平均股利支付率	-0.0883**	-0.2796***	-3.997***
每股经营活动现金净流量	0.0011	0.3074**	0.2961**
每股投资活动现金净流量	-0.5498***	-0.2912**	-0.8267***
每股筹资活动现金净流量	2.6539***	0.2367*	1.6874***

注：＊＊＊、＊＊、＊分别表示双侧检验在 1%、5% 和 10% 下显著。

最后，为了检验这种划分结果能否表现出稳定性，我们做了如下阶段变化的平稳性检验。从表 6 可以看到，企业在第 N 年（我们取 2009 年的数据）所处的生命周期与下一期即第 $N+1$ 年（我们取 2010 年的数据）相同的比例为 68.96%，则剩下的比例表示所处生命周期阶段在相邻两年之间产生了变动，即企业在第 N 年所处阶段为成长期，第 $N+1$ 年变成成熟期，或者第 N 年所处阶段为成熟期，第 $N+1$ 年变成衰退期的概率为 31.04%。第 N 年和第 $N+1$ 年间企业所处阶段没有发生变化以及向下一阶段变化的公司样本占总样本的 82.29%，属于正常范围的阶段变动。由此可见这种划分方法具有一定的平稳性①。

表6
综合指数法下划分结果的平稳性检验

		第 N 年（2009 年）			
		成长期	成熟期	衰退期	合计
（2010 年）第 $N+1$ 年	成长期	183	124	0	307
	成熟期	71	464	46	581
	衰退期	0	57	15	72
	合计	254	645	61	960

综上所述，通过经济意义检验、统计描述、各阶段间变量差异 T 检验以及平稳性检验，结果表明我们所采取的这种综合指数法划分企业生命周期还是比较合理的。

4.2 不同生命周期阶段自由现金流量对投资效率的影响

4.2.1 自由现金流量的描述性统计

通过表 7 可以看出，处于不同生命周期阶段的企业的自由现金流量差异很大：处于成长期的企业，自

---

① 张俊瑞，李彬. 企业生命周期与盈余管理关系研究——来自中国制造业上市公司的经验证据[J]. 预测，2009，2：16-20.

由现金流量为负,说明此阶段这些企业的现金流是比较紧张的;处于成熟期和衰退期的企业的自由现金流量为正,并且处于衰退期的企业的自由现金流量明显高于处于成熟期和成长期的企业。

表7 各阶段自由现金流量的描述性统计

年份	成长期				成熟期				衰退期			
	最小值	最大值	均值	标准差	最小值	最大值	均值	标准差	最小值	最大值	均值	标准差
2008	-0.702	0.511	-0.062	0.163	-3.460	0.370	-0.065	0.273	-0.510	0.250	0.049	0.141
2009	-0.843	1.620	-0.019	0.254	-2.150	0.740	0.011	0.263	-0.450	0.280	0.045	0.102
2010	-1.471	0.760	-0.166	0.200	-5.610	2.970	0.033	0.477	-0.050	0.330	0.079	0.083

4.2.2 适度投资水平的确定

在对样本划归所处的生命周期阶段后,为了确定企业的适度投资水平,根据模型(3),我们对处于不同阶段企业的投资水平进行回归①,回归结果见表8。依据回归结果我们可以得到三个阶段的适度投资水平分别是:

$$I^*_{new_{it}} = 2.440 - 0.029 Growth_{it-1} - 0.002 Lev_{it-1} + 0.140 Cash_{it-1} + 0.019 Age_{it-1} - 0.385 Size_{it-1} - 0.048 I_{new_{it-1}}$$

$$I^*_{new_{it}} = 0.571 + 0.010 Growth_{it-1} - 0.001 Lev_{it-1} - 0.045 Cash_{it-1} - 0.004 Age_{it-1} - 0.002 Size_{it-1} - 0.195 I_{new_{it-1}}$$

$$I^*_{new_{it}} = -0.211 + 0.059 Growth_{it-1} - 0.002 Lev_{it-1} + 0.070 Cash_{it-1} - 0.016 Age_{it-1} - 0.004 Size_{it-1} + 0.195 I_{new_{it-1}}$$

从回归结果来看,首先三个方程都通过了 F 检验,说明方程整体上是显著的;再对各个回归系数进行 T 检验,结果显著,说明每个变量对解释变量都是有意义的;并且三个模型的拟合性都很好。据此可以计算得出处在三个阶段的企业的适度投资水平(见表8)。

表8 三个阶段适度投资水平的回归检验

阶段 变量	成长期		成熟期		衰退期	
	系数	T 统计值	系数	T 统计值	系数	T 统计值
截距	2.440	21.229***	0.571	16.933***	-0.211	-2.172**
Growth	-0.029	-14.449***	0.010	5.522***	0.059	5.301***
Lev	-0.002	-8.850***	-0.001	-10.261***	-0.002	-5.795***
Cash	0.140	15.651***	-0.045	-13.114***	0.070	5.599***
Age	0.019	21.544***	-0.004	-11.577***	-0.016	-5.030***
Size	-0.385	-20.289***	-0.002	-8.539***	-0.004	-7.702***
$I_{new_{i\,it-1}}$	-0.048	-2.606***	-0.195	-10.231***	0.195	6.996***
Adjusted R^2	0.842		0.869		0.822	
F 统计量	16.718***		20.648***		13.858***	

注:***、**、*分别表示双侧检验在1%、5%和10%下显著。

———————

① 在 Eviews 中应用 Panel Data 模型之前我们已对所有数据的平稳性进行了检验,并且通过 Huasman 检验,结果发现 Panel Data 模型应该用固定效应模型,为了减少横截面数据造成的异方差影响,我们采用的是广义最小二乘法(GLS),由于篇幅有限,这里不再给出详细过程。

4.2.3 处在三个阶段的企业的非效率投资水平

在得到处在三个阶段的企业的适度投资水平后，结合模型(2)计算得出每个企业的非效率投资水平，在此基础上再根据周伟贤(2010)改进的做法来划分过度投资组和投资不足组(见表9)。

表9　　　　　　　　　　　　　　三个阶段非效率投资企业数目统计

项目 阶段	成长期				成熟期				衰退期			
	2008	2009	2010	占总样本比例	2008	2009	2010	占总样本比例	2008	2009	2010	占总样本比例
投资不足	74	90	86		65	104	147		40	22	30	
占样本比例	24.10%	29.32%	28.01%	27.14%	11.19%	17.90%	25.30%	18.13%	55.56%	30.56%	41.67%	42.60%
过度投资	19	27	40		317	182	235		41	28	43	
占样本比例	6.19%	8.79%	13.03%	9.34%	54.56%	31.33%	40.45%	42.11%	56.94%	38.89%	59.72%	51.85%

从表9可以看出，处于成长期的企业发生投资不足的比例为27.14%，明显高于过度投资的比例9.34%；处于成熟期和衰退期的企业发生过度投资的比例分别为42.11%和51.85%，高于投资不足的比例18.13%和42.60%。处在成熟期和衰退期的企业发生非效率投资的比例都明显高于处于成长期的企业，并且处于衰退期的企业发生非效率投资的情况更为严重。由此我们可以得出以下结论：处在成长期的企业易出现投资不足的现象；处于成熟期和衰退期的企业更可能发生过度投资的行为。

4.2.4 企业生命周期不同阶段的自由现金流量与非效率投资相关性检验

在得到不同生命周期阶段的自由现金流量和非效率投资的情况后，本文利用模型(4)对生命周期不同阶段的自由现金流量与非效率投资的相关性进行检验，结果如表10所示。

表10　　　　　　　　　　　三个阶段自由现金流量与非效率投资相关性检验

项目 阶段	成长期		成熟期		衰退期	
	被解释变量 under_Inv		被解释变量 over_Inv		被解释变量 over_Inv	
	系数	T统计值	系数	T统计值	系数	T统计值
α_0	−0.033	−4.763***	0.067	9.078***	0.018	0.93***
pos_fcf	−0.206	−3.011*	0.158	2.813***	0.71	4.847***
neg_fcf	0.487	18.417***	−0.087	−2.54*	−0.088	−0.726
观测值的个数	250		734		112	
调整的 R^2	0.027		0.012		0.087	

注：*** 、** 、* 分别表示双侧检验在1% 、5%和10%下显著。

根据模型(4)的估计结果可知：(1)处于成长期的企业，负自由现金流量的系数为0.487，且与投资不足显著正相关；而正自由现金流量的系数为−0.206，与投资不足负相关，但是相关性不强，并且 β_2 显著大于 β_1。这表明自由现金流量为负的企业更容易出现投资不足的现象。再结合上面得到的"处在成长期的企业易出现投资不足的现象"结论，本文的假设2得到验证。(2)处于成熟期和衰退期的企业，正自由现金流量的系数分别为0.158和0.71，且都与过度投资显著正相关；而负自由现金流量的系数分别为-0.087和-0.088，与过度投资负相关，但是相关性也都不强，并且 β_1 显著大于 β_2。这表明自由现金流量为正的企业更容易出现过度投资的现象。再结合上面得到的"处于成熟期和衰退期的企业更可能发生过度投资的行为"结论，本文的假设3、假设4得到验证。

5. 结论与启示

本文以我国2007—2010年沪深A股制造业上市公司面板数据为样本，从企业所处的生命周期阶段这一新的视角，通过统计分析和建立计量经济学模型，对上市公司投资行为进行实证研究。实证结果表明：(1)处在成长期企业的自由现金流量为负值，企业会出现投资不足的问题；(2)处在成熟期和衰退期企业的自由现金流量为正值，企业会出现过度投资的现象。总体来讲，关注企业的投资效率时，应该考虑其所处的生命周期阶段。

由于企业在每个阶段的经营特点、现金流量、投资特点和管理模式不尽相同，投资不足和过度投资在各阶段的程度也是不同的，所以针对各阶段现金流量对投资效率的不同影响，企业应采取不同的措施，做到适度投资：

第一，处于成长期的企业首先需解决资金紧张的问题。企业应当采取不同的融资策略以最小的成本为企业的发展筹集资金，如向风险投资传达高收益的信息，来获得风投的青睐；与银行保持良好的沟通，以期获得更多的贷款；保持良好的业绩，积极地在股市上融得发展所需的资金。由于资金紧张，企业可以采取低现金股利政策，提高留存收益，满足企业发展的资金需求。另外，企业应建立一套科学的现金流量管理制度进而规范投资行为。

第二，当企业进入成熟期时，现金流量管理制度基本形成，此阶段的管理重点是根据外部环境和企业的实际情况来对现金流量管理制度进行修订和完善，避免由于制度的僵化而丧失良好的投资机会，同时更要关注过度投资的问题。对于日益严重的委托代理问题，企业可以采取股权激励的措施使高层管理人员和企业的利益一致，独立董事的设置也能在一定程度上缓解委托代理问题。提高公司高管的学历水平(姜付秀等，2009)，引入实物期权，可在一定程度上避免非效率投资行为[①]。

第三，对于处于衰退期的企业，为了延长生命，应重新调整战略，开发新的产品、开拓新的市场或者收购处于成长期的企业，或者对效益不好的子公司进行剥离，还应防范可能出现的权责利不匹配、控制权之争。为缓解过度投资行为，企业应当将"过分充足"的自由现金流量分配给所有者，提高现金股利的分配率，回购股票，偿还债务等，这些措施在减少过度投资的同时可提高企业的价值。还可以集中所有权，使大股东能对经理的投资行为进行监督，防止经理做出过度投资、损害企业价值的决策。

(作者电子邮箱：ahrj@ mail. ustc. edu. cn)

参考文献

[1] 卞江，李鑫. 非理性状态下的企业投资决策——行为公司金融对非效率投资行为的解释[J]. 中国工业经济，2009，7.

[2] 曹晋生. 企业生命周期与银行信贷结构调整[J]. 金融论坛，2000，10.

---

① 中国注册会计师协会. 财务成本管理[M]. 北京：中国财政经济出版社，2010：180.

［3］曹裕，陈晓红，李喜华．企业不同生命周期阶段智力资本价值贡献分析［J］．管理科学学报，2010，5．

［4］曹裕，陈晓红，马跃如．基于企业生命周期的智力资本与企业绩效关系［J］．系统工程理论与实践，2010，4．

［5］陈佳贵．关于企业生命周期与企业蜕变的探讨［J］．中国工业经济，1995，11．

［6］蒋学伟．持续竞争优势［M］．上海：复旦大学出版社，2002．

［7］蒋东生．过度投资与企业价值［J］．管理世界，2011，1．

［8］姜付秀，伊志宏，苏飞，黄磊．管理者背景特征与企业过度投资行为［J］．管理世界，2009，1．

［9］姜付秀，张敏，陆正飞，陈才东．管理者过度自信、企业扩张与财务困境［J］．经济研究，2009，1．

［10］罗琦，肖文翀，夏新平．融资约束抑或过度投资——中国上市企业投资—现金流敏感度的经验证据［J］．中国工业经济，2007，9．

［11］梁莱歆，金杨，赵娜．基于企业生命周期的 R&D 投入与企业绩效关系研究——来自上市公司经验数据［J］．科学学与科学技术管理，2010，12．

［12］任佩瑜，余伟萍，杨安华．基于管理熵的中国上市公司生命周期与能力策略研究［J］．中国工业经济，2004，10．

［13］谭力文，夏清华．企业生命周期的比较分析［J］．财贸经济，2001，7．

［14］童盼，陆正飞．负债融资、负债来源与企业投资行为——来自中国上市公司的经验证据［J］．经济研究，2005，5．

［15］唐雪松，郭建强．基于自由现金流代理成本假说的投资行为研究［J］．证券市场导报，2007，4．

［16］魏锋，刘星．融资约束、不确定性对公司投资行为的影响［J］．经济科学，2004，2．

［17］王秀丽．现金流量、利润与企业生命周期的关系解读［J］．财会月刊，1995，6．

［18］肖珉．现金股利—内部现金流与投资效率［J］．金融研究，2010，10．

［19］易阳平．基于行为金融学的投资效率探析［J］．财经研究，2005，1．

［20］尹闪．企业生命周期的实证度量——基于现金流组合视角的分析［J］．中南财经政法大学研究生学报，2009，4．

［21］叶建芳，李丹蒙，唐捷．企业生命周期，债权治理和资产减值［J］．财贸经济，2010，9．

［22］中国注册会计师协会．财务成本管理［M］．北京：中国财政经济出版社，2010．

［23］詹雷，何娟，胡鑫红．过度投资研究模型：评介与运用［J］．财会月刊，2011，1．

［24］张俊瑞，李彬．企业生命周期与盈余管理关系研究——来自中国制造业上市公司的经验证据［J］．预测，2009，2．

［25］周伟贤．投资过度还是投资不足——基于 A 股上市公司的经验证据［J］．中国工业经济，2010，9．

［26］Baumol, W. J., Heim, P., and Malkiel, B. G.. Earnings retention, New capital and the growth of the firm［J］. *Review of Economics and Statistics*, 1970, 4.

［27］Dennis C. Mueller. Rates of return on corporate investment［J］. *Southern Economic Journal*, 1993, 12.

［28］Larry E. Greiner. Evolution and revolution as organizations grow［J］. *Harvard Business Review*, 1972, 7.

［29］Modigliani, F., and Miller, M.. The cost of capital, Corporation finance, and The theory of investment［J］. *American Economic Review*, 1958, 48.

［30］Myers, S. C.. Determinants of corporate borrowing［J］. *Journal of Financial Economics*, 1977, 5.

［31］Scott Richardson. Over-investment of free cash flow［J］. *Review of Accounting Studies*, 2006, 11(2).

Free Cash Flow and Non-efficient Investment

—the Empirical Research Based on Theory of Corporate Life Cycle

Cao Chongyan[1]   Ren Jie[2]   Xu Chongchun[3]

(1, 2 School of Management, The University of Science and Technology of China, Hefei, 230026;

3. School of Public Affairs, The University of Science and Technology of China, Hefei, 230026)

Abstract: The current research of non-efficient investment mainly concentrates on the impact that free cash flow has on investment efficiency, and pays little attention to the problem of insufficient investment; there is rare empirical research to check the relationship of free cash flow and non-efficient investment from the aspect of corporate life cycle. Using the data from 2007 to 2010 of Chinese listed companies, this paper empirically investigates the relationship between corporate life cycle and non-efficient investment based on relevant theoretic analysis. The results show that, over investment behavior of the enterprises does not occur in the growth phase when the company's free cash flow is negative; but in the maturity and decline phase when the free cash flow is positive, over investment is more likely to occur. Based on the findings, we suggest that the life cycle should be taken into consideration when evaluating of the investment efficiency of corporate.

Key words: Free cash flow; Non-efficient investment; Corporate life cycle; Investment control

投资教育效果研究[*]

——基于个人特质的视角

● 周学春[1]　黄敏学[2]　赵紫英[3]

(1, 2, 3　武汉大学经济与管理学院　武汉　430072)

【摘　要】以往文献研究了投资教育对投资者忠诚的直接影响及其内在中介机制,但是对于投资教育效果的边界条件,却鲜有文献涉及。基于此,本文从投资者个人特征这一视角出发,通过对国内某知名基金公司的问卷调查发现:对于收益较差、持有积极态度的投资者,投资教育的效果较好。本研究对希望提高投资教育效果和合理分配教育资源的金融企业具有一定的现实指导意义。

【关键词】投资教育　投资者忠诚　边界条件

1. 引言

金融产品已经渗透到日常生活的方方面面,例如存款、借贷、投资和保险等(Jong, Ruyter & Lemmink, 2004)。但是金融产品因其固有的复杂、专业等特征(Sharma & Patterson, 1999),消费者往往缺乏相对应的金融产品知识,常常在购买时面临着很高的感知风险。因此,为了降低消费者的风险感知、提高消费信心,很多金融企业都如火如荼地开展以"产品知识传播"为中心的投资者教育活动(Aubert & Humbert, 2001)。例如2010年中国银监会主办的"中国银行业公众教育服务日活动",其主旨就是通过多种形式和渠道向社会公众普及金融产品知识。所谓投资教育是指投资者感知到的金融企业提供产品知识和投资技巧的教育程度(Meer, 1984; Aubert, 2007; Bell & Eisingerich, 2007)。

尽管投资教育具有提高投资信心、降低感知风险的作用,但是很多金融企业还是不愿实施投资教育活动。这是因为,在其看来,投资教育是企业做出的异质性资产投资,其实施需要时间和金钱成本,甚至需要改变现有的服务流程,导致投资教育的实施具有一定的风险性,即企业如果没有找准目标投资者对其进行教育,则很有可能导致教育成本和投资"打水漂"(Bell & Eisingerich, 2007)。而且从资源配置的角度来看,企业的教育资源是稀缺和有限的。因此,如何精准地开展投资教育,是金融企业关注和研究的重要问题。

通过文献回溯,我们发现既有文献研究了投资教育实施的动因(Lee & O'Connor, 2003; Bell &

* 本文得到国家自然科学基金项目"中国人的面子、象征消费及消费者对品牌象征意义的反应研究"资助(项目批准号:71172204/G020503)、中央高校基本科研业务费专项资金资助(项目批准号:2012105010205)。

Eisingerich，2007）、实施过程（Ulrich & Holman，2000；Challagalla，Venkatesh & Kohli，2009）和影响结果（Sharma & Patterson，1999；Aubert，2007），但是关于投资教育效果的影响因素和边界条件的研究则较为匮乏。基于此，本文从投资者的个人特征出发，通过对国内某大型基金公司的问卷调查，研究投资教育效果的边界条件。研究结果表明，对于投资收益较差、态度较为积极的投资者而言，投资教育的效果较好。因此，本研究对于实施投资教育的金融企业具有一定的现实指导意义。

2. 投资教育

投资教育是金融企业投资顾问教授投资者使用和驾驭信息的技巧与能力的程度。具体而言，是指在投资服务过程中，投资顾问告知和解释金融概念、讲解所推荐的金融产品的优点和缺点等（Bell & Eisingerich，2007）。一般说来，投资教育主要围绕"信息"和"工具"这两个方面，即在投资教育过程中，一方面，投资顾问需要及时、全面地传递和告知相关的金融产品信息；另一方面，投资顾问需要教授投资者理解和应用金融信息的工具与能力，例如讲解金融概念和剖析投资组合的优缺点等（Bell & Eisingerich，2007）。

以往文献关注了企业实施投资教育的动因，例如产品特征驱动、顾客特征驱动和环境特征驱动等（Lee & O'Connor，2003；Bell & Eisingerich，2007）；投资教育的实施过程，例如教育时机、教育方式、教育内容等（Ulrich & Holman，2000；Challagalla，Venkatesh & Kohli，2009）；实施投资教育的结果，如投资者忠诚（Sharma & Patterson，1999；Aubert，2007），具体见图1。

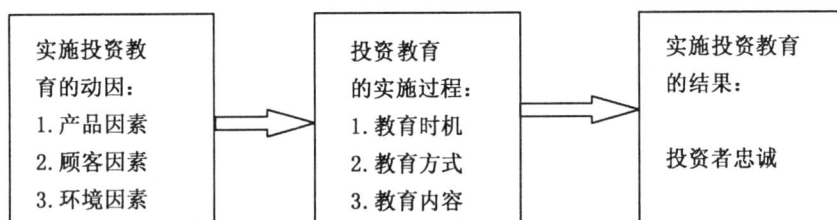

图1　投资教育研究体系

在对投资教育影响结果的研究上，以往文献主要集中于对投资者忠诚的研究，具体包含两个方面：直接影响和间接影响。具体来说，一方面，投资教育会直接影响投资者忠诚（Sharma & Patterson，1999；Yikuan Lee & O'Connor，2003；Bell & Eisingerich，2006，2007），例如影响关系承诺、市场份额和行为忠诚等；另一方面，投资教育会通过投资者的认知（例如服务质量感知、产品知识、决策质量）和情感（例如满意和信任）间接地影响投资者忠诚（Sharma & Patterson，1999；Burton，2002；Bell & Eisingerich，2007；Challagalla，Venkatesh & Kohli，2009；Eisingerich & Bell，2010）。相关的文献研究见图2。

从上面的文献回溯我们可以发现，以往的文献研究了投资教育对投资者忠诚的直接影响及其内在影响机制。但是在什么条件下投资教育会最大化影响投资者忠诚？即投资教育效果的边界条件是什么？对于这一问题以往的文献没有给出清晰和具体的回答。基于此，本文拟从投资者个人特征的视角探索投资教育效果的影响边界，具体见图3。

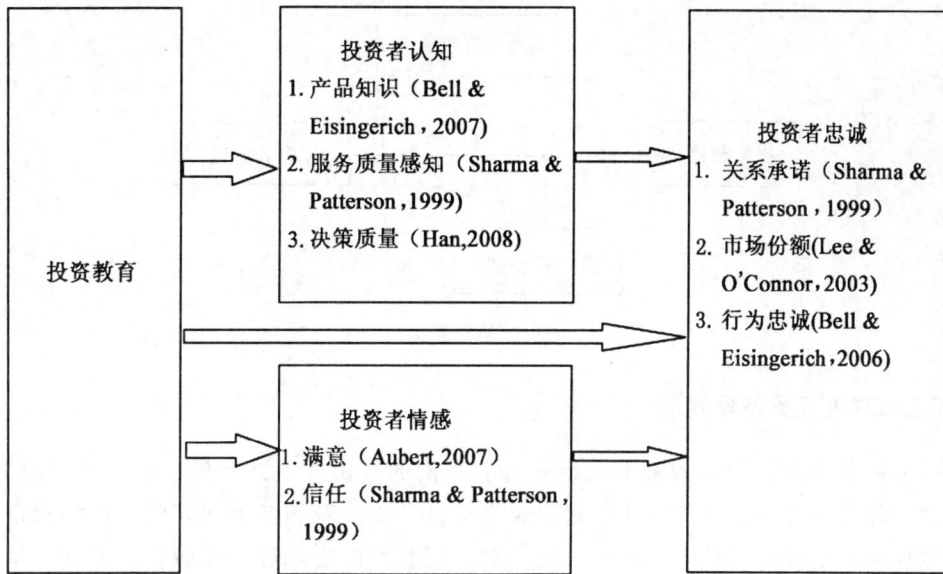

图 2

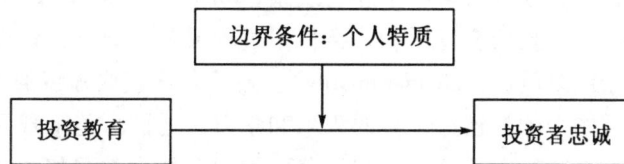

图 3

3. 研究框架和假设演绎

投资教育作为一种企业服务质量战略，其目的在于通过金融知识的传播降低投资者的感知风险，提高投资信心，并最终获取投资者的满意和忠诚（Allen & Meyer，1990；Bansal，Irving and Taylor，2004）。但是对于个体特征存在差异的投资者，投资教育是否会一致地提升投资者忠诚？如果不一致，对于什么类型的投资者，投资教育的效果会更好些？

在个人特质上，我们选取了两个重要构念：投资者的收益情况和投资教育态度。首先，以往的研究表明，投资者的收益情况是投资者最为关注的，并且是影响投资者忠诚的最重要因素之一[1]。在实际生活中，不同的投资者面临着不同的收益情况，或者同一投资者在不同时间面临着不同的收益情况，在不同的收益状况下，投资教育的效果是否存在差异？是否需要通过投资教育调整投资者对收益结果的感知？这些问题的解决是具有现实意义的和启发性的。其次，态度是影响、改变、预测一个人行为的重要特质变量[2]。对于投资教育，不同的消费者持有不同的态度，这些不同的态度必然会影响投资教育的效果。所以我们进一步考察持有不同态度的个体如何理解和感知投资教育。研究框架如图4所示。

---

① Chiou，J.，Droge，C.，and Hanvanich，S.. Does customer knowledge affect how loyalty is formed[J]. *Journal of Service Research*，2002，5（November）：25.

② Michael R. Solomon. 消费者行为学[M]. 卢泰宏，杨晓燕，译. 北京：机械工业出版社，2006：45.

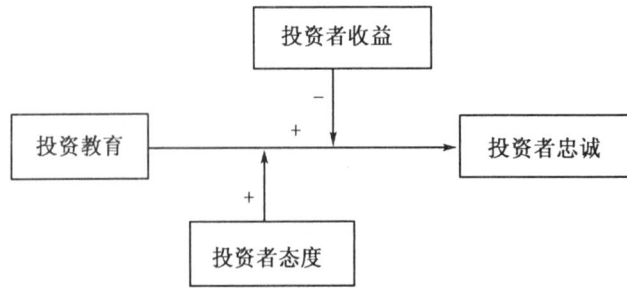

图 4　研究框架

3.1　投资者收益和投资教育效果

对于收益较差的投资者，投资教育的效果较好。我们的理由如下：首先，从教育需求的角度来看。相对于收益低的个体，收益高的投资者投资知识较为丰富，投资获利能力比较强。他们相信凭借自己的能力和技巧可以应付波动的市场形势。因此，他们对投资教育的需求程度比较低。其次，从教育的重要性来看。一般而言，收益高的投资者，投资经验、知识、技巧比较丰富。知识程度高的个体在判断服务质量形成忠诚时，更多地依赖中心线索(central route)，而忽略外周线索(peripheral route)。相对于收益这个非常重要的中心线索来说，投资教育活动属于外周线索(Chiou, Droge & Hanvanich, 2002)。所以收益好，知识程度高的个体可能不看重投资教育活动，类似于过程质量(process quality)，把更多的重点放在收益等基金绩效上面，类似于结果质量(outcome quality)。最后，从获取知识的方式来看。投资收益高的个体，一般属于投资经验丰富的个体，经过长年的积累和学习，他们可能形成了自己的思维模式和决策手段。所以，在他们的眼中，自己的学习模式可能是获取知识和能力的更好方法。并且投资教育常常可能是大众化、无差异的启蒙式初步教育，对投资收益高的个体的吸引力也比较弱。而对于收益较差的投资者，由于他们的投资经验欠缺，他们可能会积极地寻求外部专家的意见，高度地参与和涉入投资教育活动中来，以期改变自身的投资收益状况。

因此，对于收益状况较差的投资者，投资教育的效果会更好。

H1：收益状况会负向调节投资教育和投资者忠诚之间的关系。与高收益的投资者相比，对于低收益的投资者，投资教育与行为忠诚之间的关系更强。

3.2　态度和投资教育效果

对投资教育持积极态度的个体，其投资教育的效果较好。理由如下：一方面，投资教育通过金融知识与投资技巧的传播和解释，降低了金融服务的不确定性，提高了投资者忠诚①。态度积极的投资者对投资教育的必要性和功能性的评价较为积极，在投资教育过程中的涉入程度更高②。所以对态度积极的投资者而言，因他们的涉入程度更高，投资教育过程中他们吸收和理解的知识更多，金融服务的不确定性更低，他们会更为忠诚③。另一方面，投资教育是对特定投资者的异质性投资，表达了企业建立良好的投资者关系的承诺和愿望④。态度积极的投资者，因其涉入较深，更容易感知到企业在投资教育过程中建立关系的努力，因而会更为忠诚(Bejou and Palmer, 1998)。

---

① Dwyer, F. R. , Schurr, P. H. , and Oh, S. . Developing buyer-seller relationship[J]. *Journal of Marketing*, 1987, 51 (2)：22.

② Brislin, R. W. . *Handbook of cross-cultural*[M]. Boston：Allyn & Bacon, 1980：63.

③ Burnham, T. A. , Frels, J. K. , and Mahajan, V. . Consumer switching costs：A typology, Antecedents, and Consequences[J]. *Journal of the Academy of Marketing Science*, 2003, 31(1)：32.

④ Eisingerich, A. B. , and Bell, S. J. . Perceived service quality and customer trust：Does enhancing customers' service knowledge matter[J]. *Journal of Service Research*, 2008, 10(3)：52.

H2：投资教育态度会强化投资教育和投资者忠诚之间的关系。与持有消极态度的个体相比，对于持有积极态度的个体，投资教育和投资者忠诚之间的关系更强。

4. 数据分析和讨论

4.1 样本选取和样本特征

本研究采用问卷调查方法进行数据的收集，被试对象为国内某知名基金管理有限公司的客户。本研究的问卷全部通过网络收集，当客户(必须是注册用户)登录基金公司的网站时，他们会收到一个填写问卷的邀请。填写问卷的被试会获得一定的小礼物以刺激被试的参与(Fornell & Larcker, 1981)。问卷调查持续时间为3个月，最终我们收到有效问卷2032份。

本研究之所以选择金融服务作为研究背景是基于以下的考虑：第一，金融服务(例如理财和投资服务)属于信任型服务(credence service)，即在购买、消费和使用服务以后，消费者还是缺乏相应的能力和知识来判断服务质量的优劣(Sharma & Patterson, 1999)。因此在金融市场营销中，投资教育扮演着举足轻重的角色。第二，一般来说，金融服务的绩效通常需要几个月或者更长的时间才能够表现出来(例如一只基金的绩效需要几个月或者更长的时间才能表现出来)，所以投资者—公司的关系存续时间比较长；并且在金融服务过程中，投资者和雇员之间的沟通和交流比较频繁(Auh, Bell, McLeod and Shih, 2007; Bendapudi and Berry, 1997)。长时间、频繁的沟通和交流也非常有利于企业在服务期间对投资者展开教育，提高投资者的信任和忠诚(Crosby, Evans and Cowles, 1990)。基于以上的特点，本文选择金融服务作为研究的背景和情境。样本的相关特征如表1所示。

表1   调查样本特征

人口特征	项目	百分比	人口特征	项目	百分比
性别	男	59.9		Z1 公务员和事业单位工作人员	25.8
	女	40.1		Z2 国有企业管理人员	8.5
年龄	30 岁以下	22.9		Z3 国有企业一般人员	17.9
	30~40 岁	37.9		Z4 私企/外企管理人员	11.1
	40~50 岁	22.0	职业	Z5 私企/外企一般人员	12.6
	50~60 岁	11.6		Z6 私营业主	2.0
	60 岁及以上	5.6		Z7 自由职业者	7.4
教育程度	中专及以下	15.4		Z8 下岗/退休人员	9.1
	大专	30.5		Z9 在校学生	1.1
	本科	44.3		Z10 其他	4.5
	研究生及以上	9.8			
家庭月收入	2000 元以下	4.7			
	2000~5000 元	33.6			
	5000~1 万元	38.5			
	1 万~3 万元	18.4			
	3 万元以上	4.8			

4.2 测量方法

本研究共涉及"投资教育"、"投资者收益状况"、"投资教育态度"和"投资者忠诚"4个变量。所有变量都采用李克特五级量表来测量。其中，5表示非常同意，1表示非常不同意。

投资者收益状况，通过"相对于其他人，我的基金的总收益比较良好"这一语句来测量。投资教育态度，通过"关于投资教育活动，我认为我的态度是积极正面的"这一语句来测量。投资教育，通过"在购买基金的过程中，公司人员向我介绍过基金产品的相关知识，对我进行基金产品教育的程度比较高"这一语句来测量。对于投资者忠诚，在本研究中我们采用真实的行为来表征，即基金的持有时间，测量语句为"一般而言，相对于其他人，我的基金持有时间较长"。

4.3 数据分析和讨论

我们建立了以下三个回归方程来检验本文的研究框架（Aryee & Chen, 2006；Bowen and Gareth, 1986）。

模型1：投资者忠诚 $=\beta_0+\beta_1$人口统计特征 $+\varepsilon_1$

模型2：投资者忠诚 $=\beta_0+\beta_1$人口统计特征 $+\beta_2$投资收益 $+\beta_3$投资教育态度 $+\beta_4$投资教育 $+\varepsilon_2$

模型3：投资者忠诚 $=\beta_0+\beta_1$人口统计特征 $+\beta_2$投资收益 $+\beta_3$投资教育态度 $+\beta_4$投资教育 $+\beta_5$投资教育×投资收益 $+\beta_6$投资教育×投资教育态度 $+\varepsilon_3$

模型1用来检验人口统计特征对投资者忠诚的影响。模型2的目的在于检验投资收益、投资教育态度和投资教育的主效应。模型3用来检验投资教育和投资收益、投资教育态度之间的交互作用。回归分析结果见表2。

在模型1中，我们检验了人口统计特征对投资者忠诚的影响。数据结果表明，投资者的年龄会显著影响投资者忠诚。年龄越大者，他们的基金持有时间越长。

表2　　　　　　　　　　　　　　　　回归分析

	模型1	模型2	模型3
因变量→	投资者忠诚	投资者忠诚	投资者忠诚
人口特征			
年龄	0.204***	0.193***	0.274***
个人特征			
投资收益		0.179***	0.281***
投资教育态度		0.105***	0.204***
投资教育		0.047*	0.455**
交互作用			
投资教育×投资收益			−0.207***
投资教育×投资教育态度			0.276***
R^2	0.045***	0.093***	0.109***
ΔR^2		0.048***	0.016***

注：*代表 $p<0.05$，**代表 $p<0.01$，***代表 $p<0.001$。

模型 2 在模型 1 的基础上，加入了投资教育、投资收益状况和投资教育态度三个变量。数据结果表明，投资者的收益越高，其忠诚度越高，这一点和以往研究的结论是相同的（徐珊珊、赵紫英和周学春，2010）。此外，在本研究中，投资教育程度越高，投资者忠诚度越高。并且，投资者的教育态度越积极，其忠诚度越高。

模型 3 在模型 2 的基础上，加入了投资教育和相关构念的交互作用。数据结果表明，投资收益会削弱投资教育的效果。假设 1 得到验证。此外，教育态度会强化投资教育的效果。假设 2 得到验证。

5. 理论贡献、实践价值和未来研究方向

5.1 理论贡献和实践价值

通过对国内某大型基金公司的调查问卷，从个人的视角出发，本文考察了影响投资教育效果的边界条件。数据分析结果表明，投资教育有其边界作用条件，即投资者的个人特征（例如投资收益状况和投资教育态度）会调节投资教育和投资者忠诚之间的关系。换言之，投资教育对所有投资者的教育效果并非一致的、无差异的。具体而言，对于投资收益较差的投资者，投资教育的效果较好。并且，对于持有积极教育态度的投资者，投资教育的效果也较好。也就是说，当企业的教育资源有限时，企业可以优先考虑投资收益较差和持积极态度的投资者群体。

在理论上，以往的研究探索了投资教育对投资者忠诚的直接影响及其内在中介和作用机制（Gouldner，1960；Gruen，Summers and Acito，2000；Gustafsson，Johnson & Roos，2005）。但是对于投资教育效果的边界条件，以往的文献不能很好地对此进行回答。本文的研究结论很好地弥补了这一方面的研究空白。首先，与以往的研究结论相吻合，本文很好地验证了投资教育对投资者忠诚的正向影响。其次，为了进一步探讨投资教育的有效性和边界条件，即如何最大化地提高教育资源的利用程度，本文还研究了个人特征对投资教育效果的调节作用。研究发现，对于投资收益较差的投资者和持积极教育态度的投资者，投资教育的效果最好。本研究丰富了现有的投资教育相关文献。

在实践上，通过识别不同投资者的教育效果的差异，当企业的教育资源和教育能力有限时，企业可以优先考虑那些可以最大化投资教育效果的投资者群体进行教育。并且，市场的波动和不稳定常常导致基金的业绩处于波动状态。对于处于投资收益低谷的投资者，企业需要抓住机会，对其进行教育，耐心仔细地解释和陈述业绩波动的原因、机制，通过投资教育而提高投资者忠诚，防止投资者因为业绩恶化而流失。此外，对于持有积极态度的投资者，企业需要加强投资教育，提高其忠诚度。

5.2 未来研究方向

第一，样本的代表性。在本研究中，我们的投资者样本来自于一家基金公司，尽管该公司的客户遍布各个地理区域和年龄层次，可能还是缺少普遍性。未来的研究中，可以考虑从多家基金公司取样进行研究。

第二，其他类型的调节变量。本研究仅仅考察了两个相对比较重要的个人特质构念（投资收益和教育态度）。未来研究可以考虑其他个人特质变量进行深入研究，例如投资者的产品知识水平等。

（作者电子邮箱：wdxiaochun@ yahoo. com. cn；huangminxue@ whu. edu. cn）

参考文献

[1] Michael R. Solomon. 消费者行为学[M]. 卢泰宏, 杨晓燕, 译. 北京: 机械工业出版社, 2006.

[2] Aryee, S., and Chen, Z. X.. Leader-member exchange in a Chinese context: Antecedents, The mediating role of psychological empowerment and outcomes[J]. *Journal of Business Research*, 2006, 59(7).

[3] Aubert, B.. *Customer education: Definition, Measures and effects on customer satisfaction*[M]. University of Newcastle, USA, 2007.

[4] Aubert, B., and Humbert, M.. Customers online education: The case of the financial sector[J]. *Les cahiers du management technologique*, 2001, 8.

[5] Auh, S., Bell, S. J., McLeod, C. S., and Shih, E.. Co-production and customer loyalty in financial services[J]. *Journal of Retailing*, 2007, 83(3).

[6] Bansal, H. P., Irving, G., and Taylor, S. F.. A Three-component model of customer commitment to service providers[J]. *Journal of the Academy of Marketing Science*, 2004, 32(2).

[7] Bejou, D., and Palmer, A.. Service failure and loyalty: An exploratory empirical study of airline customers [J]. *Journal of Services Marketing*, 1998, 12(1).

[8] Bell, Simon, J., and Andreas B. Eisingerich. The paradox of customer education[J]. *European Journal of Marketing*, 2007, 41(5).

[9] Bendapudi, N., and Berry, L. L.. Customers' motivations for maintaining relationships with service providers [J]. *Journal of Retailing*, 1997, 73(1).

[10] Bowen, D. E., and Gareth, J. R.. Transaction cost analysis of service organization-customer exchange [J]. *Academy of Management Review*, 1986, 23(1).

[11] Brislin, R. W.. *Translation and content analysis of oral and written material*[M]. Handbook of cross-cultural psychology, Boston: Allyn & Bacon, 1980.

[12] Burnham, T. A., Frels, J. K., and Mahajan, V.. Consumer switching costs: A typology, Antecedents, and Consequences[J]. *Journal of the Academy of Marketing Science*, 2003, 31(1).

[13] Burton, D.. Consumer education and service quality conceptual issues and practical implications[J]. *Journal of services Marketing*, 2002, 16(2).

[14] Challagalla, G., Venkatesh, R., and Kohli, A. K.. Proactive post sales service: When and why does it pay off[J]. *Journal of Marketing*, 2009, 73(2).

[15] Chiou, J., Droge, C., and Hanvanich, S.. Does customer knowledge affect how loyalty is formed [J]. *Journal of Service Research*, 2002, 5.

[16] Crosby, L. A., Evans, K. R., and Cowles, D.. Relationship quality in services selling: An interpersonal influence perspective[J]. *Journal of Marketing*, 1990, 54(3).

[17] Dwyer, F. R., Schurr, P. H., and Oh, S.. Developing buyer-seller relationships [J]. *Journal of Marketing*, 1987, 51(2).

[18] Eisingerich, A. B., and Bell, S. J.. Perceived service quality and customer trust: Does enhancing customers' service knowledge matter[J]. *Journal of Service Research*, 2008, 10(3).

[19] Fornell, C., and Larcker, D. F.. Evaluating structural models with unobservable variables and measurement error[J]. *Journal of Marketing Research*, 1981, 18.

[20] Gouldner, A. W.. The norm of reciprocity: A preliminary statement [J]. *American Sociological Review*, 1960, 25.

[21] Gruen, T. W., Summers, J. O., and Acito, F.. Relationship marketing activities, Commitment, and Membership behaviors in professional associations[J]. *Journal of Marketing*, 2000, 64.

[22] Gustafsson, A., Johnson, M. D., and Roos, I.. The effects of customer satisfaction, Relationship commitment dimensions, and Triggers on customer retention[J]. *Journal of Marketing*, 2005, 69.

[23] Han, C.. Effects of consumer involvement, Consumer knowledge, and Consumer education on decision quality and consumer loyalty in cosmetics industry [D]. University of Nottingham, UN, 2008.

[24] Jong, A., Ruyter, K., and Lemmink, J.. Antecedents and consequences of the service climate in Boundary-spanning Self-managing service teams[J]. *Journal of Marketing*, 2004, 68(2).

[25] Lee, Y., and O'Connor, G. C.. The impact of communication strategy on launching new products: The moderating role of product innovativeness[J]. *Journal of Product Innovation Management*, 2003, 20.

[26] Meer, C. G.. *Customer education*[M]. Chicago: Nelson-Hall, 1984.

[27] Sharma, N., and Patterson, P. G.. The impact of communication effectiveness and service quality on relationship commitment in consumer, professional services[J]. *Journal of Services Marketing*, 1999, 13 (2).

Research on the Effectiveness of Investor Education
—Based on the Perspective of Individual Characteristics

Zhou Xuechun[1]   Huang Minxue[2]   Zhao Ziying[3]

(1, 2, 3 Economics and Management School of Wuhan University, Wuhan, 430072)

Abstract: Prior research payed much attention to the direct and mediation effect between investor education and loyalty, but there are few papers discussing the boundary conditions. Based on individual traits, we conduct an investigation of a famous fund management corporation. The result indicates investor education is more effective for customer with low earnings and positive attitude toward customer education. This paper will shed light on improving efficiency of investor education for some fund management corporations and security corporations.

Key words: Investor education; Investor loyalty; Boundary condition

影响波罗的海干散货指数（BDI）的供需因素研究：一个文献综述

● 蔡益泉

（武汉大学经济与管理学院　武汉　430072）

【摘　要】BDI是反映全球原材料需求的先行指标，是全球经济的晴雨表，也是国际贸易研究的重要对象。干散货海运市场近似于一个完全竞争的市场，BDI是供给和需求的均衡点，影响供给和需求的因素也会对BDI产生影响。本文在竞争性市场均衡的框架下，主要考察干散货海运市场供给和需求的决定因素，对有关文献进行梳理。文献研究表明干散货海运市场的供给除了受船队规模、燃料价格和运费等传统因素的影响外，还受海运保护、海盗、航线优化和附加费用等因素的影响；而干散货海运市场的需求主要受世界经济状况、海运商品的需求弹性、运输成本、平均运程和随机事件冲击等五个因素的影响。

【关键词】BDI　供给　需求　竞争性市场均衡

海洋货物运输业是以船舶为主要工具从事海洋货物运输的服务业。由于海洋运输是大批量初级产品和终端产品最为有效，甚至可能是唯一的运输方式，它与国际贸易活动密切相关。根据 *Lloyds Shipping Economist* 2011 年的统计数据，海洋运输业是世界贸易和世界经济增长的主要推动力之一，它运输了按体积计算的大约75%的世界贸易量。另据 *Clarkson Research Studies* 的统计数据显示，2010 年海洋运输额达到 2340 亿吨，而其中71%是干散货商品运输。这里的干散货商品主要指的是各种原材料和初级产品，依据海运的批量大小一般分为两类：大宗商品和小批量商品。大宗商品主要包括铁矿石、谷物和煤等。小批量商品包括农产品、金属精矿、水泥和钢铁制品等。

人们通常认为，根据干散货海运运费编制而成的波罗的海干散货指数（Baltic Dry Index，BDI）是反映全球原材料需求的先行指标。它作为经济运行状态测量工具的重要性一直都吸引着众多金融媒体的持续关注。有人甚至认为，BDI是全球经济的晴雨表。因此，BDI一直受到理论界和实务界的广泛关注，与此同时，各国在制定海洋运输业产业政策和宏观经济政策时，也将BDI作为重要的参考。干散货商品生产、加工和消费在地理上分布的不平衡，决定了干散货供给和需求在时间、空间上的分离，这种分离通过干散货海运市场相连接。经济学的基本原理表明，商品的价格是商品供给和需求的均衡点。BDI本质上是干散货海运服务的价格。因此，决定BDI的经济学内在机制是干散货海运市场供给和需求的均衡。本文从供给与需求两个方面对有关影响因素的研究文献进行综述，勾勒出BDI决定因素的整体轮廓，以期为理论研究、海运经营和政策制定提供重要的参考依据。

1. BDI 指数介绍及干散货海运市场分析假设

海洋运输航线，依照海运的形式分为定期航线和不定期航线。定期航线以货柜运输为主；不定期航线以散装干货、石油为主，且无固定航班和航线。定期船即货柜船，船期和航线固定；不定期船也称散装船，船型依照运载吨位分为海岬型、巴拿马极限型、轻便型和轻便极限型，运输的货物以工业原料和大宗商品为主。

1985 年波罗的海交易所建立了波罗的海运费指数（Baltic Freight Index，BFI），该指数涵盖了 13 条不定期航线，货物从 14000 吨的化肥到 120000 吨的煤。BFI 分别在 1997 年和 1999 年移除了轻便型货轮及海岬型货轮的报价（Laulajainen，2006）。1999 年波罗的海交易所引入了波罗的海干散货指数（Baltic Dry Index，BDI）作为干散货市场的指标以取代 BFI。BDI 由三种船型运费指数组成，包括海岬型海运费指数（Baltic Capesize Index，BCI）、巴拿马极限型海运费指数（Baltic Panamax Index，BPI）和轻便型海运费指数（Baltic Handy Index，BHI）。这三种指数由美国、英国、挪威、意大利、日本 5 个国家 11 家大型中介商针对几条重要的航线依照每天的运费编制，BDI 是对它们各取三分之一的权重加总计算而成。由于 BFI 和 BDI 在本质上表达的内容都是一样的，即干散货海运费，有关 BFI 的文献可以当做 BDI 来处理。

人们普遍认为干散货海运市场是几乎完全竞争的市场①。然而，货物/服务同质性的假设条件是不能满足的。由于在地理的层面上，货物来源和需要是分散分布的，所以存在不同海运量的不同航线和特定运费的不同航线。因此，干散货海运市场可以依据航线、船、海运量划分为不同的子市场。但是由于不同航线、货轮、货物之间有相对程度很高的竞争性和相互替代性，不同子市场之间的关系更为紧密。根据 20 世纪 60 年代和 70 年代的数据，Strandenes（1981）认为，冲击可以从一个子市场传播到另一个子市场，因而运费可以作为一个整体来考察。当然这种可替代性和整体性有很大的局限性（Glen，1990；Adland and Strandenes，2004）。

总体而言，国际海运市场中有大量的个体，他们各自对市场价格（运费）的影响是微不足道的；市场信息很容易获得，并且进入和退出是相对容易的。所以，当前大部分文献通常都称干散货海运市场是完全竞争的市场，如 Norman（1979）、Fuglseth 和 Strandenes（1997）、Koekebakker 等（2006）、Adland 和 Strandenes（2004）、Stopford（2009）。

海运的供给和需求是用吨里测量的，等于平均托运距离乘以货物吨位（Strandenes and Wergeland，1980）。通过研究相应服务的供给和需求的影响因素，可以开发一些模型来对干散货海运运费，即 BDI 进行定价。根据 Beenstock 和 Vergottis（1993）的研究，最早的计量经济学模型来自 Tinbergen（1934）。自那时起，新开发的模型的基本思想都是相似的，区别在于新模型运用了更为复杂的计量经济学技术。其中，最为重要的是 Strandenes 和 Wergeland（1980）开发的 NORBULK 模型。

NORBULK 模型如图 1 所示。假定海运服务的需求和供给都受运费的影响，同时均衡的运费反映了海运服务的需求和供给的平衡。该模型也解释了如下事实，即宏观经济条件（生产能力和商业周期状况）影响干散货商品的交易，这进一步影响了干散货商品海运的需求。规定贸易和总体经济状况之间的关系是 NORBULK 模型的显著特征，而大多数其他模型主要专注于具体的干散货商品市场。最后，从图 1 也可以看出假定海运服务的供给反映船的大小、燃料价格和运费率。在最近的文献中也可以找到相似的模型，如 Stopford（2009）。

① Fuglseth, A. M., and Strandenes, S. P.. Norship: A decision support system for analyses of bulk shipping markets [J]. *Computers in Human Behavior*, 1997, 13(4): 20.

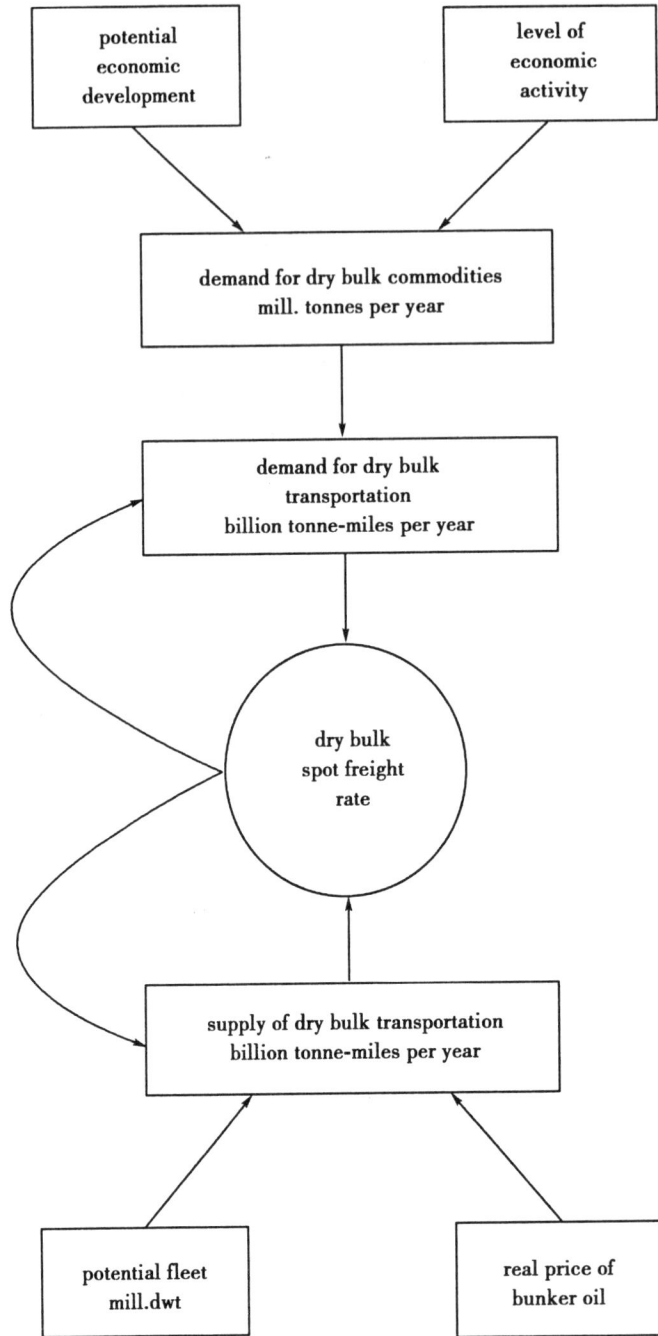

图 1 NORBULK 模型

在竞争性市场均衡的框架下，本文余下部分的安排如下：第二部分主要考察影响干散货海运市场供给的因素，第三部分主要考察影响干散货海运市场需求的因素，对有关研究文献进行梳理。最后一部分是总结。

2. 干散货海运市场供给影响因素分析

特定市场的供给曲线反映了运费和海运服务之间的关系。图 1 的 NORBULK 模型表明，干散货海运市场的供给是由船队规模、燃料价格和运费决定的。这是研究干散货海运市场供给的传统方法，始于

Tinbergen(1934)。

Koopmans(1939)介绍了高度非线性供给曲线的思路,该曲线由两部分组成。在曲线的第一部分,船只的利用率很低。此时运费很低,供给的变化与船队的利用率变化相对应。如果运费下跌到一个特殊的下限,船主把船从营运中抽离并搁置是有好处的。由于不同船只的边际营运成本是相同的,供给曲线的第一部分是非常富有弹性的。此时,运费的微小变化对海运商品的供给都有极大的影响(Mossin,1968)。供给曲线的第二部分是非常缺乏弹性的。此时,运费很高,船只几乎都被投入运营,且使用接近容量极限。在这种情形下,供给的增加只能依靠增加船队的利用率来实现,这意味着更高的船速、更短的港口停留时间和延迟常规船只保养(Adland and Strandenes,2004)。然而,船队利用率增加会导致边际成本增加,并且船队的运营速度及船只在港口之间的转换速度都是有极限的。于是船队的灵活性大大降低,最终,供给曲线关于运费几乎完全没有弹性。当所有的船只都投入运营,船的利用率达到最大的时候,在短期内船主是没有办法增加供给的。海运市场供给曲线的特征在一些经验工作中得到了证实,比如Adland 和 Strandenes(2004)估计了超大型油轮市场的供给曲线。

Beenstock 和 Vergottis(1993)认为海运供给依赖于船队大小、速度及一些无效率参数。这些无效率参数主要包括船在港口花费的时间等,船只的速度受运费和航行成本的影响,包括燃料价格和港口花费。速度的优化问题在大多数海运模型中得到讨论,比如 Adland 和 Strandenes(2004)。Stopford 认为船队生产率、船只生产、船只废弃和运费是供给的决定因素,其中船队生产率依赖于燃料价格和港口收费[1]。

综上所述,传统的方法虽然在某种程度上对海运供给的分析有所不同,但总体上都包含了以下相同的决定因素:

2.1 燃料价格

近些年来煤、石油等燃料的价格受刚性需求和其他各种因素的影响一直居高不下,因此它在海洋运输运营成本中占有越来越大的比重,而成本增加会直接影响干散货市场的供给。Ronen(2010)的研究表明,大型货轮每天要燃烧10万美元的燃料,这构成了75%的营运成本,降低航行速度20%将每天减少50%的燃料耗费。燃料价格影响船只营运的速度,因此会间接地影响船只的利用率和生产率[2]。如果燃料价格相对于运费很高,那么船主会降低船只运营的速度以减少燃料成本;反之,如果以更高船速运营,收入的增加超过燃料成本,船主一般会增加船速。燃料价格影响供给曲线的位置和形状。对于一艘给定大小的船,燃料价格影响运费和供给曲线的关系。更高的燃料价格意味着船主在船只接近容量极限时不愿意增加船只速度。船主为了增加船速并且有利可图,将会要求更高的运费。如果运费非常高,船主即便以最高船速运营也是有钱赚的。在船只的利用率很低的时期,营运船只的边际成本会更高。燃料价格和供给曲线之间的关系在 Wijnolst 和 Wergeland(1996)的研究中有着更为详细和准确的描述。燃料价格是船队生产率中波动性最大的部分,在近几年成为船主们越来越关注的问题,这本质上是一个优化问题。Yao 和 Ng 等(2011)考察了单一航线服务的船用燃料管理策略,认为船用燃料管理主要包括三个部分:燃料补给港口策略(在哪里加燃料)、燃料数量选择策略(燃料要加多少)和船速调整策略(如何在航行中调节船速)。Kassembe 和 Gang(2011)考察了船只大小对单位成本的影响,他们发现经营大型船存在着规模经济,并且存在着最优船只大小关键点。Notteboom 和 Vernimmen(2009)研究了海运业如何调整服务,包括商业运转速率(commercial speed)和船只数目,以适应不断上升的燃料成本。

---

① Stopford,M..*Maritime Economics*[M].London:Routledge,2009:150-160.

② Beenstock,M.,and Vergottis,A..*Econometric Modelling of World hipping*[M].London:Chapman & Hall,1993:185.

2.2　船队规模

船主可以通过购买新船、废弃旧船和把船只搁置控制船队大小。除此之外，船主还可以在经济环境不好的时候通过维修和维护把船退出市场，交付新船需要花费 12 个月到 3 年的时间①，这种船队规模的动态调整显然会影响干散货海运市场的供给。在长期，船队的规模是非常灵活的。当运费很高的时候，船主订更多的船，船队规模增加。当运费很低的时候，船主不仅停止订购新船，还会把船搁置，废弃破旧的和运营成本很高的船。从订购新船到船只交付使用的时间滞后也会带来问题。海运业是一个动态的行业，市场环境变化很快。在船只交付期间，市场环境可能与船只订购的时候截然不同。在超大型油轮市场的动态随机均衡模型中，Adland 和 Strandenes（2004）解释了船只交付率作为当前运费水平增函数的可能性。他们认为在运费很低的时期，很可能会发生新造船项目的展期和取消。从短期来看，船队规模是相对稳定的。船只的搁置变化与供给曲线富有弹性的部分相对应。只要运费比营运成本高，船只就会投入使用。Mossin（1968）认为只有门槛运费超过日常营运成本减去日常搁置成本，货轮才会投入运营；反之，则会被船主搁置。但是由于船只具有不同的运营成本，随着运费的降低，供给会逐渐减少。

2.3　运费

干散货海运市场的供给曲线体现了运费和供给之间的动态关系，因此运费会显著影响干散货海运市场的供给。Stopford（1999）认为干散货海运市场的供给体现了运费、新船、二手船、拆解船这四个子市场之间的动态关系。Lun 和 Quaddus（2009）考察了与海洋运输密切关联的四个市场，即海洋运输市场、二手船市场、新船市场、处理废弃船的拆解市场，以及干散货海运的关键变量即船只价格、船队规模、运费及海洋运输货物贸易量之间的相互关系。他们的研究表明海洋运输货物贸易量显著影响船队规模，同时船队规模也受运费影响，运费对船只价格有显著影响。废弃船只也对低运费的反应相对较为灵敏。Adland 和 Strandenes（2004）认为废弃船只的数量遵循一个泊松过程，并且假定该数量依赖于运费，指出如果废弃价值超过继续运营的期望价值，废弃船只是最优的选择。他们还指出废弃船只可能还带有一定的战略性。由于运费与剩余船队的规模负相关，当其他船主废弃船只时，对另一些不废弃船只的船主是有利的。

上面提到的是影响干散货海运市场供给的传统因素，随着社会的发展和国际政治环境的变化，一些新的影响因素要么通过影响干散货海运市场供给的成本直接影响供给，要么透过这些传统的因素，间接影响干散货海运市场的供给。

2.4　海洋环境保护因素

全球气候变暖和大气污染是人类面临的最具有挑战性的问题。在海洋上航行的船舶通过燃烧提供动力的燃料，释放出大量含氧硫化合物（SO_x）、氮氧化合物（NO_x）、PM 和二氧化碳等废气。这些海洋船舶的废气排放问题引起了国际社会越来越广泛的关注。1997 年，国际海洋组织（IMO）会议通过防止空气污染的"防止船舶造成大气污染规则"（MARPOL Annex Ⅵ），2008 年国际海洋会议对 MARPOL Annex Ⅵ进行了修订，规定到 2012 年 1 月 1 日，SO_x 的排放上限是 3.50%，而到 2020 年 1 月 1 日的排放上限是 0.50%。1997 年签署的《京都议定书》对二氧化碳的减排日程也做了安排。这些协议中都明确规定了在一定日期之前海洋船舶必须装备减少废气排放的设备。除了装备这些设备，有关政策还包括燃料税、碳排放交易权等，这些政策通过增加船队的营运成本和航运时间，对干散货海运市场供给造成一定程度的影响。Psaraftis 和 Kontovas（2009）认为燃料消耗是船速的非线性函数，因此海洋环境保护政策与船速密切相

① Stopford，M.. *Maritime Economics*［M］. London：Routledge，2009：639.

关。Psaraftis 和 Kontovas(2010)的研究结果表明海洋环境保护政策对船速减少、船队船只数量以及其他运输成本都有影响。Corbett 和 Wang 等(2009)的研究表明施加 150 美元/吨的燃料税将会导致与速度相关的二氧化碳排放减少20%~30%。

2.5　海盗因素

受政治原因和其他各种原因的影响，新世纪以来，国际海运海盗事件层出不穷。2010 年底，来自 17 个国家①的大约 500 名海员被海盗绑架。从 2006 年到 2010 年，大约有 1600 起海盗绑架事件，对世界海员造成了数不清的伤害，其中包括 54 名死难者②。海盗给干散货海洋运输业带来各种成本至少包括：赎金成本、海盗保险金、船只改变航线绕过海盗风险区域带来的成本、海盗诉讼成本等。这些成本要么直接减少海运供给，要么加入运费之中，间接影响海运供给。

第一，赎金成本。近些年海盗赎金成指数增长，2005 年海盗赎金平均约为 15 万美元，而到 2009 年平均赎金上升到了 340 万美元，2010 年这个数字达到了 540 万美元(Bandel and Carolyn, 2010)。2010 年 11 月韩国油轮 Samho Dream 付给索马里海盗的赎金甚至高达 950 万美元。

第二，海盗保险金。这主要包括绑架和赎金保险，保险业巨人 Munich Re. 估计绑架和赎金保险金在 2008 年和 2009 年之间增加了 10 倍(GIRO, 2010)。

第三，船货保险。在过去几年，通过海盗区域的船货保险金每个集装箱额外增加了 25 美元到 100 美元不等(Emmanuel, 2010；Raymond and Catherine, 2010；OOCL Pty Ltd., 2009)。

第四，船舶保险。据估计，由于海盗，船舶保险成本增加了一倍。

第五，船只改变航线绕过海盗风险区域带来的成本。为了避开海盗经常出没的海域，海运船只必须走另外的航线，这将带来额外的成本。海运船只为了避免通过亚丁湾和苏伊士运河，通常改道好望角(Bowden, 2010)。货轮从沙特阿拉伯到美国绕道好望角，将会增加 2700 海里的路程(MARAD, 2008)；而从欧洲到远东地区货轮将会增加 15~20 天的路程(Unterreiner and Ben, 2009)。

第六，海盗诉讼成本。据估计发生在欧洲的每起海盗诉讼平均费用是 24.6 万美元，而在北美的平均费用则高达 33.5 万美元，2010 年的海盗诉讼总成本是 3100 万美元(Bowden, 2010)。

以上这些高昂的成本都将直接影响干散货海运市场的供给。

2.6　航线优化因素和附加费用因素

对航线进行优化可以加快航运周转，减少燃料等费用，增加干散货海运供给。Tavasszy 和 Minderhoud 等(2011)运用一个新的策略选择模型，研究了海运服务业货轮航线选择对于世界范围内海运供给的运输成本变化的影响。Meng 和 Wang(2011)研究了基于 ε-最优算法的长运程海运服务中海运频率、船队调度计划、船速最优营运策略问题。海洋运费的结构越来越复杂，通过船只施加给船主的额外费用越来越多，这些额外费用不仅增加了营运成本，而且一直都是高度变化的。Slack 和 Gouvernal(2011)介绍了各种额外费用，主要包括港口终端的处理费用(THC)、燃料调节因素(BAF)(分地区差异和暂时性变动因素)、货币调节因素(即运费的不同货币报价的汇率风险)和其他附加费用(主要指特殊航线的特殊成本，比如前面提到的东非航线的海盗费用)，这些额外费用增加了干散货海运供给的不确定性。

---

① 孟加拉国、中国、加纳、希腊、印度尼西亚、肯尼亚、韩国、缅甸、巴基斯坦、菲律宾、斯里兰卡、乌克兰、苏丹、英国、土耳其、也门、越南。

② 参见：国际海事局海盗报道中心的年度报告[EB/OL]. http：//www. icc-ccs. org/home/piracy-reporting-centre.

3. 干散货海运市场需求影响因素分析

NORBUL 模型的基本假设条件是干散货商品运输的需求是由运费、贸易模式和反映宏观经济状况的变量共同决定的。Stopford(2009)认为有五大因素影响干散货海运市场的需求，分别是世界经济状况、海运商品贸易、平均运程、随机事件冲击和运输成本。这部分将借用 Stopford(2009)的分析框架，从如下几个方面对干散货海运市场需求的影响因素进行分析。

3.1 世界经济状况

Stopford(2009)认为，世界经济状况对海洋运输业的影响是最大的。世界经济主要从两个方面影响海洋运输业，即商业周期和贸易发展周期。"商业周期是海运货物贸易和船只需求最为重要的因素"①，"贸易发展周期涉及市场满足诸如食品和自然资源的能力"②。经济运行具有周期性的特点，受此影响海洋运输业也具有明显的周期性。Klovland(2002)以新英国海运指数研究 1850 年到第一次世界大战期间的运费周期，发现了明显的周期性。Iliadis(2005)发现海洋运输市场存在周期性和季节性。Stopford(1999)指出海洋运输市场的平均周期为 8.2 年。Gouliflmos 和 Psifia(2006)利用 R/S 分析模型，发现海洋运输市场的周期呈现不规则的变化。

新千年以来，以"金砖四国"为首的新兴市场国家的发展是世界经济发展的一道亮丽的风景线。这些国家的高速发展，带来了对原材料的需求和海运需求的同步增长，国际干散货海运市场同这些国家的经济发展和宏观经济政策的关联度很大。如 2003 年底全球经济复苏，"金砖四国"，尤其是中国的快速发展，带动了原材料和海运市场需求，BDI 一路走高，到 2004 年底达到 6208 的历史新高，但随后受中国宏观经济调控的影响，2005 年底跌至 1800。

在这里我必须重点强调一下学术界越来越关注的中国因素。国际货币基金组织(IMF)最新的工作论文中，就认为中国现在是世界商品市场主要的参与者(Roache，2012)。中国的经济活动及有关战略资产储备、贸易和环境政策对世界商品价格有很大的影响。这些商品的价格反过来会影响世界范围内的通胀水平和贸易条款。该文章还发现，中国是金属矿石和粮食主要的进口国家，虽然在食品和能源市场扮演着越来越重要的角色，但需求相对较小，中国对于这些商品的需求将会推动对相关商品海运服务的需求。Lu 和 Li(2010)运用一个传统的计量经济学框架考察了中国因素对于全球商品需求和运费波动率的影响。他们强调了中国宏观经济政策对于全球商品和海运服务市场的特殊作用。从 BDI 的表现来看，由于 2011 年底起我国进口矿石需求大幅下滑、运力过剩和中国 1 月份的"长假效应"，海岬型货轮日租金从 2011 年 12 月份的高点 32889 美元跌到 7000 美元，下跌约 84%，而 BDI 更是报收于 680 点，较上月下降 61%，创下 26 年来最低点③。

3.2 海运商品的需求弹性

一般而言，如果某种商品的加工地远离原产地，将会增加对海洋运输的需求，需求是缺乏弹性的。另一个支持需求非弹性的观点是运费一般相对于运输商品的价值很小，这意味着贵重商品的需求对于运费的变化不敏感而便宜商品的需求对于运费的变化比较敏感。Strandenes 和 Wergeland(1980)认为同时在

---

① Stopford，M.. *Maritime Economics*[M]. London：Routledge，2009：142.

② Stopford，M.. *Maritime Economics*[M]. London：Routledge，2009：143.

③ 陈弋. 中国长假令全球海运市场低迷，BDI 暴跌 60%[J]. 水运管理. 2012，3：39-40.

供给和需求端解释价格弹性是非常重要的。最近的文献假设一条非线性的需求曲线，如 Adland 和 Strandenes(2004)，基本的思路是需求一般是缺乏弹性的，但是在运费极高的水平上，需求也会变得非常富有弹性。

3.3　运输成本

运输成本影响海洋运输需求是非常合理的，然而在这个问题上有许多争议。Stopford(2009)认为海洋运输成本是影响海洋运输长期需求的关键因素。文献更关注海运需求对于运费的弹性。在早期的文献中，像 Tinbergen(1934) 和 Koopmans(1939) 通常假设需求对运费是相对独立的。需求关于运费完全非弹性的假设同样也被 Beenstock 和 Vergottis(1993) 所采用，他们认为无法发现需求和运费之间的负相关关系。

然而，Beenstock 和 Vergottis 也承认运费和运输服务之间的倒数关系，因为"更高的运费会刺激其他形式的运输需求，以便从离市场更近的地方进口更多的商品"①。运费通常被作为内生变量的原因是至少在短期内运输形式和进口产地之间的可替代性是有限制的。从长期来看，由于贸易模式会对运费做出反应，所以需求是更富有价格弹性的。

3.4　平均运程和随机事件冲击

文献研究发现，平均运程和随机事件冲击对于海洋运输的影响是显而易见的。这里的随机事件冲击包括经济冲击，同时也包括政治事件如战争等。

4. 总结

国际干散货海运市场近似于一个完全竞争市场，供给和需求的均衡点决定了代表海运价格的 BDI。本文在竞争性均衡的框架下，从干散货海运市场的供给和需求两个方面，分析了它们各自的影响因素。通过大量的文献研究笔者发现，干散货海运市场的供给除了受传统的影响因素，即燃料价格、船队规模、运费影响之外，还受海洋环境保护、海盗、航线优化和附加费用等因素的影响，这些因素要么通过改变海运供给成本直接影响海运供给，要么通过影响传统因素间接影响海运供给。干散货海运市场的需求主要受世界经济状况、海运商品的需求弹性、运输成本、平均运程和随机事件冲击等因素的影响，本文重点强调了干散货海运市场的需求与经济周期相对应，呈现出周期性和季节性的特征，并且中国经济在需求中扮演了越来越重要的角色。干散货海运市场的供给和需求的影响因素，必然会从供需两端影响 BDI。中国目前在积极构建属于自己的 BDI，希望这些因素的发掘，能为中国 BDI 的设计、构建、定价提供有益的参考。

（作者电子信箱：wilson_rand@126.com）

参考文献

[1] Adland, R., Strandenes, S. P.. A discrete-time stochastic partial equilibrium model of the spot freight market[R]. *SNF Report*, Centre for International Economics and Shipping, Bergen, Norway, 2004, No.04/04.

[2] Bandel, Carolyn, and Kevin Crowley. Somali pirate attacks sink premiums as insurers leap aboard[J].

---

① Beenstock, M., and Vergottis, A.. *Econometric Modelling of World Shipping*[M]. London:Chapman & Hall,1993:162.

Bloomberg, 2010-8-2.

[3] Beenstock, M. , and Vergottis, A. . *Econometric modelling of world shipping* [M]. London: Chapman & Hall, 1993.

[4] Bowden, A. , K. Hurlburt, et al. . The economic costs of maritime piracy [D]. One Earth Future Foundation, 2010.

[5] Emmanuel. Time to join the fight against maritime piracy [J] . *International Political Economy Zone*, 2010, 23.

[6] Fuglseth, A. M. , and Strandenes, S. P. . Norship: A decision support system for analyses of bulk shipping markets[J]. *Computers in Human Behavior*, 1997, 13(4).

[7] Glen, D. R. . The modelling of dry bulk and tanker markets: A survey[J]. *Maritime Policy and Management*, 2006, 33(5).

[8] Gouliflmos, A. M. , and Psifia, M. . Shipping finance: Time to follow a new track? [J]. *Maritime Policy and Management*, 2006, 33(3).

[9] Kassembe, E. , and Gang, Z. . The impact of ship size on its unit cost[D]. IEEE, 2011.

[10] Klovland, J. T. . Business Cycles, Commodity prices and shipping freight norwegian ship-owners [D]. Association and the Research Council of Norway, 2002.

[11] Koekebakker, S. , Adland, R. , and Sødal, S. . Are spot freight rates stationary? [J] . *Journal of Transport Economics and Policy*, 2006, 40(3).

[12] Lu, F. , and Li, Y. . The China factor in recent global commodity price and shipping freight volatilities [J]. *China Economic Journal*, 2010, 2(3).

[13] Lun, Y. H. V. , and Quaddus, M. A. . An empirical model of the bulk shipping market[J]. *International Journal of Shipping and Transport Logistics*, 2009, 1(1).

[14] Meng, Q. , and Wang, S. . Optimal operating strategy for a long-haul liner service route[J]. *European Journal of Operational Research*, 2011, 11.

[15] Mossin, J. . An optimal policy for lay-up decisions[J]. *The Swedish Journal of Economics*, 1968, 70(3).

[16] Norman, V. . Economics of Bulk Shipping [D]. Institute for Shipping Research, Norwegian School of Economics and Business Administration, 1979.

[17] Notteboom, T. E. , and Vernimmen, B. . The effect of high fuel costs on liner service configuration in container shipping[J]. *Journal of Transport Geography*, 2009, 17(5).

[18] Psaraftis, H. N. , and Kontovas, C. A. . CO_2 emissions statistics for the world commercial fleet[J]. *WMU Journal of Maritime Affairs*, 2009, 8.

[19] Psaraftis, H. N. , and Kontovas, C. A. . Balancing the economic and environmental performance of maritime transportation[J]. *Transportation Research Part D: Transport and Environment*, 2010, 15(8).

[20] Ronen, D. . The effect of oil price on containership speed and fleet size [J]. *Journal of the Operational Research Society*, 2010, 62(1).

[21] Slack, B. , and Gouvernal, E. . Container freight rates and the role of surcharges[J]. *Journal of Transport Geography*, 2011, 19(6).

[22] Stopford, M. . *Maritime economics* (3nd Edition) [M]. London: Routledge, 2009.

[23] Tavasszy, L. , and Minderhoud, M. et al. . A strategic network choice model for global container flows: Specification, Estimation and application[J]. *Journal of Transport Geography*, 2011, 19(6).

Study on the Influential Factors of BDI Supply and Demand: a Literature Review

Cai Yiquan

(School of Economics and Management of Wuhan University, Wuhan, 430072)

Abstract: BDI(Baltic Dry Index) is the leading indicator reflecting the global raw material's supply and demand, a barometer of the world economic activity, and the important object of international trade study. Dry bulk shipping market is approximately perfect competitive, and BDI is the equilibrium point of supply and demand. The influential factors that affect the supply and demand may have an effect on the BDI as well. Within the framework of a competitive market equilibrium, focusing on the determinants of supply and demand in the market for dry bulk shipping, this paper reviews the literature related. It indicates that except the fuel price, the size of the fleet and the freight rate, the marine environment protection, piracy, routing optimization and surcharges can influence the supply of dry bulk shipping, while the state of the world economy, elasticity of the demand of seaborne commodity, transport costs, average haul and stochastic crashes might mainly affect the demand of dry bulk shipping.

Key words: BDI; Supply; Demand; Competitive market equilibrium

关于经理管理防御假说的理论考察[*]

● 白建军[1]　李秉祥[2]

(1，2　西安理工大学经济与管理学院　西安　710002)

【摘　要】经理管理决策行为是目前研究的热点之一，在传统代理理论基础上发展起来的管理防御假说为解释公司经理层的现实财务行为提供了一个新视角。文章考察了管理防御假说与委托代理理论的区别和联系，指出二者并非对立，而是有益补充，管理防御假说是从代理人角度对委托代理理论的延伸和扩展，并从与传统委托代理理论比较的角度初步刻画了管理防御假说的研究架构，阐述了管理防御假说对委托代理理论的补充和完善之处，对于管理防御和委托代理不同视角下的经理行为、动机给出了较为合理的解释，最后提出了基于中国情境下的管理防御研究的三大重点问题。

【关键词】管理防御　代理理论　代理成本　关系　架构

1. 引言

在公司治理研究中，经理与股东之间的利益冲突长期以来备受关注。自从 Jensen 和 Meckling(1976)开创性地提出代理成本理论以来，代理问题一直是学术界研究的重点，国内外学者大多采用“委托代理理论”的分析框架从股东角度研究公司治理问题，并将其作为解决股东与经理之间传统利益冲突（包括建造经理帝国、偷懒、滥用自由现金流量等）的重要分析工具。随着现代公司体制在时空上的不断变化，经理越来越处于企业的核心位置，不仅提出建议和执行董事会方案，而且在制定重大政策的过程中发挥着关键性的导向作用，公司经理会按照私人目标和偏好对公司财务政策做出选择并产生重要影响。M. V. 爱森伯格认为经理在企业经营管理过程中会牺牲股东利益来维护和巩固他们在公司中的地位，并把这种利益分歧称为职位利益冲突①。随着公司治理实践和研究的深入，由于经理固守职位而衍生的管理防御问题日益受到关注。所谓管理防御(managerial entrenchment)是指经理在公司内、外部控制机制下，选择有利于维护自身职位并追求自身效用最大化的行为(Morck, Shleifer and Vishny, 1988)。虽然近十多年来国内外学者的研究充分揭示了经理管理防御问题的存在，对管理防御的动机、行为、经济后果及其如何影响企

　　* 本文是国家自然基金资助项目“中国上市公司经理层管理防御行为与激励约束机制的实验研究”（项目批准号：71272118/G0206）和陕西省高校重点学科专项资金建设项目（项目批准号：107-00X902）的阶段性成果。

　　① M. V. 艾森伯格. 公司法的结构. 张开平，译. 载：王保树主编. 商事法论集（第 3 卷）[M]. 北京：法律出版社，1999：407-412.

业经营活动和财务政策选择进行了广泛研究，得出了许多有意义的结论，对深化代理理论和丰富公司治理实践起到了重要作用，但对于管理防御与传统代理理论之间的逻辑关系，经理管理防御假说的前提假设、研究视角等框架性的基本问题以及中国情境下经理管理防御的具体内涵尚无清晰的界定。基于此，本文以该领域相关重要文献为借鉴，试图厘清传统代理理论与经理管理防御假说二者之间的区别和联系，从比较的角度尝试刻画经理管理防御假说的基本研究架构，讨论管理防御假说对委托代理理论的补充和完善之处，对管理防御和代理理论下的经理人的不同行为动机给出了较为合理的解释，并在新的逻辑框架下提出基于中国情境的经理管理防御未来研究的重点问题，希望对本领域的研究起到抛砖引玉、补漏拾遗之作用。

2. 管理防御：研究代理问题的新视角

19 世纪中期，专业化职业经理阶层的形成促使股东必须把企业委托给经理人经营。经理作为公司所有者的代理人，由于相对优势而代表委托人行动（Hart and Holmstrom, 1987）。委托人与代理人之间的利益不一致和信息不对称导致代理成本产生，为了降低代理成本和减少代理关系带来的效率损失，经济学家建立了代理理论。代理的概念最早由 Ross（1973）提出，最终由 Jensen 和 Meckling（1976）发展成为影响巨大的委托代理理论。随后许多学者在探讨如何通过有效的公司治理来降低代理成本、解决经理与股东之间的利益冲突等方面做出了诸多努力，如 Easterbrook（1984）和 Jensen（1986）探讨了股利政策如何降低公司代理成本的问题，Grossman 和 Hart（1982）、Stulz（1990）以及 Hart 和 Moore（1995）的研究强调了公司负债在缓解股东和经理利益冲突方面所起到的重要作用。

股权分散模式下，Jensen 和 Meckling（1976）认为经理持有较少公司股份时，股东不能对经理的非企业价值最大化行为采取抵制行动，而经理则可以通过控制权获取私人利益，但经理持股比例的增加将使得经理与股东的利益趋同。然而，Fama 和 Jensen（1983）认为对于低持股比例的管理者而言，市场监管也许会迫使经理追求企业价值最大化；但是当经理拥有较高比例的股权而获得足够的投票权和影响力时，就可以满足他们追求非企业价值最大化目标，而不会危及他们的职位与报酬。这些论据引发了管理防御假说。管理防御最早由 Morck、Shleifer 和 Vishny（1988）在研究内部人所有权与公司业绩之间的关系时提出，他们发现，随着内部人持股比例的增加，公司绩效（托宾 Q 值）呈先升后降的趋势。而对这一现象的解释是，随着经理层持股比例增加并超过某一水平，市场（经理人市场、公司控制权市场）对经理的约束力下降，此时经理在公司中的地位会非常牢固，他们有动机追求非股东财富最大化目标，如此必然导致企业价值的减损。这说明经理处于管理防御状态，与传统代理理论的观点显然不相吻合。

传统代理理论之所以在理论研究（Scherrer，1988）、规范推理（Morck，Shleifer and Vishny，1988）以及经验证据（Boyd，1994；Core et al.，1999）等层面受到挑战，最主要的原因在于代理理论仅从委托人的角度研究公司治理问题，并没有考虑作为代理人的经理的管理防御行为。在传统代理理论看来，只要能设计一个有效的激励机制就可以使经理从股东利益出发选择对企业最有利的行动，而股东可根据经理的行为结果修正激励约束从而解决双方的利益冲突问题。然而，现实中的经理并非被动地接受股东的激励约束，基于人性的自利和离职威胁以及离职后转换工作成本的存在（Gilson，1989），经理具有应对公司内、外部控制机制的管理防御动机，必然极力维护现有的职位和控制权地位。尤其是在一个信息不对称的环境中，希望有利于自己管理决策的经理选择一个限制自己经营策略的财务政策是困难的。正如 Novaes 和 Zingales（1995）所言，负债被股东当作提高经营效率的控制工具是不同于经理将其当作防御策略的。当经理在财务决策中起主导作用或者自身拥有决策权时，财务政策的选择本身就是一个代理问题。

虽然管理防御假说与以往代理文献所强调的动机有所不同，但处于管理防御的经理采取对自身有利而未必最大化公司价值的行为策略，冲击了组织运行、影响了企业价值、危及相关者利益，同样会产生企业代理成本。管理防御作为管理层代理问题的一个具体体现，不良结果是经理未能寻求股东利益目标而股东无法将其更换。Shleifer 和 Vishny（1989）认为不称职的经理人员滞留在公司，未能寻求企业价值目标而股东无法将其更换以及经理对解雇行为的抵制是最为严重的代理问题。Coffee（1999）进一步指出更换不称职的经理并选聘称职的经理是公司治理的重要职能，上市公司积极约束和惩罚不称职的经理是公司治理有效的必要条件。如果公司治理机制行之有效，那么经理将因经营不善而被更换，公司业绩与经理的强制性变更负相关。Gibson（2003）的研究也表明，如果缺乏严格的监督与约束机制，尤其是董事长同时兼任公司 CEO，将极大增强高管层的防御程度，削弱经理变更对公司业绩变动的敏感性。由此可见，管理防御的存在使得管理层代理问题变得更加复杂和扑朔迷离。所有这些提示财务学家有必要进一步拓宽代理问题的研究范畴，进行更深层次的研究，而管理防御恰好为我们重新考量企业管理层的代理问题提供了一个新的视角。

3. 管理防御假说研究架构——与代理理论的比较

管理防御假说作为研究代理问题的新视角，对传统代理理论的发展起到了很好的促进作用。在传统代理理论基础上发展起来的管理防御假说从经理角度研究代理人的管理行为如何影响企业价值，是在新的视角下对代理理论研究的进一步深化和拓展，在一定程度上弥补了委托代理理论仅从委托人即股东角度研究公司治理问题的不足，深化了我们对企业代理问题的认识，为进一步降低代理成本提供了理论上的指导。本节拟从以下方面与传统代理理论进行比较，进而尝试刻画经理管理防御假说的基本研究架构，以便进一步阐述管理防御假说对代理理论的补充和完善之处，从而加深对经理管理防御行为的认识。

3.1 管理防御下的经理是经济人和社会人的集合，是一个复杂人

任何理论研究范式的构建都离不开对人的行为方式的假设，管理防御亦是如此。委托代理理论承袭了新古典经济学"经济人"的基本假定，认为委托人和代理人是理性的经济人，人的行动都是为了谋求自身利益最大。委托人的主要职责是控制和防止代理人可能出现的机会主义行为，似乎代理人的懒惰、逃避责任和怠工只有通过胡萝卜加大棒的控制机制才可解决。虽然代理理论的人性假设具有高度的概括性和抽象性，但这种基于金融契约的研究范式局限在理性经济人的分析框架中，忽视了对微观个体实际决策行为的分析，忽略了私人契约的外部性即职位安全、组织归属和社会尊重等。而管理防御从金融学、心理学和社会学视角隐含地假设经理是一个"经济人"和"社会人"的集合，甚至是一个"复杂人"，这与现实更为契合。"经济人"体现了经理在企业管理活动中为稳固职位而采取有利自身的管理决策进而追求个人效用最大。而"社会人"则体现了经理为博取雇主好评以实现职位连任、不被更换而自我控制，努力工作为股东创造更多财富以赢得更高的职业声誉和社会地位而成就自我，比如劳动模范、优秀企业家等。"复杂人"体现了在企业经营的某一特定时期，管理防御动机模式的形式是经理内在需要与外界环境交互作用的结果，是对企业不同管理方式的不同反应。管理防御下经理的"经济人"、"社会人"和"复杂人"假设，从以绩效为中心对代理人的控制到以代理人为中心的管理无疑是对委托代理理论人性假设的完善，对于企业制定有效的激励约束机制具有重要意义。

3.2 管理防御下委代双方的关系由合作博弈动态递进到非合作博弈

由于信息不对称，股东在市场上只能依靠经理传递的个人特征信号（学历教育、职业经历等）和过去的绩效表现来衡量其能力并决定是否雇用。虽然股东对经理的"条件禀赋"（如能力、偏好、风险容忍度

等)无法验证,但在初始阶段,为了共同利益目标——企业价值的提高,经理和股东之间双方的协议是有约束力的,并能实施或者完全实施。经理基于自身特征为成就自我,如提高人力资本产权价值、声誉和社会地位等,在努力工作获得报酬的同时企业价值得以提高。双方是一个合作博弈,因为双方选择合作方式的结果可能使得各方利益都得到改进。如果经理的后续行为在很大程度上超越了股东的意志,产生了一系列有利于自己管理决策的防御行为,损害了企业价值,双方利益关系则成为非合作博弈。因为经理在内、外部控制机制压力下以及与股东利益的相互影响中通过管理防御行为使个人福利增进而减少股东利益。委托代理理论认为,作为理性的经济人,委托人和代理人都只是根据可观察的自我利益进行决策,相互之间无法达到有约束力的协议,即使双方通过事前沟通达成协议,但这些协议最终仍然无法实施或缺乏约束力,二者呈现一种非合作博弈关系(见图1)。在委托人无法识别"有效代理人"时,逆向选择使得越劣质的潜在代理人越容易成为现实的代理人,最终导致"劣质代理人驱逐优质代理人"。在双方缔约后,代理人的道德风险,就像"掉在米缸里的老鼠",通过牺牲组织和股东利益来谋求个人效用最大。虽然经理管理防御行为与代理人的逆向选择和道德风险都会降低企业价值,损害股东利益,但动态递进的博弈关系使得管理防御假说不仅关注委托代理理论对于激励相容机制的设计,而且注重对经理自身行为特征的研究,这也为如何控制经理管理防御行为进而降低代理成本提供了新的思路。

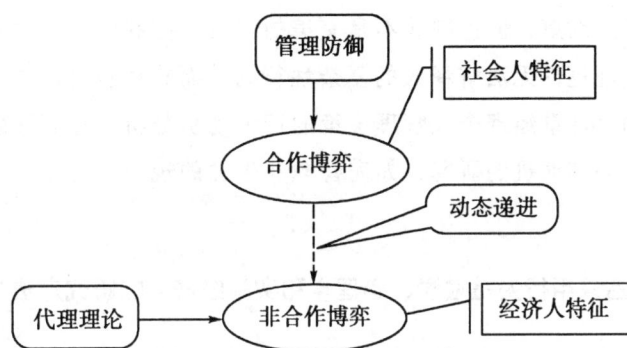

图1 经理管理防御行为博弈逻辑

3.3 管理防御下的经理行为由外生变量与内生变量综合所致

经理管理防御行为与股东利益冲突主要表现在:一是在内、外部控制机制下的职位利益冲突,经理一旦面临被解雇的潜在压力,就会采取防御行为来降低解雇风险以巩固现有职位;二是经理在职位稳固的基础上,为谋取私人效用最大而导致与股东的利益冲突。Hellwig 指出,现实的公司治理并不像代理理论认为的那样是一种事前有效率的激励相容契约。① 在管理层与股东的博弈中,并不是外部股东而是内部人拥有重订和修改游戏规则的剩余权利,他们有动机、有能力去改变博弈方式,如改变权力结构、修改公司章程等。如果监管制度缺失、经理人才市场不成熟和内控机制失灵等外在条件存在,那么经理潜在或隐藏的个人防御动机就会转化为现实中固守职位、谋取私人效用的防御行为。正如 Y. Gadhoum 所言"管理防御是经理生存的本能"②,因而管理防御行为是经理面对职位更替威胁时所做出的主动选择的结果。

---

① Martin Hellwig. *On the economics and politics of corporate finance and corporate control* [M]. Cambridge: Cambridge University Press, 2000: 14.

② Gadhoum, Y.. Potential effects of managers' entrenchment and shareholdings on competitiveness [J]. *European Journal of Operational Research*, 1999, 118(2): 332-349.

如果把经理职位被解雇的压力和工作转换高成本的存在看做管理防御的外在动机(外生变量),那么追求自身效用最大的其他防御行为如降低专用性人力资本价值最大限度的减损则是经理管理防御的内在动机(内生变量)。而委托代理理论强调股东与经理双方都始终追求自身利益,股东与经理之间的利益关系处于一种天然固有的冲突状态,这显然是内生决定而非事先外生给定。管理防御假说启发我们在考察经理代理问题时,不仅要关注代理问题的外生变量,而且要重视内生变量即代理人的内在需求。

3.4 管理防御从经理角度探讨公司治理问题,对外部控制和内在动机并重

首先,代理理论发展至今,所有委托代理模型都是从委托人利益出发揭示代理人行为对企业价值的影响,强调如何使委托人利益最大化、如何使代理人的行为更符合委托人利益,很少从代理人角度来研究委托代理问题,这不能不说是一个遗憾。而管理防御正是从代理人角度即经理在公司治理中的主观能动性,研究经理管理决策行为的动机及其经济后果。事实上这更符合目前职业经理经营企业的现况。其次,代理理论关注人的外在行为,而管理防御不仅关注外在行为,而且注重经理人的内在动机研究。在代理理论看来,委托人不能直接观测到代理人是如何选择何种行动,所能获得的只是一些外在变量(如企业的产出、利润等),而这些变量则由代理人的行为动机和其他外生的随机因素共同决定。代理理论把人的心理看做一个"黑箱",侧重于为防止代理人侵害委托人财富的自利行为而实施严格的外部控制。在此过程中,主要使用外在的激励约束,但控制并不是完美的方案,控制的应用并不意味着经理的所有决策都能增加委托人的财富,代理理论无法解释人的复杂性行为。而管理防御假说不仅关注外部控制,也注重研究经理的内在心理活动,注重经理个人管理决策的行为动机分析,对其激励的路径除了可货币化的外在薪酬,还重视经理内在心理动机的研究,如完善职业生涯的规划,防止职业高原现象的产生以及自我价值的实现等。

3.5 管理防御研究适合采用行为金融学、心理学和实验经济学的研究方法与工具

管理防御主要研究经理的防御动机、影响因素和防御水平的测度以及管理决策特别是财务决策的经济后果与控制。而机制设计是代理理论的核心,主要研究在信息不对称和委托人与代理人利益不一致前提下,两权分离所带来的代理成本问题以及委托人如何设计最优合约使得代理人与委托人的目标函数趋于一致。在研究方法上,代理理论侧重大样本实证研究和运用数理模型设计机制,加强委托人对代理人的激励与约束,促使代理人"说真话"和"不偷懒"。除了传承代理理论的分析工具以外,管理防御研究面对作为人力资本的经理,更需要重视其具体的个人特征和深层次的内心需求。在外界多层次的交互作用和制约下,经理管理防御行为与企业管理决策相互影响的过程不易观察,很难从财务数据资料中确认经理的行为动机与经济后果的因果关系,直接收集数据困难,加之管理防御下的经理决策行为属于个人金融行为选择理论的研究范畴,而这就使得采用实验研究方法非常适合。因此,加强行为金融学、心理学和实验模拟等研究方法与工具的应用,将使代理问题的研究更具实践意义。

作为经理代理问题的一种表现,虽然管理防御假说与委托代理理论最明显的差别在于研究主体的不同,如此导致其他方面会有许多差异,但二者在人性假设、追求目标、利益关系、研究内容等方面仍有相同之处(如表1所示)。这也从逻辑架构上进一步厘清了管理防御假说与委托代理理论之间的区别与联系,二者并非对立,而是有益补充,管理防御假说是从代理人角度对代理理论的延伸和扩展。重要的是管理防御没有将经理作为一个被动的治理对象,而是充分考虑个体特征和行为变量,这也从本质上对管理防御下的经理为什么会产生防御行为给出了较为合理的解释。

表1　　　　　　　　　　　　　　　　　管理防御假说的研究架构：与代理理论的比较

理论 维度	相同点	不同点	
		管理防御	代理理论
人性假设	经济人	经济人、社会人和复杂人	理性的经济人
研究主体		经理（代理人）	委托人（股东）
行为动机	外在行为	内在动机、外在行为控制	外在行为控制
追求目标	利益最大化	经理自身效用最大化	企业价值和股东财富最大化
合作关系	博弈	合作博弈动态递进到非合作博弈	非合作博弈
利益关系	冲突	合作与防御、冲突	冲突与控制
研究内容	降低代理成本	经理防御行为影响及控制	机制设计、降低代理成本
行为机理	内生	外生变量、内生变量	内生决定而非事先外生给定
研究工具	模型、实证	行为金融学、心理学、实验、实证	数理模型、实证

4. 中国情境下未来管理防御研究的重点问题

目前学界对管理防御的界定，除了 Shleifer 等给出的定义被广泛采用外，Walsh 和 Seward 认为管理防御是指经理应对公司内、外控制机制以降低职位威胁的行为①。Berger 等将其定义为经理不受公司治理和控制约束的状态②，Weir 和 Jones 认为管理防御问题的出现是由于经理未能寻求股东利益目标而又无法对其更换③。实质上，管理防御的内涵相当丰富，不仅包括固守职位行为，如实施反接管措施阻止职位更替（Nobuyubi，2002；Olubunmi Faleye，2007），任用次等人选维护职位稳固（Ruediger，2005），选择利己的资本结构加强职位牢靠性（Novaes，2003；Hu and Kumar，2004），通过非效率投资提高防御壁垒（Dyck and Zingales，2004）；还应包括采取有利自身的管理决策谋取个体或团体效用最大化的行为策略，如扭曲股利政策，滥用企业现金流，增加在职消费额度（Scordis and Pritchett，1998），追求权力积累，增大股东的解雇成本④，运用权力操纵自身薪酬（Bebchuk et al.，2002），实施多元化并购扩大企业规模，掌控更多资源和提高显性报酬而忽视实际投资收益率（Dyck and Zingales，2004；Moeller et al.，2005），以及与控股股东合谋共同侵占小股东利益，与科层经理合谋阻止更有效率的下属被提升或防止资源在内部资本市场被其他单位抽走，与雇员合谋形成"天然联盟"维护工作的稳定、工资以及在公司等级中已经获得的权力（Filatotchev et al.，1999），与机构投资者合谋来攫取私人利益（Pound，1988；Dessí，2005），与外部审计师合谋购买审计意见保持股价稳定，进而维护管理层的良好声誉等。因此，从一个比较宽泛的角度来看，我们认为管理防御应是经理层在公司内、外部控制机制下，有动机选择一切有利于自身的管理决策并努力追求个人或团体效用最大的行为或策略。与 Shleifer 等的区别是，我们超越以往只注重个体行为探讨的

① Walsh J. P., and Seward, J. K. On the efficiency of internal and external corporate control mechanisms[J]. *Academy of Management Review*, 1990, 15：421-458.

② Philip G. Berger, Eli Ofek, and David Yermack. Managerial entrenchment and capital structure decisions[J]. *Journal of Finance*, 1997, 52(4)：1411-1438.

③ Weir, C., and Jones, P.. Director entrenchment and the take-over process：Some UK evidence[J]. *Journal of Applied Management Studies*, 1999, 8(2)：133-144.

④ 袁春生. 公司治理中经理自主权的壁垒效应解析[J]. 管理评论，2009，21(12)：48-56.

范畴，认为管理防御的行为动机在于经理层采取有利自身的管理决策而非仅仅固守职位，并强调管理防御行为的主动性(努力)和常态性(一切)特征，这也许更符合现实。

虽然我国上市公司处于与西方国家不同的经济环境中，股权高度集中，内、外部治理机制也不尽完善，但作为一种组织行为，经理管理防御问题同样存在于我国企业，且管理防御水平呈上升趋势，对公司价值的减损有放大作用①。正如 Morck 等(2005)指出"管理防御问题在美国显然是十分重要的，而在其他国家也许更重要"。原因是，美国企业并购市场比较发达，机构投资者精明老道，股东们又好争善斗，所有这些团体也许会倾力将防御的经理人赶出去。而在其他多数国家来自这些团体的压力就小得多了，经理层通过金字塔调控，采用金字塔结构、交叉持股和超权股，将双重代理问题共嵌于塔基企业之中，并可能进一步恶化。我国股权分置改革只是从制度层面解决了长期困扰我国资本市场稳定发展的历史遗留问题，资本市场还存在其他制度性缺陷，公司治理结构在短时间内不能得到有效的完善，"弱股东、强管理层"和"内部人控制"现象仍然存在。因此，随着我国转型期制度变迁的持续发展以及企业管理实践的日益复杂，经理层管理防御问题更不容忽视。我们认为对中国企业管理防御问题未来可从以下三个方面进行重点研究：

4.1 全面系统揭示中国企业经理层管理防御行为的影响因素

代表国家产权主体的国有股"一股独大"以及总经理任命权大多由政府行使等现实，使得研究我国管理防御问题必须基于中国情景下的具体情况。在研究过程中要综合考虑我国企业经理所处的外部市场环境、内部组织治理机制、经理自身素质以及社会网络、政治关联等外部联系对管理防御的影响，包括政府行为、资本市场与产品市场结构、市场竞争规则与制度安排以及经理行为空间的大小、经理团队个人特质与组织绩效的互动关系等如何共同影响经理层的管理决策行为，进而降低管理防御对公司绩效和相关利益者的影响。

4.2 加强基于机制设计的经理层管理防御行为的治理研究

管理防御行为的产生与经理受到的内外部监督和激励机制密切相关，未来可从内外部控制机制，包括经理人市场、资本市场的代理权竞争与高管薪酬结构、债务契约设计等方面协调股东与经理层之间的利益目标，探寻在信息不对称条件下经理管理防御行为的具体途径，通过行为路径发掘动机与经济后果之间的逻辑关系、作用机理，从适度可接受控制权私人收益的观点出发，构建一套有效的基于金融契约赋予投资者要求权和不同利益目标来监督经理层某种偏离行为的监督机制，并进行具体的方案设计，寻求最优缓解与防范经理层管理防御行为的激励约束机制，从而达到降低因经理管理防御导致的控制成本和代理成本。

4.3 构建适合中国国情的经理管理防御指数

在充分考虑经理自主决策权和行为空间范围内开展经理管理防御的动机、依赖途径与经济后果研究，以经理团队个人特质、内部治理机制和外部市场环境三个维度为基准，构建综合性的经理层管理防御指标体系，建立适合我国国情的上市公司经理管理防御指数，进而对企业经理管理防御行为进行动态测量与监控，实现在企业激励约束机制设计、行业薪酬结构差异调整、宏观政策控制等方面的推广应用。

(作者电子邮箱：baijianjun. sn@ccb. com；baijianjun09@163. com)

---

① 李秉祥，王妍斐. 经理管理防御对公司债权人与股东利益的影响[J]. 系统工程，2008，26(4)：117-120.

参考文献

[1] M. V. 艾森伯格. 公司法的结构[A]. 张开平, 译. 载: 王保树主编. 商事法论集(第 3 卷)[M]. 北京: 法律出版社, 1999.

[2] 李秉祥, 王妍斐. 经理管理防御对公司债权人与股东利益的影响[J]. 系统工程, 2008, 26(4).

[3] 袁春生. 公司治理中经理自主权的壁垒效应解析[J]. 管理评论, 2009, 21(12).

[4] Aidong Hu, and Praveen Kumar. Managerial entrenchment and pay out policy[J]. *Journal o f Financial Quantitative Analysis*, 2004, 39(4).

[5] Bebchuk, Lucian, A., Jesse M. Fried, and David I. Walker. Managerial power and rent extraction in the design of executive compensation[J]. *University of Chicago Law Review*, 2002, 69(3).

[6] Brian K. Boyd. Board control and CEO compensation[J]. *Strategic Management Journal*, 1994, 15(5).

[7] Core, J., Holthausen, R., and Larcker, D.. Corporate governance, Chief executive officer compensation and firm performance[J]. *Journal of Financial Economics*, 1999, 51(3).

[8] Coffee, J. C.. The future as history: The prospects for global convergence in corporate governance and its implications[J]. *Northwestern University Law Review*, 1999, 93(3).

[9] Dessí, and Roberta. Start-up finance, Monitoring and collusion[J]. RAND *Journal of Economics*, 2005, (2).

[10] Dyck, A., and Zingales, L.. Private benefits of control: An international comparison[J]. *Journal of Finance*, 2004, 59(2).

[11] Easterbrook, F.. Two Agency-coat explanations of dividends[J]. *American economic review*, 1984, 74(4).

[12] Eugene F. Fama, and Michael C. Jensen. Agency problems and residual claims[J]. *Journal of Law and Economics*, 1983, 26(2).

[13] Gadhoum, Y.. Potential effects of managers' entrenchment and shareholdings on competitiveness[J]. *European Journal of Operational Research*, 1999, 118(2).

[14] Gilson, S. C.. Management turnover and financial distress[J]. *Journal of Financial Economics*, 1989, 25(2).

[15] Gibson, M. S.. Is corporate governance ineffective in emerging markets? [J]. *Journal of Financial and Quantitative Analysis*, 2003, 38(1).

[16] Hart, Oliver, and John Moore. Debt and seniority: An analysis of the role of hard claims in constraining management[J]. *American Economic Review*, 1995, 85(3).

[17] Hart, O., and Holmstrom, B.. The theory of contracts, In advances in economic theory[A]. *Fifth World Congress, Edited by Truman Bewley*[C]. Cambridge: Cambridge University Press, 1987.

[18] Hellwig, and Martin. *On the economics and politics of corporate finance corporate control*[M]. Cambridge: Cambridge University Press, 2000.

[19] Igor Filatotchev, Mike Wright, and Michael Bleaney. Privatization, Insider control and managerial entrenchment in Russia[J]. *Economics of Transition*, 1999, 7(2).

[20] Jensen, M. C.. The agency costs of free cash flow: Corporate finance and takeovers[J]. *American Economics Review*, 1986, 76(2).

[21] Michael C. Jensen, and William H. Meckling. Theory of the firm: Managerial behavior, Agency costs and ownership structure[J]. *Journal of Financial Economics*, 1976, 3(4).

[22] Nicos, A., and Scordis T. Pritchett. Policy holder dividend policy and the costs of managerial discretion [J]. *The Journal of Risk and Insurance*, 1998, 65(2).

[23] Nobuyubi Isagawa, N.. Callable convertible debt under managerial entrenchment[J]. *Journal of Corporate Finance*, 2002, 8(3).

[24] Olubunmi Faleye. Classified boards firm value and managerial entrenchment [J]. *Journal of Financial Economics*, 2007, 83(2).

[25] Philip G. Berger, Eli Ofek, and David Yermack. Managerial entrenchment and capital structure decisions [J]. *Journal of Finance*, 1997, 52(4).

[26] Pound J. Proxy. Contest and the efficiency of shareholder oversight[J]. *Journal of Financial Economics*, 1988, 20.

[27] Randall Morck, Daniel Wolfenzon, and Bernard Yeung. Corporate governance, Economic entrenchment, and Growth[J]. *Journal of Economic Literature*, 2005, 43(3).

[28] Sara B. Moeller, Frederik P. Schlingemann, and René M. Stulz. Wealth destruction on a massive scale? A study of acquiring-firm returns in the recent merger wave[J]. *Journal of Finance*, 2005, 60(2).

[29] Randall Morck, Andrei Shleifer, and Robert W. Vishny. Management ownership and market valuation: An empirical analysis[J]. *Journal of Financial Economics*, 1988, 20(1).

[30] Ross Stephen. The economic theory of agency: The principal's problem [J]. *American Economic Review*, 1973, 63(2).

[31] Ruediger. Essays on corporate governance[D]. *University of Pennsylvania*, 2005.

[32] Sanford J. Grossman, and Oliver D. Hart. Corporate financial structure and managerial incentives[A]. *The Economics of Information and Uncertainty, Edited by John McCall*[C]. Chicago: University of Chicago Press, 1982.

[33] Scherrer, F. M.. Corporate takeovers: The efficiency arguments[J]. *The Journal of Economic Perspective*, 1988, 1(2).

[34] Shleifer, Andrei, and Vishny Robert, W.. Managerial entrenchment: The case of Manager-Specific investments[J]. *Journal of Financial Economics*, 1989, 25(1).

[35] Stulz, R. M.. Managerial discretion and optional financing policies[J]. *Journal of Financial Economics*, 1990, 26(1).

[36] Walter Novaes, and Luigi Zingales. Capital structure choice when managers are in control: Entrenchment versus efficiency[R]. *NBER Working Paper*, 1995.

[37] Walsh, J. P., and Seward, J. K.. On the efficiency of internal and external corporate control mechanisms [J]. *Academy of Management Review*, 1990, 15.

[38] Walter Novaes. Capital structure choice when managers are in control: Entrenchment versus efficiency [J]. *Journal of Business*, 2003, 76(1).

[39] Weir, C., and Jones, P.. Director entrenchment and the take-over process: Some UK evidence [J]. *Journal of Applied Management Studies*, 1999, 8(2).

The Study of the Managerial Entrenchment Hypothesis Investigation

Bai Jianjun[1] Li Bingxiang[2]

(1, 2 Economics and Management School of Xi'an University of Technology, Xi'an, 710002)

Abstract: The management decision-making behavior of managers is one of the hot topics. The research on managerial entrenchment hypothesis developed from the basis of traditional agency theory provides a new perspective to explain the reality of corporate financial behavior of managers. The article discovers the difference and relationship of the managerial entrenchment hypothesis and the principal-agent theory, and points out that they are not opposites, but useful supplement. The managerial entrenchment hypothesis expands the principal-agent theory from the angle of agent. With the traditional the principal-agent theory from the angle of comparison preliminary, we initially depict the framework of the managerial entrenchment hypothesis, and expound the complement and perfect of the managerial entrenchment hypothesis to the principal-agent theory and the different motivations of managers a more reasonable explanation under the managerial entrenchment and agency theory is given. Finally, the three key defense research problems of the managerial entrenchment hypothesis follow-up study are put forward based on the situation of China.

Key words: Managerial entrenchment; Agency theory; Agency costs; Contact; Framework

高校学生创业意愿及其影响因素研究

● 熊景维

（武汉大学政治与公共管理学院　武汉　430072）

【摘　要】本文的目的在于揭示我国高校学生的创业意愿状况及其影响因素之间的数量效应。通过文献回顾和梳理，本文提出了与创业意愿影响因素相关的理论假设并确定了概念模型，以武汉市 12 所高校的创业调查数据为样本，采用结构方程模型（SEM）验证假设并估计各潜在因素的效应大小。研究结果确认态度动机、学历背景、创业教育、家庭支持、个体特征是影响学生创业意愿的五个主要因素。其中态度动机因素是最主要的影响因素，其标准化效应系数为 0.45；其次是学历背景，效应大小为 0.41。创业教育对学生创业意愿的正效应既包括直接效应，也包括间接效应。家庭支持通过态度动机因素对学生的创业意愿有间接的负效应。

【关键词】创业意愿　影响因素　效应　结构方程模型（SEM）

1. 引言和文献回顾

推进高校学生创业在我国毕业生就业压力逐年增大的就业形势下，是一种寻求多样化破解策略的尝试。创业不仅可以解决学生自身的就业问题，而且能创造更多的就业机会，促进经济增长。创业、就业和经济增长的关系，主要被概括为两种效应，即"避难效应"（refugee effect）和"熊彼特效应"（Schumpeter effect）。前者认为失业刺激创业，后者认为高创业率减少失业（Wenneckers & Thurik，1999；Audretsch et al.，2002；Wong，2005）。正因为如此，当前很多发达国家政府对创业促进产生了很大兴趣。Schwarz 等（2009）的研究指出，由于受过良好教育的人期望获得较同伴更好的创建快速成长企业的机会、现有大公司的工资水平对毕业生的吸引力减弱以及最近欧洲出现的大学毕业生失业率上升等原因，西欧国家普遍增加了对高校学生创业的扶持。我国近年来也陆续出台了一系列鼓励和引导青年人创业的政策。这使创业研究在世界范围内日益引起学者们的关注和兴趣。

创业研究的重点主要集中在影响个人创业意愿（entrepreneurial intention）的因素上。研究者对创业意愿的热衷在于它提供了一种更好地理解和预测创业行为的工具（Oosterbeek et al.，2010），创业的决定通常是在创业意愿的推动下做出的。但创业意愿与实际创业行为之间并非一一对应的关系，因为有时创业意向会催生立即的创业活动，而有时却不会产生任何的实际行动（Davisson，1995）。尽管如此，创业意愿仍被证明是预测未来创业行为的一个重要指标（Krueger et al.，2000）。

不同国家高校学生的创业意愿可能大相径庭。Donckels（1991）对比利时包括高校学生在内的不同种类人群进行了创业意愿的调查，发现拥有第一等开业证书和第二等开业证书的经济系学生的创业意愿仅有17.2%和8.5%；在经济学者和工程师中，至少60%的人曾经有创业的意愿，但最终创业的人数分别只占其中的13.4%和8.4%。而Birdthistle(2008)一项针对爱尔兰高校学生的调查显示，高达82%的被调查者有创业意愿或正在创业。

有趣的是，一些影响学生创业意愿的主要因素在不同国家间却表现出显著的稳健性与一致性(Autio, 1997)。这也为研究者们致力于探究影响个人创业意愿的共同因素的努力提供了合理依据。对创业意愿影响因素的探究，现有文献的研究视角主要包括：(1)从个体特征出发，揭示影响创业意愿及行为形成的生理和心理机制；(2)研究教育尤其是创业教育对个人创业意愿的影响；(3)研究政策体制与社会环境对个人创业意愿的影响；(4)采用综合性的视角，运用定量方法估计假定的潜在因素对个人创业意愿的解释效应。

从个体特征视角出发的研究主要围绕性别、气质、性格、态度等因素对个人创业意愿的影响展开。就性别的影响而言，人们通常的直觉是男性的创业意愿强于女性，毕竟现实中企业的所有者和管理者以男性居多。Reynolds(1995)的研究表明在美国新出现的创业者中男性的数量是女性的两倍。Autio(1997)的实证分析证明了即使在不同国家的混合样本中进行估计，男性的创业意愿也高于女性。类似的结论还见于Berglann等(2010)的研究中。例外的是Cristina等(2010)的研究，他们发现创业意愿似乎并不因性别的差异而有所不同，但相对于被动创业(如因失业或对工作不满意而创业)，男性更倾向于考虑主动创业的可能性。据他们观察，有坚定创业意愿的人认为成功的男性创业者大多具备一定程度的阴柔气质。在评估创业者的风险态度方面，Robert(1980)的研究结论显示，对创业风险的偏好并不构成创业者与其他人特征的差异，相反，大多数创业者偏好适度风险。他进而把与创业意愿联系紧密的个人特征概括为成就欲、风险态度、内控信念(internal locus of control)和创造性(Robert et. al., 1986)。而Gartner等(1988, 1989)通过实证分析发现，创业者的人格特征与其创业活动之间的联系并不显著，他批评Robert把人格变量理性化并将之作为先验预测因素的做法，认为人格特征在不同情形下具有不确定性，因而不是预测个人创业行为的良好指标。取而代之的是基于态度的假设，它在20世纪90年代得到普遍认同并成为预测创业行为的通用指标(Schwarz et al., 2009)。Autio等(1997)将心理学领域的计划行为理论(theory of planned behavior)引入创业意愿的研究中，分析了态度认知(perceived attitude)、主观标准(subjective norm)和自我效能(self-efficacy)对个人创业意愿的重要指示作用。Ajzen等人的实证研究为该理论对个人创业意愿的解释和预测能力提供了经验证据(Azjzen, 1987；Kim & Hunter, 1993)。

关于学校教育对学生创业意愿的影响，存在两种截然相反的观点。消极的观点认为教育抑制了学生的创业意愿。Chamard(1989)认为教育至少并不特别地为学生的创业精神提供支持，相反，它可能恰好压制了他们的成就欲和内控信念，而这正好是创业者最重要的特质。他引述一些只受过很少正规教育但创业却极其成功的人士的例子，说明很多创业的技能更适合在学校以外的商业环境中学习。作为对被压制的学生创业特质的弥补，Chamard强调大学创业教育的结构和形式应该与学校保持相对独立，避免前者的官僚化作风损害创业教育的效果。Georg等(2010)对德国高校创业教育对学生创业意愿的影响进行统计分析发现，虽然创业课程使学生对自我创业技能的评价显著提高，但对创业意愿却表现出一定程度的负相关。类似的研究还包括Oosterbeek等(2010)对荷兰创业教育项目的分析，他们的结论显示创业教育不仅对高校学生自我评价的创业技能影响不显著，而且会降低学生的创业意愿。而积极的观点认为教育激发学生的创业意愿。Birdthistle(2008)认为通过培养合宜的理念、提高职业机会意识和相关经营管理技能等方式，教育对个人的创业意愿有积极影响。Peterman等(2003)分析了参加澳大利亚青年创业实践项目(YAA)的中学生在活动前后创业意愿和创业可行性认知的变化，研究表明，该项创业活动显著提升了参加者的创业意愿和对创业可行性的正面评价。该研究也为Shapero等(1982)将自我效能作为影响创业意愿尤其是创业可行性认知的关键因素的假设提供了实证支持。

Davidsson(1995)建立了一个影响个人创业意愿的多因素经济学—心理学模型。该模型对从年龄在35~40岁的瑞典人中获得的1313个样本进行估计，结果表明，个人信念对创业意愿的解释程度达35%，整体模型解释了创业意愿50%的比重。结论同时验证了个人背景和现实处境也对创业意愿有重要影响。Autio等(1997)运用结构方程模型(SEM)对影响芬兰、瑞典、美国和东南亚高校学生创业意愿的因素进行了分析，探究了个人背景、总体态度、创业印象、创业信念、社会环境和创业意愿之间的因果效应关系，并估计了具体的效应大小。总体模型对创业信念的解释程度为40%，其中创业信念对创业意愿的效应系数为0.347，是影响学生创业意愿最重要的因素。同时，研究结果表明，在短期创业行为中，东南亚国家学生的创业信念对其创业意愿的效应比欧美国家更大。此外，研究还发现东南亚女性的创业意愿比美国和北欧国家更强烈。Pillis(2007)构建了一个由性格特质(包含成就动机、风险与不确定性承受能力、内控信念3个因子)、文化因素(包含国家和自我一致性、创业合宜性认知和创业效能预期3个因子)以及中间变量积极信号(positive message)因素组成的概念模型来解释爱尔兰与美国两个国家大学生的创业意愿。实证结果显示，国家和自我一致性与积极信号因素对两国大学生创业意愿都有显著的正效应，其中国家和自我一致性因素的效应值最大。

在社会环境对创业的影响上，Licht等(2006)认为创业的层次和模式受到文化环境与法律系统的制约，但创业者可以借助社会关系网在一定程度上克服制度的缺陷，这种社会关系网促进了声誉纽带作为一种资源分享工具的效应。Lee等(2011)对新加坡IT行业人士的研究发现，当工作环境缺乏创新的氛围与追求卓越的刺激时，技术人员会由于对工作不满意而自主创业。Berglann等(2010)对挪威的创业数据分析表明，将创业的概念扩展到与他人合作成立有限责任公司时，创业的回报将变得可观，但创业者之间的收益差别很大。他们还指出，虽然个人失业有利于激励创业行为，但总体失业却抑制创业行为。

对于中国高校学生创业研究的主题也主要集中在创意意愿调查与影响因素分析两个方面。

黄敬宝(2010)对北京市12所高校学生的创业意愿进行了调查，在受访的674人中有创业计划的人数只占18.8%，而其中实际创业的仅有2人。接受调查的大学生认为创业能力、创业团队、创业精神和创业环境是影响其创业意愿的主要因素，而缺乏资金是创业的最大障碍。针对上海市1256名大学生的创业调查显示，27.7%的人具有较强的创业意愿，而大部分学生只把创业当作一个遥不可及的理想甚至完全排斥创业；学生的创业准备严重不足，创业相关能力得分不高(李俊，2008)。

钱永红(2007)以华东和华南地区部分样本为基础，运用回归分析方法估计了影响社会人员创业意愿因素的结构维度，发现个体自主性、成就动机水平和风险态度3个因素对个体的创意意向有显著的影响，个体所拥有的创业资源与其对创业收益的评估也是影响其创业意向的重要因素。叶映华(2009)以人格特质、社会资源和先前知识为潜在因子构建了大学生创业意愿影响因素的关系模型，并在此基础上运用浙江部分高校学生的调查数据进行了经验分析，估计结果支持他所提出的三因素模型假设，对创业的自我认知在这三个因素中起中介作用。Wu和Li(2010)分析了中国部分地区大学生对创业潜在利益和代价的认知与其对创业价值认知的关系，通过统计分析验证了潜在利益诱导对大学生的创业价值认知有积极作用，而潜在的非经济代价则显著降低其创业价值评价的结论。

Dainow和Hanlon等分别在1986年和1997年对创业教育的相关文献做了系统而全面的回顾，他们指出研究者应在创业调查、数据收集、定量分析和方法创新等方面作进一步的努力。虽然影响创业意愿的各种因素在研究者们的不懈努力下日趋明朗，但由于模型容量的有限性和国家甚至地区间经济发展、社会结构、文化心理等方面的差异，对不同地区影响因素进行个案式数量分析和估计仍具有重要的理论和现实意义。最近十年来西方对创业意愿影响因素的定量分析逐渐增多，但我国在这方面的研究才刚刚起步。目前国内学者对创业的研究主要停留在对创业调查的笼统分析上，一般采用描述性统计方法，对蕴藏在数据背后的潜在因素尤其是它们间的相互关系和结构发掘得不够深入。本文则旨在定量揭示我国高校学生创业意愿的影响因素及其结构的数量关系，以期在创业研究方面有所贡献。

2. 理论假设与概念模型

2.1 创业意愿及其理论假设

意愿即指引导一个人的注意力朝向某个具体目标或路径以取得特定结果的思想状态（Krueger et al.，2000）。本文将创业意愿定义为个人对于创业的思考、计划以及将该种想法付诸实施的心理强度，它来源于个人对回应市场机会的迫切程度、可行性评价及倾向的认知（Lee et al.，2009）。研究者一般从计划行为理论（Ajzen，1991）和解释创业意愿的模型（如 Shapero & Sokol 模型）出发来阐释这一概念。学生的创业意愿可以通过调查显示出来。如果学生对自己创业思想状态的认知没有偏差且不存在隐瞒和欺骗，那么其回答将反映其真实的创业意愿（H1.1）。计划行为理论预示自我效能，即对自己完成某项既定任务可能性的认知（Lee et. al.，2009）将影响其认知态度和决定。若个人认为创业对自己而言不具备可行性，他将倾向于对与之相关的支持持消极的认知态度。我们假定，个人的创业意愿将显著影响他对家庭关于其创业之态度的认知（H1.2）。

假设 H1.1 学生真实的创业意愿将显著解释其意向表达。

假设 H1.2 学生的创业意愿将显著影响他对家庭关于其创业之态度的认知。

2.2 高校学生创业意愿的影响因素及其理论假设

2.2.1 态度动机

正如前文所提到的，将态度动机作为创业意愿影响因素的做法已得到学界普遍认可。态度动机一般指对个人创业决定产生系统性影响的人格特质、偏好、期望和价值观。该因素的基本假设是，个人在与创业相关的态度动机的测量指标上表现越积极，其创业意愿就越强（H2）。Davidsson（1995）把一般性态度（general attitude）因素引入他建立的理论模型中，并用革新倾向（change orientation）、竞争意识（competitiveness）、财富观（valuation of money）和成就动机水平（achievement motivation）来反映这一构念。Autio 等（1997）基本上沿用了 Davidsson 的模型，Pillis（2007）实际上也接受同样的假设，不同之处是他把态度因素归入了个体特质因素之中。国内学者如钱永红、叶映华、Wu 和 Li 的研究也都不同程度地蕴含了类似的假设，而钱永红的研究更是对态度动机因素专门而细致的考察。态度动机因素的盛行并不难理解，因为它与人们总是力求寻找行为背后的心理动因的逻辑思维习惯相一致。创业动机或目的包含了个人对创业活动最终效能的评估和预期，是创业行为的直接驱动力，因此该驱动力的大小强弱将显著影响个人的创业意愿（H2.1）。创业有各种不同的形式，最典型就是独立开办私人企业，也包括加盟连锁店、开办网店、成立个体工商户等诸多类型。不同形式的创业在业务规模、风险与自主性程度、技能等方面的要求差异悬殊，因而对个人态度动机的强烈程度要求也不一样（H2.2）。

假设 H2 学生在与创业相关的态度动机测量指标上表现越积极，其创业意愿就越强。

假设 H2.1 创业动机将显著影响学生的创业意愿。

假设 H2.2 风险越大、独立性越强的创业形式所要求的个人态度动机也越强烈。

2.2.2 创业教育

在影响高校学生创业意愿的诸因素中，对创业教育因素的研究最为广泛和深入。如前文所述，虽然研究者们在这一因素的效应上有截然相反的论断，但这并不影响它成为解释学生创业意愿的重要变量

(H3)。针对不同社会背景和教育系统下创业教育作用的不同结论，实际上反映的是区域特质对学生创业意愿影响程度的差异。正因为如此，当考虑到研究对象的区域属性时，该因素的影响就更值得分析与探究。Shaver 和 Scott（1991）以及 Cristina 等（2009）都将是否具备创业相关知识技能作为影响个人创业意愿的重要因素。知识技能这一指标关注当个人有好的商业创意并想将它付诸实施时他是否知道如何去做（Cristina，2009）。一般认为，创业教育能显著提高学生对创业政策、活动和平台的了解程度，在积累创业相关技能和知识的同时，逐渐形成对创业的整体印象，从而引导个人对创业选择作出理性反应（H3.1 至 H3.4）。

假设 H3　创业教育对高校学生的创业意愿有显著影响。

假设 H3.1　创业教育状况能显著解释高校学生创业课程教育的差异。

假设 H3.2　创业教育显著提高高校学生对创业政策的了解程度。

假设 H3.3　创业教育显著提高高校学生对创业活动的了解程度。

假设 H3.4　创业教育显著提高高校学生对创业平台的了解程度。

2.2.3　学历背景

研究表明，包括现实处境（如不满意当前工作、预期就业困难或失业）在内的情境变量也是影响个体创业意愿的潜在因素（Davidsson，1995；Autio，1997）。在校学生虽然尚未直接面对择业，但他们会根据自己的学历背景对未来的就业前景作出理性预期，这实际上是一种未来的情境变量，同样会影响其创业选择（H4）。就我国的现实情况而言，学生的学校层次和受教育程度越高，其在未来找到一份较满意工作的可能性越大，因而将降低他们的创业意愿（H4.1 至 H4.2）。与创业相关的知识和技能储备情况显著影响个人的创业意愿（Birdthistle，2008；叶映华，2009），而学生所属学科类别的差异显然会导致他们创业知识储备情况的差异，故学科类别的差异将显著影响学生的创业意愿。具体而言，偏应用类学科的学生由于所属学科与实际经济活动结合较紧密，为他们提供了初步的创业知识准备，其创业意愿可能较强；而偏理论类的学生因为所属学科与实际经济活动缺乏直接的联系，其创业意愿可能较弱（H4.3）。

假设 H4　学历背景将显著影响高校学生的创业意愿。

假设 H4.1　学生所属学校层次与其创业意愿呈负相关。

假设 H4.2　学生受教育程度与其创业意愿呈负相关。

假设 H4.3　学生所属学科类别和实际经济活动联系的紧密程度与其创业意愿呈正相关。

2.2.4　家庭支持

由于人们对绝对风险的厌恶倾向或普遍的信用债务约束，家庭资源是个人创业决定的重要潜在因素（Berglann et al.，2010）。Berglann 用挪威的调查数据评估了家庭背景、资源和经济条件对其成员创业决定的影响。估计结果表明，无论个人是未婚还是已婚的，家庭财富、父母受教育程度和创业经历等因素都与其成员的创业决定有显著的正相关关系。Birdthistle（2008）对爱尔兰高校学生的调查显示，家庭条件和状况对大学生的创业意愿有重要影响，父母为自主经营的创业者对该影响的评价普遍为正。由于绝大多数高校学生经济上尚未独立，没有自己正式的收入来源，在包括创业选择在内的诸多事务的处理上对家庭的依赖较大，家庭能够提供的支持将直接影响他们的态度和决定（H5.1 至 H5.3）。因而我们假定，家庭支持与学生的创业意愿呈正相关（H5）。

假设 H5　家庭支持与学生的创业意愿呈正相关。

假设 H5.1　家庭支持将显著解释高校学生对创业资金来源的考量。

假设 H5.2　家庭支持将显著解释高校学生对创业地点选择的考量。

假设 H5.3　家庭支持将显著解释高校学生对创业首选求助对象的考量。

2.2.5 个人特征

这里所称个人特征主要指生理体征，即性别和年龄。对于性别的影响前述文献中已有详细的讨论，这里我们遵从大多数研究的假定，即男性的创业意愿强于女性（H6.1）。而对于年龄，Schwarz等（2009）的研究显示，随着年龄的增长，个人的创业意愿呈倒U形特征，30～40岁的人比其他年龄阶段的人表现出更高的创业意愿。他们认为这可能是因为该年龄段的个人既有创业所需的相关技能准备，同时家庭和不确定性的负担也较轻。因为本研究的调查对象大多在30岁以下，故采用创业意愿随年龄递增的假设（H6.2）。

假设H6　个人特征显著影响学生的创业意愿。

假设H6.1　男学生的创业意愿高于女学生。

假设H6.2　学生的年龄与其创业意愿呈正相关。

2.2.6 其他假设

沿用现有研究中大多数概念模型的惯常做法，如Davidsson（1995）、Autio等（1997），态度动机因素将作为以上诸影响因素的中间变量，即假定创业教育、学历背景、家庭支持和个人特征均通过影响学生的态度动机对其创业意愿产生作用。特别地，个人特征因素只通过态度动机因素作用于创业意愿。

假设H7.1　创业教育通过态度动机与学生的创业意愿显著相关。

假设H7.2　学历背景通过态度动机与学生的创业意愿显著相关。

假设H7.3　家庭支持通过态度动机与学生的创业意愿显著相关。

假设H7.4　个人特征通过态度动机与学生的创业意愿显著相关。

2.3 概念模型

基于上述理论假设，形成如下概念模型（见图1）。

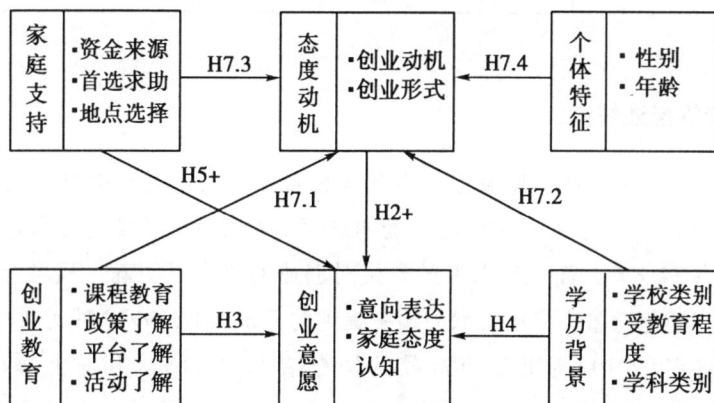

图1　高校学生创业意愿影响因素的概念模型

3. 数据和方法

3.1 数据

本研究所用数据来源于武汉大学高校毕业生创业政策研究课题组对武汉市12所高校所进行的创业调查，调研时间为2010年6月。调查采取问卷方式，运用系统抽样方法，选取了部属重点高校（4所）、省属高校(4 所)、独立院校(2 所)和高职高专(2 所)四种类型的高校展开调查。调查的对象是高校在校学生,以本科生为主,也包括一部分大专生和少量硕士生、博士生。发放问卷总数1600 份,回收1530 份,回收率95.6%,获得无缺失数据样本1400 个。从样本分布看,被调查学生的学科类别以工农医学和社会科学为主,分别占45.5% 和38.8%;在性别分布上,男女比例分别为51.2% 和48.2%,占比基本持平;被调查对象的年龄集中在20 ~ 24 岁,该年龄段人数占调查总数的77.3% 。样本分布的具体情况见表1。在本研究的描述性统计分析部分,为充分利用数据提供的信息,采用了全部样本($N = 1530$);而在模型估计部分,为方便估计和分析,则采用无缺失数据样本($N = 1400$)。

表1 样本构成情况($N = 1530$)

变量	值	比例(%)	变量	值	比例(%)
高校类型	省属高校	38.8	年龄	20 ~ 24 岁	77.3
	部属院校	33.3		20 岁以下	18.3
	高职高专	17.6		25 ~ 30 岁	3.2
	独立院校	10.3		30 岁以上	0.8
学科类别	人文科学	8.9		缺失	0.4
	理学	5.5	受教育程度	本科生	67.1
	社会科学	38.8		大专生	24.5
	工农医学	45.5		硕士生	3.7
	缺失	1.3		博士生	3.7
性 别	男	51.2		缺失	1.0
	女	48.2	样本总数	无缺失样本数	样本总体信度
	缺失	0.6	1530	1400	0.614

3.2 学生创业意愿的描述性统计

调查结果显示,高校学生的创业意愿偏低。在此项调查中,表示会选择创业的学生只占所有被调查者的9.7%(剔除无作答者的有效比率是9.8%);而明确表示不会创业的学生比率达11.7%;相对创业更倾向于寻找工作的学生占24.8%,而一半以上的学生对创业的态度不明确,只愿意在合适的情况下将创业列入考虑的范围。这一创业意愿比率比文献回顾中提到的Donckels(1991)对比利时高校学生的调查结果(17.2% 和8.5%)、黄敬宝(2010)对北京市高校的调查结果(18.8%)和对上海市大学生的调查结果(27.7%)还要低。

用ANOVA 检验创业意向表达等四个变量各自均值在学校类别差异上的显著性,发现不同类别高校学生在这四个指标上的得分均存在显著差异,其Pearson 卡方检验(双侧)的显著性水平分别为0.000、0.016、0.000 和0.002。如表2 所示,学生的创业意愿随其所属学校竞争力的上升而下降(如高职高专学生的创业意向表达得分的均值为2.63,而"211 工程"院校学生只有2.43);学生创业课程教育状况总体上与学校竞争力存在一定程度的正相关(高职高专院校学生的情况例外);学生的创业动机基本上处于中间状态,表明获取财富是其创业的最主要动力;而在创业形式上,竞争力强的学校的学生似乎更倾向于开办独立的私人企业。

166

表2　　　　　　　　　　　　　　按学校类别分的部分变量的描述性统计

		创业意向表达	创业动机	创业形式偏好	创业课程教育
"211工程"院校	均值	2.43	3.11	3.72	2.22
	S. D.	0.88	1.13	1.28	1.02
省属高校	均值	2.63	3.19	3.62	2.22
	S. D.	0.76	1.06	1.15	1.01
独立院校	均值	2.73	3.06	3.42	1.87
	S. D.	0.77	1.05	1.15	1.03
高职高专	均值	2.93	3.00	3.58	2.31
	S. D.	0.75	1.10	1.19	0.98
全部	均值	2.63	3.12	3.63	2.20
	S. D.	0.82	1.09	1.20	1.02

注："创业意向表达"和"创业课程教育"量表为李克特四点量表式评分,前者从1="不会创业"到4="会选择创业",后者从1="很不满意"到4="很满意"。而"创业动机"和"创业形式偏好"为非典型李克特量表,其中"创业动机"量表按从物质动机到精神动机分别赋值为1~5,如2="为解决就业问题",3="为获取更多财富",4="兴趣所在",5="挑战自我";"创业形式偏好"量表按拟创办企业的规模、风险和自主性指标从低到高依次评分,如2="开办网店",3="成为个体工商户",5="独立开办私人企业"。

3.3　变量的测量尺度

本研究所使用变量大多数采用李克特四点量表式评分。其中,创业意愿、家庭态度认知、政策了解、活动了解、平台了解及课程教育变量是典型的四点李克特量表,变量按从低到高、由弱到强的顺序依次赋值(1对应"低"或"弱",4对应"高"或"强")。而对于性别、年龄、创业动机、创业形式、资金来源、首选求助、地点选择这些非典型李克特量表的类别变量,除创业动机外(按从物质动机到精神动机顺序赋值),都以前文确立的理论假设和概念模型为依据确定其值的顺序,分别按各变量值与创业意愿或其相应潜在影响因素的正相关程度从低到高依次赋值。例如因为已假设学生受教育程度与其创业意愿呈负相关,故学历最高的那类学生将赋值为1,而学历最低的那类学生将赋值为4。各变量的值及其所代表的含义参见附录。

3.4　信度和效度分析

关于量表的测验信度,研究者们常用Cronbach's α来衡量。但这种方法正遭到越来越多的批评和质疑,大量研究认为α系数并不是估计测验信度的理想工具;温忠麟等(2011)论证了内部一致性信度或合成信度是优于α系数的信度测验指标。本研究采用他们的建议及其提供的方法,计算并报告各个影响因素的组合信度。为方便对比和参照,也同时报告了典型李克特量表变量的Cronbach's α值。对于效度检验,本文采用收敛效度标准,该标准要求所有潜在变量的合成信度大于0.7且其平均方差抽取量大于0.5。

表3给出了各影响因素量表的信度和效度检验结果。从主成分分析结果看,各潜在因子的第一主成分载荷基本上均在0.6以上(学科类别变量因子载荷较小),说明潜在变量的提取适当,外显变量内部相关性和一致性较高。虽然创业意愿、创业教育和学历教育三个潜在变量的α值没有达到0.7的合宜标准,但

各个变量的合成信度却显示了较好的信度水平，除了家庭支持变量的合成信度略小于0.7外，其他变量的合成信度都大于0.7，进一步说明量表具有较满意的内部一致性。在效度方面，各潜在变量的平均方差抽取量（AVE）也基本上都在0.5以上（家庭支持变量的AVE值稍小于该标准值），显示量表具有较好的收敛效度。

表3 潜在变量的信度和效度

变量		第一主成分载荷	Cronbach's α	合成信度	平均方差抽取量
创业意愿	意向表达	0.849	0.601	0.838	0.721
	家庭态度认知	0.849			
创业教育	政策了解	0.734	0.641	0.801	0.508
	活动了解	0.791			
	平台了解	0.777			
	课程教育	0.515			
学历背景	学校类别	0.913	0.515	0.769	0.575
	受教育程度	0.915			
	学科类别	0.232			
态度动机	创业动机	0.728	—	0.702	0.540
	创业形式	0.728			
家庭支持	资金来源	0.706	—	0.697	0.435
	首选求助	0.635			
	地点选择	0.634			
个体特征	性别	0.742	—	0.710	0.551
	年龄	0.742			

3.5 统计分析方法

根据第二节所建立的理论框架，本研究建立了创业意愿、创业教育、学历教育、态度动机、家庭支持和个体特征6个潜在变量间的结构方程模型（SEM）。每个潜在因子都分别解释其相应的外显变量因子，例如学历背景潜变量将解释学校类别、受教育程度、学科类别3个外显变量。各个潜变量及其相应的外显变量在图1和附录中都有详细的描述。在统计方法上，我们运用Amos 17.0.2软件进行估计。

4. 实证分析结果

4.1 模型拟合优度评价

AMOS输出的模型总体拟合优度部分关键统计量分别为：$\chi^2 = 295.537$，$df = 93$，$\chi^2/df = 3.178$，NFI = 0.909，CFI = 0.935，TLI = 0.917，GFI = 0.974，AGFI = 0.962，RMSEA = 0.039。相对拟合指数GFI和AGFI的值在0.95以上，同时NFI、CFI和TLI也高于通用的0.90的标准，显示出模型与数据拟合良好。

测量绝对拟合优度的指标均方根残差 RMSEA 的显著性水平低于 0.05，也显示了模型良好的拟合优度，因而可以接受模型的估计结果。

表 4 给出了模型各参数的估计结果，详细报告了各变量间的系数估计值、标准化系数、系数估计的标准差、C.R. 检验统计量及其显著性水平。估计结果按变量间的关系层次分类，如潜变量之间的效应位于表 4 第二、三栏，分别显示各影响因子与创业意愿之间的因果效应和其他因子与中间变量"态度动机"间的效应关系；从表的第四栏开始显示各潜在因子与外显变量间的效应关系。为使模型能够识别，一些外显变量的路径系数被设定为 1（即表 4 中系数一列的值为 1 的变量）。此外为了改进模型拟合优度，还同时估计了年龄与受教育程度、学校类别与政策了解、学校类别与意向表达 3 组变量残差项之间的协方差。在待估计的 18 组系数中，仅 3 组变量间的回归系数不显著，其余 15 组参数的显著性水平都达到了 $p<0.05$ 的合宜标准，其中有 14 组系数的显著性水平达到 $p<0.01$ 的优良标准。

表 4	创业意愿影响因素结构方程模型的估计结果				
变量	系数	标准化系数	S. E.	C. R.	p
创业意愿←态度动机	0.647	0.454	0.196	3.302	***
创业意愿←创业教育	0.106	0.149	0.053	1.996	0.046
创业意愿←学历背景	0.338	0.410	0.050	6.697	***
创业意愿←家庭支持	0.140	0.127	0.138	1.015	0.310
态度动机←学历背景	−0.050	−0.086	0.054	−0.919	0.358
态度动机←创业教育	0.180	0.359	0.058	3.113	0.002
态度动机←家庭支持	−0.572	−0.743	0.157	−3.637	***
态度动机←个体特征	−1.996	−0.232	0.657	−3.041	0.002
创业动机←态度动机	−0.855	−0.203	0.216	−3.960	***
创业形式←态度动机	1.000	0.216			
学校类别←学历背景	2.257	0.961	0.228	9.920	***
学科类别←学历背景	0.190	0.093	0.056	3.362	***
受教育程度←学历背景	1.000	0.705			
资金来源←家庭支持	0.966	0.395	0.190	5.093	***
首选求助←家庭支持	1.352	0.388	0.265	5.098	***
地点选择←家庭支持	1.000	0.387			
政策了解←创业教育	0.828	0.611	0.051	16.357	***
课程教育←创业教育	0.693	0.353	0.065	10.633	***
活动了解←创业教育	0.990	0.718	0.059	16.917	***
平台了解←创业教育	1.000	0.660			
意向表达←创业意愿	1.684	0.766	0.167	10.092	***
家庭态度认知←创业意愿	1.000	0.571			
性别←个体特征	−29.258	−0.758	105.788	−0.277	0.782
年龄←个体特征	1.000	0.063			

注：＊＊＊表示 $p<0.001$。

4.2 假设验证结果

4.2.1 潜在变量与外显变量间的假设验证

对于假设 H1.1，由创业意愿对意向表达的回归系数显著可知，实证估计支持学生真实的创业意愿显著解释其意向表达的假设，且两者间的标准化系数为 0.766，说明创业意愿解释了学生意向表达 58.7%（0.766×0.766＝0.587）的部分。而对于假设 H1.2，由于创业意愿与家庭态度认知间的系数被设定为 1，估计结果未能为该假设提供可靠的支持。鉴于学生的创业意向表达基本上等同于其真实的创业意愿，我们可用前者代替后者对学生的家庭态度认知变量进行单独的回归分析。回归分析结果显示，意向表达对学生家庭态度认知的解释作用显著（S. E. ＝0.583），因此我们可以认为假设 H1.2 成立。

对于假设 H2.1，由于创业动机、创业意愿都与态度动机间存在显著的因果关系，而这种因果关系在结构方程模型中具有传递性的特征，学生的创业动机显著影响其创业意愿的假设便得到验证。值得一提的是，模型估计结果显示创业动机与学生的态度动机呈负相关（−0.203），这可能与创业动机变量的赋值方式有关。该变量按"从物质到精神"的顺序赋值，财富欲望强度逐次下降，因而对创业意愿形成负作用（Davidsson，1995；Autio，1997）。对于假设 H2.1，估计结果未能提供支持。

对其他潜在变量与外显变量间的假设，分析方法与对假设 H1.1 和 H1.2 的分析方法相同，因此不再一一赘述其分析过程，而直接给出如下结论：

（1）假设 H3.1、H3.2 和 H3.3 均得到支持，即创业教育显著解释学生在课程教育上的差异且显著提高他们对创业政策与活动的了解。其中，创业教育对活动了解的解释程度达 51.6%。假设 H3.4 未得到支持，但鉴于高校创业教育的主要形式就是课程教育的事实，与我们在验证假设 H1.2 时所采用的方法一样，我们用课程教育替代创业教育同平台了解变量进行回归分析，结果支持假设 H3.4（S. E. ＝0.020）。

（2）假设 4.3 直接从模型估计结果中得到支持。而对于假设 H4.1，因学校类别按层次从低到高的顺序赋值，故它们与学历背景变量之间的正相关（0.961）及学历背景与创业意愿之间的正相关（0.410）实际上表明学生所属学校竞争力越强，其创业意愿越低，故假设 H4.1 也得到验证。对假设 H4.2 的验证，类似于假设 H1.2 和 H3.4，我们用意向表达（创业意愿的替代变量）与受教育程度（学历背景的替代变量）作回归分析，结果支持假设 H4.2（S. E. ＝0.033）。

（3）假设 H5.1、H5.3 直接得到支持，且两组参数均为正表明家庭能给予学生的支持越大，他们在考虑创业的资金来源和首选求助对象时越倾向于依赖家庭。假设 H5.2 未能得到验证。

（4）对于假设 H6.1、H6.2，理论模型假定学生的性别和年龄并不与其创业意愿直接相关，而是通过影响他们的态度动机间接作用于创业意愿；虽然模型估计结果表明个体特征与态度动机以及态度动机与创业意愿间都存在显著的因果效应关系，但性别的参数估计不显著，而年龄的参数值被设定为 1，因此模型估计结果不支持假设 H6.1 和 H6.2。

4.2.2 潜在变量间的假设验证

在潜在影响因子与创业意愿的关系方面，态度动机与创业意愿呈显著正相关，假设 H2 得到支持，表明学生在与创业相关的态度动机之测量指标上表现越积极，其创业意愿就越强。态度动机对创业意愿的标准化系数为 0.454，在所有影响因子中效应值最大。创业教育与创业意愿存在显著的正向因果关系，且标准化效应大小为 0.149，假设 H3 得到验证。此外，学历背景也与创业意愿呈显著正相关，其影响效应仅次于态度动机（标准化系数为 0.410），假设 H4 得到实证结论的支持。对于假设 H5，由于家庭支持与学生创业意愿间参数估计的统计量不显著，实证结论不支持该假设。

在潜在影响因子与中间变量的关系方面，个体特征因子与态度动机因子的参数估计显著，实证结果支持假设 H6。创业教育对态度动机有显著的正向因果效应，标准化系数为 0.359；而态度动机又与创业意愿存在正相关（假设 H2），故假设 H7.1 得到验证。类似地，家庭支持和个体特征也都与态度动机显著负相关；结合假设 H2 的结论，假设 H7.3、H7.4 也分别得到验证。而对于假设 H7.2，由于学历背景与态度动机间的参数估计并不显著（$p=0.358$），实证结果不支持这一假设。

5. 讨论

实证分析的结果表明本文前面提出的理论框架和模型总体上对研究对象的实际情况具有良好的解释能力。大部分的假设得到支持和验证，实证结论也基本上符合我们对相关变量关系的预期。

在创业意愿的主要影响因素这一问题上，实证分析确认了态度动机因素的主导作用，该因素对创业意愿的标准化系数比其他因素的都大，这与 Davidsson(1995)、Autio(1997)的研究结论一致，也与当前研究者们将一般态度(general attitude)作为创业意愿主要解释变量的普遍共识相吻合。在创业教育对学生创业意愿的影响上，学者们存在较大的分歧，西欧国家的研究似乎表明创业教育对学生的创业意愿影响微弱甚至负面(Osterbeek et. al., 2009；Georg, 2010)，而本研究的结论却显示创业教育对中国高校学生的创业意愿有正效应，这种正效应是两种效应的总和：直接效应和间接效应。直接效应是因为创业教育提高了学生对创业知识、技能的了解和掌握，增大了创业成功的几率，从而激发了他们的创业意愿。实证结果显示创业教育的这种直接效应值为 0.149。间接效应则是创业教育通过改善学生对创业的印象、态度、信念等认知，使他们从总体上对这种活动产生积极的偏好和倾向。此间接效应的大小为 0.163(0.359×0.454)。所以创业教育对学生创业意愿的总效应是 0.312(0.149+0.163)。如前所述，中西方这种明显不同的影响效应，可能与它们在社会结构、教育体系和文化心理等宏观变量方面的差异有关。学历背景与学生创业意愿呈实际上的负相关(见 4.2.1 中对假设 H4.1 的分析)表明，学历背景越好的学生其创业意愿越低，因为他们对自己未来的就业预期较乐观；相反，对自己文凭的竞争力缺乏自信的学生(通常为独立院校和高职高专类学生)，因就业预期较消极，就业危机感和另谋出路的动机强烈，可能诱导他们被动创业。实证结果不支持假设 H7.2，说明学历背景通过态度动机对创业意愿的间接效应不存在。家庭支持对创业意愿的影响不存在直接效应，但通过态度动机与创业意愿呈负相关，这意味着家庭支持能力强反而会抑制学生的创业意愿。对此可能的解释与 4.2.1 中对假设 H5.1、H5.3 的分析类似，家庭条件优越会增强学生对家庭的依赖性，降低其自主性和个人的责任意识，从而对创业意愿形成阻碍。该结论与 Birdthistle(2008)对爱尔兰以及 Berglann(2010)对挪威的研究结论相反，他们的研究表明家庭支持有利于激发其成员的创业意愿。虽然个体特征对它的两个外显变量性别和年龄未能提供可靠的解释，但它也通过态度动机与创业意愿显著相关。这种相关关系由于其相应的外显变量的系数估计不显著而无法确定其实际含义。用卡方检验学生性别与其创业意愿之间的相关性，结果表明学生的创业意愿在性别上存在显著差异(Pearson Chi-Square = 61.474，$df=3$)；但同时 Spearman 相关性检验又显示两者仅存在很低的相关性(相关系数为 0.175，双尾检验显著)。这说明，学生的创业意愿虽然在性别上存在差异，但性别并非学生创业意愿的影响因素。如此，我们实际上也就拒绝了假设 H6.1。

6. 结论

6.1 研究结论

本研究确认了影响学生创业意愿的 5 个主要因素，即态度动机因素、学历背景因素、创业教育因素、家庭支持因素、个体特征因素。其中态度动机、学历背景和创业教育对创业意愿是正效应；家庭支持和个体特征为负效应。态度动机因素是影响学生创业意愿的最主要因素，其标准化系数为 0.454；其次是学历背景，效应大小为 0.41。创业教育对学生创业意愿的影响既包括直接效应，也包括间接效应，其总效应大小为 0.312。家庭支持因素通过态度动机因素对学生的创业意愿有间接的负效应，其效应值为 −0.337。另外，虽然其确切含义并不清晰，个人特征也是影响学生创业意愿因素之一。

理论分析和实证结果均表明，学生真实的创业意愿可显著解释其意向表达（H1.1），其创业意愿显著影响他对家庭关于其创业之态度的认知（H1.2）。学生在与创业相关的态度动机上表现越积极，其创业意愿就越强（H2），创业动机显著影响学生的创业意愿（H2.1）。创业教育状况能显著解释高校学生创业课程教育的差异（H3.1），并显著提高高校学生对创业政策、创业活动和创业平台的了解程度（H3.2 至 H3.4）。学生所属学校层次及受教育程度均与其创业意愿呈负相关（H4.1 至 H4.2），学生所属学科类别和实际经济活动联系的紧密程度与其创业意愿呈正相关（H4.3）。家庭支持显著解释高校学生对创业资金来源及首选创业求助对象的考量（H5.1 和 H5.3），具体而言，家庭能给予学生的支持越大，他们在考虑创业的资金来源和首选求助对象时越倾向于依赖家庭。创业教育、家庭支持和个人特征通过态度动机与学生的创业意愿显著相关（H7.1、H7.3 和 H7.4）。

但理论模型中也有一些变量间的预设关系未能得到支持和验证，其中假设 H2.2 和 H5.2 是由于估计方法的特点（为使结构方程模型能识别必须将待估参数设定为 1）而无法进行假设验证，而假设 H5 和 H7.2 是由于实证结果对该预设关系不支持。这表明家庭支持与学生的创业意愿不存在显著正相关，学历背景通过态度动机与学生的创业意愿显著相关的假设也无法判定。研究还发现，虽然学生的创业意愿存在性别差异，但性别因素并非解释其创业意愿的合适变量（拒绝假设 H6.1）。

6.2 政策启示

基于上述结论，高校和政府可从以下几个方面来改善学生的创业愿景，提升他们创业意愿。

第一，高校应加大对创业教育的重视和支持力度，鼓励院系开设创业课程，为学生提供学习和掌握有关企业创业、经营管理、法律和政策等方面知识的平台，增强学生的创业技能储备。可以借鉴比利时的经验，在创业意愿整体较高的学校试点设立专门的创业和中小企业管理学院，对全校乃至该城市和地区范围内的所有学生开放。通过创业教育改善学生对创业的整体印象与态度认知，提升其整体创业意愿，为潜在的创业者做好启蒙教育。第二，成立由政府相关部门指导的活动组织机构，举办形式多样的创业活动，为有创业意愿的学生提供参与活动、接受实践锻炼的平台和机会。第三，资金缺乏是高校学生创业的最主要障碍，政府应在这方面给予适当扶持。逐步完善大学生创业贷款优惠政策，探索提高贷款限额和风险控制的办法，为更多有志于创业的学生提供充足的资金支持。第四，政府还应加大对中小企业的扶持，优化它们生存和发展的市场环境。创业一般都是从小企业开始，只有小企业生存和发展的环境改善了，创立的企业有更高的存活率和发展前景，创业的系统性风险下降、预期收益提高，创业者才会有更大的积极性和热情，才会吸引多的人加入创业的队伍，经济也才能显现出勃勃生机和活力。

6.3 研究的局限

本研究的局限主要有三点：第一，由于实证分析采用的是地区样本数据，从全国这一视角而言，样本的代表性以及研究结论的普适性还有待于后续研究的验证。第二，部分变量采用非典型李克特量表刻画可能带来测量误差。第三，模型估计方法（SEM）自身的特点使部分变量间的关系不能自由估计，影响了相关假设的验证。

（作者电子信箱：jwxiong@ whu. edu. cn）

参考文献

［1］黄敬宝. 我国大学生创业状况调查分析［J］. 经济纵横，2010，6.

［2］李俊. 大学生创业意愿的调查和分析——以上海1256名大学生为样本［J］. 现代大学教育，2008，6.

［3］钱永红. 创业意向影响因素研究［J］. 浙江大学学报（人文社会科学版），2007，37（4）.

［4］温忠麟，叶宝娟. 测验信度估计：从α系数到内部一致性信度［J］. 心理学报，2011，43（7）.

［5］叶映华. 大学生创业意向影响因素研究［J］. 教育研究，2009，4.

［6］Ajzen, I.. Attitudes, Traits, and Actions: Dispositional prediction of behavior in personality and social psychology［J］. *Advances in Experimental Social Psychology*, 1987, 20.

［7］Audretsch, D. B. , Carree, M. A. , and Thurik, A. R.. Does entrepreneurship reduce unemployment? ［J］. *Tibergen Institute Discussion Paper*, 2002, 74（3）.

［8］Autio, E. , Keeley, R. H. , Klofsten, M. , and Ulfstedt, T.. Entrepreneurial intent among students: Testing and intent model in Asia, Scandinavia, and USA［D］. *Paper presented at the Frontiers of Entrepreneurship Research*, Wellesley MA, Babson College, 1997.

［9］Berglann, H. , Moen, E. R. , Røed, K. , and Skogstrøm, J. F.. Entrepreneurship: Origins and returns ［J］. *Labour Economics*, 2010, 18.

［10］Birdthistle, N.. A examination of tertiary students' desire to found an enterprise［J］. *Education & Training*, 2008, 50（7）.

［11］Cristina, M. , Díaz-García, and Jiménez-Moreno, J.. Entrepreneurial intention: The role of gender ［J］. *The International Entrepreneurship and Management Journal*, 2010, 6.

［12］Chamard, J.. Public education: Its effect on entrepreneurial characteristics［J］. *Journal of Small Business and Entrepreneurship*, 1989, 6（2）.

［13］Dainow, R.. Training and education of entrepreneurs: The current state of the literature［J］. *Journal of Small Business*, 1986, 3.

［14］Davidsson, P.. Determinants of entrepreneurial intentions［D］. *Paper prepared for the RENT IX Workshop*, Piacenza, Italy, 1995.

［15］Donckels, R.. Education and entrepreneurship experiences from secondary and university education in Belgium［J］. *Journal of Small Business and Entrepreneurship*, 1991, 9（1）.

［16］Gartner, W. B.. "Who is an Entrepreneur" is the wrong question［J］. *American Small Business Journal*, 1988, Spring.

［17］Gartner, W. B.. Some suggestions for research on entrepreneurial traits and characteristics［J］. *Entrepreneurship Theory & Practice*, 1989, Fall.

［18］Georg, G. D. , and Richard, W.. The effects of entrepreneurship education［J］. *Journal of Economic Behavior & Organization*, 2010, 76.

［19］Hanlon, G. , and King, W.. Some research perspectives on entrepreneurship education and education for small business management: A ten-year literature review［J］. *International Small Business Journal*, 1997, 15.

［20］Lee, L. , Wong, P. K. , Foo, M. D. , and Leung, A.. Entrepreneurial intentions: The influence of organizational and individual factors[J]. *Journal of Business Venturing*, 2011, 26.

[21] Mark Casson, and Bernard Yeung. *Oxford handbook of entrepreneurship* [M]. Oxford: Oxford University Press, 2006.

[22] Krueger, N. E., et al.. Competing models of entrepreneurial intentions[J]. *Journal of Business Venturing*, 2000, 15.

[23] Kim, M. S., and Hunter, J. E.. Relationships among attitudes, Behavioral intentions, and Behaviors: A meta-analysis of past research[J]. *Communication Research*, 1993, 20.

[24] Oosterbeek, H., MirjamvanPraag, and AukeIjsselstein. The impact of entrepreneurship education on entrepreneurship skills and motivation[J]. *European Economic Review*, 2010, 54.

[25] Peterman, E. N., and Kennedy, J.. Enterprise education: Influencing students' perceptions of entrepreneurship[J]. *Entrepreneurship Theory and Practice*, 2003, Winter.

[26] Pillis, E., and Reardon, K.. The influence of personality traits and persuasive messages on entrepreneurial intention: A Cross-cultural comparison[J]. *Career Development International*, 2007, 12(4).

[27] Reynolds, P. D.. Who starts new firms? linear additive versus interaction based models[D]. *Paper presented at the 15th Babson College Entrepreneurship Research Conference*, 1995.

[28] Robert, H. B.. Risk taking propensity of entrepreneurs[J]. *Academy of Management Journal*, 1980, 23 (3).

[29] Robert, R. H., and Horwitz, P. S.. The psychology of the entrepreneur [J]. *The Art and Science of Entrepreneurship*, 1986, 12.

[30] Schwarz, E. J., Wdowiak, M. A., Almer-Jarz, D. A., and Breitenecker, R. J.. The effects of attitudes and perceived environment conditions on students' entrepreneurial intent: An Austrian perspective [J]. *Education & Training*, 2009, 51(4).

[31] Scott, M. G., and Twomey, D. F.. The long-term supply of entrepreneurs: Students' career aspirations in relation to entrepreneurship[J]. *Journal of Small Business Management*, 1988, 26.

[32] Shapero, A., and Sokol, L.. The social dimension of entrepreneurship [J]. *The Encyclopedia of Entrepreneurship*, Englewood, Cliffs, NJ., Prentice-Hall, 1982.

[33] Shaver, K. G., and Scott, L. R.. Person, Process, Choice: The psychology of new venture creation [J]. *Entrepreneurship Theory & Practice*, Winter, 1991.

[34] Wennekers, S., and Thurik, R.. Linking entrepreneurship and economic growth [J]. *Small Business Economics*, 1999, 13(1).

[35] Wong, P. K., Yuen, P. H., and Autio, E.. Entrepreneurship, Innovation and economic growth: Evidence from GEM data[J]. *Small Business Economics*, 2005, 24.

[36] Wu, L., and Li, J.. Perceived value of entrepreneurship: A study of the cognitive process of entrepreneurial career decision[J]. *Journal of Chinese Entrepreneurship*, 2011, 3(2).

Entrepreneurial Intention of College Students and Its Determinants

Xiong Jingwei

(Political Science and Public Administration School of Wuhan University, Wuhan, 430072)

Abstract: This study investigates entrepreneurial intention of college students in China and the quantitative effect among its determinants. We develop theoretic assumptions on determinants of entrepreneurial intention and a conceptual model by reviewing and sorting relevant literature. Based on samples coming from questionnaire survey of college students in Wuhan, the conceptual model is tested by using the method of structural equation modeling. The research confirms that attitude-motivation, academic background, entrepreneurship education, family support and individual characteristics are the five major determinants of entrepreneurial intention of college students. Among them, attitude-motivation factor is the key determinant, whose standardized coefficient reaches 0.45. Academic background factor comes as the second largest determinant, the coefficient of which is 0.41. The positive correlation between entrepreneurial intention and entrepreneurship education includes both direct and indirect effect. Family support has a negative effect on students' entrepreneurial intention through the attitude-motivation factor.

Key words：Entrepreneurial intention；Determinants；Effect；Structural equation modeling

附录　　　　　　　　　　　　　　　　　　**变量描述**

问题		选项和变量设置			变量值
		变量名	选项性质	类别变量层次及含义	
学历背景	学校类别	学校类别	单选	(1)高职高专　　　(2)独立院校 (3)省属高校　　　(4)211 工程院校	1＝(4)　　2＝(3) 3＝(2)　　4＝(1)
	专业	学科类别	单选	(1)教育学　(2)历史学　(3)文学 (4)理学　　(5)医学　　(6)哲学 (7)农学　　(8)工学　　(9)法学 (10)经济学　(11)管理学	1＝(2)、(3)、(6) 2＝(4) 3＝(1)、(9)、(10)、(11) 4＝(5)、(7)、(8)
	受教育程度	学历	单选	(1)大专　　　　(2)本科 (3)硕士　　　　(4)博士	1＝(4)　　2＝(3) 3＝(2)　　4＝(1)
创业意愿	如果您即将毕业，您是否会选择自主创业？	意向表达	单选	(1)不会，风险太大，不值得 (2)相对创业，我更喜欢找个容易点工作 (3)看情况，如果难度不是很大时，会考虑一下 (4)会选择创业	1＝(1)　　2＝(2) 3＝(3)　　4＝(4)
	您认为家人对自主创业的态度是	家庭态度认知	单选	(1)反对　　　　(2)不支持 (3)比较支持　　(4)很支持	1＝(1)　　2＝(2) 3＝(3)　　4＝(4)
创业教育	您对国家有关高校毕业生创业政策的了解程度	政策了解	单选	(1)不知道 (2)没有关注，不太了解 (3)偶尔关注，有一些了解 (4)经常关注，很了解	1＝(1)　　2＝(2) 3＝(3)　　4＝(4)
	您对政府或高校举办的高校毕业生创业大赛等活动是否了解？	活动了解	单选	(1)不知道 (2)只是听说过，不太了解 (3)有些了解，没有参与 (4)很了解并参与活动	1＝(1)　　2＝(2) 3＝(3)　　4＝(4)

问题		选项和变量设置			变量值
		变量名	选项性质	类别变量层次及含义	
创业教育	您所在高校是否设置了创业教育课程，对此是否满意？	课程教育	单选	(1)否，很不满意　(2)是，不满意 (3)是，一般　　(4)是，很满意	1 = (1)　2 = (2) 3 = (3)　4 = (4)
	您对政府或高校设立毕业生创业园或创业孵化基地等工作是否了解？	平台了解	单选	(1)不知道 (2)只是听说过，不太了解 (3)有些了解，没有参与 (4)很了解并参与活动	1 = (1)　2 = (2) 3 = (3)　4 = (4)
个体特征	您的性别	性别	单选	(1)女　　(2)男	1 = (1)　2 = (2)
	您的年龄	年龄	单选	(1)30岁以上　　(2)25～30岁 (3)20～24岁　　(4)20岁以下	1 = (1)　2 = (2) 3 = (3)　4 = (4)
态度动机	如果创业，您创业的原因是	创业动机	单选	(1)尚不清楚　(2)为解决就业问题 (3)获取更多财富，改善经济状况 (4)兴趣所在　(5)挑战自我	1 = (1)　2 = (2) 3 = (3)　4 = (4) 5 = (5)
	如果创业，您会选择的方式是	创业形式	单选	(1)尚不清楚　　(2)开办网店 (3)个体工商户　(4)加盟连锁店 (5)独立开办私人企业	1 = (1)　2 = (2) 3 = (3)　4 = (4) 5 = (5)
家庭支持	如果创业，您的经费来源是	资金来源	单选	(1)尚不清楚　　(2)风险投资 (3)银行贷款　　(4)自有资金	1 = (1)　2 = (2) 3 = (3)　4 = (4)
	如果创业过程中遇到困难，您会首先向谁寻求帮助？	首选求助对象	单选	(1)不知道　　　(2)政府有关部门 (3)高校就业机构　(4)亲戚和朋友 (5)父母和家人	1 = (1)　2 = (2) 3 = (3)　4 = (4) 5 = (5)
	如果创业，你会选择的创业地点是	创业地点偏好	单选	(1)尚不清楚 (2)户籍地和毕业所在地以外的其他地方 (3)毕业所在地　(4)户籍地	1 = (1)　2 = (2) 3 = (3)　4 = (4)

酒店的组织公平性氛围和服务氛围对旅客投诉次数的影响[*]

● 王书翠[1]　凌　茜[2]　王缇萦[3]

（1，3 上海师范大学旅游学院　上海　200234；2 华南师范大学旅游管理系　广州　510631）

【摘　要】作者在 57 家酒店的 166 个服务部门进行了一次实证研究，探讨酒店的组织公平性氛围和服务氛围与旅客投诉次数之间的关系。数据分析结果表明，服务氛围浓度既会作为组织公平性氛围浓度与部门服务质量之间的正相关关系的中介，又会通过部门的服务质量对旅客的投诉次数产生间接的负向影响；组织公平性氛围强度和服务氛围浓度会调节部门的服务质量与旅客投诉次数之间的关系。

【关键词】组织公平性氛围　服务氛围　服务质量　投诉次数

1. 研究目的

服务质量是服务性企业经营管理的核心内容（汪纯孝和蔡浩然，1996）。国内外企业管理学者的大量研究成果表明，服务人员为顾客提供优质服务，可提高顾客的满意程度，增强顾客的再购意向，进而提高企业的经济收益。

近年来，国内外学者日益重视组织氛围在服务质量管理中的重要作用（Kuenzi and Schminke，2009；凌茜、汪纯孝、张秀娟，2009）。然而，他们往往只探讨某类组织氛围浓度对员工个人的服务质量的影响，都极少同时探讨多类组织氛围的浓度和强度对员工群体的服务质量的影响。我们认为，企业管理人员只有充分了解组织公平性氛围和服务氛围对服务质量与顾客投诉行为的影响，才能采取有效措施，减少服务差错引起的顾客投诉事件，提高企业的经济效益。在本次研究中，我们同时探讨酒店的组织公平性氛围与服务氛围的浓度和强度与部门的服务质量和旅客的投诉次数之间的关系，以便深化与丰富服务氛围理论。

* 本文是上海市教委创新项目"企业的组织公平性氛围与服务氛围对旅客感知的补救性服务公平性和满意程度的影响"（项目批准号：11YZ291）的研究成果。在本次研究中，作者得到锦江之星旅馆有限公司徐祖荣总经理和顾贞梅女士的帮助以及中山大学服务性企业研究中心主任汪纯本教授的指导，作者向他们以及所有协助本次研究的锦江之星旅馆有限公司的管理人员和普通员工表示衷心的感谢。

2. 文献述评

2.1 组织公平性氛围的含义与作用

组织公平性氛围指员工对他们是否得到组织公平对待的共同看法（Mayer，Nashii，Schneider et al.，2007；Roberson and Colquitt，2005）。员工往往会对他们是否得到组织、管理人员、同事和顾客的公平对待形成相似的或共同的看法（Lavelle，Rupp and Brockner，2007；Rupp，Bashshur and Liao，2007）。

欧美学者的研究结果表明，在公平性氛围比较浓厚的组织里，广大员工更可能接受组织的价值观念，对组织产生情感性归属感，并通过他们的组织公民行为，回报组织的公平对待（Liao and Rupp，2005；Mossholder，Bennett and Martin，1998；Naumann and Bennett，2000）。组织公平性氛围既会对员工个人，又会对员工群体的工作态度、工作行为和工作绩效产生重大的影响。美国企业管理学者 Colquitt 等人的实证研究结果表明，团队的程序公平性氛围与团队的绩效存在显著的正相关关系（Colquitt，Noe and Jackson，2002）。

组织公平性氛围的强度指团队成员对组织公平性评分的离差（Colquitt，Noe and Jackson，2002；Lindell and Brandt，2000）。团队成员对组织公平性评分的离差越大，团队的公平性氛围就越弱。Colquitt 等人指出，程序公平性氛围的强度会直接影响团队的工作绩效与员工缺勤率。他们的实证研究结果表明，程序公平性氛围的强度会调节程序公平性氛围的浓度与团队的工作绩效和团队成员的缺勤率之间的关系。与程序公平性氛围较弱的团队相比较，在程序公平性氛围较强的团队里，程序公平性氛围的浓度对团队的工作绩效与团队成员的缺勤率有较大的影响（Colquitt，Noe and Jackson，2002）。

2.2 服务氛围的含义与作用

1980 年，美国服务管理学者 Schneider 等人首先研究服务导向的组织氛围对顾客感知的服务质量的影响（Schneider，Parkington and Buxton，1980）。根据他们的观点，服务氛围指员工对组织要求、奖励、支持服务工作和服务行为的政策、管理措施和程序的共同看法（Schneider and White，2004；Schneider，White and Paul，1998）。

管理人员的领导行为和企业的管理措施都会影响员工感知的服务氛围（Schneider，Ehrhart，Mayer et al.，2005；Schneider and White，2004；Schneider，White and Paul，1998）。Schneider 和 White（2004）指出，管理人员的领导行为是影响服务氛围的一个极为重要的因素。管理人员根据服务导向的价值观念，制定企业的政策、管理措施和程序，奖励与支持员工的优质服务行为，员工才会相信管理人员真正重视优质服务，企业才可能形成良好的服务氛围。

欧美学者的研究成果表明，服务氛围对员工的工作满意感、服务意识和组织公民行为都有显著的正向影响（Schmit and Allscheid，1995；Schneider，Ehrhart，Mayer et al.，2005）。美国著名服务营销学者 Bitner 等人指出，服务性企业员工渴望为顾客提供优质服务是他们从事服务工作的主要原因（Bitner，Booms and Mohr，1994）。他们既有努力做好服务工作的意愿，又希望企业支持并奖励他们为顾客提供优质的服务。

服务氛围的浓度和强度是服务氛围的两个重要指标。服务氛围的浓度指同一个组织的员工评估的服务氛围的平均数，服务氛围的强度指同一个组织的员工对服务氛围的看法有多大的差异。2002 年，Schneider 等首先探讨服务氛围的强度对顾客感知的服务质量的影响（Schneider，Salvaggio and Subirats，2002）。他们指出，在典型的服务性企业（银行、零售店、餐馆等）里，不同的顾客会在不同的时间、不同的场合，与不同的服务人员交往。服务人员对服务氛围的看法越不一致，顾客就越可能有不同的消费经历。相反，在服务氛围较强（服务人员的看法比较一致）的组织里，不同顾客的消费经历，以及同一位顾客的各次消费经历都会比较一致。他们的实证研究结果表明，服务氛围的"管理措施"维度与服务氛围的强度对顾客感知的服务质量有显著的交互效应。

尽管国内外学者已对组织公平性氛围和服务氛围的作用进行了一些研究，但他们极少研究两类组织氛围对顾客投诉行为的影响。

3. 概念模型和假设

在文献研究和定性研究的基础上，我们提出了如图1所示的概念模型。

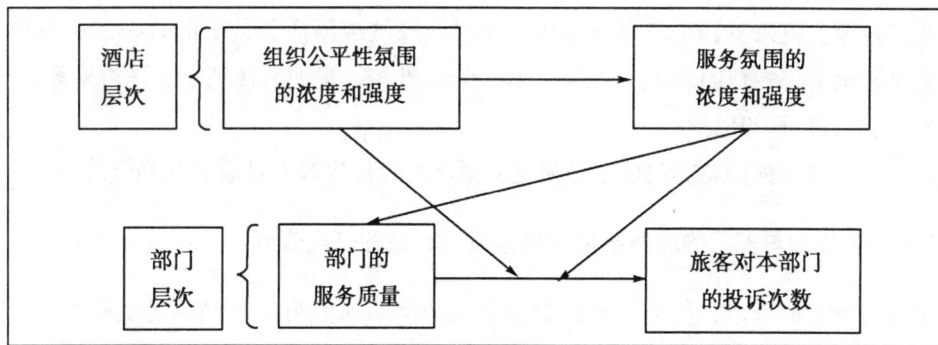

图1　概念模型

3.1　酒店的服务氛围浓度对组织公平性氛围浓度与部门的服务质量的中介效应

员工会根据组织的政策、管理措施和程序，以及他们的服务工作经历，判断组织对服务质量的重视程度，形成他们感知的服务氛围。如果员工普遍认为酒店管理人员能采用公平的决策程序，为员工提供公平的报酬和奖励，尊重员工的智力和情感，诚实、热情、友好、礼貌地对待员工，为员工提供管理决策信息和服务工作信息，他们就更可能认为酒店存在浓厚的服务氛围，也更可能努力做好服务工作，提高服务质量，回报管理人员的公平对待。因此，我们认为，酒店的组织公平性氛围会通过酒店的服务氛围，间接影响部门的服务质量，并提出假设 H1：

酒店的服务氛围浓度是组织公平性氛围浓度与部门的服务质量之间正相关关系的中介。

3.2　部门的服务质量对酒店的服务氛围浓度与旅客的投诉次数的中介效应

在服务氛围比较浓厚的酒店，各个部门的员工都知道管理人员会支持和奖励他们的优质服务。与服务氛围比较淡薄的酒店相比，在这类酒店，各个部门的员工更可能努力为旅客提供优质服务，减少服务差错引起的旅客投诉。因此，我们提出假设 H2：

部门的服务质量是酒店的服务氛围浓度与旅客的投诉次数之间负相关关系的中介。

3.3 酒店的组织公平性氛围与部门的服务质量对旅客投诉次数的交互效应

在组织公平性氛围比较浓厚的酒店，广大员工认为管理人员能公平对待员工。为了回报管理人员的公平对待，员工会尽力做好服务工作，减少服务差错和旅客的投诉次数。因此，与组织公平性氛围比较淡薄的酒店相比较，在组织公平性氛围比较浓厚的酒店，部门的服务质量与旅客的投诉次数会有更强的负相关关系。根据上述的论述，我们提出假设 H3a：

酒店的组织公平性氛围浓度与部门的服务质量对旅客的投诉次数有显著的交互效应。

在组织公平性氛围较弱的酒店，员工对组织公平性有不同的看法，部分员工会因管理人员没有公平地对待自己而产生不满情绪。他们对组织公平性的不同看法会促使他们重新判断酒店对自己是否公平，管理人员是否值得自己信赖(Lind，2001)。在这类酒店，并非所有员工都认为他们应尽力为旅客提供优质服务，减少服务差错和旅客的投诉次数。然而，在组织公平性氛围较强的酒店，员工对组织公平性的看法比较一致，不必反复交流意见，重新判断组织公平性。在这类酒店，员工的公平感会对他们的工作态度和工作行为产生较大的影响(Colquitt，Noe and Jackson，2002；凌茜、汪纯孝、张秀娟等，2009)。根据上述的论述，我们提出假设 H3b：

酒店的组织公平性氛围强度与部门的服务质量对顾客的投诉次数有显著的交互效应。

3.4 酒店的服务氛围与部门的服务质量对旅客投诉次数的交互效应

在服务氛围比较浓厚的酒店，员工知道组织会支持和奖励他们为旅客提供优质服务，也就更可能尽力做好服务工作，减少服务差错和旅客的投诉次数。因此，我们提出假设 H4a：

酒店的服务氛围浓度与部门的服务质量对旅客的投诉次数有显著交互效应。

Schneider、Salvaggio 和 Subirats(2002)指出，在服务氛围较强的组织里，员工会对组织内部发生的事件形成相同的看法，对他们最适当的行为形成明确的期望，也就更可能表现比较一致的行为；在服务氛围较弱的组织里，员工不会表现一致的行为。我们认为，在服务氛围较弱的酒店，并非所有员工都会表现同样的优质服务行为；在服务氛围较强的酒店，广大员工更可能表现比较一致的服务导向行为，共同为旅客提供优质服务，减少服务差错引起的旅客投诉。因此，与服务氛围较弱的酒店相比较，在服务氛围较强的酒店，部门的服务质量与旅客的投诉次数会有更强的负相关关系。根据上述论述，我们提出假设 H4b：

酒店的服务氛围强度与部门的服务质量对旅客的投诉次数有显著的交互效应。

4. 问卷设计与调研过程

在文献研究和定性分析的基础上，我们设计了调查问卷。我们使用 Ambrose 和 Schminke(2009)的员工总体公平感量表(6 个计量项目)，计量员工感知的组织公平性氛围；使用 Schneider、White 和 Paul(1998)的总体服务氛围量表，从本酒店的员工是否具有丰富的服务知识，本酒店管理人员是否会做好员工服务质量评估工作、是否会奖励员工的优质服务行为、是否尽力支持员工的服务工作、是否会为员工提供充足的资源，管理人员与员工之间的沟通效果，员工与旅客之间的沟通效果，本酒店的总体服务质量等方面，计量员工个人对服务氛围的看法；使用一个计量项目，要求酒店管理人员对各个部门的服务质量作出比较性评估。在本次研究中，我们采用变换参照对象之后的共识法，并在所有计量项目中采用李克特 7 点标度。

2010 年 12 月初至 2011 年 1 月底，我们采用方便抽样法，对锦江之星旅馆有限公司的 59 个酒店的员工和管理人员进行问卷调查。为了减少数据的同源误差，我们请酒店前厅部、客房部和餐饮部的服务人员评估酒店的组织公平性氛围和服务氛围；请酒店管理人员评估三个部门的服务质量，并根据酒店的旅客投诉记录，收集旅客在最近 6 个月内对各个部门的投诉次数。

我们共收回 1233 份员工问卷，59 份管理人员问卷。在员工样本中，女性员工占 74.4%，25 ~ 44 岁的员工占 63.3%，大专及以下学历的员工占 94.7%，个人月收入低于 2000 元的员工占 83%，合同工占 85.6%，3 年以下工龄的员工占 80.1%。在管理人员样本中，女性管理人员占 54.2%，35 ~ 54 岁的管理人员占 83%，大专及以上学历的管理人员占 89.8%，个人月收入超过 4000 元的管理人员占 86.4%，工作时间在 4 年及以上的管理人员占 62.7%。我们删除无法配对的员工数据之后，使用 57 个酒店的 166 个部门有效配对问卷的数据，进行多层次线性模型分析。

在 6 个月时间内，旅客对 57 个酒店 166 个服务部门共投诉 157 次。他们对前厅部、客房部、餐饮部的投诉次数分别为 98 次（占 62.42%）、34 次（占 21.66%）和 25 次（占 15.92%）。各个部门的旅客投诉次数在 0 ~ 8 次，平均投诉次数为 0.95 次。

5. 数据分析

5.1 数据质量分析

5.1.1 确认性因子分析

我们通过初步分析，保留了 4 个计量组织公平性氛围与 7 个计量服务氛围的项目，使用 LISREL 8.8 软件，进行确认性因子分析①。分析结果表明：（1）虽然这个模型的 χ^2 是显著的（$\chi^2_{(43)} = 209.68$，$p = 0.00$），但其他拟合优度指标（NNFI = 0.98，CFI = 0.98，SRMR = 0.035，RMSEA = 0.061）表明这个计量模型与数据的拟合程度是可以接受的。（2）所有计量项目在各自计量的概念上的因子负载都高度显著（t 值在 16.92 ~ 21.21），标准化因子载荷在 0.46 ~ 0.60，表明两类氛围计量项目的收敛有效性是可以勉强接受的。（3）我们把两个概念的相关系数固定为 1 之后，进行确认性因子分析。分析结果表明，二维计量模型与单维计量模型的 $\Delta\chi^2$ 值高度显著（$\Delta\chi^2_{(1)} = 640.47$，$p = 0.000$），表明这两个概念的计量数据有较高的鉴别有效性。

5.1.2 数据可靠性分析

我们使用 SPSS 18.0 软件，计算各个概念的计量项目的内部一致性系数。计算结果表明，组织公平性氛围和服务氛围计量项目的 Cronbach α 值分别为 0.81 和 0.89，表明这两个概念的计量数据都是比较可靠的。

5.2 数据聚合的依据

我们使用 SPSS 18.0 软件，分别计算同一个酒店的答卷者对组织公平性氛围、服务氛围评分的 r_{wg} 系数、ICC(1)系数和 ICC(2)系数，以便判断员工个人层次的变量是否可以聚合为组织层次的变量。计算结果表明：（1）在 57 个酒店里，员工对上述两类组织氛围的评分的平均 r_{wg} 值分别为 0.93 和 0.95；（2）两个变量的 ICC(1)系数分别为 0.27 和 0.20（$p = 0.000$）；（3）两个变量的 ICC(2)系数分别为 0.83 和 0.84。因

---

① 由于某些计量指标违反了正态分布的假设，我们使用 PRELIS 软件，把这些指标转化为正态分布。

此，我们可以把员工对这两个变量的评分聚合为"酒店的组织公平性氛围"和"酒店的服务氛围"的变量值[①]。

5.3 多层次模型分析

我们使用 HLM 7.0 软件，进行多层次广义线性模型分析。旅客对酒店各个服务部门（前厅部、客房部和餐饮部）的投诉次数（应变量）是一个泊松（Poisson）分布的计数变量，因此，我们使用 HGLM 程序中的对数连续函数，分析各个部门的服务质量（层次1自变量）、酒店的组织公平性氛围和服务氛围（层次2自变量）与旅客投诉次数之间的关系。

在多层次广义线性模型的分析过程中，我们把酒店的服务部门作为控制变量（D1 和 D2 分别表示前厅部和客房部，餐饮部为参照组）。

5.3.1 单向方差分析

我们首先采用完全的最大似然法估计程序，进行单向方差分析，检验因变量是否存在显著的组间方差（表1中模型1）。检验结果表明，$\tau_{00} = 0.914$，$\chi^2_{(56)} = 222.992(p < 0.001)$。因此，我们可以把这一变量作为因变量，进行多层次广义线性模型分析。旅客投诉次数的对数 $\gamma_{00} = -0.525(p = 0.008)$，即旅客的投诉事件率为 0.592（一个"典型"的服务部门在6个月时间内遭受旅客投诉次数的估计值是 0.592 次）。旅客投诉事件率的 95% 置信区间为（0.403，0.868）。

Raudenbush 和 Bryk 指出，如果组（层次2单位）样本量较小，与拉普拉斯（Laplace）近似值相比较，使用高斯—艾尔米特求积程序更精确。在我们的样本中，每个酒店（层次2单位）只有 2~3 个部门（层次1单位）数据。因此，在此后的模型分析中，我们使用高斯—艾尔米特求积程序（AGQ）中的二阶导数逼近法，分析两个层次的泊松模型，以便提高参数估计值精确性（Raudenbush，Bryk，Cheong. et al.，2011）。

5.3.2 层次1的自变量对应变量的影响

5.3.2.1 旅客对不同部门的投诉次数的差异

我们在模型1中增加层次1控制变量 D1 和 D2 之后，分析旅客对三类服务部门投诉次数的差异（表1中模型2）。分析结果表明，与没有 D1 和 D2 的模型相比较，模型2与数据的拟合优度较高（$\Delta\chi^2_{(2)} = 50.115$，$p < 0.01$）。与餐饮部相比较，旅客投诉前厅部的几率大，$\exp(1.303) - 100\% = 268.0\%$（显著）；旅客投诉客房部的几率大，$\exp(0.314) - 100\% = 36.9\%$（不显著）。

5.3.2.2 部门的服务质量对旅客投诉次数的影响

我们使用总均数居中法，输入部门的服务质量变量之后，检验服务质量对旅客投诉次数的影响（表1中模型3）。检验结果表明，与模型2相比较，模型3与数据的拟合优度较好（$\Delta\chi^2_{(1)} = 4.990$，$p < 0.05$）。部门的服务质量与旅客投诉次数的对数存在显著的负相关关系（$\gamma_{30} = -0.202$，$p = 0.027$）。如果两个部门的服务质量评分相差一个标准差（1.71），在6个月时间内，与服务质量较差的部门相比较，服务质量较好的部门遭受旅客投诉的次数少 29.742%。

5.3.3 层次2的自变量对应变量的影响

我们按照 Schneider、Salvaggio 和 Subirats（2002）的数据分析方法，检验组织公平性氛围和服务氛围的浓度和强度是否存在线性相关关系。我们的相关分析结果表明，两类氛围的浓度和强度都存在显著的相关关系，相关系数分别为 0.52 和 0.50（$p < 0.01$）。我们以两类氛围的浓度为因变量，两类氛围的强度和强

[①] 学术界普遍认为，如果 r_{wg} 值大于 0.6 或 0.7，研究人员使用单向方差分析方法，计算 ICC(1) 系数，F 检验结果表明 ICC(1) 是显著的，ICC(2) 值大于 0.7，研究人员才可把个人层次的变量聚合为团队层次的变量。

度的平方项为自变量，进行分层回归分析，分析结果表明，与线性项（两类氛围的强度）解释的方差相比较，酒店的组织公平性氛围和服务氛围的强度平方项解释的方差都没有显著的提高（F 值分别为 1.81 和 1.28，p 值分别为 0.18 和 0.72）。这些分析结果表明，两类组织氛围的浓度和强度存在线性相关关系。

我们使用总均数居中法，在表 1 模型 4 和模型 5 中分别增加酒店的组织公平性氛围的浓度和强度变量与服务氛围的浓度和强度变量之后，检验两类组织氛围与旅客投诉次数之间的关系。检验结果表明，与模型 3 相比较，模型 4 和模型 5 与数据的拟合优度都没有显著的差异（$\Delta\chi^2_{(2)}$ 分别为 2.260 和 1.265，p 值都大于 0.1），两类组织氛围的强度和浓度与旅客投诉次数的对数都没有显著的相关关系（在模型 4 中，$\gamma_{01} = -1.978$，$\gamma_{02} = 0.510$，p 值都大于 0.1；在模型 5 中，$\gamma_{03} = -1.596$，$\gamma_{04} = 0.598$，p 值都大于 0.1）。

5.4 交互效应分析

5.4.1 酒店的组织公平性氛围与部门的服务质量对旅客投诉次数的交互效应

我们在表 1 模型 6 和模型 7 中分别增加组织公平性氛围的浓度和强度变量与服务质量变量的交互项，检验 H3a 和 H3b。检验结果表明，模型 6 与数据的拟合优度和模型 5 没有显著的差异（$\Delta\chi^2_{(1)} = 0.058$，$p > 0.1$）。酒店的组织公平性氛围浓度与部门的服务质量对旅客投诉次数的对数没有显著的交互效应（$\gamma_{32} = 0.083$，$p > 0.1$），不支持 H3a。与模型 5 相比较，模型 7 与数据的拟合优度较好（$\Delta\chi^2_{(1)} = 4.248$，$p < 0.05$）。酒店的组织公平性氛围强度与部门的服务质量对旅客投诉次数的对数有显著的交互效应（$\gamma_{31} = 0.854$，$p = 0.047$），支持 H3b。

如图 2 所示，我们的简单斜率分析结果表明，在组织公平性氛围较强（强度总均数+标准差）的酒店，旅客对部门的投诉次数较少，但部门的服务质量与旅客投诉次数的对数没有显著的负相关关系（简单斜率 = -0.001，$p > 0.1$）；在组织公平性氛围较弱（强度总均数-标准差）的酒店，部门的服务质量与旅客投诉次数的对数存在显著的负相关关系（简单斜率 = -0.255，$p < 0.01$）。

我们按照美国美里兰大学心理系助理教授王默（Mo Wang）等人介绍的实际交互效应分析方法（Wang, Liao, Zhan et al., 2011），分析组织公平性氛围和部门的服务质量对旅客投诉次数的实际效应。分析结果表明，部门的服务质量提高 1 个单位，酒店的组织公平性氛围强度比均数高 0.3 点，旅客对部门的投诉次数会降低 11.9%；酒店的组织公平性氛围强度比均数低 0.3 点，旅客对部门的投诉次数会降低 8.5%。

5.4.2 酒店的服务氛围与部门的服务质量对旅客投诉次数的交互效应

我们在表 1 模型 8 和模型 9 中分别增加服务氛围的浓度和强度变量与服务质量变量的交互项，检验 H4a 和 H4b。模型 9 与数据的拟合优度和模型 5 没有显著的差异（$\Delta\chi^2_{(1)} = 0.581$，$p > 0.1$）。酒店的服务氛围强度与部门的服务质量对旅客投诉次数的对数没有显著的交互效应（$\gamma_{31} = 0.545$，$p > 0.1$），不支持 H4b。与模型 5 相比较，模型 8 与数据的拟合优度较好（$\Delta\chi^2_{(1)} = 3.186$，$p < 0.1$）。在显著性水平为 0.1 时，酒店的服务氛围浓度与部门的服务质量对旅客投诉次数的对数有显著的交互效应（$\gamma_{32} = -0.707$，$p = 0.082$），支持 H4a[①]。

如图 3 所示，在服务氛围比较浓厚（浓度总均数+标准差）的酒店，部门的服务质量与旅客投诉次数的对数存在显著的负相关关系（简单斜率 = -0.386，$p < 0.01$）；在服务氛围比较淡薄（浓度总均数-标准差）的酒店，部门的服务质量与旅客投诉次数的对数没有显著的负相关关系（简单斜率 = -0.047，$p > 0.1$）。

---

① 按照美国康奈尔大学人力资源管理学副教授罗伯逊（Quinetta M. Roberson）等人的学术观点，在层次 1 效应检验中采用 0.05 显著性水平，在跨层次效应检验中采用 0.1 显著性水平（Roberson, Stuman and Simons, 2007）。

表1

酒店的组织氛围和部门的服务质量与旅客投诉次数之间的关系

模型 自变量	模型1:单向方差模型	模型2:随机系数回归模型（增加D1和D2）	模型3:随机系数回归模型（增加SQ）	模型4:截距为结果模型（增加JCSD和JC）	模型5:截距为结果模型（增加SCSD和SC）	模型6:增加交互项 JC×SQ	模型7:增加交互项 JCSD×SQ	模型8:增加交互项 SC×SQ	模型9:增加交互项 SCSD×SQ
截距, γ_{00}	-0.525**	-1.231**	-1.269**	-1.263**	-1.267**	-1.264**	-1.254**	-1.248**	-1.270**
D1, γ_{10}		1.303**	1.399**	1.406**	1.399**	1.404**	1.398**	1.430**	1.389**
D2, γ_{20}		0.314	0.272	0.272	0.271	0.261	0.168	0.292	0.253
SQ, γ_{30}			-0.202*	-0.205*	-0.201*	-0.201*	-0.127	-0.217	-0.175
JCSD, γ_{01}				-1.978		-1.978	-1.969		
SCSD, γ_{01}					-1.596			-1.606	-1.631
JC, γ_{02}				0.510		0.504	0.434		
SC, γ_{02}					0.598			0.672	0.579
JCSD×SQ, γ_{31}							0.854*		
SCSD×SQ, γ_{31}									0.545
JC×SQ, γ_{32}						0.083			
SC×SQ, γ_{32}								-0.707+	
D	749.033	698.918	693.928	691.668	692.933	691.610	687.421	689.478	692.082
NP	2	4	5	7	7	8	8	8	8
$\Delta\chi^2$		50.115**	4.990*	2.260	1.265	0.058	4.248*	3.186+	0.581

注：①D1 代表前厅部，D2 代表客房部，JC 代表客房部，JC 代表酒店的服务氛围浓度，SC 代表酒店的组织公平性氛围浓度，NCP 代表旅客的投诉次数，JCSD 代表酒店的组织公平性氛围强度，SCSD 代表酒店的服务氛围强度，SQ 代表酒店的服务氛围强度。

②D 和 NP 分别指模型的偏差平方和估计的参数数量，$\Delta\chi^2$ 和 Δdf 分别指两个模型的偏差平方和之差和自由度之差。

③ ** 表示 p 值在 0.01 显著性水平时显著，* 表示 p 值在 0.05 显著性水平时显著，+ 表示 p 值在 0.1 显著性水平时显著。

184

部门的服务质量提高 1 个单位，酒店的服务氛围浓度比均数低 0.3 点，旅客的投诉次数会降低 19.3%；酒店的服务氛围浓度比均数高 0.3 点，则可使旅客的投诉次数降低 21.3%。

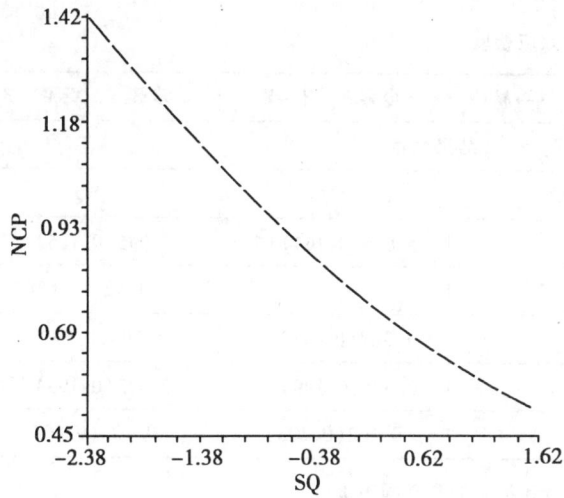

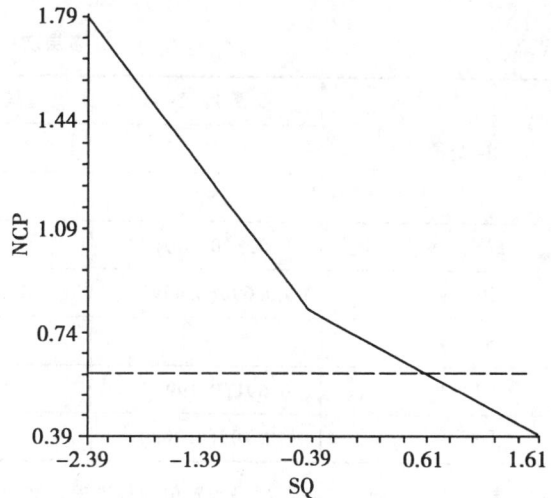

图 2　JCSD 与 SQ 对 NCP 的交互效应　　图 3　SC 与 SQ 对 NACP 的交互效应

注：①JCSD 代表酒店的组织公平性氛围的强度，SC 代表酒店的服务氛围，SQ 代表部门的服务质量，NCP 代表旅客投诉次数的对数。

②-----代表总均数–标准差，——代表总均数+标准差。

5.5　中介效应

我们采用 Baron 和 Kenny(1986)的分析步骤，进行中介效应分析。在分析过程中，我们控制了层次 1 的虚设变量 D1 和 D2。

5.5.1　酒店的服务氛围浓度对组织公平性氛围浓度与部门的服务质量的中介效应分析

如表 2 所示，酒店的组织公平性氛围浓度与部门的服务质量没有显著的相关关系，$\gamma_{01} = 0.690$，$p = 0.138$（第一步）；与酒店的服务氛围浓度存在显著的正相关关系，$\gamma_{01} = 0.703$，$p = 0.081$（第二步）；酒店的服务氛围浓度与部门的服务质量存在显著的正相关关系，$\gamma_{02} = 1.287$，$p = 0.009$（第三步）。我们在第三步的模型中增加"酒店的组织公平性氛围浓度"变量之后，酒店的服务氛围浓度与部门的服务质量仍然存在显著的正相关关系，$\gamma_{02} = 1.709$，$p = 0.0025$（第四步）。索伯尔检验结果表明，酒店的组织公平性氛围浓度对部门的服务质量有显著的间接效应($Z = 2.572$，$p = 0.005$)①。因此，根据间接效应模型，酒店的服务氛围浓度是酒店的组织公平性氛围浓度与部门的服务质量的中介变量，支持 H1。

5.5.2　部门的服务质量对酒店的服务氛围浓度与旅客的投诉次数对数的中介效应分析

如表 3 所示，酒店的服务氛围浓度与旅客的投诉次数的对数没有显著的相关关系，$\gamma_{02} = 0.410$，$p = 0.602$（第一步）；与部门的服务质量存在显著的正相关关系，$\gamma_{02} = 1.294$，$p = 0.020$（第二步）；部门的服务质量与旅客的投诉次数的对数存在显著的负相关关系，$\gamma_{30} = -0.202$，$p = 0.027$（第三步）。我们在第三步的模型中增加"酒店的服务氛围浓度"变量之后，部门的服务质量与旅客投诉次数的对数仍然存在显著

① 单尾检验。

的负相关关系，$\gamma_{30} = -0.217$，$p = 0.018$（第四步）。索伯尔检验结果表明，酒店的服务氛围浓度对旅客投诉次数的对数有显著的间接效应（$Z = -1.638$，$p = 0.051$）①。因此，部门的服务质量是酒店的服务氛围浓度与旅客的投诉次数的中介变量，支持 H2。

表2　　　　　　　　　　　　　　　　多层次中介效应检验

自变量	步骤1　$X \rightarrow Y$	步骤2　$X \rightarrow M$	步骤3　$M \rightarrow Y$	步骤4　$X+M \rightarrow Y$
	结果变量			
	SQ	SC	SQ	SQ
截距　γ_{00}	5.098(0.168)**		5.096(0.164)**	5.095(0.165)**
JC　γ_{01}	0.690(0.459)	0.703**②		−0.508(0.680)
SC　γ_{02}			1.287(0.478)*	1.709(0.740)*
D1　γ_{10}	0.691(0.199)**		0.694(0.199)**	0.695(0.199)**
D2　γ_{20}	0.105(0.202)		0.102(0.202)	0.102(0.202)

注：表中数值为回归系数，括号内数值为标准误。其他变量和符号的含义同表1。

表3　　　　　　　　　　　　　　　　多层次中介效应检验

自变量	步骤1　$X \rightarrow Y$	步骤2　$X \rightarrow M$	步骤3　$M \rightarrow Y$	步骤4　$X+M \rightarrow Y$
	结果变量			
	NCP	SQ	NCP	NCP
截距　γ_{00}	−1.229(0.262)**	5.094(0.159)**	−1.269(0.264)**	−1.248(0.261)**
SCSD　γ_{01}	−1.650(1.432)	−0.015(0.971)		−0.106(1.426)
SC　γ_{02}	0.410(0.781)	1.294(0.541)*		0.672(0.781)
D1　γ_{10}	1.302(0.225)**	0.695(0.189)**	1.399(0.230)**	1.430(0.232)**
D2　γ_{20}	0.313(0.265)	0.103(0.192)	0.272(0.266)	0.292(0.267)
SQ　γ_{30}			−0.202(0.090)*	−0.217(0.090)*

注：表中数值为回归系数，括号内数值为标准误。其他变量和符号的含义同表1。

6. 本次研究的结论与局限性

6.1　本次研究的结论与讨论

我们的数据分析结果表明，酒店的服务氛围浓度既是酒店的组织公平性氛围浓度与部门的服务质量之间正相关关系的中介，又会通过部门的服务质量，对旅客的投诉次数产生间接的负向效应；酒店的组织公平性氛围强度和服务氛围浓度会调节部门的服务质量与旅客投诉次数之间的关系。

许多学者的研究结果表明，企业的人力资源管理措施会直接影响员工的工作满意感与他们对企业的

---

① 单尾检验。
② 分层回归分析结果。

归属感(员工的态度),进而影响顾客对企业的满意感和归属感(顾客的态度)。他们认为,企业采用公平的人力资源管理措施,公平地对待广大员工,员工就更可能努力做好服务工作,为顾客提供公平的服务(Bowen,Gilliland 和 Folger,1997)。

我们的研究结果表明,虽然酒店的组织公平性氛围对旅客的投诉次数没有显著的影响,但酒店的组织公平性氛围强度会调节部门的服务质量对旅客投诉次数的负向影响。在组织公平性氛围较强(员工对组织公平性的看法比较一致)的酒店,旅客对服务部门的投诉次数较少(见图2)。在这类酒店,员工普遍认为管理人员能公平对待广大员工。因此,他们会共同努力为旅客提供公平的服务,减少服务差错和旅客的投诉事件。然而,在组织公平性氛围较弱(员工对组织公平性的看法有较大差异)的酒店,并非所有员工都认为管理人员能公平地对待广大员工,也就不会共同尽力为旅客提供公平、优质的服务。这类酒店不可能像组织公平性氛围较强的酒店那样有效地减少服务差错和旅客的投诉事件。

近年来,我国企业管理学者也开始探讨服务氛围的作用(凌茜、汪纯孝、张秀娟等,2009),服务氛围是一个组织层次的变量,而并非员工个人层次的变量。然而,有些学者在服务氛围的实证研究中并没有区分组织氛围和员工的心理氛围,例如张若勇、刘新梅和沈力等(2009),也就无法正确检验服务氛围的作用。在本次研究中,我们的数据分析结果表明,酒店的服务氛围浓度并不直接降低旅客的投诉次数,而是通过部门的服务质量,间接减少旅客的投诉次数。此外,我们还发现,酒店的服务氛围浓度还会调节部门的服务质量与旅客投诉次数之间的负相关关系。与服务氛围比较淡薄的酒店相比较,在服务氛围比较浓厚的酒店,部门的服务质量与旅客的投诉次数有更强的负相关关系。这些数据分析结果表明,酒店营造良好的服务氛围,可有效地提高各个部门的服务质量,减少服务差错和旅客的投诉次数。

我们的多层次广义线性模型分析结果既表明部门的服务质量对旅客的投诉次数有最直接的负向影响,又表明酒店的组织公平性氛围和服务氛围在服务质量管理工作中的重要作用。因此,我们认为,酒店管理人员不仅应公平地对待广大员工,营造组织公平性氛围,而且应要求、支持、奖励员工为旅客提供优质服务,营造服务氛围,激励员工尽力为旅客提供公平、优质的服务,以便有效地降低旅客的投诉事件率。

6.2 本次研究的贡献与实践意义

2007 年,美国著名组织行为学者格林伯格(Jerald Greenberg)提出了"正面的组织公平性"概念,他指出,在组织公平性理论研究中,企业管理学术界应把研究的重点从员工对组织不公平性的反应转移到员工对组织公平性的反应上来。他认为,企业管理人员应公平地对待广大员工,采用一系列管理措施,促进、增强、保持员工感知的工作场所公平性,促进员工的健康成长和组织的健康发展(Greenberg,2007)。在本研究中,我们根据格林伯格的论述,在我国企业管理学术界首先探讨正面的组织公平性氛围的作用。我们的研究结果表明酒店营造组织公平性氛围不仅对服务氛围有显著的直接正向影响,而且对各个部门的服务质量有显著的间接正向影响,为格林伯格的学术观点提供了实证依据。

2009 年,美国企业管理学者 Kuenzi 和 Schminke(2009)在组织氛围的文献述评中指出,企业管理学术界应从以下几个方面,进一步深化组织氛围的理论研究:

第一,同时探讨各类组织氛围的作用;

第二,深入探讨组织氛围对组织和个人层次应变量的影响;

第三,探讨组织氛围形成过程与变化过程;

第四,深入探讨组织氛围强度的作用;

第五,使用多层次模型进行实证研究;

第六，改进调研设计。

在本研究中，我们使用多层次广义线性模型，同时检验酒店的两类组织氛围的浓度和强度对部门的服务质量和旅客投诉次数的影响。我们的研究结果表明，酒店营造良好的组织公平性氛围和服务氛围，可直接提高各个部门的服务质量，间接降低旅客的投诉事件率。这些研究结果为组织氛围在服务质量管理工作中的重要作用提供了新的实证依据。

6.3 本研究的局限性与今后的研究方向

本研究存在以下局限性。

第一，我们采用横断调研法收集数据，无法确证各个概念之间的因果关系。例如，我们假定服务质量较高的部门能减少旅客的投诉次数。但是，我们同时收集这两个变量的数据，就无法排除旅客的投诉次数影响管理人员对部门服务质量评分的可能性。

第二，我们采用方便样本收集数据，样本可能缺乏代表性。今后，应采用纵断调研法和随机抽样法，对本研究的结果进行重复性检验。

第三，尽管我们既向酒店服务人员又向酒店管理人员收集数据，尽力减少相同数据收集方法引起的误差，但酒店的组织公平性氛围和服务氛围数据都是服务人员提供的，因此，本研究可能仍然存在数据同源误差。

第四，我们使用单一指标计量部门的服务质量，无法判断这个变量的数据可靠性。今后，应采用多个指标，计量部门的服务质量。

第五，在本研究中，我们对酒店的组织公平性氛围和服务氛围的调节作用进行了一次探索性研究。我们发现酒店的组织公平性氛围强度和服务氛围浓度会调节部门的服务质量与旅客投诉次数之间的关系，却未能发现组织公平性氛围浓度和服务氛围强度的调节作用。我们只收集一个样本的数据，无法判断这些研究结论的普遍适用性。我们认为，今后应对组织氛围的强度和浓度的作用进行更深入、全面、系统的理论研究和实证检验。

第六，我们只在一个酒店公司收集数据。与不同公司的酒店相比较，同一个公司的各个酒店更可能采用比较相似的经营管理措施。因此，我们的研究结果是否具有普遍意义，仍需进一步检验。

（作者电子信箱：lingqian219@yahoo.com.cn）

参考文献

[1] 凌茜，汪纯孝，张秀娟等．公仆型领导对服务氛围与服务质量的影响[M]．广州：中山大学出版社，2009．

[2] 汪纯孝，蔡浩然．服务营销与服务质量管理[M]．广州：中山大学出版社，1996．

[3] 张若勇，刘新梅，沈力等．服务氛围与一线员工服务绩效：工作压力和组织认同的调节效应[J]．南开管理评论，2009，12，3．

[4] Ambrose, M. L., and Schminke, M.. The role of overall justice judgments in organizational justice research: A test of mediation[J]. *Journal of Applied Psychology*, 2009, 94, 2.

[5] Baron, Reuben M., and Kenny, David A.. The moderator-mediator variable distinction in social psychological research: Conceptual, Strategic, and Statistical consideration[J]. *Journal of Personality and Social Psychology*, 1986, 51(6).

[6] Bitner, M. J. , Booms, B. H. , and Mohr, L. A. . Critical service encounters: The employee's viewpoint [J]. *Journal of Marketing*, 1994, 58(4).

[7] Bowen, David, E. , Stephen, W. , Gilliland, and Robert Folger. HRM and service fairness: How being fair with employees spill over to customer[J]. *Organizational Dynamics*, 1999, 27(3).

[8] Colquitt, J. A. , Noe, R. A. , and Jackson, C. L. . Justice in teams: Antecedents and consequences of procedural justice climate[J]. *Personnel Psychology*, 2002, 55(1).

[9] Kuenzi Manbeth, and Schminke Marshall. Assembling fragments into a lens: A review, Critique, and Proposed research agenda for the organizational work climate literature[J]. *Journal of management*, 2009, 35 (3).

[10] Lavelle, James, J. , Deborah E. Rupp, and Joel Brockner. Taking a multifocl approach to the study of justice, Social exchange, and Citizenship behavior: The target similarity model [J] . *Journal of Management*, 2007, 33(6).

[11] Liao Hui, and Rupp Deborah, E. . The impact of justice climate and orientation on work outcomes: A Cross-level multifoci framework[J]. *Journal of Applied Psychology*, 2005, 90(2).

[12] Lindell Michael, K. , and Brandt Christina, J. . Climate quality and climate consensus as mediators of the relationships between organizational antecedents and outcomes[J]. *Journal of Applied Psychology*, 2000, 85 (3).

[13] Mayer, David, M. , Lisa Nashii, Benjamin Schneider, and Harold Goldstein. The precursors and products of justice climate: Group leader antecedents and employee attitudinal consequences [J] . *Personnel Psychology*, 2007, 60(4).

[14] Mossholder, Kevin, V. , Nathan Bennett, and Christopher L. Martin. A multilevel analysis of procedural justice context[J]. *Journal of Organizational Behavior*, 1998, 19(2).

[15] Naumann, Stefanie, E. , and Nathan Bennett. A case for procedural justice climate: Development and test of a multilevel model[J]. *Journal of the Academy of Management Journal*, 2000, 43(5).

[16] Raudenbush, S. W. , Bryk, A. S. , and Cheong, Y. F. . *HLM 7: Hierarchical linear and nonlinear modeling*[M]. Scientific Software International, Inc, 2011.

[17] Roberson, Quinetta, M. , and Jason A. Colquitt. Shared and configural justice: A social network model of justice in teams[J]. *Academy of Management Review*, 2005, 30(3).

[18] Roberson, Quinetta, M. , Micheal C. Sturman, and Tony L. Simons. Does the measurement of dispersion matter in multilevel research? [J]. *Organizational Research Methods*, 2007, 10(4).

[19] Schmit, M. J. , and Allscheid, S. P. . Employee attitudes and customer satisfaction: Making theoretical and empirical connections[J]. *Personnel Psychology*, 1995, 48(3).

[20] Schneider Benjamin, Ehrhart, M. G. , Mayer, D. M. , Saltz, J. Z. , and Niles-Jolly, K. . Understanding Organization-customer links in service settings[J]. *Academy of Management Journal*, 2005, 48(5).

[21] Schneider, B. , Parkington, J. J. , and Buxton, V. M. . Employee and customer perceptions of service in banks[J]. *Administrative Science Quarterly*, 1980, 25(2).

[22] Schneider, B. , White, S. S. , and Paul, M. C. . Linking service climate and customer perceptions of service quality: Test of a causal model[J]. *Journal of Applied Psychology*, 1998, 83(2).

[23] Schneider Benjamin, Salvaggio Amy Nicole, and Subirats Montse. Climate strength: A new direction for

climate research[J]. *Journal of Applied Psychology*, 2002, 87(2).

[24] Wang Mo, Liao Hui, and Zhan Yujie, et al. Daily customer mistreatment and employee sabotage against customers: Examining emotion and resource perspectives[J]. Academy of Management Journal, 2011, 54 (2).

The Relationships among Hotel's Organizational Justice
Climate, Service Climate and the Event Rate of Customer Complaint

Wang Shucui[1] Ling Qian[2] Wang Tiying[3]

(1, 3 Tourism College of Shanghai Normal University, Shanghai, 200234;

2 Tourism Department of South China Normal University, Guangzhou, 510631)

Abstract: The authors conducted an empirical study in 167 departments of 57 hotels to examine the impact of organizational justice climate and service climate on the event rate of customer complaining to the hotels. The result of HGLM analysis indicates that service climate level mediates the positive relationship between organizational justice climate level and service quality, and service quality mediates the relationship between service climate level and the event rate of customer complaint. Both the strength of hotel's organizational justice climate and the level of hotel's service climate moderate the negative relationship between service quality and the event rate of customer complaint.

Key words: Organizational justice climate; Service climate; Service quality; Event rate of customer complaint

中庸思维的概念、测量及研究述评[*]

● 梁　果[1]　李锡元[2]　陈　思[3]　李　云[4]

（1，2，3，4　武汉大学经济与管理学院　武汉　430072）

【摘　要】中庸是中国人最凸显的思维方式，深刻地影响和指导着人们的工作和生活实践。文章分析了中庸思维的内涵，辨析了中庸思维的属性，归纳了中庸思维的维度和测量工具，整理了中庸思维在心理学和管理学领域中的实证研究，以求理清中庸思维的研究路线、把握中庸思维未来的研究动态。

【关键词】中庸思维　辩证思维　和谐　心理健康　实践体系

1. 引言

中庸是中国人最凸显的思维方式，深刻地影响和指导着人们的生活和工作实践。随着本土心理学对中庸思维研究的深入，中庸思维的心理结构、运作过程、功能被不断认知，并引起了学术界和实务界越来越多的关注。因为中庸思维背后有一套独特的世界观，包括如何感知人、事、物，什么是重要的、值得做的，凭什么原则来判断及衡量等在支持这个惯性思维，所以探研中庸思维，就是在探索中国人的世界观。从这一世界观出发，来看中国人的行动，才能看到其深层的心理意义。鉴于此，有必要对有关中庸思维的研究进行回顾和梳理。

2. 中庸思维的概念

"中庸"一词始见孔子的《论语·雍也》，其含义为"喜怒哀乐之未发，谓之中，发而皆中节，谓之和"。王轶楠（2009）认为中庸在四书中的初始概念是将自然界中"万物并育而不相害，道并行而不相悖"的天下之大本、达道推衍至伦理社会中成为"以利节和"和"以权佐和"的和谐概念。蔡元培（1984）认为中庸之道源自尧舜禹"执中"的思想，"从异中求出相同的点，去调和他们，最符合中华民族的社会心理"。有关中庸思维的定义主要有两个观点。

---

　* 本研究得到国家自然科学基金项目"本土文化情境下领导行为对员工变革反应的影响：基于图式理论的动态研究"（项目批准号：71172202/G020401）和中央高校基本科研业务费专项资金"职业经理人伦理领导对员工主动行为的影响机制研究：一项跨层分析"（项目批准号：2012105010205）的资助。

2.1 后推的观点：从结果角度定义中庸

杨中芳和赵志裕(1997)认为中庸是一个后舍认知层次的实践思维体系——如何处理日常生活事件的监控系统，包括世界观及价值观体系(或称中庸理性)、行动的终极目标(中)、处世时选择行动方案(用)的原则以及具体行动的技巧(术)。

赵志裕(2000)认为中庸思维是一种后设认知历程。他认为中庸是一种方向性的思维模式，它引导个体辨析环境中的对立元素和力量，找出可以兼容各种矛盾元素和力量的方法，使各种元素和力量能产生互推、并济和共生的动力，最后达致和谐均衡的状态。

2.2 前推的观点：从认知角度定义中庸

李美枝(2010)认为中庸是一种因应特定脉络情景"达和"之后，以回复或达成"均衡/和谐"为目标而产生的循环拿捏历程，此历程以思考与行为模式执行之。并指出拿捏的意义是指针对失衡问题的反复思考解决方式及付诸行动的循环反应。所以中庸之道是追求和谐的反复运思与行动的机动历程，一旦启动之后，它会运转一段时间而结束。

总之，中庸思维的定义还不统一，大多观点认为杨中芳和赵志裕(1997)定义无所不包，但执行起来容易失去重点；李美枝的定义则从认知角度出发，聚焦于一种拿捏历程，相对易于操作。

3. 中庸思维的辩证属性

3.1 中庸思维是辩证思维

钱穆(1985)认为中庸思维是中国式辩证思维，他提到"中国人的中庸之道，正要从此相反之两面讲入到一中道上去。你要讲任何一事一物，最好先找出它相反之两面，然后再从相反两面中来求其中道，那中处便有道"。Peng 和 Nisbett(1999)认为中国人思维方式包含两个主要维度：整体性和辩证性，其中辩证观里面的中和论认为任何事物存在着适度的合理性，即中庸之道，且认为中国人惯用这一思维。郑思雅(2006)认为中庸思维是辩证思维，且可能是个体处理应急情况时表现出不同灵活性的差异的来源之一。张晓燕和高定国(2011)认为辩证思维和杨中芳提出的中庸思维体系的含义相似。

3.2 中庸思维不是辩证思维

蔡锦昌(2000)指出，中国人的思维方式具备阴阳转换的特征，跟西方的辩证思维，基本上完全不一样的。在他看来，第一，中国人并不只是在看冲突时才使用两个看似矛盾的对偶来看待及思考问题；第二，中国人从来不用"矛盾"或"冲突"这样的字眼，来形容思维中所考虑的两个对立的极端；第三，由于辩证思维是以西方的逻辑推理中的正、反、中为基础的，而这样的逻辑中国人根本不存在，所以认为中国人运用看似矛盾的对偶来思考问题，对偶的极端代表两个对立的"状态"，而非一个事物存在的两个特质，因此不是辩证思维(蔡锦昌，2000；杨中芳，2009)。杨中芳进一步分析了许多学者认为中庸思维等同于辩证思维的原因。第一，因为中国人的思维本身就是阴阳思维体系，阴阳看起来像是两个相互矛盾对立的，不可能同时出现的一件东西上的特性名词，而没有把阴阳思维体系看成是两种状态，并非事物所具有的特性；第二，中庸世俗化后，常常被误以为是一种妥协、平均、不坚持的做事原则(冯友兰，1940)，因此被误解为等同于辩证思维中的正、反、中；第三，许多新的注释中国古典经典文献的学者，自新中国诞生后尝试用马克思主义的哲学观来看中国哲学思想。

综上所述，目前学者们对中庸思维的属性尚有争议。第一种观点以西方"二元论"理论为基础，认为中国人的思维方式是辩证思维；第二种观点则从本土概念出发，认为中国人的思维方式和西方思维架构不同，是中国人特有的思维方式。

4. 中庸思维的维度与测量

自杨中芳和赵志裕提出中庸思维的构念，其维度与测量的研究越来越受到重视，大多学者认为中庸思维包含多个维度。

4.1 中庸思维的维度

4.1.1 杨中芳、赵志裕的三层结构

杨中芳和赵志裕(1997)最早将中庸思维构念化，提出包含价值观、感知方式、行动策略三个层次的中庸思维体系，包含 8 个子构念，即静观其变、以和为贵、两级思维、大局为重、合情合理、以退为进、注重后果、不走极端。由于该体系包含的东西过于全面，执行起来比较困难，使得后期以此为基础的研究成果较少。

4.1.2 郑思雅、赵志裕的三维结构

郑思雅(1999)、赵志裕(2000)将中庸思维具体到处理事件的行动层面，认为要了解中庸思维的特色，先要界定在中庸思维下的行动目标和个人处理外界信息的行动策略，并将中庸思维分为"以中和作行动目标(动机)、认清事物间的复杂互动关系，顾全大局(感知)和执中辞让、避免偏激(行动技巧)"等三个维度。

4.1.3 吴佳辉、林以正的三维结构

吴佳辉、林以正以"意见表达"的情境叙述作为依据，考虑团体意见不同的情景下个体思考的方式和策略的选择①。根据这一构想，他们将中庸思维具体到整合意见分歧上，并细分为：多方思考(多方面思考问题)、整合性(做决定时整合自己及大家的意见)以及和谐性(注重以和谐的方式处理冲突)等三个维度。

4.1.4 王飞雪、李华香的三维结构

王飞雪、李华香(2005)以"人际冲突"的情景作为依据，观察个体行动的中庸特色。根据这一构想，他们将中庸思维具体到四种人际冲突的解决上，并细分为：圆滑性、克己性和自我性三个维度。

4.1.5 杨中芳、赵志裕的三层结构

杨中芳(2009)进一步完善了她与赵志裕早期的中庸实践思维体系，提出包含集体主义文化传承、个体思维活动、心理健康的三个层次中庸实践思维体系构念图，如图 1 所示。

杨中芳(2010)进一步修改和完善了中庸实践思维体系构念图。修改的内容涉及图中 A、D、E 和 F。其中 A 修改为全局思维和阴阳转换；D 修改为择前反思(应)，包含多面性：(大我、换位思考)和长时性(静观其变、后果推延)；E 修改为策略选择(略)，包含整合性(合情合理、公私兼顾、和而不同)和有原则变通(收放自如)；F 修改为执行方式(术)，包含和谐性(事后平衡、适可而止)和委婉性(以退为进、他人引发)。该观点整合了有关学者的观点，构建了更加全面和详细的构念图，为相关研究提供了可以参考的研究架构和可遵循的研究路线。

---

① 吴佳辉，林以正．中庸思维量表的编制[J]．本土心理学研究，2005，12(24)：247-300.

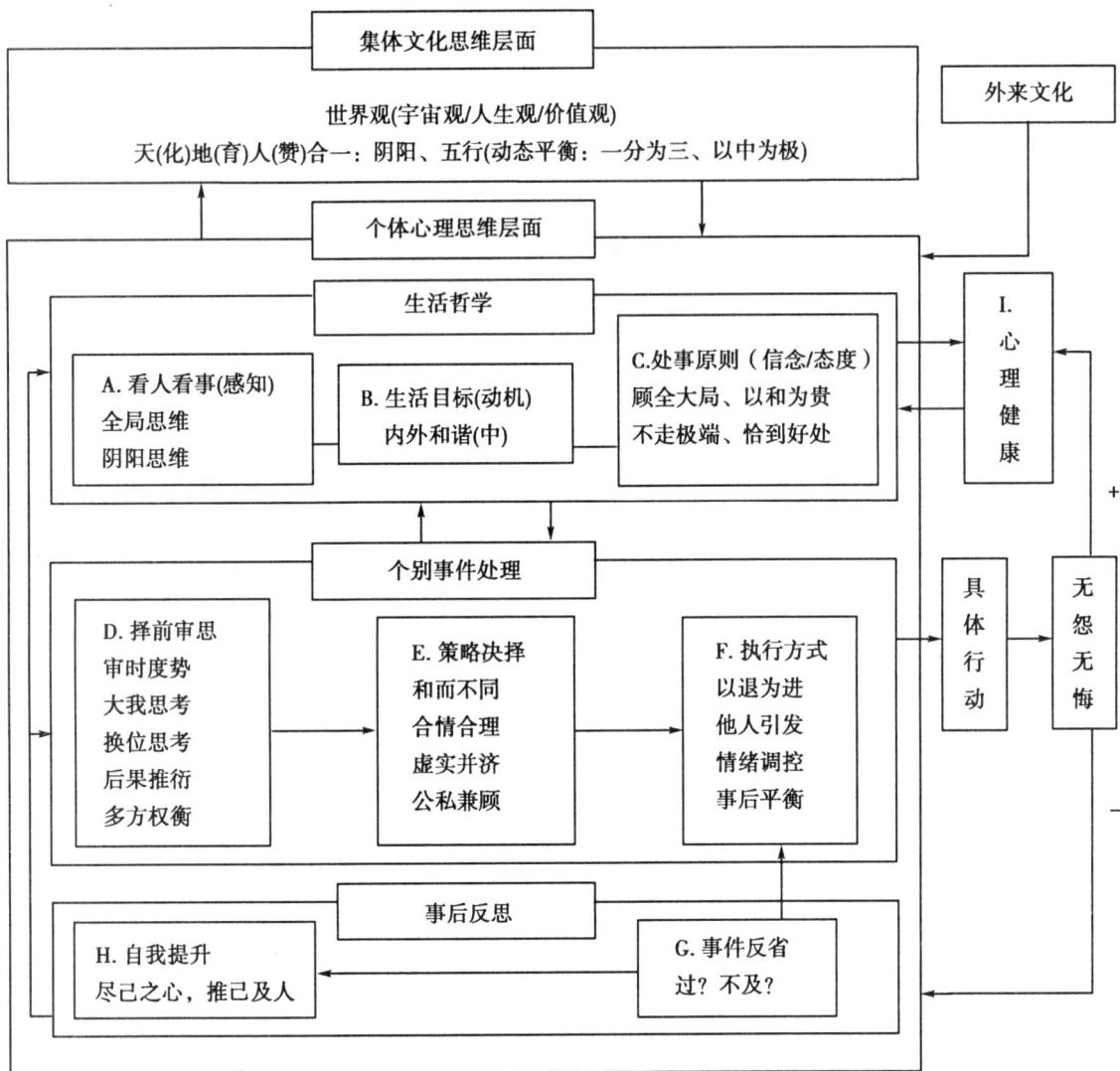

图 1　中庸实践思维体系构念图①

4.2　中庸思维的测量

中庸思维的测量沿着两条路线展开：一是中庸思维体系量表的开发；二是针对中庸思维体系中子构念量表的开发，是对中庸思维维度上的拓展和深入开发。

4.2.1　中庸思维体系量表

杨中芳和赵志裕(1997)编制了中庸实践思维量表，包含16道题、8个子构念。赵志裕(2000)编制了中庸思维量表，包含14个题项。该量表在中国香港地区、新加坡、中国台湾地区、中国广州和天津五个华人地区进行测试，通过因素分析，他指出由于第一因素具有将近21.6%的解释变异量，相较于第二与第三因素8.5%与7.3%的解释变异量高出许多，因此认为该量表具有单维度结构。吴佳辉、林以正(2005)编制了中庸实践思维量表，包含13个题项。通过因素分析，得出该量表总的 Cronach's α 系数为

①　杨中芳. 传统文化与社会科学结合之实例：中庸的社会心理学研究[J]. 中国人民大学学报，2009，3：53-60.

0.846，同时验证了该量表具有单维度结构。王飞雪和李华香(2005)编制了中庸行动问卷，包含 12 个题项。经过因素分析，该量表各项目的负荷量都在 0.6 以上，总量表的内部一致性系数为 0.869，分量表的内部一致性系数为 0.825，0.855 和 0.777，证明该量表具有信度和效度。

以上量表的编制都是在杨中芳和赵志裕早期编制的中庸实践思维量表的基础上进行的缩减或精致化，共同点是所开发的量表都是单因素的量表。其中赵志裕的中庸思维量表注重中庸的行动层面；吴佳辉和林以正的中庸实践思维量表注重在意见整合中的中庸倾向；王飞雪和李华香的中庸行动量表，研究冲突情景下中庸行动的特性。

4.2.2 中庸思维的子构念量表

杨中芳(2008)认为中庸思维包括许多相关的子概念：阴阳转换思维、全局思考、长期思考，拿捏思考等等。林升栋(2005)编制了阴阳思维量表，包含看似对立的 30 个人格特质，采用阴阳自我勾选法，测试阴阳思维是否并存。结果表明阴阳思维并存的人数在受试者当中所占比例最低。王为蒨和林以正(2006)编制了均衡自我量表，测试受试者是否具有自我均衡观，从侧面证明了阴阳思维并存的可能性。林升栋和杨中芳(2007)编制了阴阳转换思维问卷。该问卷包含 10 对对立的词。测试结果表明，中国人确实有阴阳思维，林升栋(2008a)编制了特质—行为预测量表，该量表采用了许攻徐(2005)博士论文的研究设计，让受试者设想自己正面对一个具有某一正向(或负向)的特质的人，然后预测所面对的人未来会做出某些正向(或负向)的行为的可能性，四种结果均用百分比表达。基于此逻辑，林升栋认为如果在特质—行为量表上，表现较多的"负向特质—正向行为预测"倾向，则是中庸转换思维比较强的人。邓传忠(2008)修改因应弹性问卷(CFQ)用来测试拿捏思维。将"忍"作为拿捏行为的测量指标，并预期中庸思维对忍耐的拿捏行为与心理调适有调节作用。该研究从侧面证明了拿捏思维的存在。余思贤等编制了未来长程取向量表，用以测试受试者的未来长程取向思维(余思贤、林以正、黄金兰、陈绍宇，2009)。对全局思维的认识，主要靠西方学者的研究工具进行测量，常用的有：EFT、FLT、CBT 和沉没成本等(杨中芳，2010)。

总之，有关中庸思维的维度研究都源自杨中芳和赵志裕(1997)中庸实践思维体系的构念，各个学者结合自己的研究重点，进行了缩减和精简；同时，有关中庸思维体系的子构念测量工具还有一些，但适用范围较窄，使用频率不高。

5. 中庸思维的实证研究

现有的实证研究主要沿着两条路线展开：一是针对中庸思维量表开发的实证研究。通过实验的方法，探讨不同量表之间、中庸思维量表和其他变量之间的关系，以验证中庸思维的效度和信度，完善中庸思维体系；二是以某一量表为测量中庸思维的工具，验证中庸思维的影响效果。但总的来说，有关的实证研究都把中庸思维等同于人的一种特质，通过对比高中庸思维和低中庸思维的差异，证明中庸思维的存在价值和重要性。

5.1 中庸思维量表的开发

黄金兰、林以正和钟育君(2009)利用注意力广度和其他相关变项做了一连串实验，目的是测量有关整体思维的整体性。结果发现台湾受试者的高中庸信念者，比较偏好整体反应，且在情绪促发下，能较快地表现出整体反应倾向。随后，黄金兰等(2009)用注意范围等工具做实验，试探整体思维的转换性特征。结果发现台湾受试者的转换正确率与中庸整合思维量表成负相关，表示高中庸信念者，整体—局部转换思维较为正确。王飞雪等(2006)利用自编的人际冲突应对策略问卷和吴佳辉和林以正的中庸量表，选择 640 名中山大学的大学生作为被试，探究中庸高低程度和人际冲突应对策略的相关性。结果表明，大学生表现出一定的中庸整合思维倾向。高中庸的大学生更倾向于选择合作性的应对策略，低中庸的大学生更倾向于选择妥协性的应对策略。余思贤、林以正、黄金兰和陈绍宇（2009）选择 269 名台湾大学学生对过去与未来长程取向思维、评价倾向以及各适应指标进行自我评估，结果发现过去长程取向虽然与未来长程取向有正向关，但同时也伴随着高度的评价执著，使其无法稳定预测心理适应。吴佳辉（2007）选择 107 名台湾大学生，验证吴佳辉和林以正（2005）编制的中庸思维量表与生活品质相关的变量之间的关系。结果显示，中庸量表得分与社交自信、社会生活品质及生活满意度均具有正相关，与其他生活品质范畴则无显著关系。

5.2 中庸思维的实证研究

5.2.1 作为调节变量的中庸思维

邓传忠（2008）以情绪调节策略"忍"作为拿捏行为的测量指标，探讨中庸思维在拿捏行为与心理调适之间的调节效果。结果显示中庸思维对"忍耐的拿捏行为"与"心理适应"有部分调节作用。高拿捏的情况下，如果个体具备中庸思维，则此人的心理适应较好；而高拿捏的又低中庸的情况则显示个体的心理适应是比较差的。何轩将中庸思维作为调节变量，研究互动公平和员工沉默行为的关系。结果表明中庸思维的确显著影响互动公平对员工沉默行为的作用，并建议要在中国的组织中处理员工沉默行为还需要考虑员工的中庸思维程度，只有对症下药才可能有效果①。段锦云、凌斌（2011）将中庸思维作为调节变量，研究中庸思维对员工建言行为的影响。结果表明，高中庸思维者应更愿意选择顾全大局式建言，而不是自我冒进式建言方式。

5.2.2 作为自变量的中庸思维

吴佳辉（2007）研究表明，中庸思维可以透过社交自信的中介历程，增进个人社会生活的质量，进而提升个人整体的生活福祉。张晓燕、高定国和傅华（2011）从思维模式对攻击性影响的角度出发，采用相关研究及启动范式探讨辩证思维对攻击性的影响。结果表明，辩证思维可以降低攻击性行为倾向。陈建勋、凌媛媛、刘松博（2010）将高层领导者的中庸思维作为自变量，从理论上论证了中庸思维对组织绩效的影响。何轩（2010）将儒商作为研究的对象，用现代计量的方法验证儒商与企业绩效之间的关系。研究结果表明：具备中庸理性的思维模式的儒商知道自身的经济行为，可以以节制取代效率，兼顾自己和他人（整体）的利益，充分说明了秉承中庸价值观的儒商通过"以义生利"的经营方式提高了企业的成长绩效②。综上所述，研究结果表明高中庸思维者相对低中庸思维者表现出更多的积极性结果。

6. 讨论和未来的研究展望

中庸思维的研究议题受到越来越多人的关注，虽然有关中庸思维的研究已经取得了一些成果，但仍有一些问题有待深入探讨。今后的学者可以从以下几个方面开展研究：

6.1 中庸思维概念的聚焦、被试研究对象的拓展和测量工具的规范

现有的研究更多的是把中庸相关的量表作为一个探索的工具，去验证与自己的研究主题的关系，这

---

① 何轩.互动公平真的就能治疗沉默病吗？——以中庸思维作为调节变量的本土实证研究[J].管理世界，2009，4：28-34.

② 何轩.儒家传统经济伦理思想的现代检验：关于中庸理性与儒商精神的探索性实证研究[J].上海财经大学学报，2010，12：11-17.

样虽然可以从侧面证明中庸思维的存在或者中庸思维的作用，但会导致中庸思维的概念无法聚焦，不利于中庸研究的深入。现有关中庸思维的实验大多以大学生作为被试对象，其研究样本和结论的代表性和适用性，有待探讨。同样，中庸思维包含较多子构念，部分子构念的测量仅仅限于简单的问答形式，问卷的编写不够规范，可操作化程度不高，其效度和信度还有待检验。

6.2 中庸思维影响后果的两面性考察

已有的研究结果大多集中在中庸思维的积极影响方面，虽然部分学者对中庸思维的消极后果进行了研究，比如李美枝(2010)从沉没成本的角度，认为中止拿捏反应，可能出现妥协(和稀泥)、逃避情景(拖延)、关系破裂三种结果。因此，从消极后果开展中庸思维的研究，可以丰富中庸思维体系的内涵。

6.3 中庸思维跨学科、跨文化的研究

心理学和管理学对中庸思维的关注，拓展了研究的范围。同时，在西方理论构念为主导的情况下，如何开展中庸思维本土化的研究，并将中庸思维理论并推向全球化，是亟待解决的问题。

(作者电子信箱：xyliwhu@126.com)

参考文献

[1] 蔡元培. 蔡元培全集[M]. 北京：中华书局，1984.

[2] 蔡锦昌. 二元与二气之间：分类与思考方式的比较[A]. 社会科学概念：本土与西方研讨会[C]. 2000.

[3] 陈建勋，凌媛媛，刘松博. 领导者中庸思维与组织绩效：作用机制与情景条件研究[J]. 南开管理评论，2010，13.

[4] 邓传忠. 中庸思维对拿捏行为与心理适应的调节效果[D]. 台湾大学心理学研究所学位论文，2008.

[5] 段锦云，凌斌. 中国背景下员工建言行为结构及中庸思维对其的影响[J]. 心理学报，2011，43.

[6] 冯友兰. 新世训[M]. 上海：开明书店，1940.

[7] 何轩. 互动公平真的就能治疗沉默病吗？——以中庸思维作为调节变量的本土实证研究[J]. 管理世界，2009，4.

[8] 何轩. 儒家传统经济伦理思想的现代检验：关于中庸理性与儒商精神的探索性实证研究[J]. 上海财经大学学报，2010，12.

[9] 李美枝. 中庸理念研究方法的实践性思考[J]. 本土心理学研究，2010.

[10] 林升栋. 阴阳转换思维之测量[A]. 第七届中国社会心理学会年会宣读之论文，2008.

[11] 林升栋，杨中芳. 自评式两极量尺到底在测什么？寻找中庸自我的意外发现[J]. 心理科学，2007，30.

[12] 钱穆. 中华文化十二讲[M]. 台北：东大书局，1985.

[13] 王飞雪，李华香. 人际冲突中的中庸行动研究[EB/OL]. http://www.soulbbs.net/forum.php? mod=viewthread & tid=240，2005.

[14] 王为儒，林以正. 华人的均衡自我观与心理适应[A]. 第六届会员代表大会暨2006年学术年会宣读之论文，2006.

[15] 王轶楠. 和谐心理学发微：中庸视角下的上下级共生之道[M]. 北京：中国社会科学出版社，2009.

[16] 吴佳辉. 中庸让我生活得更好——中庸思维对生活满意度之影响[J]. 华人心理学报，2007，1.

[17] 吴佳辉，林以正．中庸思维量表的编制[J]．本土心理学研究，2005，12．

[18] 许功馀．华人性格与行为关联性的内隐理论之概念分析及其对人际互动行为之影响[J]．本土心理学研究，2005，27．

[19] 杨中芳．传统文化与社会科学结合之实例：中庸的社会心理学研究[J]．中国人民大学学报，2009，3．

[20] 杨中芳．如何理解中国人[M]．重庆：重庆大学出版社，2009．

[21] 杨中芳．中庸实践思维体系探研的初步进展[J]．本土心理学研究，2010，34．

[22] 余思贤，林以正，黄金兰，陈绍宇．长期取向与华人自我整合及个人心理适应之关联[C]．中国社会心理学会第六届会议会员代表大会论文摘要集，2008．

[23] 赵志裕．中庸思维的测量：一项跨地区研究的初步结果[J]．香港社会科学学报，2000，18．

[24] 张晓燕，高定国，傅华．辩证思维降低攻击性倾向[J]．心理学报，2011，43．

[25] 郑思雅，李秀丽，赵志裕．辩证思维与现代生活[J]．香港社会科学学报，1999，15．

[26] Peng, K. P., and Nisbett, R. E.. Culture, Dialectics and reasoning about contradiction [J]. *American Psychologist*, 1999.

Reviews on the Conception, Measurement and Empirical Studies of Zhong-yong Thinking

LiangGuo[1]　LiXiyuan[2]　ChenSi[3]　LiYun[4]

(1, 2, 3, 4 Economy and Management School of Wuhan University, Wuhan, 430072)

Abstract: In China, Zhong-yong is one of the prominent ways of thinking, which deeply influences people's work and life practices. This paper reviews the Zhong-yong concept, properties, dimensions and measurement, empirical research, in order to grasp the future trends by clearing the research route of Zhong-yong thinking.

Key words: Zhong-yong thinking; Dialectical thinking; Harmonious; Mental health; Practice system

我国区域文化软实力的影响因素及差异研究

● 高　华

（武汉大学经济与管理学院　武汉　430072）

【摘　要】20 世纪 90 年代以来，越来越多的国家认识到提升文化软实力对国际竞争的重要意
义，文化软实力是推动社会发展和提升综合国力的精神支撑及内在驱动力。本文通过构建区域
文化软实力评价指标体系，对我国 31 个省市区文化软实力的影响因素及区域差异进行了实证分
析。结果显示：影响区域文化软实力的因素主要有文化传统和科研教育、文化吸引、文化管理
和基础设施三方面因素；各地区文化软实力存在差异，大部分地区处于实力强弱层次的中间层
面，即较强和弱层面，整体而言，文化软实力与地区经济发展水平基本一致。最后提出了有针
对性的对策建议。

【关键词】区域文化软实力　因子分析　聚类分析

继工业革命和信息革命之后，世界经济面临新的飞跃，以文化为核心的产业革命渗透到社会的每个
细胞。文化是民族凝聚力和创造力的重要源泉，是当今时代综合国力竞争的重要因素之一，因此党的十
七大提出"激发全民族文化创造活力，提高国家文化软实力"①。文化软实力是推动社会发展和提升综合
国力的精神支撑及内在驱动力。目前我国已将文化软实力的发展问题提升到国家的发展战略层面，着实
可见其重要性。

1. 相关研究回顾

软实力（soft power），又译为软权力、软力量等，这一概念提出于 1990 年。美国哈佛大学肯尼迪政府
学院院长、全球战略问题研究专家约瑟夫·奈在《软实力》（Soft Power）一文中，首次将国家实力分为硬实
力和软实力，认为软实力是硬实力的基础，也是硬实力的动力。1999 年，约瑟夫·奈又在《软实力的挑
战》（The Challenge of Soft Power）一文中对软实力作出较为完整、系统的定义。2004 年，约瑟夫·奈对软实
力给出更为简明的定义："软实力是一种能力，它能通过吸引力而非威逼或利诱达到目的。这种吸引力来
自一国的文化、政治价值观和外交政策。"②这一概念得到学界广泛的认同。

国内学者在 20 世纪 90 年代开始对国家层面的软实力进行了研究，分别从不同的视角对中国软实力的

---

①　胡锦涛. 高举中国特色社会主义伟大旗帜为夺取全面建设小康社会新胜利而奋斗——在中国共产党第十七次全国
代表大会上的报告［J］. 求是，2007，21：5-24.

②　［美］约瑟夫·奈. 硬权力与软权力［M］. 门洪华，译. 北京：北京大学出版社，2005：1-5.

发展作了理论探讨。文化软实力是软实力的重要组成部分，所以其概念和内涵都与软实力有着密切的关系。近些年学者们对文化软实力展开了各种各样的研究。如肖永明等(2010)分析梳理了国内学界关于文化软实力的概念与内涵、文化软实力的重要性与发展现状、如何提升文化软实力等方面的研究。刘轶(2009)对政治意图、文化软实力和文化产业的关系进行了研究，认为三者之间发展的逻辑为：国家政治意图在国际的推行，往往借助文化软实力；而国家文化软实力在全球化背景下的推行，往往借助国家文化产业的发展。张钥(2009)认为文化软实力的内在构成包括物质层面的文化软实力、制度层面的文化软实力、精神层面的文化软实力。赵建昌(2010)对宝鸡市文化软实力的发展优势、存在问题和发展对策进行了研究。文化软实力是综合实力的一个重要方面，其对经济发展有着不可忽略的促进作用。叶青春(2009)从当代中国的视域审视对文化软实力形成的内在机制进行了分析。周国富等(2010)从文化软实力的内涵出发，选取文化传统、文化活动、文化素质、文化吸引、文化体制及政策五个方面的评价指标，并据此对各省区的文化软实力进行了综合评价，分析了各省区文化软实力的优势与劣势及其与区域经济发展之间的关系。赵学琳(2009)对从整体上构建区域文化软实力的发展路径进行了分析。

综上所述，国内外对文化软实力的研究较多的关注文化软实力的概念与内涵、文化软实力的重要性与发展现状、如何提升文化软实力等定性研究，而且就文化软实力的概念与内涵来说，国内学界还没有形成定论。关于文化软实力的定量研究就更少了。今后文化软实力研究的重点就应该是通过大量的实证研究，以科学的理论背景为基础，建立起科学有效的评价体系，对文化软实力进行科学有效的衡量。

本文通过构建区域文化软实力指标体系，分析我国31个省市区文化软实力的差异及影响因素，揭示其优势和劣势，并在此基础上提出有针对性的对策建议，这对于提升区域文化软实力，进而促进国家文化产业竞争力总体水平的提高具有特殊而重要的意义。

2. 区域文化软实力指标体系

关于区域文化软实力指标体系的构建，本文遵循客观性、全面性、一致性、数据可得性等原则，从文化软实力的内涵出发，借鉴周国富等(2010)构建的指标体系，并做了适当调整，选取文化传统、文化活动、文化行政管理、文化素质、文化吸引与传播、文化经济基础等方面的指标，见表1。

表1　　　　　　　　　　　区域文化软实力评价指标体系

	一级指标	二级指标	三级指标	编码
区域文化软实力	文化传统	文化遗产	文物藏品数	1
			文物保护单位数	2
	文化活动	文化产业	文化产业增加值	3
		文化支持	文化事业费占财政支出的比重	4
			人均文化事业费	5
		文化设施	公共图书馆数	6
			群众文化事业机构数	7
	文化行政管理	文化管理	文化行政主管部门数	8
			文化市场管理机构数	9

一级指标	二级指标	三级指标	编码
文化经济基础	经济基础	GDP	10
		年末人口数	11
文化素质	文化事业投资	全社会固定资产投资	12
		文化事业实际完成基建投资	13
	教育与科研	高等学校数	14
		在校大学生人数	15
		教育经费	16
		专利申请受理数	17
		R&D 经费内部支出	18
		R&D 人员全时当量	19
文化吸引与传播	文化传播	互联网上网人数	20
	入境旅游	全年接待入境旅游人数	21
		国际旅游收入	22

一级指标"区域文化软实力"纵贯全表。

3. 研究方法

3.1 数据来源

对我国文化软实力的研究尚处于起步阶段，相关统计数据比较欠缺。根据研究的需要，本文的数据全部采用各类统计年鉴数据，所有指标数据来源于 2008 年《中国文化文物统计年鉴》、2008 年《中国统计年鉴》、2008 年《中国科技统计年鉴》、2008 年《中国第三产业统计年鉴》。

3.2 数据分析方法

3.2.1 因子分析

因子分析方法是从研究多个变量之间的相互关系入手，寻找少量能够控制所有变量起决定作用的公共因子，再现原始变量与公共因子之间的相关关系，依照公共因子得分对每个样本对象进行评价[1]。公共因子变量能够反映原始指标变量的绝大部分信息，并且由于它比原始指标变量的数量大为减少，所以更能反映事物的本质，最后得以总结出影响区域文化软实力的关键因素。

3.2.2 聚类分析

本文采用 K-均值法来进行聚类分析[2]。K-均值法是由麦克奎因于 1967 年提出的，这种聚类分析方法的思想是把每个样本聚集到其最近均值的类中去。由下列三步组成：首先，把样本粗略分成 K 个初始类；其次，进行修改，逐个分派样本到其最近均值的类中去（通常用标准化数据或非标准化数据计算欧式距离），重新计算接受新样本的类和失去样本的类的均值；最后，重复第二步，直到各类无样本进出。

---

① 薛薇. 基于 SPSS 的数据分析[M]. 北京：中国人民大学出版社，2006：359-377.

② 林震岩. 多变量分析——SPSS 的操作与应用[M]. 北京：北京大学出版社，2007：409-423.

4. 数据分析结果

4.1 描述统计分析

对 31 个省市区 2007 年各指标的描述统计分析如表 2 所示。

表2　　　　　　　　　　　　　区域文化软实力各指标的描述统计分析

	最小值	最大值	均值	标准差
文物藏品数	30297.00	3618898.00	773852.1290	730199.10577
文物保护单位数	0.00	180.00	52.4516	48.40443
文化产业增加值	216174.00	10204892.00	2506950.4516	2195382.82705
文化事业费占财政支出的比重	0.29	0.83	0.4635	0.12301
人均文化事业费	5.89	77.75	18.4481	15.83195
公共图书馆数	4.00	160.00	90.2581	43.83679
群众文化事业机构数	208.00	3997.00	1309.7097	829.07974
文化行政主管部门数	8.00	188.00	96.5161	51.23597
文化市场管理机构数	0.00	173.00	79.8387	48.56205
GDP	342.19	31084.40	8891.1168	7604.15289
年末人口数	284.00	9449.00	4190.9355	2692.60305
全社会固定资产投资	270.30	12537.70	4350.4258	3184.39851
文化事业实际完成基建投资	0.00	85572.00	11588.3548	17716.36907
高等学校数	6.00	118.00	61.5484	30.18702
在校大学生人数	26767.00	1472317.00	608030.7742	393157.65198
教育经费	420562.00	10734751.00	3479186.3226	2341694.54443
专利申请受理数	97.00	102449.00	18098.8387	26184.69422
R&D 经费内部支出	6964.00	5053870.00	1196852.9032	1379246.59671
R&D 人员全时当量	675.00	199464.00	55960.9355	53206.72215
互联网上网人数	36.00	3344.00	677.4516	636.87298
全年接待入境旅游人数	0.94	2460.87	235.8513	438.45393
国际旅游收入	3.00	8706.00	1201.1290	1876.51050

4.2 区域文化软实力影响因素

分析的步骤是：对选取的指标进行无量纲化处理，采用标准化方法处理数据，建立变量的相关数据矩阵；将无量纲化后的数据输入 SPSS 软件，利用主成分分析法（principal components）建立因子载荷矩阵，采用方差极大法进行旋转；采用回归法（regression）计算因子得分，并以各因子方差累积贡献率为权数计算各个地区文化软实力的综合得分。

为了分析影响区域文化软实力的因素，下面采用主成分分析法。对数据进行主成分分析之前，先检验主成分分析的可行性。检验结果见表3。

表3 因子分析可行性检验表

KMO 值		0.77
Bartlett 球形检验	卡方近似值	1209.769
	自由度	231
	概率	0.000

从表3可以看出，KMO 统计量为0.77，偏相关性比较弱，适于做因子分析。经过 Bartlett 球形检验，拒绝单位相关矩阵的原假设，$P<0.001$，适于做因子分析。

表4显示所提取各因子方差贡献，第二列方差贡献是衡量因子重要程度的指标，第三列方差贡献率描述该因子方差占原有变量总方差的比例。从上表可以看出，最主要的特征根有3个，其贡献率分别是28.749%、28.037%和27.254%，累积贡献率达到84.041%，因此可以用前三个公共因子的变化代表整个样本的相关变量的变化。

表4 因子方差贡献表

component	initial eigenvalues			rotation sums of squared loadings		
	total	% of variance	cumulative %	total	% of variance	cumulative %
1	11.671	53.050	53.050	6.325	28.749	28.749
2	5.352	24.328	77.378	6.168	28.037	56.787
3	1.466	6.663	84.041	5.996	27.254	84.041
4	0.919	4.179	88.220			
5	0.819	3.724	91.945			
6	0.460	2.092	94.037			
7	0.311	1.415	95.452			
8	0.280	1.274	96.726			
9	0.228	1.037	97.763			
10	0.187	0.850	98.612			
11	0.101	0.459	99.072			
12	0.057	0.259	99.331			
13	0.044	0.199	99.530			
14	0.031	0.139	99.669			
15	0.022	0.101	99.770			
16	0.018	0.082	99.852			
17	0.013	0.058	99.910			
18	0.009	0.040	99.950			
19	0.006	0.027	99.977			
20	0.003	0.012	99.989			
21	0.002	0.007	99.996			
22	0.001	0.004	100.000			

注：提取方法为主成分分析。

在 SPSS 中运用方差极大法对因子载荷矩阵旋转后的结果见表 5。经旋转的载荷矩阵中，因子变量含义更清楚。显然，公共因子在 22 个指标上的载荷分布与本研究开始所提出的指标体系并不完全一致。

表 5   因子得分表（rotated component matrix）（a）

指标		component		
		F1	F2	F3
文物藏品数	s1	0.841	0.244	−0.258
文物保护单位数	s2	0.630	0.103	0.397
文化产业增加值	s3	0.586	0.256	0.214
文化事业费占财政支出的比重	s4	0.289	0.229	−0.628
人均文化事业费	s5	0.355	0.042	−0.857
公共图书馆数	s6	0.203	0.183	0.883
群众文化事业机构数	s7	0.289	0.068	0.840
文化行政主管部门数	s8	0.179	0.143	0.900
文化市场管理机构数	s9	0.164	−0.243	0.808
区域生产总值	s10	0.610	0.693	0.285
年末人口数	s11	0.460	0.405	0.752
全社会固定资产投资	s12	0.683	0.461	0.413
文化事业实际完成基建投资	s13	0.160	0.881	0.100
高等学校数	s14	0.732	0.352	0.484
在校大学生数	s15	0.698	0.318	0.542
教育经费	s16	0.631	0.699	0.321
专利申请受理数	s17	0.584	0.754	−0.049
R&D 经费内部支出	s18	0.812	0.498	−0.228
R&D 人员全时当量	s19	0.770	0.592	−0.093
互联网上网人数	s20	0.437	0.870	0.199
全年接待入境旅游人数	s21	0.161	0.958	−0.061
国际旅游收入	s22	0.418	0.820	−0.289

注：提取方法为主成分分析，旋转方法为方差极大法。

从表 5 中可以看出公共因子 F1 在指标 s1、s18、s19、s14、s15、s12、s2、s3 上有较大的载荷，这些指标分别是文物藏品数、R&D 经费内部支出、R&D 人员全时当量、高等学校数、在校大学生数、全社会固定资产投资、文物保护单位数、文化产业增加值，这八个指标实际反映了文化传统和科研教育投入，可以将因子 F1 定义为文化传统和科研教育投入因子。

公共因子 F2 在指标 s21、s13、s20、s22、s17、s16、s10 上有较大的载荷，这些指标分别是全年接待入境旅游人数、文化事业实际完成基建投资、互联网上网人数、国际旅游收入、专利申请受理数、教育经费、区域生产总值，这七个指标实际反映了区域文化吸引能力，可以将因子 F2 定义为文化吸引因子。

公共因子 F3 在指标 s8、s6、s7、s9 上有较大的载荷，这些指标分别是文化行政主管部门数、公共图书馆数、群众文化事业机构数、文化市场管理机构数，这四个指标实际反映了文化行政管理和文化基础设施，可以将因子 F3 定义为文化管理和基础设施因子。

结合表 4 可知，第一主因子的方差贡献率为 28.749%，综合的原始指标信息最多，对原始指标的反映能力最强，从而说明更好地利用本地文化资源和加大科研教育投入是目前地区提高文化软实力的最重要手段。第二主因子的方差贡献率为 28.037%，综合的原始指标信息量也比较多，说明区域文化吸引的能力也是影响文化软实力的主要因素。第三主因子的方差贡献率为 27.254%，综合的原始指标信息量也比较多，说明区域文化管理和基础设施建设能力也是影响文化软实力的主要因素。

下面我们再分析我国 31 个省市区在 3 个因子上的得分情况，见表 6。

表 6   我国 31 个省市区在 3 个因子上的得分

	F1	F2	F3
北京	2.59666	−0.43127	−2.83305
天津	−0.08312	−0.26809	−1.51824
河北	0.03711	−0.16984	1.4321
山西	0.15047	−0.65785	0.35645
内蒙古	−0.79148	0.02374	0.04051
辽宁	0.10591	−0.04107	0.48012
吉林	−0.60771	−0.22385	−0.268
黑龙江	−0.38062	−0.31259	0.55661
上海	1.03336	0.25383	−1.81234
江苏	2.23272	0.64032	0.38814
浙江	1.4731	0.75446	−0.40273
安徽	0.78089	−0.76316	0.61897
福建	−0.36711	0.416	−0.10435
江西	−0.16175	−0.43759	0.66812
山东	1.50417	0.22352	0.9739
河南	0.44419	0.12599	1.44978
湖北	0.51781	−0.44946	0.36117
湖南	0.18768	−0.29707	1.10223
广东	−0.556	5.04693	0.07386
广西	−0.65139	−0.13608	0.47809
海南	−1.38291	−0.11663	−0.84285
重庆	−0.51428	−0.25566	−0.43792
四川	0.8365	−0.56557	1.50982
贵州	−0.85037	−0.39051	0.25458
云南	−0.48954	−0.16407	0.67705

	F1	F2	F3
陕西	0.22124	−0.50347	0.34835
甘肃	−0.76943	−0.38666	−0.04146
青海	−1.18068	−0.29192	−0.96834
宁夏	−1.08642	−0.28527	−1.21604
新疆	−1.10694	0.04247	−0.07585
西藏	−1.14207	−0.37959	−1.24869

从表6可以看出,在文化传统和科研教育投入因子上,北京、江苏、山东、浙江的得分较高,北京的文物藏品在全国是名列前茅,科研教育实力也是全国领先,江苏、山东、浙江这几个沿海城市虽然文化底蕴没有北京深厚,但其在文化产业发展方面以及科研投入方面领先于其他省份;在文化吸引因子上,广东、浙江、江苏的得分很高,说明这几省接待外地游客人数较多,网络基础设施较好,经济发展水平较高,对外吸引能力较大;在文化管理和基础设施因子上,四川、河南、河北、湖南的得分较高,虽然这些省份基本属于中西部地区,经济发展水平并不是最发达,但其在文化事业基础设施投资和管理方面,做得甚至比经济发达地区还要好。可见,提高区域文化软实力,不仅要加强"硬设施"(如投资、场馆)的建设,还要加强"软环境"(如市场、管理)的建设。

4.3 区域文化软实力的差异分析

4.3.1 地区间的差异

鉴于本文要对各区域间的文化软实力进行差异分析,所以考虑采用聚类分析方法。根据各地区文化软实力的三个因子的得分,应用K-均值法,对全国31个省市区的文化软实力进行聚类分析,分为四类,见表7:

表7 全国31个省市区文化软实力分类

类别	地 区
文化软实力强类	北京、上海
文化软实力较强类	广东
文化软实力较弱类	江苏、浙江、安徽、山东、河南、湖北、湖南、四川、陕西、河北、山西、辽宁、江西
文化软实力弱类	天津、内蒙古、吉林、黑龙江、广西、福建、海南、重庆、云南、贵州、甘肃、青海、宁夏、新疆、西藏

由表7可以看出,全国各个地区文化软实力存在差异,根据文化软实力的强弱将全国分为四大类。

第一类为强软实力类,这些地区包括北京、上海。北京在文化传统和科研教育投入因子上得分是最高的,这与它具有深厚的文化底蕴与雄厚的教育科研力量是相一致的;上海在文化传统和科研教育投入因子和文化吸引因子得分都较高,虽然它在文化底蕴上比不上北京,但它的文化产业发展很好,科教力量也比较雄厚,在国内外享有很高的知名度,吸引力也是不可小觑的。

第二类为较强软实力类，只有广东省。广东省在文化吸引因子上得分最高，但在文化传统和科研教育投入因子得分上不太高，广东省的经济发展水平还可以，但其文化基础和科教力量的不足将会制约今后软实力的进一步提升。

第三类为较弱软实力类。基本包括了沿海一些省份和中部省份，有江苏、浙江、安徽、山东、河南、湖北、湖南、四川、陕西、河北、山西、辽宁、江西。这些省份在三个因子上得分居中，且各有特色，有些沿海省份经济发展水平较高，有些中西部省份文化资源丰富，他们在文化软实力方面具有较强后发优势，软实力不断提升的趋势明显。

第四类为弱软实力类。既包括个别东中部省份，也包括大部分西部地区，有：天津、内蒙古、吉林、黑龙江、广西、福建、海南、重庆、云南、贵州、甘肃、青海、宁夏、新疆、西藏。这类地区虽然经济发展水平不高，但是有个别省份文化资源丰富，文化软实力有提升的潜力，但对于大多数省份来讲，在经济发展水平并不高的前提下，提升文化软实力任重而道远。

4.3.2 东中西部的差异

不同类地区文化产业竞争力存在较大差异，而同一类内东、中、西部不同地区文化产业竞争力也存在差异。

东部包括北京、天津、河北、辽宁、上海、江苏、浙江、福建、山东、广东和海南11个地区。除了北京、上海、广东文化软实力较高外，其他省份均处于较弱或弱类。区域文化软实力是受多种因素影响，经济发展水平只是其中一个重要的因素。可见，地区经济发展水平是提高区域文化软实力的必要条件，而非充分条件。

中部包括山西、吉林、黑龙江、安徽、江西、河南、湖北和湖南8个地区，这些地区文化软实力均处于较弱或弱类，虽然有些省份区域文化资源比较丰富，但受限于经济发展水平，软实力总体水平不高。但是这些省份创新文化资源相对比较丰富，并且成长较快，具有较强后发优势，软实力不断提升的趋势明显。

西部包括四川、贵州、内蒙古、广西、云南、西藏、陕西、甘肃、青海、宁夏、新疆和重庆12个地区，这些地区除了四川、陕西文化软实力较弱外，其他均属于弱类，基本上与区域经济发展水平相一致。

总之，各地区文化软实力存在差异，大部分地区处于较弱和弱层面，整体而言，文化软实力与地区经济发展水平基本一致，但也存在较明显差异。

5. 对策和建议

当今时代越来越多的国家认识到提升文化软实力对国际竞争的重要意义，纷纷研究文化软实力理论，制定文化软实力发展战略。文化软实力是国家和地区综合实力的重要指标，就应当与"硬实力"一同受到重视。

通过分析发现，影响区域文化软实力的因素主要有文化传统和科研教育、文化吸引、文化管理和基础设施三方面因素。因此，我们可以采取以下对策：

第一，在文化软实力的构建中，一定要利用悠久的历史文化资源，深入探讨历史资源与现代文化消费的契合点，将历史资源优势转化为文化产业优势。通过一系列诸如宣传营销、会议营销、实物展示、广告等有形措施，将无形的历史文化资源展示出来，使之成为地方性魅力的重要组成部分。进一步加强对各类文物的保护，对青少年开放博物馆等文物保护单位，宣传悠久的历史文化，增强教育发展力，努力构建多层次的完备教育体系，能培养大量的富有创造力的人才。重视科技创新力，形成全面厚实的科技创新基础和浓郁的科技创新的氛围，依靠科技人才不断产出高水平科技成果。大力发展文化产业，提高文化产业增加值，因为要想增强区域文化软实力，往往需要借助文化产业的发展，文化软实力是以文化产业的发展为重要载体的。

第二，大力发展区域旅游业，开发具有浓厚区域色彩的特色旅游产品吸引国内外游客，从而增强区域文化吸引力。制定文化传播的发展战略，构建综合型的文化传播体系，扩大区域文化在全国和世界的传播范围。提高区域文化软实力需要树立"大传播观"，为培育具有地方特色的人文精神营造浓郁的氛围。同时改善网络基础设施，吸引更多的人利用互联网了解本地区及外部世界。增强信息推动力，提升信息发展的现代化程度和信息技术的普及程度。

第三，加强对公共图书馆、群众文化事业机构等公益性文化事业机构的管理与开放，使其发挥更大的社会效益，加强对文化市场管理机构、文化行政主管部门机构的管理，使其在维护市场秩序、规范管理等方面发挥积极的作用。提高商务吸引力，形成成熟的法治环境、务实诚信的商业体系、便捷的交通网络和完善的现代商务服务体系。

通过对我国区域文化软实力的聚类分析发现，全国各个地区文化软实力存在差异，大部分地区处于实力强弱层次的较低层面，即较弱和弱层面，整体而言，文化软实力与地区经济发展水平基本一致，但也存在较明显差异。由此可见，区域文化软实力与区域经济发展水平存在一定的相关关系。区域文化软实力是受多种因素影响，经济发展水平只是其中一个重要的因素。如何进一步提高区域文化软实力，使它在提升区域的综合竞争力方面发挥更大作用将是我们今后研究的内容及方向。

（作者电子邮箱：xth6800@163.com）

参考文献

[1] 胡锦涛. 高举中国特色社会主义伟大旗帜为夺取全面建设小康社会新胜利而奋斗——在中国共产党第十七次全国代表大会上的报告[J]. 求是，2007，21.

[2] 林震岩. 多变量分析——SPSS 的操作与应用[M]. 北京：北京大学出版社，2007.

[3] 刘轶. 政治意图、文化软实力与文化产业[J]. 江淮论坛，2009，5.

[4] 曲晓燕. 文化产业有望成为国民经济支柱产业[N]. 中国文化报，2007-06-25.

[5] 王新忠. 我国文化产业发展现状及对策分析[J]. 经济师，2008，2.

[6] 肖永明，张天杰. 中国文化软实力研究的回顾与前瞻[J]. 湖南大学学报(社会科学版)，2010，1.

[7] 薛薇. 基于 SPSS 的数据分析[M]. 北京：中国人民大学出版社，2006.

[8] 叶青春. 文化软实力形成的内在机制——从当代中国的视域审视[J]. 延边大学学报(社会科学版)，2009，5.

[9] 杨新洪. 关于文化软实力量化指标评价问题研究[J]. 统计研究，2008，9.

[10] [美] 约瑟夫·奈. 硬权力与软权力[M]. 门洪华，译. 北京：北京大学出版社，2005.

[11] 张玥. 文化软实力的内在构成及价值研究[J]. 学理论，2009，27.

[12] 赵建昌. 区域文化软实力发展战略研究——以宝鸡市为例[J]. 西部大开发，2010，1.

[13] 周国富，吴丹丹. 各省区文化软实力的比较研究[J]. 统计研究，2010，2.

[14] 赵学琳. 区域文化软实力发展路径的整体构建[J]. 河南师范大学学报(哲学社会科学版)，2009，3.

[15] Audrey Yue. The regional culture of new Asia cultural governance and creative industries in Singapore [J]. *International Journal of Cultural Policy*，2006，12.

[16] Calvin Taylor. Beyond advocacy：Developing an evidence base for regional creative industry strategies [J]. *Cultural Trends*，2006，15.

[17] Nicholas Garnham. From cultural to creative industries—An analysis of the implications of the "creative industries" approach to arts and media policy making in the United Kingdom [J]. *International Journal of Cultural Policy*, 2005, 11(1).

A Research on Factors and Difference of Regional Cultural Soft Power

Gao Hua

(Economic and Management School of Wuhan University, Wuhan, 430072)

Abstract: In recent years more and more countries realize the importance on competition of promoting cultural soft power. Cultural soft power is to promote social development and spiritual support to enhance the comprehensive national strength and internal driving force. This paper establishes the index system of regional cultural soft power, and makes an empirical analysis on the factors of regional cultural soft power with factor analysis based on 31 provinces. The results show that factors that influence regional culture soft power are: culture tradition, education, R&D expenditure, culture abstraction and culture administration. The paper also makes an cluster analysis on 31 provinces. The results show that there are differences in soft power among all regions and most regions are in the middle level. In sum, regional cultural soft power is consistent with the regional economical development. Finally, some suggestions to enforce the regional cultural soft power are provided.

Key words: Regional cultural soft power; Factor analysis; Cluster analysis

基于演化博弈的我国公共文化服务供给模式研究

● 申 亮

（山东财经大学财政税务学院　济南　250014）

【摘　要】选择合适的公共文化服务供给模式是满足公众公共文化需求的前提。本文应用演化博弈论工具，构建了政府、私人部门供给公共文化服务的演化模型，分析了公共文化服务供给的演进策略。研究表明：由政府和私人部门合作供给公共文化服务是演进的最优路径。在比较分析各种合作供给模式下，研究了中国的公共文化服务供给的路径和相应的制度安排。

【关键词】公共文化服务　演化博弈　合作供给

1. 引言

随着我国社会主义市场经济体制改革的不断深入，我国文化事业也进入一个新的发展阶段。人民群众对公共文化服务的需求的日益增长，对公共文化服务的供给提出了更高的要求。

西方国家在公共文化服务的供给过程中，经历了从国家单方面的文化供给与传播发展到社会多层次参与，强调文化的社会性。随着西方福利国家出现了支付危机，以往由政府公共财政资助各级文化团体，为全体公民供给平等的公共文化服务的局面逐渐出现了地方化和商业化。地方化是文化权利逐渐由中央下放到地方，商业化趋势则强调文化在经济社会发展中的作用(John Myerscough, 1990)。对于政府对文化供给责任的履行，Anthony Everitt 认为应该采用全局性的治理理念，打破各自为政的行政设置，实现跨部门有效合作。[①]

国内学者在研究中国公共文化服务供给问题上主要有两种观点：一种观点认为，公共文化服务具有鲜明的公益性和社会教育功能，不能采用市场化的经营管理方式，应由政府发挥主导作用；另一种观点则认为，公共文化服务的供给不能脱离社会主义市场经济体制，政府不应垄断公共文化服务，而应该发动社会力量积极参与，形成多元化的公共文化服务供给模式(李军鹏，2005；魏鹏举，2005；李少惠、崔吉磊，2007)。由于当前公共文化服务的研究者主要来自文化理论学者、公共管理学者和文化部门的管理、研究人员，受学科和研究背景的限制，已有的成果中理论探讨和定性分析较多，实证模型和定量分析很少，一定程度上削弱了学术观点的说服力。

本文采用演化博弈论工具，构建了政府、私人部门供给公共文化服务的演化模型，分析在我国现阶

---

① Anthony Everitt. *The governance of culture：Approaches to integrated cultural planning and policies, cultural policies research and development unit*［M］. Belgium：Council of Europe Publishing, 1999：18.

段，公共文化服务供给中的演化稳定策略。

2. 模型说明

在供给公共文化服务问题上，政府和私人部门都有两种策略：供给和不供给。假设由政府独立供给公共文化服务，政府可获得收益 π_{g1}，私人部门的收益为 0；由私人部门独立供给公共文化服务时，私人部门可获得 π_{m1} 的收益，政府可获得 π_{g2} 的收益。这是因为即使是私人部门供给的公共文化服务，事实上也支持了政府履行公共服务职能，满足了社会公众的基本文化需求，有利于形成政府所倡导的社会核心价值观。当政府和私人部门联合供给公共文化服务时，政府的收益为 π_g，私人部门的收益为 π_m；而如果政府和私人部门都不供给公共文化服务，双方的收益均为零。于是，我们得出了政府和私人部门供给公共文化服务的收益矩阵，如表 1 所示。

表 1　　　　　　　　　　　政府和私人部门供给公共文化服务的收益矩阵

		私人部门	
		供给	不供给
政府	供给	π_g，π_m	π_{g1}，0
	不供给	π_{g2}，π_{m1}	0，0

为保证研究问题有意义，假设 $\pi_g > \pi_{g1} > \pi_{g2}$。但是，由于 π_m 与 π_{m1} 的大小关系不确定，我们也无法判断这个博弈的纳什均衡解。而在实践中，政府、私人部门对于供给公共文化服务的博弈行为并不是表 1 所描述的简单的静态博弈行为，而是重复的、动态博弈。而且，经济主体的决策行为是基于有限理性做出的，而非完全理性，政府、私人部门的策略选择会根据对方策略的变化而不断调整。在这种情况下，采用演化博弈工具来研究政府、私人部门策略的调整更加具有客观意义。

3. 演化博弈模型

演化博弈论(evolutionary game theory)，是把博弈理论和动态演化过程结合起来分析问题的一种新型博弈理论。该理论假设具有有限理性的经济主体不可能准确知道自己所处的利害状态，它将根据最有利于自己的策略逐渐模仿下去，最终达到一种均衡状态。经济主体对于经济规律或某种成功的行为规则、行为策略的认识是在演化的过程中不断地进行修正和改进的。成功的策略将被模仿，进而逐渐总结出一些规律作为行为主体的行动标准。在演化博弈模型中，随机因素起着关键的作用，演化过程通常被看成是一种试错的过程。

在供给公共文化服务过程中，政府和私人部门会尝试各种不同的行为策略，其某种策略的增长率依赖于它的适应度，产生更高收益的策略具有更高的增长率。

假定政府与私人部门在公共文化服务的供给中可以随机独立地选择策略——供给和不供给，并且可重复地进行博弈。在博弈中，假设政府选择供给的概率是 P，选择不供给的概率是 $1-P$；私人部门选择供给的概率是 Q，选择不供给的概率是 $1-Q$。

根据 Malthusian 方程①，政府选择供给策略的数量的增长率 $\dot{P}/P$ 应等于其适应度 $e_G G\{q, 1-Q\}^{\mathrm{T}}$ 减

---

① Webull J. *Evolutioary game theory* [M]. Princeton：Princeton Press，1995：46.

去其平均适应度 $\{P, 1-P\} G \{Q, 1-Q\}^{\mathrm{T}}$，其中 $e_G = [1, 0]$，表示政府供给公共文化服务的概率为1，政府的收益矩阵为：

$$G = \begin{bmatrix} \pi_g & \pi_{g1} \\ \pi_{g2} & 0 \end{bmatrix}$$

$\dot{P} = P(1-P) \{1, -1\} A \{Q, 1-Q\}^{\mathrm{T}}$，整理得：

$$\dot{P} = P(1-P) [(\pi_g - \pi_{g1} - \pi_{g2})Q + \pi_{g1}] \tag{1}$$

同理，考虑私人部门选择供给公共文化服务策略的数量的增长率 $\dot{Q}/Q$，其数值应等于其适应度 $e_M M \{P, 1-P\}^{\mathrm{T}}$ 减去其平均适应度 $\{Q, 1-Q\} M \{P, 1-P\}^{\mathrm{T}}$，其中 $e_M = [0, 1]$，表示私人部门供给公共文化服务的概率是1，私人部门的收益矩阵为：

$$M = \begin{bmatrix} \pi_m & 0 \\ \pi_{m1} & 0 \end{bmatrix}$$

$\dot{Q} = Q(1-Q) \{-1, 1\} M \{p, 1-Q\}^{\mathrm{T}}$ 整理可得：

$$\dot{Q} = Q(1-Q) [\pi_{m1} + (\pi_m - \pi_{m1})P] \tag{2}$$

由 $\dot{P} = 0$，$\dot{Q} = 0$ 可得，供给公共文化服务的系统(1)和系统(2)的平衡点为 $(0, 0)$，$(0, 1)$，$(1, 0)$，$(1, 1)$。

我们根据雅可比矩阵的局部稳定性来分析系统在平衡点的局部稳定性[①]，对 $\dot{P}$ 求关于 P 的偏导数，对 $\dot{Q}$ 求关于 Q 的偏导数，得雅可比矩阵如下，

$$J = \begin{bmatrix} \partial \dot{P}/\partial P & \partial \dot{P}/\partial Q \\ \partial \dot{Q}/\partial P & \partial \dot{Q}/\partial Q \end{bmatrix} = \begin{bmatrix} (1-2P)[(\pi_g - \pi_{g1} - \pi_{g2})Q + \pi_{g1}] & P(1-P)(\pi_g - \pi_{g1} - \pi_{g2}) \\ Q(1-Q)(\pi_m - \pi_{m1}) & (1-2Q)[\pi_{m1} + (\pi_m - \pi_{m1})P] \end{bmatrix}$$

其中：

$$\det J = (1-2P)(1-2Q)[(\pi_g - \pi_{g1} - \pi_{g2})Q + \pi_{g1}][\pi_{m1} + (\pi_m - \pi_{m1})P]$$
$$- PQ(1-P)(1-Q)(\pi_g - \pi_{g1} - \pi_{g2})(\pi_m - \pi_{m1})$$

$$\mathrm{tr}J = (1-2P)[(\pi_g - \pi_{g1} - \pi_{g2})Q + \pi_{g1}] + (1-2Q)[\pi_{m1} + (\pi_m - \pi_{m1})P]$$

系统(1)和系统(2)平衡点的局部稳定性如表2所示。

表2　　　　　　　　公共文化服务供给系统平衡点的局部稳定性

均衡点 (P, Q)	$\det J$		$\mathrm{tr}J$		稳定性
$(0, 0)$	$\pi_{g1} \cdot \pi_{m1}$	+	$\pi_{g1} + \pi_{m1}$	+	不稳定点
$(0, 1)$	$-(\pi_g - \pi_{g2}) \cdot \pi_{m1}$	-	$\pi_g - \pi_{g2} - \pi_{m1}$	不确定	鞍点
$(1, 0)$	$-\pi_{g1} \cdot \pi_m$	-	$\pi_m - \pi_{g1}$	不确定	鞍点
$(1, 1)$	$(\pi_g - \pi_{g2}) \cdot \pi_m$	+	$-(\pi_g - \pi_{g2} + \pi_m)$	-	演化稳定点

① Friedman, D.. Evolutionary game in economics [J]. *Econometrica*, 1991, 59(3): 637-666.

由表 2 可看出，(0，0)为系统的不稳定点，(0，1)和(1，0)为系统的鞍点，(1，1)为系统唯一的演化稳定点。即政府和私人部门联合供给公共文化服务，是公共文化服务供给系统唯一的演化稳定策略。其演化相图如图 1 所示。

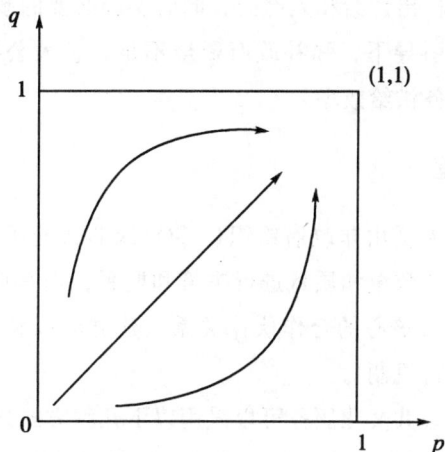

图 1　公共文化服务供给系统的演化相图

图 1 描述了政府与私人部门在供给公共文化服务中的演化博弈过程：系统由一个不稳定点(0，0)、两个鞍点(0，1)和(1，0)以及一个演化稳定点(1，1)组成，并且系统由不稳定点逐渐演化到稳定点，表明由政府和私人部门的合作供给公共文化服务是一种理想的选择。

4. 公共文化服务的合作供给模式

进一步来说，合作供给模式只是一种模糊的概念，它只是否定了两种极端的供给模式。从现实情况看，合作供给的方式也具有多样性，但是，无论是哪一种方式，都要保障以下两个目标的实现：(1)公共文化服务的公益性；(2)提高公共文化服务供给的效率。

4.1　政府主导、私人部门参与

在这种模式下，政府对公共文化服务的供给负主要责任，私人部门处于辅助地位，弥补政府供给的不足。政府主要承担的责任有：

4.1.1　制定政策

政府的职责是制定并不断完善公共文化的法律、法规体系，将公共文化服务的供给纳入法制化的轨道。此外，政府还要制定辅助供给公共文化服务的配套措施，鼓励社会多层次力量参与到公共文化事业的建设中来。完善公共文化服务政策体系，保证公共文化服务供给的制度化和稳定性，使公共文化服务供给既不因为政治领导人的偏好而改变，也不因为公众的瞩目程度变化而削减。

4.1.2　提供资金

作为公共文化服务的资金供给者，但政府并不一定是唯一的资金供给者。一方面，政府应根据经济形式和发展目标决定对公共文化的投入规模，保证公众的基本文化权利的实现。另一方面，政府还应该扮演资金筹集者的角色，通过政策引导，多种渠道、多种形式地筹集社会资金。

4.1.3 安排生产

政府可选择多种方式来提供公共文化服务：（1）直接生产。政府机关或公共企业生产公共文化服务和产品，并由政府监督管理，主要用于供给纯公共文化物品和服务。（2）委托生产。政府制定有关公共文化服务的标准，委托有资质的私人部门生产公共文化产品，然后由政府统一进行供给。（3）特许经营。政府将一定期限的公共文化服务的经营权出让给私人部门，同时实施必要的政府监管。

而私人部门的作用是在政府的引导下，弥补政府资金不足，扩大公共文化服务供给范围，利用私人部门竞争的优势，提高公共文化服务供给效率。

4.2 私人部门主导，政府管理

在这种模式下，公共文化服务大量由非政府组织（NGO）或非营利机构（NPO）供给。政府更多的是行使决策职能，对公共文化服务供给的数量和质量进行决策和监督，而具体的执行职能可由私人部门供给。政府与私人部门构成了以公共利益为核心的合作伙伴关系，建立起以私人部门具体运作为依托，以政府宏观管理为维系的公共文化服务运行机制。

一般说来，私人部门为主供给公共文化服务可以采用以下几种方式来进行：

（1）私人部门供给，公共生产。即由私人部门按照营利的原则供给文化物品和服务，由公共部门直接组织文化产品和服务的生产，这类产品通常具有较强的外部性和营利性。公共生产有助于保证文化产品和服务的可靠性，私人部门供给有助于促进竞争，提高市场占有率。

（2）混合供给，混合生产。即由公私部门联合进行文化产品生产，再由二者联合以有偿方式向社会供给。

（3）私人部门供给，混合生产。即由私人部门或者公私部门联合生产公共文化产品和服务，公共部门给予必要的指导、协调和服务，由私人部门按照营利原则向社会供给产品或服务。

私人部门分散型公共文化服务模式与西方发达国家自由经济的传统是一脉传承的，该种模式要求具有较成熟的市场机制、公民社会的良性发展以及较高的公民文化权利意识。

4.3 "一臂之距"供给模式

"一臂之距"原则（arm's length principle）指的是政府不直接管理具体的文化事务和文化经费的分配，只是进行宏观政策指导和财政拨款，具体事务委托给中介组织来管理，其性质是准自治的非政府文化组织，其成员由各文化艺术领域的专家组成，这些专家接受政府任命，行政经费也是由政府拨款。该机构接受政府委托，决定文化资金的分配，并对拨款效果进行监督和评估；同时，还有责任向政府提出文化政策建议和咨询。

该组织有两个特点：一方面，它是实际上负责文化管理的准政府组织；另一方面，它又是一个独立的中介组织，有权不受政府过多的行政干预。

5. 中国的现实选择及相关政策建议

中国公共文化服务的发展经历了由政府独办到逐渐向社会力量开放的历史过程。在计划经济时期，文化被赋予了过多的意识形态和政府整合功能，忽略了文化的社会性。政府是文化管理和文化产品生产的唯一主体，禁止私人部门举办公益性文化事业。尽管政府自上而下建立了文化组织体系，并向社会公众提供了相对均等的公共文化服务。但是，由于决策和管理权高度集中、效率低下、资金严重不足，这是一种低水平的公共文化服务供给。

市场经济体制确立之后，文化的职能开始向经济建设和改革开放服务转变。但是，由于政府一开始急于为摆脱文化服务经费不足的困境，将公益文化推向市场的力度过大，结果使得有限的公共文化资源由于缺乏市场敏感度而变成了摆设，导致公共文化服务的公共属性萎缩，公共文化产品和服务供给总量继续减少。

进入21世纪之后，中国市场经济体制逐渐完善，经济高速发展，社会结构日趋成熟，中产阶级兴起，促进了社会参与供给公共文化服务的意愿和条件。同时，大众文化需求随着物质生活水平的提高而不断增长，政府逐渐把公共文化服务供给提高了一个战略的高度。2005年，党的十六届五中全会提出了要构建公共文化服务体系，2006年《国家"十一五"时期文化发展规划纲要》又明确了公共文化服务要"政府主办、社会参与、功能互补、运转协调"的基本原则。这说明，政府在公共文化服务供给方面的责任重新被认识，同时，也更加明确私人部门对公共文化服务供给的作用，形成了公共文化服务合作供给的战略决策。值得注意的是，虽然确定了合作供给模式，但在很长的一段时间内，政府在公共文化服务供给中还需要发挥着主导作用。这主要由以下因素决定的：

（1）公共文化服务不仅有着满足人们精神享受的功能，还承载着价值传承、宣传教育的任务。为抵御西方腐朽价值观的侵蚀，培育社会主义核心价值观，政府负有引导社会公众，加强社会主义文化认同的责任。

（2）我国公共文化服务基础设施不足，需要政府的强力支持。由于我国公共文化服务的历史欠账较多，大量的公共文化服务基础设施需要建设。不仅投入巨大，而且也需要政府统一规划建设。

（3）我国行政制度改革总体上落后于经济体制改革。在新时期，虽然政府的服务意识和要求在不断增长，但是，政府的管理型思维很难在短期内根本转变。由于经济的快速增长，政府有着更多的资源可以支配，政府在加强公共文化投入的同时，也强化了对公共文化服务的主导权。

但是，合作供给公共文化服务毕竟是历史趋势，随着社会各项改革的推进和新兴文化产业的发展，这种趋势将更加清晰可见。现阶段，根据我国国情，我国的公共文化服务的供给模式应是"合作供给，政府管理"。即在政府统一管理下，有选择地加大公共文化服务的开放领域，创造条件调动私人部门参与公共文化服务的积极性。政府所承担的是其他群体不能承担、不能取代的职能，应更偏重于满足公众基本文化权利和实现公共文化服务均等化等方面。而对适合私人部门供给的公共文化服务则可由政府引导，由社会参与供给。在条件成熟时，政府将逐渐由公共文化供给主体转化成单一管理者角色，主要为公共文化服务提供政策支持。这种公共文化服务合作供给模式无疑对构建我国的公共文化服务体系具有重要启发意义，但是，要将这一模式落到实处，现阶段需要进行公共文化服务的制度创新。

第一，加大私人部门准入力度。凡法律法规未禁止的基本公共文化服务领域，均允许私人和非营利组织参与。

第二，建立和完善公共文化服务财税体系。妥善运用财政支出、政府采购和税收优惠政策，鼓励和引导各类社会资金以参股、合作、租赁、承包等多种形式参与公共文化服务供给，创新公共文化服务供给方式，探索服务合同外包、特许经营等公私合作方式。

第三，发展非政府组织。在市场经济体制下，非政府组织在政府和私人部门之间发挥着重要的桥梁和纽带作用。在当前我国公共文化服务建设进程中，应该着力发展非政府组织，使之成为公共文化服务供给的重要主体。例如放松社团准入，严格社团管理，建立理事会机制，提高财务的透明度，完善相关法律法规等。

第四，构建完善的公共文化服务法律框架。在合作供给模式下，各利益主体之间的利益关系将越来越复杂，仅靠行政命令无法确保各方利益的实现和整个体系的有序运行。须借鉴国际社会经验，建立和完善公共文化法律制度体系。我国的公共文化立法可以有两个思路：（1）根据文化事业和文化产业的不同特点，分别制定相关基本法；（2）研究制定公共文化事业方面的专门法，如图书馆法、公共文化基金法等。

（作者电子信箱：shenliang74@126.com）

参考文献

［1］李军鹏．公共文化服务的战略地位与体系建设［C］.中国公共文化服务体系建设论丛，2005，11.

［2］李少惠，崔吉磊．论我国农村公共文化服务内生机制的构建［J］.经济体制改革，2007，5.

［3］王大为．公共文化服务的基本特征与现代政府的文化责任［J］.齐齐哈尔师范高等专科学校学报，2007，3.

［4］魏鹏举．文化事业的财政资助研究［J］.当代财经，2005，7.

［5］Anthony Everitt. *The governance of culture：App roaches to integrated cultural planning and policies，Cultural policies research and development unit*［M］. Belgium：Council of Europe Publishing，1999，18.

［6］Friedman, D.. Evolutionary game in economics ［J］. *Econometrica*，1991，59(3).

［7］John Myerscough. National cultural policy in Sweden：Report of a European group of experts［J］. Council of Europe Council of Cultural Cooperation，National Cultural Policy Reviews Programme，Stockholm：Allmanna Forlaget，1990.

［8］Webull, J.. *Evolutionary game theory*［M］. Princeton：Princeton Press，1995.

**Research on Public Cultural Service Model in China Based on
an Evolutionary Game Analysis**

Shen　Liang

（Shandong University of Finance and Economics，Ji'nan，250014 ）

Abstract：Selecting an appropriate mode of public cultural service is the premise to meet the public cultural needs. This paper constructs an evolutionary model of government and market investors supplying public cultural services，analyzes the evolutionary steady trend. The conclusion shows that cooperative supply of public cultural services by government and private sectors is the inevitable path. Compared various cooperation supply modes，this paper studies the path of China's public cultural services supply model and the corresponding institutional arrangements.

Key words：Public cultural service；Evolutionary game；Cooperative supply

我国文化贸易在国际价值链中位置判断的实证研究[*]

● 朱文静[1]   朱 婷[2]

（1, 2 南京大学国家文化产业研究中心 南京 210093）

【摘 要】文化贸易是彰显一国国际软实力的重要指标，本文采用 2002—2010 年我国文化贸易相关数据，从文化贸易产品市场结构、文化贸易出口市场分布及相似性、文化服务贸易的国际市场位置三个角度，对我国参与国际文化产业分工的现状进行实证分析。研究结果表明：一是就文化创意服务来说，我国处于文化创意服务国际价值链的低端，与文化产业发达国家差异很大；二是就文化创意商品的商品结构相似性来说，我国与英国、美国、韩国的相似度较小，将来在文化产业规划中可以有方向地进行宏观调控。三是在市场分布上，我国的国际市场比较集中，产品的市场开发力度较弱；四是在不同的文化创意产品贸易中，我国与他国的市场相似度多有变化，是错位经营还是直接竞争，主要取决于产品的综合竞争力。

【关键词】文化贸易 国际价值链 位置判断

我国的对外文化贸易商品结构以及国际竞争力显示，我国在文化贸易中以低附加值的文化产品交易为主，特别是出口，这在一定程度上说明我国的文化产业国际竞争力的主要优势所在。随着国际分工的深入，产业内贸易越来越常态化，用传统的国际竞争力的测度并不能完全展示文化贸易的状况。进行对外文化贸易行为的实质就是参与国际文化产业的分工，分担文化产业国际价值链的业务，厘清我国文化贸易与他国文化贸易的互补性程度，从而可以找到国际文化产业市场的空白，并有助于判断我国文化贸易的商品或贸易地理方向选择是否适当或者有无发展潜力。

1. 文献综述

价值链的研究始于 1985 年迈克尔·波特《竞争优势》，成形于 2001 年格里芬和该领域研究者在 *IDS Bulletin* 杂志上推出了一期关于全球价值链的特刊——《价值链的价值》，之后的学者从价值链驱动力、治理模式、经济租、微笑曲线等多个角度进行了更深入的研究，其理论已经比较成熟，并在经济全球化的研究中得到广泛的运用①。刘志彪等就我国制造业发展的瓶颈提出构建国家价值链的理念，将价值链在中

---

* 本文得到江苏省教育厅 2011 年度高校哲学社会科学研究重大项目"江苏省建设文化强省的战略、思路、模式、途径及政策研究"（项目批准号：2010ZDAXM012）的资助。

① 陈柳钦. 有关全球价值链理论的研究综述［J］. 重庆工商大学学报（社会科学版），2009，6.

国的研究介入新的视角，也为其他产业的发展提供新的思路①。

而关于文化产业价值链的研究，始于将"价值链生产分析法"引入文化产业的查尔斯·兰蒂(Chades Landry，1991)，他提出，文化产业价值链包括五个价值环节：创意的形成(创造性过程本身)，文化产品的生产，文化产品的流通，发送机构，观众与接受②。国内学者在这方面的研究主要集中于两个思路：一是关于文化产业全球价值链升级研究，以顾江(2009)为代表的学者认为我国文化产业在劳动生产率上具有比较优势，在技术手段上相对落后，在内容上前期创作和后期衍生品开发相对不足，在人才要素上结构失衡，前端策划和创作设计人才缺口很大，在资金要素上处于"饥渴"状态③。二是以文化产业各行业的价值链构建为主题，包括动漫行业、电影电视行业、报业等，如米黎钟、于航(2011)就是从电影产业的制片、发行、放映等核心环节的现状研究，运用价值链纵向和横向一体化理论构建未来电影产业价值链④。

文化贸易的研究主要从国际贸易理论在文化贸易中的适用性、文化贸易的影响因素、国际竞争力的比较、各国文化贸易政策的比较以及保护与开放问题的探讨等角度进行。价值链视角下文化贸易的研究目前主要有靳静、李薇(2010)从文化产业价值链的角度研究市场需求、市场营销、衍生品开发、资金支持和知识产权保护等文化贸易中存在的问题⑤，以及卞新森、罗锋(2008)在对版权贸易经济功能、影视版权交易现状及产业价值链延伸论述的基础上，认为以交易节展可以推动产业价值链其他环节的勾连和完善⑥。

从以上文献回顾可以看到，对于文化贸易在国际价值链的位置基本上是进行定性的描述或简单的统计分析，相对客观的实证分析很少。本文将用文化贸易出口相似度和市场结构相似度的方法测定我国文化贸易与文化贸易发达国家的互补性，测度我国文化产业在国际价值链的位置，提出相应的发展建议。

2. 研究方法与数据来源

2.1 研究方法

关于两国之间贸易的互补程度的测量，一般来说有投入产出法、贸易附加值法和出口相似度法。鉴于我国文化产业的统计体系还没有形成，数据比较零散，我们选择采用出口相似度的方法，利用国际统计数据，通过我国文化贸易出口与美国、英国、法国、日本和韩国等文化贸易出口强国进行比较，测算出我国文化产业与这些国家文化贸易的互补程度，估计我国文化产业在国际价值链分工上的位置所在。

出口相似性指数反映国家间出口商品结构的相似程度，主要有产品相似指数与市场相似指数。两个国家或地区间贸易关系既体现在产品上，也体现在市场上。对贸易关系的分析必须把产品和市场两个角度结合起来，综合考虑才够全面和深入。

2.1.1 产品相似性指数

产品相似性指数用来衡量任意两个或两组国家在第三国(地)市场或世界市场上的出口产品的相似性

① 徐新桥. 基于价值链模型的文化创新双极效应与耦合效应——以鄂西生态文化旅游圈为例[J]. 艺术百家，2011，122(5)：77-82.

② 刘志彪，张杰. 从融入全球价值链到构建国家价值链：中国产业升级的战略思考[J]. 学术月刊. 2009，41(9)：59-68.

③ 顾江. 全球价值链视角下文化产业升级的路径选择[J]. 艺术评论，2009，9：80-86.

④ 米黎钟，于航. 基于价值链的中国电影产业研究[J]. 经济论坛，2011，486(1)：99-102.

⑤ 靳静，李薇. 价值链视角下的文化贸易问题研究[J]. 价格月刊，2010.393(2)：43-45.

⑥ 卞新森，罗锋. 产业价值链视域下的电视节目版权贸易[J]. 武汉科技大学学报，2002.10(1)：55-59.

程度。为了调整国家规模相差过大带来的问题，在此采用 Glick 和 Rose（1998）修正过的产品相似性指数（公式（1））。如果 i 国和 j 国出口到第三国（地）市场的商品的分布完全相同，则该指数为100；若完全不相似，则该指数为0。

$$S^P(ij, k) = \left\{ \sum_m \left[\frac{(X_{ik}^m/X_{ik}) + (X_{jk}^m/X_{jk})}{2} \right] \times \left(1 - \left| \frac{(X_{ik}^m/X_{ik}) - (X_{jk}^m/X_{jk})}{(X_{ik}^m/X_{ik}) + (X_{jk}^m/X_{jk})} \right| \right) \right\} \times 100 \tag{1}$$

公式（1）中，$S^P(ij, k)$ 表示 i 国和 j 国出口到 k 市场的产品相似性指数，X 代表出口额，它的上标 m 代表第 m 种出口商品，两个下标依次代表出口国（i 国或 j 国）和出口目的地（k 国），X_{ik}^m/X_{ik} 代表 i 国出口到 k 国的第 m 种商品占 i 国出口到 k 国所有商品总额的份额。

2.1.2 市场相似指数

市场相似指数用来衡量任意两个或两组国家出口市场分布的相似程度，在此同样采取 Glick 和 Rose（1998）修正后的市场相似性指数，其计算方法是：

$$S^P(ij, m) = \left\{ \sum_k \left[\frac{X_{ik} + X_{jk}}{X_i + X_j} \times \left(1 - \left| \frac{(X_{ik}^m/X_{ik}) - (X_{jk}^m/X_{jk})}{(X_{ik}^m/X_{ik}) + (X_{jk}^m/X_{jk})} \right| \right) \right] \right\} \times 100 \tag{2}$$

该指数是 i 国和 j 国出口到 k 市场贸易额的加权平均数。该指数取值范围是 [0, 100]，如果 i 国和 j 国出口商品的市场分布完全相同，则该指数为100；如果 i 国和 j 国出口商品的市场分布完全不相同，则该指数为0。指数值越大表示竞争性越强。

如果这两个指数随时间上升，则表明两国的出口结构差异趋于收敛，同时也意味着这两个国家在第三国市场上的竞争会更加激烈，反之，指数下降意味着两国在第三国市场上的专业分工程度正在上升，两个国家的商品贸易关系是互补的。

2.2 数据来源

考虑数据的系统性以及统计标准的一致性，本文各国的文化贸易数据均来自联合国贸易与发展委员会数据库中的 Creative Economy，用创意经济的贸易数据作为文化贸易的代表，其中创意商品贸易即为文化商品贸易，创意服务贸易即为文化服务贸易。

3. 实证分析

3.1 我国文化贸易的产品相似性国际比较

根据各国文化产业发展状况的可比性以及可能的实践意义，我们选择美国、英国、法国、日本、韩国等国以及我国台湾、香港等地区作为比较对象，参照公式（1），计算出我国文化贸易出口产品（creative goods）结构相似度，见图1。在计算过程中，基于数据的完整性和系统性，对原始数据做了一些调整，原 UNCTAD 数据库统计指标中的表演艺术没有进入分析范畴；中国台湾2002年、2003年在该系统中没有数据，所以与其相似度的考察也从2004年开始。

从图1看出与我国文化出口产品结构相似度最为接近的是我国的香港地区，香港作为我国的特别行政区，其特殊的地理位置条件以及充分的市场制度，使其成为重要的国际贸易中转市场，特别是在针对中国内地出口贸易争端越来越多的国际环境下，香港更是我国内地产品进入国际市场的重镇，其与我国内地文化出口贸易产品结构相似度达到90%以上也就不足为奇了。

与我国文化出口产品结构相似度较大的是英国、美国以及韩国。与韩国相比，我国文化产品出口更

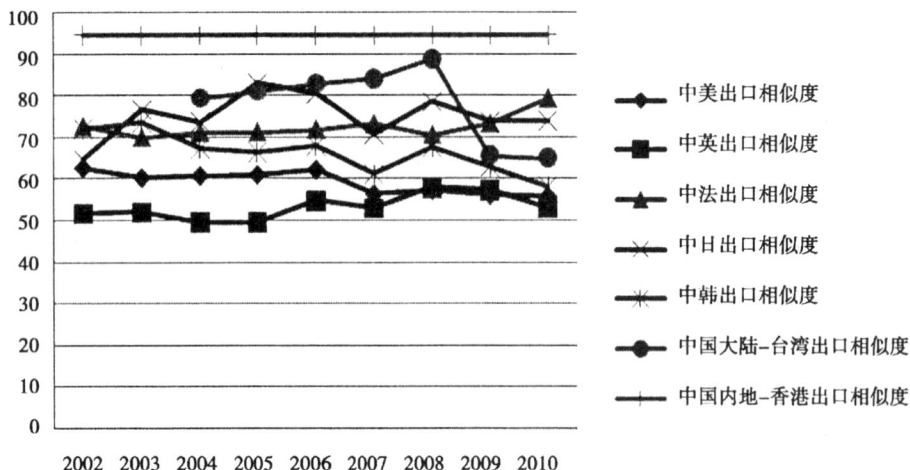

图 1　我国文化出口贸易产品结构相似度

注：原始数据来源于 UNCTAD。

多地集中在传统的时尚、室内以及玩具的设计，以及视频游戏和雕刻品上，韩国的出口优势主要在故事、影视以及出版上，这与韩国亚洲金融危机以来所秉持的"文化立国"方针，先后制定的《文化产业振兴五年计划》、《21 世纪文化产业的设想》和《文化韩国 21 世纪设想》等，明确文化产业发展战略和中长期发展计划等密切相关，从政府到民众全力支持发展文化产业，使得韩国的文化产品，特别是影视作品、游戏以及视听设备等迅速进入相邻的东亚市场以及欧美市场，提升了韩国文化的国际影响力，同时也带动了韩国旅游业的纵深发展和其他韩国产品的国际认可度的增加。与美国相比，我国在电影、出版方面无论是绝对值还是相对值都远远地落后于美国，特别是在电影方面，以 2002—2010 年 9 年的均值为例，美国年均出口是中国的 264 倍，而在新媒体和绘画方面也是差距很大，我国的优势仅在于传统的文化商品以及设计上，包括玩具设计、地毯等工艺品上。这一结果与美国相对完善的知识产权保护体系、灵活的融资渠道等不无关系，我国在知识产权保护方面确实还有很长的路要走，知识产权保护是系统工程，依赖于从法律的建立健全到企业、个人的保护意识，需要政府的政策和法律支撑。如果没有形成知识产权保护体系，文化企业在经营过程中资金投入风险就增大，资金回报率也得不到保障，容易导致国内的文化企业长远目标的欠缺，就很难形成文化品牌，文化产业的范围经济效应得不到实现，文化产业链难以形成，也得不到产业链的整体效应。与英国相比，与我国同美国比较的情况类似，只是在电影、出版方面似乎落后更多，比如英国的一本《哈利·波特》，可以形成全球哈利·波特风暴，从电影到书到电脑游戏更多的衍生品，而且形成一个系列哈利·波特品牌，长久的赢利，这在我国目前还没有这样的思想和意识，更缺乏这样的文化产业高端经营人才。图书出版业可以说是英国文化贸易的先锋①，其各大出版公司纷纷开拓海外市场，如牛津大学出版社设立牛津大学纽约分部，出版以美语为主的图书，D. K 出版公司在北京设立办事处，加强与中国出版社进行版权贸易和合作出版来开拓中国图书市场。而音乐唱片业是英国文化产业的支柱行业之一，近年来每年对国民经济的贡献达 30 多亿英镑，其中半数来自出口，这与英国历届政府对音乐产业发展的重视相关，尤其是在音乐产品发行的税制知道和产权保护方面，为音乐产业的发展创造良好的环境。总之，英国从民众、社团、教育机构、艺术中心、商业公司到各种委员会等多种机构形成了一个有机整体，为文化贸易提供人财物的有力保障。

---

①　李嘉珊．国际文化贸易研究［M］．北京：中国金融出版社，2008：73-77.

220

与我国出口相似度近年来变化较大的是法国、日本。其中法国近年来除了在图书报纸出口方面逐年增加外，在电影等方面虽然还是比中国有优势，但优势在明显减小，所以其出口相似度在 2010 年之前一直在 73% 左右，2010 年更是达到了 79.33%，这个与法国相对的文化非开放性发展相关，与其在保护中缓步发展甚至丢失市场，步入放开态度在发展中注重保护，给予国内文化企业更多的市场参与决策权，政府应该给予的政策支持和矛盾协调。而日本的文化产业也即娱乐光业，虽然受到日本整体经济不景气的影响发展不快，但也已逐渐成为日本经济的一个重要支柱产业，特别是电影、音乐以及游戏都名列国际前列，在日本文化贸易发展过程中，除了法律法规政策的重要作用之外，至少有三个方面是值得我们学习的，一是日本的文化产业项目都进入市场操作，企业是文化产业发展的主体，在演出界、电影界、出版界、广告界等都拥有一支成熟的知名文化企业队伍；二是日本的文化行业协会很多，且作用突出，延伸了很多政府职能；三是重视海外市场的开拓，专门建立并专款支持"内容产品海外流通促进机构"⑧。相对来说我国的文化企业更依赖于政府政策的倾斜，市场程度较低，政府管理更宽泛更严谨，这对于文化创意的产生以及中小文化企业的成长都有很大的约束。而中国大陆与台湾地区相比，2009 年之前大陆与台湾的出口相似度很高，基本在 80% 以上，但从 2009 年开始，出口相似度下降很多，突出表现在录音媒介贸易方面，台湾开始重视创意产业的发展，其电视节目、音乐等创新性很强，在东亚有很大的市场。

3.2 我国文化贸易的市场相似性国际比较

我们选择中国、中国香港地区、日本、韩国、法国、英国和美国作为考察对象，分析这七个国家和地区的前十位出口市场的分布情况，形成表 1 至表 7（详见附录）。分析结果显示：

一是美国作为全球文化产业发展最发达的国家，也是各重视文化产业发展的国家和地区最重要的出口市场，其相对成熟的国内市场，对于文化创意商品的需求也是其他国家和地区目前所难以达到的。

二是所选 7 个国家和地区基本上都是重要的出口市场，占据文化创意商品国际市场的大部分市场份额。其中中国在 9 年中前十大市场所占份额逐步下降，其他国家和地区都相对平稳。

三是文化的同宗同源性在文化商品的消费上起着举足轻重的作用，这从 7 个国家和地区 2002—2010年的前十大市场的分布可窥一斑。以韩国和日本为例，韩国的出口市场中，亚洲市场所占份额从 2002 年的 31.3% 上升到 2010 年的 49.51%，占韩国各年十大出口市场份额从 44.36% 上升到 71.16%，特别是同属儒家文化圈的中国内地、日本、中国香港和台湾地区、新加坡市场所占份额 9 年平均超过 30%；日本的出口市场中，亚洲市场所占份额从 2002 年的 35.31% 上升到 2010 年的 48%，占日本各年十大出口市场份额从 39.96% 上升到 55.16%，同属儒家文化圈的中国、韩国、中国香港和台湾地区、新加坡市场所占份额 9 年平均达到 29.77%。同样的现象在其他国家也是表现明显。

四是地缘性在文化创意商品的国家贸易中重要性凸显。从美国出口市场中加拿大、墨西哥分列第一位和第三位、到英国出口市场中爱尔兰、瑞士居列第二、三位、再到法国出口市场中瑞士、德国、西班牙的突出表现，仅瑞士和德国市场所占法国出口额的比例就一直在 20% 左右。而在中国、日本、韩国和中国香港地区的出口市场中，地缘性同样表现突出，基本上与文化的影响同步。

五是各个国家分列市场前三位的国别变化不大，特别是中国、英国和中国香港地区，前十大市场的国别变化很小，市场分散程度较为稳定，同时也说明这三个国家和地区在开拓新市场方面的能力有待更大提高。而韩国和法国在市场的开发方面似乎做得更好，九年间进入韩国前十大市场的国家和地区多达17 个，法国为 15 个，而同期中国只有 11 个国家和地区，中国香港地区和英国是 12 个，日本和美国是 13个。特别是韩国在亚洲市场的表现，除了熟悉的中国市场、日本市场、中国香港市场外，还在越南、印度尼西亚、泰国、阿拉伯联合酋长国、印度、中国台湾、新加坡等国家和地区的文化产业市场上有所建树并不断扩展。这些市场的开发,一方面表明我国还没有充分挖掘作为儒家文化的发源地的各类文化资源,从而打造出更有市场力的文化产品,另一方面也说明我国将来在文化产业国际市场上有更大作为。

由表1可知,中国文化创意商品出口市场的分布在2002—2010年,前十大市场占中国文化创意商品出口额的比重呈现逐年下降的趋势,9年间从82.6%下降到67.09%,平均降幅达到2.56%。除了2008年法国被阿联酋略超之外,基本没有变化,始终是美国、中国香港地区、日本位居前三,2002—2007年期间,三个市场所占份额超过中国出口总额的50%,应该说中国的创意商品出口市场集中度非常之高,近年来有所分散,特别是对美国、中国香港地区和日本市场的依赖程度逐步降低。而且与中国文化同宗同源的东亚市场在中国出口总额中只有中国香港和日本所占比例较高,其他的前十大出口市场更多的是差异化市场,相对于"韩流"在中国的风行,韩国市场在中国文化创意产品的出口市场中并不具有很大的市场份额,似乎还没有表现出同根文化以及相邻国家地缘性的优势。当然,这跟我国文化产业发展基础与韩国文化商品的差异性以及与韩国的政治、经济交流也密切相关。

3.3 我国文化贸易的国际市场相似性指数

根据已有的统计数据,选择工艺品、设计、新媒体、出版和视觉艺术等五种文化创意产品,国际市场分为美洲发达市场、欧洲发达市场、亚洲发达市场、澳洲发达市场、美洲发展中市场、亚洲发展中市场、非洲发展中市场、澳洲发展中市场等,考察我国与美国、法国、日本、英国、韩国以及我国内地与香港地区的市场相似性指数。参照公式(2),计算出我国文化贸易出口市场相似度,见表1。在计算过程中,基于数据的完整性和系统性,对原始数据做了一些调整,原UNCTAD数据库统计指标中的表演艺术没有进入分析范畴。

表1 我国文化创意商品市场相似性指数

		2002	2003	2004	2005	2006	2007	2008	2009	2010
Art Crafts	中美	0.5813	0.5816	0.5784	0.5740	0.5884	0.6116	0.6373	0.6318	0.6243
	中法	0.4118	0.4043	0.4373	0.4332	0.4145	0.4018	0.3759	0.3661	0.3756
	中日	0.2869	0.2861	0.2885	0.2632	0.2784	0.2867	0.2927	0.3114	0.3004
	中韩	0.6176	0.6570	0.6316	0.6191	0.6441	0.6379	0.6133	0.5895	0.5797
	中英	0.6214	0.6097	0.5837	0.6364	0.5908	0.5717	0.5604	0.5333	0.5442
	中国内地—香港	0.8146	0.8331	0.7966	0.7551	0.7480	0.7381	0.7541	0.7190	0.6806
Design	中美	0.7415	0.7570	0.7712	0.7796	0.7886	0.8098	0.8419	0.8239	0.8515
	中法	0.5439	0.5412	0.5286	0.5523	0.5862	0.5810	0.6129	0.6307	0.6315
	中日	0.7764	0.7374	0.6917	0.7236	0.6793	0.6643	0.6431	0.7005	0.6885
	中韩	0.8325	0.6439	0.6878	0.6734	0.6644	0.6427	0.5896	0.5500	0.5254
	中英	0.5946	0.6319	0.6118	0.5823	0.6631	0.6527	0.5820	0.5876	0.6159
	中国内地—香港	0.8632	0.8494	0.8392	0.8386	0.8796	0.9102	0.8812	0.8560	0.8682

		2002	2003	2004	2005	2006	2007	2008	2009	2010
New Media	中美	0.8281	0.8793	0.8621	0.8216	0.7119	0.7076	0.7085	0.7235	0.7366
	中法	0.3431	0.4006	0.2759	0.4561	0.5143	0.4014	0.3569	0.4391	0.4071
	中日	0.7367	0.7440	0.9206	0.8541	0.7866	0.7331	0.6763	0.6789	0.5815
	中韩	0.7814	0.7260	0.5423	0.4646	0.5361	0.7708	0.6509	0.4984	0.4513
	中英	0.4272	0.5677	0.3308	0.4857	0.5113	0.2973	0.2847	0.3626	0.3355
	中国内地—香港	0.8907	0.8936	0.6707	0.8525	0.9565	0.6902	0.7253	0.7682	0.6703
Publishing	中美	0.9024	0.8756	0.8885	0.8810	0.9071	0.8984	0.8866	0.8947	0.9070
	中法	0.3601	0.2767	0.2648	0.3078	0.3021	0.3338	0.3548	0.3677	0.3817
	中日	0.8376	0.8439	0.7895	0.7686	0.7419	0.6366	0.5495	0.4982	0.5209
	中韩	0.6331	0.7487	0.8506	0.8295	0.8317	0.7680	0.6683	0.6642	0.5607
	中英	0.4999	0.4154	0.4277	0.4547	0.4717	0.5118	0.5064	0.5166	0.5449
	中国内地—香港	0.6541	0.6147	0.6338	0.6566	0.6413	0.6501	0.6672	0.7239	0.7468
Visual Arts	中美	0.4594	0.4673	0.4727	0.4731	0.5008	0.5568	0.5028	0.5103	0.5367
	中法	0.8096	0.8027	0.7874	0.7804	0.7953	0.8115	0.7615	0.7889	0.8019
	中日		0.5975		0.4593	0.4606	0.4718	0.4855	0.4815	0.4908
	中韩	0.7534	0.7742	0.8495	0.5610	0.6251	0.7264	0.7562	0.4184	0.6876
	中英	0.8367	0.8165	0.8180	0.8312	0.7990	0.8062	0.7407	0.7814	0.8107
	中国内地—香港	0.8604	0.8616	0.8727	0.8507	0.8638	0.8327	0.8023	0.8622	0.8265

在工艺品贸易中，几个国家和地区中我国内地和香港地区的相似性指数最高，和日本之间的市场相似性更低些，近年来也就在30%左右，中日之间的工艺品贸易互补性更多些。在设计贸易中，我国与几个国家和地区之间的竞争性更强些，市场的相似性都在50%以上。在新媒体贸易中我国与美国、日本的市场相似度很高，中国内地与香港地区的市场相似度也很高，跟法国、英国的市场相似程度低些，与韩国之间在2008年之后有大幅下降，互补性增强。在出版物贸易中，与美国的市场相似度最高，相似性指数达到90%左右，在国际市场上的竞争程度很强烈，与法国之间的市场相似度最低，竞争程度要弱很多。在视觉艺术贸易中，我国与日本、美国之间的市场相似程度较低，在国际市场中的互补程度较高，而与其他几个国家和地区的市场相似性指数都较高，特别是与法国、英国及我国香港地区，高达80%以上的共同市场分布。

3.4 我国文化服务出口贸易的国际市场位置分析

文化服务贸易因为其无形性，很多文化服务数据没有进入官方统计，我们选取的数据是 UNCTAD 数据库中 2000—2010 年 creative services 中"个人、文化与创意服务"指标，进入分析范畴的国家包括法国、美国、英国、韩国、日本、德国、中国等 29 个国家，选取的标准是这些国家该指标数据比较系统，且每个国家的该指标都在国际市场上占有一定的份额（占国际文化服务市场份额年均达到 0.1%），29 个国家总值超过国际出口总额的 98% 以上，基本上能够代表整个国际文化服务贸易市场总体情况。

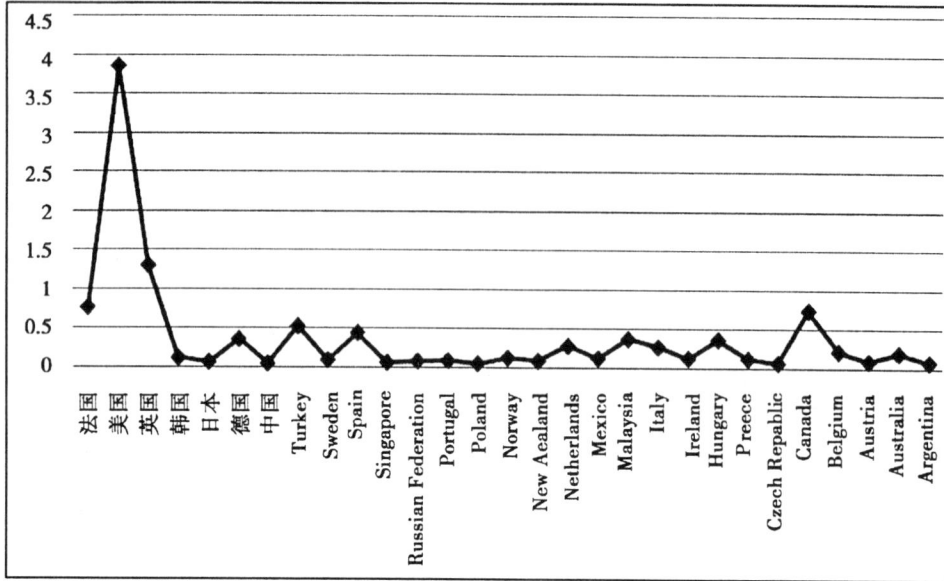

图 2　我国文化服务出口贸易国际市场位置

图 2 是用 29 个国家 11 年占国际文化服务贸易比重之和绘制的，从中可以看出我国文化服务贸易在国际文化服务市场所处位置，十多年来一直在低位，成长很慢，在 2005 年至 2008 年呈现增长的趋势，但 2009 年开始似乎又开始成长动力不足，在国际文化服务市场能占到的市场份额没有扩大的趋势。2000 年至 2010 年 29 国文化服务贸易占比总体变化不大，所以可以用图 3 来看 29 国文化服务贸易国际市场大概位置分布。如果按照比重将 29 国分为 5 个梯队，美国超过 3.8，为第一梯队；英国超过 1，为第二梯队；法国、加拿大、土耳其为 0.5 ~ 1，为第三梯队；德国、韩国等国在 0.1 ~ 0.5，为第四梯队；中国、日本等国在 0 ~ 0.1，为第五梯队。

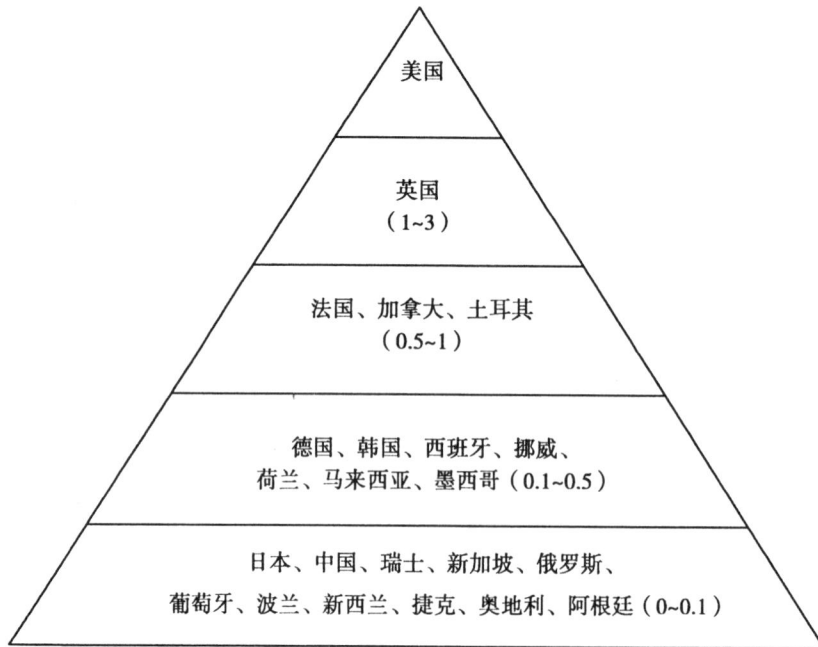

图 3　文化服务贸易国际市场位置梯形图

3.5 结论分析

从以上的我国文化创意产品及文化创意服务与美国、英国、日本、韩国、法国、中国香港地区等国家和地区的出口相似度、市场相似度、市场分布的比较分析至少可以得出以下结论：一是就文化创意服务来说，我国处于文化创意服务国际价值链的低端，与文化产业发达国家差异很大。二是就文化创意商品的商品结构相似性来说，我国与英国、美国、韩国的相似度较小，将来在文化产业规划中可以有方向的进行宏观调控。三是在市场分布上，我国的国际市场比较集中，产品的市场开发力度较弱，在这方面韩国的很多做法值得我们借鉴，比如重视儒家思想在亚洲的影响力，通过符合传统伦理的影视作品俘获亚洲观众的认可，并在影视作品中展示韩国的旅游胜景、美食、医学整容等，从而延伸和打造更长的"韩流"消费价值链。四是在不同的文化创意产品贸易中，我国与他国的市场相似度多有变化，是错位经营还是直接竞争，主要取决于产品的综合竞争力，包括创新、创意、市场营销、管理等各个方面，因为在竞争的国际市场中取胜的综合能力更强的产品。

基于以上的研究结论，对于我国文化贸易"走出去"的战略目标，我们建议如下：

第一，文化产业发展中注重社会文化信仰的挖掘和展示。一个国家的社会文化信仰是其文化的灵魂，是国家文化的形象，在文化产品的创作中更多挖掘和体现社会文化信仰，其产品将得到更多消费者的认可接受，并且对于塑造一个国家的文化特征具有异常重要的作用。如《大红灯笼高高挂》、《秋菊打官司》、《少林寺》等作品在国际市场的广泛传播使国外消费者形成一定的中国社会和中国人的形象，其实这些作品所反映的只是中国文化中非常少的一部分。

第二，在实施文化贸易"走出去"战略中，注重文化企业内容创新和模式创新。国家的文化贸易出口扶持政策只是扩大文化贸易出口的外在因素，更重要的是文化企业能够提供符合国外消费者需求偏好的文化产品内容和文化产品表达方式、传播方式等。比如日本最大的教育集团 Benesse Corporation（倍乐生株式会社）和中国福利会出版的针对学前儿童的家庭学习商品巧虎《乐智小天地》在中国幼儿家庭的风靡，正是其针对中国家长和孩子指定的内容和表达获得消费者的认可，从而在中国幼儿学前教育市场上占据很大的市场份额。

第三，注重文化产业外部性效益的反哺机制建立。韩国影视产品的出口为其带来的不仅是影视作品本身的版权收入，更多地体现在"韩流"文化消费者对韩国美食、服饰、美妆、美容、旅游等相关产业的热捧。文化产业本身是高投入的产业，目前我国文化产业发展的瓶颈之一就是融资难，那么，在文化产业的持续发展中，建立起外部性效益的反哺机制不失为文化产业发展的资金投入重要解决方案之一。

（作者电子信箱：beaujing@yahoo.com.cn）

参考文献

[1] 卞新森，罗锋．产业价值链视域下的电视节目版权贸易[J]．武汉科技大学学报，2002.10(1)．

[2] 顾江．全球价值链视角下文化产业升级的路径选择[J]．艺术评论，2009(9)．

[3] 靳静、李薇．价值链视角下的文化贸易问题研究[J]．价格月刊，2010，393(2)．

[4] 李嘉珊．国际文化贸易研究[M]．北京：中国金融出版社，2008．

[5] 刘志彪、张杰．从融入全球价值链到构建国家价值链：中国产业升级的战略思考[J]．学术月刊，2009，41(9)．

[6] 米黎钟，于航．基于价值链的中国电影产业研究[J]．经济论坛，2011，486(1)．

[7] 徐新桥．基于价值链模型的文化创新双极效应与耦合效应——以鄂西生态文化旅游圈为例[J]．艺术百家，2011，122(5)．

Empirical Research of Position Judgement of Chinese Cultural Trade in the International Value Chain

Zhu Wenjing[1]   Zhu Ting[2]

(1, 2 National Cultural Industry Research Center of Nanjing University, Nanjing, 210093)

Abstract: Cultural trade is an important index to reflect a country's soft power. This essay adopting relative culture trade data of China from 2002 to 2010, analyzes empirically China's status of participating in international division of labor for culture industry from three angels of culture trade: market structure of product, distribution and similarity of export market, and international market position. The research shows:

Firstly, considering culture innovation service, China is on the low end of international value chain and still meets with huge gap to catch up with developed countries.

Secondly, when culture innovation product compared with UK, USA and Korea, China has little similarity with them, which gives the direction for macro-control on culture industry planning in the future.

Thirdly, when looking into the market distribution, we find that China has a relatively centralized international market and doesn't have competitive product to extend market.

Fourthly, among different trade for culture innovation product, China varies a lot in the market similarity compared to other countries so it depends on the comprehensive competitiveness of product to select whether dislocation management or direct competition.

Key words: Cultural trade; Global value chain; Position judgement

附录

表1   中国(creative goods)出口市场分布

	2002	2003	2004	2005	2006	2007	2008	2009	2010
美 国	0.3730	0.3564	0.3454	0.3265	0.3262	0.3198	0.2967	0.2877	0.2836
中国香港	0.1582	0.1532	0.1620	0.1512	0.1514	0.1375	0.1187	0.0914	0.1087
日 本	0.0962	0.0861	0.0814	0.0734	0.0692	0.0701	0.0709	0.0780	0.0617
英 国	0.0400	0.0430	0.0375	0.0394	0.0448	0.0459	0.0443	0.0452	0.0438
德 国	0.0380	0.0405	0.0422	0.0472	0.0525	0.0437	0.0492	0.0510	0.0514
俄罗斯	0.0222	0.0396	0.0574	0.0619	0.0277	0.0249	0.0265	0.0221	0.0273
荷 兰	0.0372	0.0382	0.0212	0.0316	0.0311	0.0282	0.0311	0.0366	0.0262
加拿大	0.0231	0.0219	0.0204	0.0214	0.0218	0.0237	0.0227	0.0215	0.0217
意大利	0.0204	0.0206	0.0205	0.0222	0.0234	0.0231	0.0233	0.0234	0.0237
法 国	0.0177	0.0174	0.0176	0.0186	0.0181	0.0199		0.0216	0.0229
阿联酋							0.0201		
合 计	0.8260	0.8168	0.8058	0.7935	0.7663	0.7368	0.7035	0.6785	0.6709

表 2　　　　　中国香港（creative goods）出口市场分布

	2002	2003	2004	2005	2006	2007	2008	2009	2010
美　国	0.4513	0.4270	0.4076	0.3748	0.3539	0.3171	0.2934	0.2564	0.2589
日　本	0.0769	0.0814	0.0874	0.0924	0.0816	0.0674	0.0586	0.0702	0.0727
中　国	0.0759	0.0778	0.0890	0.0975	0.1141	0.1564	0.1612	0.1862	0.1830
德　国	0.0458	0.0519	0.0498	0.0567	0.0608	0.0763	0.0987	0.0706	0.0697
英　国	0.0633	0.0643	0.0654	0.0621	0.0632	0.0615	0.0570	0.0531	0.0562
意大利	0.0268	0.0271	0.0306	0.0347	0.0392	0.0398	0.0392	0.0361	0.0343
法　国	0.0277	0.0274	0.0275	0.0304	0.0309	0.0287	0.0290	0.0275	0.0324
加拿大	0.0295	0.0268	0.0259	0.0243	0.0228	0.0179	0.0165		
澳大利亚	0.0179	0.0209	0.0211	0.0218	0.0205	0.0213	0.0246	0.0291	0.0256
荷　兰	0.0152	0.0205							
韩　国					0.0178	0.0176	0.0204	0.0261	0.0261
新加坡								0.0164	0.0177
西班牙			0.0166	0.0178					
合　计	0.8303	0.8253	0.8211	0.8124	0.8049	0.8039	0.7985	0.7717	0.7765

表 3　　　　　法国（creative goods）出口市场分布

	2002	2003	2004	2005	2006	2007	2008	2009	2010
美　国	0.1263	0.1199	0.1149	0.1215	0.1285	0.1083	0.0935	0.0825	0.0813
瑞　士	0.1036	0.0953	0.0928	0.0943	0.0942	0.0949	0.1078	0.1000	0.1124
德　国	0.1061	0.1092	0.1013	0.0934	0.0921	0.0880	0.0867	0.0956	0.0934
西班牙	0.0659	0.0732	0.0748	0.0754	0.0728	0.0754	0.0686	0.0622	0.0479
意大利	0.0654	0.0677	0.0691	0.0716	0.0747	0.0802	0.0764	0.0795	0.0759
日　本	0.0545	0.0596	0.0728	0.0850	0.0745	0.0639	0.0611	0.0617	0.0545
英　国	0.0869	0.0843	0.0797	0.0713	0.0716	0.0716	0.0640	0.0636	0.0683
中国香港	0.0254	0.0259	0.0246	0.0273	0.0357	0.0428	0.0506	0.0597	0.0793
荷　兰	0.0299	0.0266	0.0241	0.0218	0.0191	0.0207	0.0217	0.0237	0.0220
加拿大	0.0175			0.0162	0.0157	0.0147			
葡萄牙		0.0164	0.0184						
俄罗斯							0.0160		
新加坡									0.0197
阿联酋								0.0184	
合　计	0.6815	0.6780	0.6726	0.6777	0.6789	0.6605	0.6466	0.6468	0.6546

表4   日本（creative goods）出口市场分布

	2002	2003	2004	2005	2006	2007	2008	2009	2010
美 国	0.3388	0.2809	0.2511	0.2852	0.2197	0.2113	0.1724	0.1953	0.1860
中国香港	0.1395	0.1965	0.1873	0.1609	0.2495	0.1845	0.2001	0.1868	0.2397
中 国	0.0775	0.1055	0.1338	0.1252	0.1306	0.1485	0.1879	0.1847	0.1544
中国台湾	0.0558	0.0786	0.0906	0.0692	0.0660	0.0563	0.0498	0.0500	0.0561
德 国	0.1398	0.0591	0.0575	0.0575	0.1029	0.1311	0.1354	0.1066	0.0724
韩 国	0.0399	0.0561	0.0578	0.0652	0.0633	0.0605	0.0592	0.0538	0.0628
瑞 士									0.0405
荷 兰				0.0489		0.0505	0.0229	0.0239	
英 国	0.0263	0.0279	0.0323	0.0344	0.0211	0.0215	0.0215	0.0172	0.0187
法 国	0.0240	0.0258	0.0241	0.0133					
新加坡	0.0232	0.0246	0.0233	0.0190	0.0209	0.0219	0.0207	0.0245	0.0230
澳大利亚							0.0170	0.0230	0.0165
泰 国	0.0162	0.0161	0.0156		0.0138	0.0137			
合 计	0.8809	0.8711	0.8734	0.8789	0.8878	0.8997	0.8869	0.8658	0.8702

表5   韩国（creative goods）出口市场分布

	2002	2003	2004	2005	2006	2007	2008	2009	2010
美 国	0.2923	0.2124	0.2288	0.1982	0.1980	0.1793	0.1976	0.1157	0.1092
日 本	0.1242	0.0885	0.1073	0.1338	0.1085	0.0862	0.0723	0.0975	0.0914
中 国	0.0903	0.0744	0.0922	0.1078	0.1160	0.1241	0.0946	0.1103	0.1255
越 南		0.0187	0.0241	0.0321	0.0351	0.0522	0.0653	0.0783	0.0839
德 国	0.0185				0.0324		0.0571		
中国香港	0.0539	0.2069	0.1087	0.0500	0.0474	0.0502	0.0515	0.1330	0.0684
泰 国									0.0446
阿联酋	0.0445	0.0357	0.0447	0.0473	0.0305	0.0416	0.0393	0.0408	0.0398
印 度				0.0238	0.0372	0.0351	0.0471	0.0374	0.0441
印度尼西亚		0.0198	0.0233	0.0249	0.0359	0.0382	0.0428	0.0547	0.0599
澳大利亚		0.0292	0.0274						
英 国	0.0232	0.0198	0.0184						
中国台湾				0.0207		0.0271	0.0267	0.0227	0.0288
法 国	0.0220	0.0190	0.0209	0.0348	0.0356	0.0209			
意大利	0.0194								
加拿大	0.0173								
新加坡								0.0196	
合 计	0.7057	0.7244	0.6959	0.6735	0.6768	0.6549	0.6944	0.7099	0.6958

表6 英国(creative goods)出口市场分布

	2002	2003	2004	2005	2006	2007	2008	2009	2010
美 国	0.2990	0.2919	0.2826	0.2649	0.2673	0.2628	0.1951	0.1625	0.1892
爱尔兰	0.1002	0.0847	0.0954	0.0970	0.1038	0.1058	0.1064	0.1064	0.0871
瑞 士	0.0912	0.0799	0.0854	0.0984	0.0952	0.1123	0.1199	0.1048	0.1534
法 国	0.0508	0.0558	0.0556	0.0534	0.0459	0.0642	0.0689	0.0767	0.0598
德 国	0.0483	0.0487	0.0486	0.0430	0.0398	0.0448	0.0471	0.0562	0.0541
日 本	0.0277	0.0271							
中国香港			0.0256	0.0424	0.0369	0.0317	0.0435	0.0441	0.0480
荷 兰	0.0568	0.0541	0.0499	0.0392	0.0354	0.0300	0.0354	0.0341	0.0288
意大利	0.0253	0.0267	0.0325	0.0271	0.0278	0.0255	0.0278	0.0324	0.0263
阿联酋		0.0248		0.0316		0.0249	0.0305	0.0287	0.0230
西班牙	0.0257	0.0260	0.0277	0.0277	0.0259	0.0255	0.0258	0.0261	0.0226
澳大利亚	0.0241		0.0280		0.0252				
合 计	0.7491	0.7196	0.7313	0.7246	0.7032	0.7275	0.7004	0.6719	0.6922

表7 美国(creative goods)出口市场分布

	2002	2003	2004	2005	2006	2007	2008	2009	2010
加拿大	0.2721	0.2996	0.2839	0.2678	0.2607	0.2596	0.2677	0.2696	0.2732
英 国	0.0966	0.1028	0.1061	0.1073	0.1170	0.1215	0.1268	0.1083	0.1031
墨西哥	0.1063	0.0993	0.0922	0.0913	0.0925	0.0969	0.0927	0.0956	0.0861
瑞 士	0.0565	0.0558	0.0637	0.0716	0.0873	0.0746	0.0600	0.0842	0.0809
中国香港	0.0334	0.0327	0.0388	0.0398	0.0419	0.0465	0.0475	0.0576	0.0667
日 本	0.0682	0.0689	0.0603	0.0586	0.0490	0.0379	0.0379	0.0392	0.0379
法 国	0.0323	0.0273	0.0293	0.0345	0.0320	0.0292	0.0495	0.0351	0.0340
德 国	0.0274	0.0279	0.0290	0.0290	0.0264	0.0251	0.0237	0.0220	0.0193
中 国									0.0250
意大利	0.0223								
澳大利亚	0.0188	0.0183	0.0193	0.0209	0.0192	0.0172	0.0176	0.0180	0.0155
韩 国					0.0165	0.0177	0.0141		
多米尼加		0.0180		0.0159					
荷 兰								0.0163	
合 计	0.7338	0.7506	0.7226	0.7366	0.7424	0.7261	0.7375	0.7459	0.7417